Orbis Biblicus et Orientalis 134

Susanne Bickel

La cosmogonie égyptienne

Avant le Nouvel Empire

Editions Universitaires Fribourg Suisse
Vandenhoeck & Ruprecht Göttingen

Die Deutsche Bibliothek – CIP-Einheitsaufnahme

Bickel, Susanne: La cosmogonie égyptienne avant le nouvel empire / Susanne Bickel. – Freiburg, Schweiz: Univ.-Verl.; Göttingen: Vandenhoeck und Ruprecht, 1994
(Orbis biblicus et orientalis; 134)
Zugl.: Genève, Univ., Diss., 1993 u. d. T.: Bickel, Susanne: Les notions de cosmogonie dans les textes des sarcophages
ISBN 3-525-53769-7 (Vandenhoeck und Ruprecht)
ISBN 3-7278-0950-7 (Univ.-Verl.)
NE: GT

Les originaux de ce livre prêts à la reproduction
ont été fournis par l'auteur

Imprimerie Saint-Paul Fribourg Suisse

ISBN 3-7278-0950-7 (Editions Universitaires)
ISBN 3-525-53769-7 (Vandenhoeck & Ruprecht)

Bickel La cosmogonie égyptienne

ORBIS BIBLICUS ET ORIENTALIS

Publié au nom de l'Institut biblique
de l'Université de Fribourg Suisse,
du Seminar für biblische Zeit- und Sozialgeschichte
der Universität Münster i. W.
et de la Société suisse
pour l'étude du Proche-Orient ancien
par Othmar Keel et Christoph Uehlinger
avec la collaboration
d'Erich Zenger et d'Albert de Pury

L'auteur:

L'auteur a fait des études d'égyptologie et de coptologie à l'Université de Genève où elle était ensuite assistante en égyptologie de 1984-1989. Elle a également suivi l'enseignement d'égyptologie à l'Université de Bâle. En 1993 elle a soutenu une thèse ès lettres à Genève, objet de la présente publication. Depuis 1983, elle participe régulièrement à des travaux archéologiques en Egypte dans le cadre des recherches du Fonds de l'égyptologie de Genève et de l'Institut suisse de recherches archéologiques et architecturales. Depuis 1992, elle travaille au service des publications de l'Institut français d'archéologie orientale au Caire.

»Denn ein Mythos wird, wenn er geschichtlich zu Recht besteht, zu seiner Zeit geglaubt, und er muss das letzte Wort des kritischen Denkens seiner Zeit sein.«
Peter Handke, *Die Geschichte des Bleistifts*

SOMMAIRE

AVANT - PROPOS

Le présent travail est une version légèrement remaniée de la thèse que j'ai soutenue en été 1993 à l'Université de Genève sous le titre *Les notions de cosmogonie dans les Textes des Sarcophages.*

Cette étude est issue d'un des séminaires consacrés à la religion égyptienne que j'ai eu la chance de suivre à l'Université de Bâle. C'est le professeur Erik Hornung qui m'a encouragé à l'entreprendre et qui m'a guidé et conseillé avec générosité et bienveillance tout au long de la préparation. Je tiens à lui exprimer toute ma gratitude, et j'ai plaisir d'évoquer l'accueil chaleureux et enrichissant que lui-même et Mme Elisabeth Staehelin m'ont offert au *Ägyptologisches Seminar.*

Ce travail doit beaucoup aux réflexions et observations pertinentes que le professeur John Baines m'a offertes et aux précieuses remarques formulées par le professeur Michel Valloggia. Je les remercie vivement de l'intérêt qu'ils ont eu l'amabilité de porter à ma recherche.

Ma reconnaissance va aussi à M. Bernard Mathieu qui m'a accordé bien des conseils et de stimulantes discussions ainsi qu'à Mme Dominique Baud et M. Jean-Luc Chappaz qui ont accepté de relire le manuscrit et y ont apporté de nombreuses améliorations.

Au cours de l'élaboration de ce travail, j'ai bénéficié de la bourse de relève du Fonds national suisse de recherche scientifique durant l'année 1989-1990 passée à l'Institut suisse au Caire. Lors de la mise en forme du présent manuscrit, j'ai eu l'opportunité de pouvoir utiliser l'équipement informatique de l'Institut français d'archéologie orientale. La translittération égyptienne a été écrite avec le programme *it* (Pierre Grandet), les hiéroglyphes ont été réalisés avec MacScribe (Eric Aubourg).

Mes remerciements s'adressent également au professeur Othmar Keel qui a eu la gentillesse d'accueillir cette étude dans la collection *Orbis Biblicus et Orientalis.*

Que tous ceux qui m'ont soutenu et aidé à mener à bien cette recherche trouvent ici l'expression de ma profonde gratitude.

INTRODUCTION

Les conceptions de l'origine du monde constituent un des sujets de réflexion les plus approfondis dans la plupart des civilisations. Les anciens Égyptiens se sont très tôt intéressés à cette problématique. Ils ont cherché à expliquer l'existence de leur univers à travers des images qui rendent compte de l'apparition ou de la création des constituants les plus importants de ce monde et des principes qui le régissent.

La présente étude se propose d'approcher les conceptions cosmogoniques des périodes les plus anciennes à travers les attestations encore assez rares de l'Ancien Empire, la documentation beaucoup plus riche du Moyen Empire et quelques textes intéressants de la Deuxième Période intermédiaire. Les Textes des Sarcophages du Moyen Empire offrent de loin la source la plus abondante à ce sujet. Cette recherche se fixe un cadre chronologique bien défini et tente d'établir l'état de développement des conceptions avant le début du Nouvel Empire.

Les Textes des Pyramides, inscrits dès la fin de la Ve dynastie (2460 av. J.-C. environ) sur les parois des chambres funéraires des rois et reines, constituent le témoignage textuel le plus ancien de l'imaginaire des Égyptiens. Il s'agit d'un corpus de formules de différents genres : textes relatifs au rituel funéraire ou au rituel quotidien des temples, textes destinés à garantir au défunt sa renaissance et son statut divin dans l'autre monde, formules magiques pour contrer les dangers de l'au-delà.

Dès la fin de l'Ancien Empire, cet ensemble de textes reçut une seconde rédaction, il fut réadapté et enrichi de compositions nouvelles. Ce très large corpus était alors destiné aux particuliers et consigné principalement sur les faces intérieures des cercueils en bois qui appartenaient aux membres de l'élite des différentes villes (entre 2200 et 1750 av. J.-C. environ). Bien qu'on en trouve également des passages inscrits sur des parois de tombes, des statues et des objets funéraires, ce corpus est appelé aujourd'hui les Textes des Sarcophages. Cette abondante documentation de 1185 chapitres ou formules, désignés ici par le terme anglais *spells*, fut collectionnée et présentée de façon synoptique (pour les nombreux cas où un texte est attesté sur plusieurs cercueils) par le savant hollandais A. De Buck dont l'ouvrage constitue la base de la présente recherche [1]. Depuis cette publication, quelques nouveaux documents ont apparu, fournissant soit des variantes supplémentaires, soit des compositions inconnues par ailleurs [2]. La plupart de ces sources attendent toutefois encore leur publication et n'ont pas pu être prises en compte ici [3].

La composition des Textes des Sarcophages ne signifiait pas pour autant l'abandon du corpus plus ancien. Des extraits des Textes des Pyramides étaient fréquemment recopiés à côté de *spells* plus récents sur les sarcophages de la Première Période intermédiaire et du Moyen Empire [4].

Si les conditions de rédaction des Textes des Sarcophages sont toujours très discutées, les recherches actuelles semblent néanmoins les rapprocher de plus en plus des Textes des Pyramides, tant des points de vue chronologique que géographique. Il ne s'agit nullement de deux corpus clos et rédigés en des moments précis, mais d'une documentation développée graduellement. Les lois qui ont présidées à la réactualisation de certains textes restent largement inconnues, mais cette activité témoigne d'une sorte de critique des textes basée sur de profondes connaissances [5]. Les premières attestations de Textes des Sarcophages, à la VIe dynastie [6], sont entièrement contemporaines de l'utilisation royale des Textes des Pyramides, et les derniers cercueils inscrits, à la fin de la XIIe dynastie, comportent déjà des passages du Livre des Morts. Une évolution constante semble avoir guidé la composition des textes funéraires. Si certains cercueils ont soigneusement séparé le corpus des Pyramides de celui des Sarcophages par la disposition des *spells*, il reste difficile d'estimer quelle était, pour les anciens, le critère de distinction essentiel entre ces deux groupes de textes. On discerne certes quelques différences, mais

---

[1] A. DE BUCK, *The Egyptian Coffin Texts* I-VII, 1935-1961.

[2] Parmi les nouveaux textes devenus accessibles, signalons les sarcophages de l'ancienne collection Khashaba (G. LAPP, *ÄgAbh* 43, 1985) et la chambre funéraire de Kôm el-Hisn dans le Delta occidental (D. SILVERMAN, *The Tomb Chamber of Ḫsw the Elder*, 1988).

[3] Pour une liste de toutes les sources connues actuellement, y compris celles non-publiées, cf. H. WILLEMS, *Chests of Life*, 1988, p. 19-34.

[4] W. BARTA, « Die Pyramiden Texte auf den Privatsärgen des Mittleren Reiches », *ZÄS* 113, 1986, p. 1-8.

[5] D. SILVERMAN, « Textual Criticism in the Coffin Texts », *YES* 3, 1989, p. 32 sq.

[6] M. VALLOGGIA, *Balat I. Le Mastaba de Medou-nefer*, 1986, p. 74-77.

elles reflètent l'évolution de la pensée et de la réflexion sur les divers sujets abordés plutôt qu'une divergence fondamentale entre les deux corpus. La proximité des textes et leur évolution parlent en faveur d'un travail de rédaction continu, entrepris en un seul centre. Le lieu de composition de ces textes, mis à disposition des rois et très tôt aussi des particuliers, se trouvait probablement dans l'entourage royal, dans la région de Memphis et d'Héliopolis (cf. chapitre X). Nous ignorons encore les modalités de la transmission des copies et de leur dispersion à travers l'ensemble du pays [7].

Les Textes des Sarcophages cherchent à faciliter, de multiples manières, l'intégration du défunt dans l'univers qui l'attend dans l'autre monde. Par l'efficacité de la parole écrite, ils permettent de restituer et de maintenir l'intégrité corporelle du défunt, ils assurent sa subsistance, garantissent la liberté de mouvement, protègent des dangers qui guettent le nouveau-venu (un filet tendu entre le ciel et la terre, les animaux sauvages, les mauvais génies, etc.). Ils fournissent des guides de la géographie de l'au-delà et préparent le défunt à son insertion dans le monde divin.

L'hétérogénéité de ce corpus de textes s'étend non seulement au nombre des thèmes abordés, mais aussi aux formes littéraires employées : descriptions, invocations, imprécations, hymnes, dialogues dramatiques s'interpénètrent souvent dans un même *spell*. Les textes mélangent aussi différents niveaux d'approche : connaissances et réflexions proprement théologiques, conceptions funéraires, éléments rituels et formules magiques s'enchevêtrent de telle sorte que P. Barguet a qualifié les Textes des Sarcophages de véritable « kaléidoscope de la pensée religieuse des anciens Égyptiens » [8].

Un groupe de *spells* particulièrement importants pour notre propos est constitué par les textes de transformation qui permettent au défunt de s'identifier à un dieu afin d'en acquérir le statut et les pouvoirs. Souvent c'est le titre de la composition, écrit en rouge, qui indique que le texte sert à « faire une transformation » en une divinité ou

---

[7] Un exemple particulièrement intéressant de transmission de texte est celui d'un rituel funéraire, comportant des passages des Textes des Pyramides, composé à l'intention d'un roi de la XIe dynastie et qui a été recopié sur le sarcophage d'un privé de la XIIe dynastie à el-Berche en Moyenne Égypte ; J.P. ALLEN, « The Funerary Texts of King Wahkare Akhtoy on a Middle Kingdom Coffin », *SAOC* 39, 1976, p. 1-29.

[8] P. BARGUET, *Les Textes des Sarcophages égyptiens du Moyen Empire*, 1986, p 25.

une autre puissance supérieure. Un ensemble de textes proches présente des déclarations d'identité. Le défunt, ayant effectué une transformation, affirme sa nouvelle identité et déclare qu'il *est* telle ou telle dieu. Ces textes, appelés les arétalogies, contiennent généralement des descriptions détaillées de la nature du dieu auquel le défunt s'est assimilé, descriptions qui constituent une source d'informations très importante pour notre connaissance de la religion égyptienne. Ces « autoportraits » de divinités étant placés dans la bouche du défunt transfiguré, le pronom de la première personne ou le nom propre (N) remplacent le nom du dieu concerné. Pour saisir les conceptions exprimées à travers ces formules, il faudra faire abstraction de ces marques qui caractérisent l'utilisation funéraire. Le *spell* 261 des Textes des Sarcophages, cité ci-dessous en exemple, illustre la façon dont des conceptions mythiques sont intégrées dans les formules funéraires afin d'assurer au défunt pouvoir et respectabilité. Le particulier s'identifie par ce *spell* au dieu Heka.

> Transformation en Heka.
> « Ô vous les nobles qui êtes en présence du maître de tout
> voyez-moi, je suis venu vers vous,
> craignez-moi à cause de ce que vous savez :
> Je suis celui que le maître unique a créé,
> avant que deux choses n'eussent existé dans ce monde,
> lorsqu'il envoya son œil-unique,
> lorsqu'il était seul,
> lorsque quelque chose sortit de sa bouche,
> lorsque son million de *kas* devenait la protection de ses sujets,
> lorsqu'il parla avec celui qui est venu à l'existence avec lui,
> qui est plus puissant que lui,
> lorsqu'il saisit Hou qui est sur sa bouche.
> Je suis certes ce fils de celui qui a mis au monde tout
> je suis le protecteur de ce qu'ordonne le maître unique.
> C'est moi qui fais vivre l'ennéade,
> je suis celui qui crée lorsqu'il désire, le père des dieux, élevé de pavois,
> celui qui embelli un dieu selon ce qu'ordonne celui qui a mis au monde tout,
> ce noble dieu qui mange et qui parle avec sa bouche.
> Faites silence pour moi, inclinez-vous devant moi,
> je suis venu chaussé, ô taureaux du ciel.
> Les taureaux du ciel s'agenouillent devant moi

dans cette mienne grande dignité de maître des *kas* et héritier d'Atoum.
Je suis venu prendre possession de mon trône et saisir ma dignité.
À moi appartenait tout avant que vous, dieux, ne fussiez venus à l'existence,
À vous descend celui qui est venu à l'extrémité.
Je suis Heka. »

Les textes sur lesquels s'appuie cette recherche ont donc tous été employés dans un but funéraire. Ils devaient permettre au défunt royal ou privé de réussir son entrée dans l'autre monde et d'y conquérir une place sûre et agréable. Les conceptions cosmogoniques ne constituent jamais le thème central de ces formules. Néanmoins, les textes sont très riches en renseignements sur l'origine du monde parce que cette problématique offre de nombreuses analogies avec les conceptions funéraires. C'est notamment le phénomène du passage d'un mode d'existence vers un autre qui suscite le rapprochement entre le processus créateur et la renaissance dans l'autre vie. Les deux formes d'évolution nécessitent une grande quantité d'énergie innovatrice et créatrice, et l'élément générateur et régénérateur du Noun y joue un rôle capital. Par ailleurs, la description de l'origine du monde utilise souvent une imagerie très proche de celle de la course solaire qui est également d'une grande importance pour la destinée funéraire. Les conceptions cosmogoniques sont ainsi intégrées dans ces textes en raison de l'analogie des idées et comme source de comparaison avec le prestigieux processus du déploiement de l'énergie primordiale.

Notre documentation ne présente jamais de récit développé de la création, mais uniquement des séquences plus ou moins longues de notions cosmogoniques. Ces notions, dont le regroupement s'avère très libre, constituent les unités minimales nécessaires à la compréhension et à l'explication d'un phénomène ou d'un moment du processus créateur. Chaque notion est porteuse d'une information. Les notions mythiques sont des images conceptuelles qui sont exprimées littérairement. Les époque anciennes ne transposent pas encore ces images mythiques dans l'iconographie, comme le feront, dans certains cas, les périodes postérieures. Le terme image sera utilisé ici comme synonyme de notion ; le mot mythème sera employé parfois. Les Égyptiens pensaient toujours en images, même, et peut-être surtout, à propos de problèmes aussi lointains et complexes que l'origine du monde. N'est concevable et compréhensible que ce qui est imaginable.

Cette recherche se place résolument du côté des conceptions. Elle cherche à dresser l'inventaire des idées relatives à l'origine de l'univers qui ont été développées aux époques précédant le Nouvel Empire. Ces notions mythiques constituent généralement des unités plus restreintes que les « épisodes » que relève l'analyse littéraire des mythes.

Dans la présente étude, les renseignements sur la cosmogonie ont été relevés à travers les corpus des Textes des Pyramides et des Sarcophages, ainsi qu'à travers l'ensemble de la littérature du Moyen Empire (sagesses, œuvres littéraires, textes privés, etc.). Cette dernière source, d'un volume considérable, est toutefois beaucoup moins fertile que les textes funéraires pour la problématique de la création et de l'origine de l'existence.

Il n'a été tenu compte que des documents dont la datation antérieure au Nouvel Empire peut être jugée certaine. Aussi, plusieurs textes attestés au Nouvel Empire et pour lesquelles certains chercheurs proposent des dates de rédaction plus anciennes, n'ont pas été inclus. Ceci est le cas notamment des grandes compositions funéraires de l'*Amdouat* et du *Livre des Portes*, compositions qui d'ailleurs ne présentent aucune notion cosmogonique qui différerait de celles connues des époques antérieures. Le choix des documents adopté ici est tributaire de notre connaissance des sources dont la date de rédaction n'est pas toujours établie avec certitude. Des analyses plus détaillées, et peut-être même de nouvelles découvertes archéologiques, risquent encore de faire modifier bien des datations communément admises [9].

L'esprit égyptien ayant été créatif durant toute l'Histoire, les conceptions religieuses et les notions mythiques ont évolué au fil des siècles. Certains concepts se sont modifiés, de nouvelles idées sont venues s'ajouter aux plus anciennes. Une connaissance plus précise des conceptions développées et utilisées durant chaque période permettra d'apporter des arguments pour la datation des documents qui compléteront l'analyse linguistique. La présente étude cherchera d'esquisser quelques possibles modifications de conceptions, notamment en ce qui concerne le rôle et l'identité du dieu créateur.

---

9 Voir en dernier lieu l'analyse du rouleau de cuir de Berlin (le décret de construction du temple d'Héliopolis par Sésostris Ier) qui s'avère être non pas un document de la XIIe dynastie, mais un texte littéraire du Nouvel Empire, Ph. DERCHAIN, « Les débuts de l'Histoire », *RdE* 43, p. 35-47.

Une comparaison avec les sources et l'état des conceptions des époques postérieures est ébauchée par endroit, à travers des exemples provenant notamment du Livre de la *Vache du Ciel* et du Livre des Morts, mais elle n'est pas menée de manière systématique.

Par la délimitation du cadre historique, ce travail se distingue des études antérieures qui, le plus souvent, se basent essentiellement sur les documents plus explicites et développés de l'époque tardive et n'utilisent qu'un nombre relativement restreint de sources anciennes. Les conceptions attestées aux époques anciennes servent alors à étayer les idées plus récentes et non pas, comme dans la présente étude, de point de départ d'une recherche qui prendrait en compte les possibles évolutions. Le classement des conceptions de cosmogonie s'oriente généralement selon les grands centres religieux de l'Égypte ancienne, une démarche qui, nous essayerons de le démontrer, ne peut pas s'appliquer à la documentation étudiée ici. Le chapitre de S. Sauneron et J. Yoyotte dans le recueil des *Sources Orientales* dédié à *La Naissance du monde* constitue toujours la présentation la plus complète des conceptions cosmogoniques égyptiennes [10]. La majorité des descriptions postérieures s'appuient sur le choix des sources et les interprétations fournies par ces deux auteurs. Parmi les descriptions générales de la cosmogonie égyptienne, citons dans l'ordre chronologique :

— S. MORENZ, *Ägyptische Religion*, Stuttgart, 1960, chapitre VIII, « Weltschöpfung und Weltwerden », p. 167-191.
— S.G.F. BRANDON, *Creation Legends in the Ancient Near East*, Londres, 1963, chapitre II, « Egypt: Cosmogonies of Rival Sanctuaries », p. 14-65.
— E.O. JAMES, *Creation and Cosmology*, *Numen Supplement* 16, 1969, p. 15-20.
— V. NOTTER, *Biblischer Schöpfungsbericht und ägyptische Schöpfungsmythen*, *Stuttgarter Bibelstudien* 68, 1974.
— Ph. DERCHAIN, « Kosmogonie », *LÄ* III, Wiesbaden, 1980, col. 747-756.
— *id.*, « Cosmogonie en Égypte pharaonique », dans Y. BONNEFOY (éd.) *Dictionnaire des mythologies* I, Paris, 1981, p. 224-228.
— M. GITTON, « La création du monde et de l'homme », *Suppl. Cahier Evangile* 38, Paris, 1981, p. 41-54.

---

10 S. SAUNERON, J. YOYOTTE, « La naissance du monde selon l'Égypte ancienne », dans *La Naissance du monde*, *SourcOr* I, Paris, 1959, p. 17-91. Comme essai de synthèse antérieur à leur présentation, on peut mentionner l'article de H. BONNET, « Weltbeginn », *RÄRG*, Berlin, 1952, p. 864-867.

— J. ASSMANN, « Schöpfung », *LÄ* V, Wiesbaden, 1984, col. 677-690.
— E. BRESCIANI, « I racconti della creazione nell'Egitto antico », *Geo-archeologia* 1984/1, p. 39-42.
— M. BILOLO, *Les cosmo-théologies philosophiques d'Héliopolis et d'Hermopolis*, Publications universitaires africaines, Kinshasa, 1986.
— B. MENU, « Les récits de création en Égypte ancienne », *Foi et Vie* LXXXV/5, Cahiers Bibliques 25, 1986, p. 67-77.
— *id.*, « Les cosmogonies de l'Ancienne Égypte », dans *La Création dans l'Orient ancien*, Paris, éditions du Cerf, 1987, p. 97-120.
— J.P. ALLEN, *Genesis in Egypt*, *YES* 2, 1988.
— V.A. TOBIN, *Theological Principles of Egyptian Religion*, New York, Bonn, 1989, chapitre IV « Mytho-Theology of Creation », p. 57-75.
— M. CLAGETT, *Ancient Egyptian Science*, Philadelphia, 1989, vol. 1, Chapitre II, « Creation and Cosmology », p. 263-406.
— H.-G. BARTEL, J. HALLOF, « Der Aspekt der Selbstorganisation in altägyptischen Kosmogonien », *Selbstorganisation* 1, 1990, p. 195-218.
— Chr. ZIVIE-COCHE, dans Fr. DUNAND, Chr. ZIVIE-COCHE, *Dieux et hommes en Égypte*, Paris, 1991, chapitre II, « Les cosmogonies, la création et le temps », p. 52-79.
— L.H. LESKO, « Ancient Egyptian Cosmogonies and Cosmology », dans B.E. SHAFER (éd.), *Religion in Ancient Egypt*, Londres, 1991, p. 88-122.

Les passages importants, présentés en translittération et traduction, sont classés thématiquement selon la progression du processus créateur qui peut être divisé en quatre phases principales. La première partie de ce travail expose les notions de cosmogonie qui se rapportent respectivement à (I) la phase de la préexistence, (II) la phase de la transition vers l'existence, (III) la création des premiers constituants de l'univers et (IV) la phase de la diversification et du maintien du monde créé. Il convient de souligner d'emblée que cet ordre logique et chronologique des étapes du processus créateur ne constitue qu'un moyen convenable de classer et de présenter les notions, mais n'est pas obligatoirement l'ordre qu'adoptent les textes anciens. La seconde partie de l'étude analyse les séquences de notions, leurs possibles regroupements, les constructions syntaxiques employées et tente une évaluation de la forme et de l'utilisation du mythe de création. Finalement, la question du rôle religieux de la ville d'Héliopolis et le problème de l'âge et de l'origine des « traditions locales » seront examinés.

Dans les citations de textes, les abréviations PT et CT renverront au numéro de *spell* des corpus des Pyramides et des Sarcophages respectivement. Pour les passages des Textes des Pyramides, le sigle *pyr.* introduit le numéro du paragraphe de l'édition de K. Sethe [11], ex. PT 600, pyr. 1652a-b. Pour les passages des Textes des Sarcophages, le numéro du *spell* est suivi du chiffre romain du volume et de la pagination de la publication de A. De Buck et, dans les cas où le texte n'est connu que par un seul document, ou si la traduction ne tient délibérément compte que d'une des leçons existantes, le sigle du sarcophage, ex. CT 321 IV 147d-e, B2L. Le chiffre gras renvoie à la numérotation continue des textes cités et indique l'endroit où un passage donné réapparaît avec sa suite ou dans un plus large contexte. Cette recherche ayant choisi d'aborder individuellement les différentes notions, des découpages de texte et certaines répétitions de citations étaient inévitables. L'index des passages cités devrait permettre de s'orienter plus facilement.

[11] K. SETHE, *Die altägyptischen Pyramidentexte*, 2 vol., 1908-1910.

PREMIÈRE PARTIE

LES NOTIONS DE COSMOGONIE

CHAPITRE I

LA PREMIÈRE PHASE : LA PRÉEXISTENCE - LE NOUN

Les anciens Égyptiens ne concevaient pas leur univers comme étant issu d'un néant, mais ils imaginaient un monde de la préexistence à l'origine de la création. Ce monde de la préexistence, appelé le Noun, est une entité très complexe, à la fois un élément, un lieu et une divinité qui personnifie ces deux aspects. Aucune description détaillée ne présente ce monde dans lequel le créateur et à travers lui toute la création existaient à l'état virtuel, mais les Textes des Sarcophages en fournissent néanmoins quelques indications.

Le Noun est non seulement le monde de la préexistence, il subsiste aussi à l'intérieur de l'univers créé, il fait partie intégrante du monde égyptien et joue un rôle important pour la régénération du soleil nocturne et du défunt.

Le Noun est un monde aqueux. Son nom *nww* pourrait être dérivé d'une racine signifiant « l'eau » qui aurait donné la valeur *n* à l'hiéroglyphe 𓈖 [1]. La prononciation usuelle Noun reflète une forme secondaire d'époque tardive, probablement basée sur l'association de l'eau primordiale et de l'état d'inertie *nnwt*, forme qui a été reprise par le grec et le copte [2].

Plusieurs passages mentionnent « les eaux du Noun » [3]. Le caractère aqueux de cet élément est aussi mis en valeur par le

---

[1] J.P. ALLEN, *Genesis in Egypt*, 1988, p. 4.

[2] J.P. ALLEN, « The Cosmology of the Pyramid Texts », dans *YES* 3, 1989, p. 11 sq.

[3] CT 335 IV 189c, texte **13** ; CT 660 VI 280t-u, *n ḫprt mw n ḫprt Nww*, « avant que l'eau ne fût venue à l'existence, avant que le Noun ne fût venu à l'existence » ;

rapprochement de Noun avec d'autres étendues d'eau, notamment avec le flot-*ḥḥw*.

1 *j Nww m Ḥḥw ṯs pẖr*
ô Noun qui est (dans) Hehou et vice versa.
CT 107 II 118f, G2T.

2 *jtrw n nb r ḏr m wn.f m ḥḥw m nww m nnwt*
(C'est) la rivière du maître de l'univers, lorsqu'il était dans le flot-*ḥḥw* et dans le Noun en inertie. CT 399 V 166h, A1C.

Comme le Noun, le flot-*ḥḥw*  peut être personnifié  [4],  [5]. Le déterminatif du dieu apparaît également dans des circonstances où il s'agit clairement de l'élément et non pas du dieu en tant qu'être agissant. Le flot primordial-*ḥḥw* et le Noun continuent à cœxister et à former une entité au Nouvel Empire [6] et leurs personnifications sont des membres de l'ogdoade [7] (cf. *infra*).

Un autre élément liquide mis en parallèle avec le Noun dès les Textes des Pyramides est le flot-*3gb* [8] qui peut lui aussi être personnifié comme Ageb ou Ageb-our. Les eaux de Hâpi peuvent également être assimilées à celles du Noun; « je suis certes cet esprit-*3ḫ* issu de Hâpi, issu du Noun » [9]. Les rapports précis entre ces différents

---

CT 703 VI 334p, où le défunt veut pêcher dans les eaux du Noun ; CT 682 VI 309d-f, à propos de la naissance de Rê : « Les eaux qui sont dans le Noun se fendent à la voix plaintive de sa mère Nout (?) lorsqu'elle le met au monde ».

[4] CT 714 VI 343p ; CT 268 IV 1c ; CT 937 VII 146j.

[5] CT 334 IV 182n ; CT 1076 VII 347f ; CT 1130 VII 465e, B1C.

[6] Au Livre des Morts, chapitre 175, « la terre retournera dans le Noun et dans le flot-hehou », E. NAVILLE, *Todtenbuch* I, p. 198, col. 16. Dans l'Amdouat, le Noun et le Hehou sont mentionnés avec leurs contreparties féminines dans la 12e heure, E. HORNUNG, *Das Amduat* I, 1963, p. 192 ; II, p. 184 et 202 ; *id.*, *Das Amduat* III, 1967, p. 24.

[7] K. SETHE, *Amun und die acht Urgötter von Hermopolis*, 1929, p. 64 sq.

[8] PT 338, pyr. 551b, « Va donc au Noun, pars donc au flot-*3gb* ». CT 997 VII 213j-214b, P. Gard. II et III, « Je suis celui qui vous a créé, je suis celui qui existe, je suis Atoum qui était au milieu de son flot-*3gb* ».

[9] CT 820 VII 20o.

flots ne sont pas perceptibles, mais ils s'intègrent tous à la conception d'un océan primordial dont la personnification peut être active.

Le Noun est aussi un lieu qui possède, dans les conceptions funéraires et cosmologiques, toute une topographie comportant des portes, des chemins, des châteaux, etc. [10]. Noun est le lieu d'origine du monde et constitue de ce fait un lieu chargé d'énergie créatrice capable de provoquer la régénération du soleil [11] et des défunts [12].

Dans les Textes des Pyramides, Noun est à la fois le lieu d'origine d'Atoum et le lieu de renaissance du roi défunt :

3 *^{c}ḥ^{c}.k ḥr swt Nwj* [13]
ḫpr.k ḥn^{c} jt.k Tm
q3.k ḥn^{c} jt.k Tm
Puisses-tu te lever des sièges de Noun
puisses-tu venir à l'existence avec ton père Atoum,
puisses tu t'élever avec ton père Atoum.
PT 222, pyr. 207b-c, W.

Les êtres qui sont dans le Noun, le créateur dans le monde de la préexistence et les morts (*jmyw Nww*) dans le lieu de régénération, se trouvent dans un état d'inertie et d'engourdissement (*nnwt*). Ceux qui sont dans le Noun sont qualifiés d'enfants (*nww*, *Wb* II, 215, 20-23 [14] ou *nn*, *Wb* II, 272, 4-6) qui attendent, inertes et inconscients, de sortir du Noun et de venir à l'existence [15].

---

[10] J.-Fr. PÉPIN, « Quelques aspects de Nouou dans les textes des pyramides et les textes des sarcophages », *BSAK* 3, 1989, p. 342 sq.

[11] CT 648 VI 270d, « Rê, il se lève hors du Noun » ; CT 662 VI 288f, « la barque de Rê s'envole du Noun » ; CT 307 IV 62c, « Je suis Rê qui est sorti du Noun ».

[12] Déjà PT 211, pyr. 132c, *jwr N m Nww ms.f m Nww*, « Le roi a été conçu dans le Noun, il a été mis au monde dans le Noun ».

[13] Le mot est écrit  ; pour la prononciation de cette variante graphique cf. J.P. ALLEN, *Genesis*, 1988, p. 4 et n. 9. Cette forme rare du nom de *Nww* apparaît encore dans les Textes des Sarcophages, par exemple CT 325 IV 154b ; CT 1130 VII 470a.

[14] CT 441 V 299h-i, *jnk nww jw.j nn.kwj*, « je suis un enfant inerte » ; CT 444 V 312e-f ; CT 446 V 316f-g.

[15] Un texte qui décrit la naissance du dieu Ihy joue avec tous ces termes : CT 334 IV 182 i-k, n, G1T.
jnk nww n mwt.f jnk nḫn s3 Ḥwt-Ḥr jnk nny jmy Nww...

Le lieu de la préexistence est caractérisé par l'obscurité; Noun est « le maître des ténèbres » (*nb kkw*) [16]; un passage parle des « ténèbres de mon père Noun » [17]. « Ouvrir les ténèbres » (*wb3 kkw*) est un acte qui permet d'accéder à la vie, semblable à l'acte de « sortir du Noun » [18]. Dans le contexte funéraire, on rencontre déjà les « ténèbres réunies » (*kkw sm3w*) qui joueront dans les textes tardifs un rôle actif dans la création du monde [19].

Le terme Noun englobe tous les aspects du monde de la préexistence ; Noun est un espace aqueux et obscur. Les *spells* 76, 79 et 80 décrivent plus explicitement cet univers :

4 *...hrw ẖpr.n Tm jm*
m ḥḥw m nww m kkw m tnmw
...le jour où Atoum est venu à l'existence
dans le flot-Hehou, dans le Noun, dans les ténèbres et dans le trouble.
CT 76 II 4c-d.

L'ensemble de ces quatre facteurs constitue l'univers primordial [20]. Le quatrième terme *tnmw* pourrait être dérivé du verbe *tnm* « s'égarer » [21] et indiquer que ce monde ne possède aucune structure, aucun point de référence et que l'on s'y fourvoie. Une autre hypothèse consisterait à rapprocher *tnmw* du mot *knmt* « l'obscurité » qui apparaît dans un contexte cosmogonique dans la texte **168**. Le

---

jw.j m ḥḥ bw wnn.j jm m rn.j pw n Ḥḥw
« Je suis l'enfant de sa mère, je suis le petit, le fils de Hathor, je suis le bambin qui est dans le Noun ... Je cherche le lieu dans lequel j'existais en ce mien nom de Hehou ». Sur ce *spell* et sur le lien entre Ihy et le Noun cf. S. CAUVILLE, « Ihy-noun et Ihy-ouâb », *BIFAO* 91, 1991, p. 110.

16 CT 1132 VII 474l.

17 CT 1129 VII 460f, *kkw jt.j Nww*.

18 CT 1105 VII 433c ; CT 1106 VII 435e ; CT 1116 VII 447b ; CT 1138 VII 484g.

19 CT 38 I 161e, « ouvrir l'intérieur de *kkw sm3w* pour faire une porte dans la Douat » ; CT 351 IV 387a ; CT 672 VI 300f. cf. E. HORNUNG, « Licht und Finsternis in der Vorstellungswelt Altägyptens », *StudGener* 18, 1965, p. 73-75.

20 J.P. ALLEN, *Genesis*, p. 20.

21 K. SETHE, *Amun*, 1929, p. 73.

monde primordial serait ainsi composé de deux éléments aqueux et de deux formes d'obscurité.

On relèvera que les deux premiers éléments, le flot-Hehou et le Noun, sont généralement déterminés par le signe du dieu accroupi, alors que les deux derniers ne le sont jamais. L'ordre respectif des deux derniers facteurs est interchangeable.

Cette énumération de facteurs apparaît aussi dans d'autres contextes. Le dialogue entre Noun et Atoum a lieu *m ḥḥw m nww m kkw m tnmw* [22]. Le défunt se plaint d'être engourdi (*wrḏ) m ḥḥw m nww m kkw m tnmw* [23]. Le dieu Chou qui existait également à l'état virtuel dans l'eau primordiale, crée les quatre ou huit génies-*ḥḥw*  « dans le flot-Hehou, dans le Noun, dans les ténèbres et dans le trouble », afin qu'ils supportent le ciel à ses côtés [24]. Ces génies sont présentés comme la première œuvre de Chou pour laquelle il a parfois recours à la collaboration d'Atoum. La mention du monde de la préexistence souligne par une légère hyperbole que les génies-*ḥḥw* sont apparus dans les premiers instants du processus créateur. Les textes parallèles indiquent clairement que les quatre facteurs *ḥḥw*, *nww*, *kkw* et *tnmw* désignent le lieu et l'état de préexistence où les génies furent créés et que l'on ne peut nullement les comprendre comme les noms individuels des génies-*ḥḥw* [25]. Le rôle des génies-*ḥḥw* est surtout cosmologique. Dans les conceptions funéraires, ils aident le défunt à monter au ciel, et leur image peinte sur la main peut servir de support magique à la récitation de *spell*s [26].

Trois de ces quatre composants du monde de la préexistence figurent aux époques postérieures comme membres de l'ogdoade. S'il existait un lien entre ces éléments primordiaux et l'ogdoade, *tnmw* tiendrait ici la place d'Amon qui ne fut intégré au collège des Huit qu'à

---

[22] CT 76 II 6e, 8a ; CT 79 II 24a ; sur cette notion cf. *infra* p. 46-49.

[23] CT 76 II 10e.

[24] CT 76 II 5e-6a ; CT 80 II 28b.

[25] L'identification des génies-*ḥḥw* avec les quatre constituants du monde primordial (avec *m* d'équivalence, « Chou vous a mis au monde en tant que Hehou, Noun, etc. ») comme la propose par exemple G. ENGLUND, *Akh*, 1978, p. 90 sq., ne semble pas justifiée. Cf. aussi H. ALTENMÜLLER, *LÄ* II, col. 1082-1084, qui distingue d'abord les deux entités divines et les identifie ensuite en se basant sur H. KEES, *Der Götterglaube im alten Ägypten*, 2e éd., 1956, p. 311 sq.

[26] Cf. CT 81 II 44h.

la Basse Époque [27]. Ces passages des Textes des Sarcophages sont souvent considérés comme la première attestation de l'ogdoade [28]. Il faut relever toutefois, que les quatre dieux n'apparaissent jamais avec leur contrepartie féminine. Des quatre divinités féminines, seule Nounet est attestée dans les Textes des Sarcophages [29]. L'identification des aspects de l'univers primordial avec les dieux de l'ogdoade doit ainsi être approchée avec beaucoup de circonspection. L'ancienne argumentation qui utilise l'association de l'ogdoade avec Hermopolis, la ville des Huit, *Ḫmnw*, et le lieu de provenance el-Berche d'un grand nombre de cercueils comportant le *Livre de Chou* (CT 75-83) doit également être nuancée. Ces *spells* sont attestés en d'autres endroits, d'Assouan à Kôm el-Hisn dans le Delta. Les Textes des Sarcophages ne contiennent encore aucune trace d'une conception cosmogonique spécifiquement hermopolitaine dans laquelle l'ogdoade aurait pu jouer un rôle semblable à celui qu'elle connaîtra aux époques tardives [30]. L'ancienneté du concept de l'ogdoade et sa composition précise, ou de possibles fluctuations de sa composition, ne paraissent pas clairement définies encore.

---

[27] G.A. WAINWRIGHT, « The Origin of Amun », *JEA* 49, 1963, p. 22 sq. ; K. SETHE considérait encore la place d'Amon dans l'ogdoade comme très ancienne et même comme l'environnement d'origine de ce dieu. Dans les sources tardives, Amon figure le plus souvent en première position, alors que le mot *tnmw* des Textes des Sarcophages occupe généralement la dernière, parfois la pénultième place ; cf. SETHE, *Amun*, pl. 1. Pour une tentative de rapprochement de ces éléments avec les conditions de l'origine de l'univers selon la Genèse, cf. J.K. HOFFMEIER, « Some Thoughts on Genesis 1 & 2 and Egyptian Cosmology », *JANES* 15, 1983, p. 42-46.

[28] H. ALTENMÜLLER, *LÄ* I, col. 56-57. Sur la mention d'Amon, Amonet, Njou, Nounet, Atoum, Routy, Chou et Tefnout en PT 301, pyr. 446-447, cf. K. SETHE, *Amun*, p. 34 sq. Quatre de ces huit divinités ne font toutefois pas partie de l'ogdoade traditionnelle. Dans les Textes des Sarcophages on trouve *Njw ḥn^{c} Jmn*, « Noun et Amon », CT 1130 VII 470a.

[29] CT 839 VII 42 b-c, en lacune mais restituée d'après PT 606, pyr. 1691-1692. Dans les trois autres cas, une confusion graphique avec Nout semble probable d'après le contexte : CT 682 VI 309b (cf. n. 3 ci-dessus) ; CT 840 VII 45n ; CT 937 VII 144f.

[30] J. PARLEBAS, « Die Herkunft der Achtheit von Hermopolis », *ZDMG Suppl.* III/1, 1977, p. 36-38, estime que les huit porteurs du ciel auraient été rapprochés de la ville d'Hermopolis durant la Deuxième Période intermédiaire par association du chiffre huit. L'inscription d'Hatchepsout du Spéos Artémidos (*Urk.* IV, 389, 3) serait la première attestation de l'ogdoade.

Dans le contexte des constituants du monde de la préexistence et de leur éventuel lien avec l'ogdoade, le dieu Hehou  doit être soigneusement distingué des quatre ou huit génies-*ḥḥw*  que l'orthographe relie à la racine « million, infinité ». Le rôle et la graphie différencient clairement cette troupe d'auxiliaires de Chou du flot-Hehou, et la fréquente confusion des deux entités dans la littérature scientifique repose probablement sur une association phonétique et sur le fait que les génies-*ḥḥw* qui sont disposés aux quatre coins du ciel peuvent être dédoublés et former un groupe de huit [31].

En résumé, les quatre facteurs Hehou, Noun, ténèbres et trouble décrivent le Noun en tant qu'univers primordial. L'état actuel de nos sources ne permet pas de les identifier avec les membres masculins de l'ogdoade. Quant aux génies-*ḥḥw*, qui selon certains textes ont été créés dans l'univers primordial, ils sont à distinguer aussi bien des quatre facteurs de cet univers que des huit divinités de l'ogdoade.

Les eaux primordiales du Noun sont très souvent personnifiées et Noun apparaît comme un dieu actif, prenant une part importante dans le déclenchement du processus créateur. Son activité et son indépendance sont exprimées ainsi « je suis Noun qui fait ce qu'il désire » [32]. Noun et Atoum sont parfois étroitement associés ; leurs actions au début de la création sont complémentaires. Ce lien est illustré par un passage du *spell* 335 où le créateur se présente « je suis le grand dieu qui est venu à l'existence de lui-même » et bien que l'épithète *ḫpr ḏs.f* désigne sans équivoque le dieu Atoum, la glose commente : « ce sont les eaux du Noun » [33]. Les Textes des Sarcophages développent en effet une notion selon laquelle le dieu Noun fut à l'origine de l'autogenèse

---

[31] Sur la distinction de ces deux entités voir W. BARTA, « Die Bedeutung der Personifikation Huh im Unterschied zu den Personifikationen Hah und Nun », *GöttMisc* 127, 1992, p. 7-12.
Un autre groupe de huit dieux, moins clairement définissable, est associé à Hâpi : « Je suis l'aîné des huit Hâpis primordiaux », CT 317 IV 133b, S1C, *jnk j3w n Ḫmnw Ḥ*^{c}*pjw p3wtyw* (les trois derniers termes sont déterminés par le signe du dieu accroupi). Dans le même *spell* Hâpi déclare être plus âgé que les Huit, IV 124a, *jnk Ḥ*^{c}*pj j3w r Ḫmnw*. Deux mentions d'une « ogdoade » se trouvent dans des contextes lacunaires ou incompréhensibles (CT 885 VII 96u *ḫmnt* ; CT 942 VII 156c) ; il n'apparaît aucun lien entre un de ces groupes de huit et la ville d'Hermopolis.

[32] *jnk Nww jr.n.f mrrt.f*, CT 317 IV 114i, B2L.

[33] CT 335 IV 188/9a + c, B9C, BH1Br.

d'Atoum par le fait qu'il lui adressa un discours qui permit à Atoum de prendre conscience et de se réaliser (cf. chapitre II).

Noun est ainsi celui qui provoqua la création du monde. Il n'est pas un dieu créateur [34], mais il est aussi bien la source d'énergie que le facteur déterminant le début de la création. Symboliquement, il peut ainsi être appelé « le père des dieux », épithète fréquente dès le Nouvel Empire, mais qui n'apparaît qu'une seule fois dans notre documentation, à la suite de la glose citée ci-dessus (cercueil BH1Br). Noun et Atoum sont invoqués conjointement [35], et exceptionnellement ils œuvrent ensemble à la création du dieu Chou « que Noun a engendré et qui a été créé d'Atoum » [36]. Le lien étroit entre l'eau primordiale et le créateur est aussi sous-jacent dans la phrase « je suis Rê dans ses manifestations, Hâpi dans son inertie » [37].

Les eaux du Noun fournissent le milieu de la gestation du dieu créateur Atoum dans lequel il est immergé en inertie jusqu'au moment où le dieu Noun le stimule et l'incite à prendre conscience et par là même à inventer la forme d'existence de la vie [38].

---

[34] L'affirmation selon laquelle Noun serait un dieu créateur se base souvent sur le *spell* 714 VI 343j-344f qui décrit pourtant l'autogenèse d'Atoum / Rê, cf. textes **30** et **216**.
En dehors du contexte cosmogonique, Noun peut créer ou provoquer la recréation du soleil ou du défunt. Dans les Textes des Pyramides, « le roi a été mis au monde par Noun sur sa main gauche, lorsque le roi était un enfant sans sagesse » (PT 607, pyr. 1701a-b, *ms N jn Nww ḥr ḏrt.f j3btt N nḫn jwty s33t.f)*. Le défunt identifié au soleil se proclame « un *ba* que Noun a créé », CT 307 IV 63p, L1Li. Un texte qui incite différentes divinités à connaître le défunt contient ce passage énigmatique : « ô Khepri, qui vient à l'existence, qui est dans le flot-*3gb*, que Noun a créé en tant que Tatenen (?)/ Onouris (?) » (*j Ḫpr ḫprr jmy 3gb jrw Nww m* , CT 768 VI 400e, T1L). Sur Tatenen au Moyen Empire cf. H. SCHLÖGL, *Der Gott Tatenen*, 1980, p. 15 sq. L'idéogramme utilisé ici diffère des graphies recensées pour l'époque par Schlögl en ce qu'il comporte les cornes de bélier comme les représentations plus tardives du dieu ; *FECT* II, p. 298 propose la lecture Onouris (?), dieu pour lequel le signe ne semble pas attesté non plus au Moyen Empire, cf. H. RANKE, *PN*, p. 35, n° 10-19.

[35] CT 75 I 348/9b, *j Tm j Nww* (M5C et M.Ann dans l'ordre : *j Nww j Tm*).

[36] *wṯtw Nww jrw.n Tm*, CT 78 II 20a.

[37] CT 341 IV 343c, *jnk Rᶜ m ḫᶜw.f Ḥᶜpj m nnwt.f.*

[38] CT 80 II 34h-35h ; texte **22**.

Le monde de la préexistence est toujours défini de façon positive [39]. C'est le Noun sous ses différents aspects. Ce monde n'est pas défini par l'absence d'éléments créés. En effet, les formulations du type « ...avant que le ciel et la terre ne fussent venus à l'existence » ne se réfèrent jamais à la phase de la préexistence, mais concernent un moment du processus créateur. Ces formulations placent un événement dans une relation d'antériorité relative par rapport à un autre. Grammaticalement, c'est la forme *n sḏmt.f* (passif : *n sḏmyt.f)*, placée en proposition circonstancielle, qui exprime ce rapport d'antériorité relative [40]. Contrairement à la théorie de H. Grapow [41], cette forme verbale ne sert jamais, dans les Textes des Sarcophages, à décrire l'état avant la mise en route du processus créateur, mais plutôt à mettre en valeur un premier phénomène autogène ou créé. C'est avant tout une tournure stylistique pour mettre en évidence la supériorité due à l'âge d'une créature. Les textes qui soulignent la non-existence de constituants importants de l'univers cherchent toujours à mettre en valeur l'ancienneté d'un élément déjà créé. L'absence de composants n'est que le corollaire de l'état primordial, non sa définition.

Le monde de la préexistence subsiste sous une forme et un nom identiques dans le monde créé. Avec le ciel et la terre, le Noun constitue une troisième grande région de l'univers [42].

---

[39] E. HORNUNG, *Conceptions of God*, p. 176-180.

[40] H. SATZINGER, *Die negativen Konstruktionen im Alt- und Mittelägyptischen*, 1968, p. 28-30. Pour ce type de phrase voir aussi P. VERNUS, *GöttMisc* 43, 1981, p.73 sq.

[41] H. GRAPOW, « Die Welt vor der Schöpfung », *ZÄS* 67, 1931, p. 34-38.

[42] Sur la séparation du ciel, de la terre et du Noun voir textes **173-175**. Le Noun est dans ce contexte associé de près au monde souterrain de la Douat. Ainsi, Noun devient l'image même d'un temps ou d'un endroit très éloigné. Cette conception se manifeste dans l'expression « au temps de Noun » (*m rk Nww*, CT 132 II 152f ; CT 321 IV 146c) ou dans l'affirmation hyperbolique que le fleuve de feu serait plus âgé que le Noun (CT 650 VI 272d-e). Que ce lieu d'origine et de régénération se situe aux confins de l'univers est illustré par exemple par la phrase « une imploration s'est étendue jusqu'au Noun » (CT 170 III 38c).

CHAPITRE II

LA DEUXIÈME PHASE : LA TRANSITION

LE CRÉATEUR : ATOUM.

Dans les Textes des Pyramides et les Textes des Sarcophages, Atoum est le dieu créateur par excellence. Son nom dérive du verbe *tm* qui signifie aussi bien « compléter, achever » que « ne pas exister » [1]. Plusieurs essais de traduction ont été proposés : « l'indifférencié » [2], « l'inexistant » [3], « celui qui achève » [4]. Le sens de ce nom ne peut être précisé de façon sûre malgré l'aide de jeux de mots tels *N pn Tm tmm* « ce N est Atoum qui s'est complété » [5]. Il existe de nombreuses graphies du nom d'Atoum dont beaucoup contiennent le signe du traîneau , combiné parfois avec le signe de négation (repris du

---

[1] Sur l'étymologie du nom d'Atoum cf. entre autres E. HORNUNG, *Conceptions of God*, p. 66 sq. ; J.P. ALLEN, *Genesis in Egypt*, p. 9 sq.

[2] E. HORNUNG, *loc. cit.* ; la traduction française de cet ouvrage donne par erreur « celui qui est différencié » (*Les Dieux de l'Égypte*, 1986, p. 56).

[3] J. OSING, *Die Nominalbildung des Ägyptischen* II, 1976, n. 807, avec une discussion détaillée des autres propositions de traduction.

[4] J.P. ALLEN, *Genesis*, p. 9 « the Finisher » ; cf. aussi W. VYCICHL, *ZÄS* 88, 1963, p. 150 ; *id.*, *Dictionnaire étymologique de la langue copte*, 1983, p. 4.

[5] CT 141 II 174e, Sq3Sq, les traductions de cette proposition diffèrent sensiblement : H. BONNET, *RÄRG*, p. 71, « der noch nicht Vollendete, der sich vollenden wird » ; *FECT* I, p. 120, « for N is incomplete » ; P. BARGUET, *Sarcophages*, p. 261, « ce N sera complet, ayant été complété » ; J.P. ALLEN, *Genesis*, p. 9, « (Atum) the completed one ». Cette dernière interprétation de *tmm* comme participe passif semble la plus correct.
Un autre jeu de mots de ce genre se trouve en PT 537, pyr. 1298b, *jwf.k tm m Tm*, « ton corps entier est Atoum ».

verbe de négation *tm*) . Une autre forme est écrite  avec un *j*- initial et un des signes du bras [6]. Une graphie particulière, dont la lecture a souvent été discutée, combine le signe du traîneau avec celui du soleil . B. Altenmüller a démontré que ceci n'est pas le nom syncrétique de Rê-Atoum, mais bien une autre variante graphique d'Atoum [7]. Malgré les objections réitérées de W. Barta [8], l'étude des textes semble confirmer le constat d'Altenmüller. Plusieurs exemples montrent en effet clairement que la graphie soleil sur traîneau possédait la valeur phonétique *tm* aussi bien dans le nom divin que dans d'autres emplois de la racine, par exemple dans l'épithète *nb tm* « maître de tout » [9]. L'écriture indique d'autre part avec précision les rares formes véritablement syncrétiques de Rê-Atoum  ainsi que l'association des deux dieux  ou  [10].

Plusieurs notions définissent Atoum comme créateur. Nous avons déjà rencontré la conception d'une forme d'existence qui précédait celle de la vie qui est le mode d'existence de tous les êtres de l'univers créé, des dieux et des hommes. Atoum existait dans un état virtuel dans le monde de la préexistence, dans le Noun. Cet état difficile à imaginer d'une existence qui n'est pas vie est décrit principalement par l'inertie : « Je flotte étant entièrement engourdi, mes membres (?) étant inertes » (texte **22**).

Autour du dieu Atoum se cristallise la problématique de l'origine de la vie en tant que principe qui régit tous les êtres de ce monde. La

---

6 Sur les nombreuses graphies du nom d'Atoum au Moyen Empire cf. K. MYŚLIWIEC, *Studien zum Gott Atum* II, 1979, p. 5-15, 20, 22, 25, 38, 41-43, 61-66.

7 B. ALTENMÜLLER, *Synkretismus*, p. 25. Dans le même sens W. WESTENDORF, « Die Sonnenscheibe auf dem Schlitten : Atum oder Re-Atum? », *GöttMisc* 62, 1983, p. 85-88.

8 W. BARTA, *LÄ* V, col. 171 ; *id.*, « Zur Verbindung des Atum mit dem Sonnengott Re », *GöttMisc* 64, 1983, p. 15-18 ; *id.*, « Zur grammatischen Bedeutung synkretistisch verbundener Götternamen am Beispiel der Namen von Re und Atum », *GöttMisc* 123, 1991, p. 7-10. P. BARGUET, *Sarcophages*, traduit également cette forme par Rê-Atoum.

9 CT 101 II 101b, S1C ; CT 253 III 353a ; cf. aussi J.P. ALLEN, *Genesis*, p. 10 et n. 60.

10 B. ALTENMÜLLER, *Synkretismus*, p. 25, 244 sq.

question de l'origine de l'existence même, de la vie, est au moins aussi importante pour les Égyptiens que de savoir comment le monde et ses composants ont été créés. Le passage de la préexistence à l'existence peut être imaginé soit comme une rupture provoquée par un élan spontané d'Atoum, soit comme un processus d'échange et d'appel à la conscience dans lequel d'autres dieux, notamment Noun et les enfants Chou et Tefnout, sont activement impliqués (voir ci-dessous).

La notion de l'élan spontané peut être formulé ainsi :

5 *jnk Tm qm3 wrw*
jnk jr Šw ms Tfnt
jnk pw psš ḥtp.f m rk Nww
Je suis Atoum qui a créé les grands,
je suis celui qui a fait Chou et mis au monde Tefnout,
c'est moi, celui qui a rompu son repos [11] au temps de Noun.
CT 132 II 152d-f, S1C.

L'autogenèse.

La transition entre les deux formes d'existence par la volonté et l'énergie d'Atoum est le plus souvent décrite comme une autogenèse. « Celui qui est venu à l'existence de lui-même », *ḫpr ḏs.f*, est l'épithète la plus caractéristique d'Atoum [12]. Cette désignation possède des variantes plus rares formées avec la plupart des verbes de création : « celui qui s'est constitué lui-même » [13], « celui qui s'est fait » [14], « celui qui s'est mis au monde » [15], « celui qui s'est construit lui-

---

[11] Une variante de cette proposition, produite peut-être par une erreur phonétique, se trouve en CT 136 II 161b, *jnk šsp ḥtp.f*, « je suis celui qui a saisi son repos ».

[12] *ḫpr ḏs.f* ou *nṯr ḫpr ḏs.f*, CT 56 I 246b ; CT 75 I 316a, 318b, 324a, 328b, 336a, 340a, 352a, 374c, 385a, 387a, 388b, 397a, 403a ; CT 76 II 3e, 4c ; CT 307 IV 62m ; CT 335 IV 188a ; CT 341 IV 344g ; CT 746 VI 375g ; CT 1099 VII 409c.
Cette épithète peut aussi être portée par Rê : CT 317 IV 114h ; CT 648 VI 270m ; par Khepri CT 317 IV 127f ; CT 402 V 175d ; CT 854 VII 57f. À titre exceptionnel, cette désignation concerne Chou CT 75 I 314b ; Hâpi CT 317 IV 128h ; et Heka CT 648 VI 270h (voir chapitre IV, aspects communs).

[13] *ṯs ḏs.f*, CT 507 VI 92e.

[14] *jnk jr wj*, CT 714 VI 344c ; *jr ḏs.f*, CT 823 VII 24b ; *jr sw*, CT 819 VII 18u.

[15] *ms.n.f ḏs.f*, CT 321 IV 147m ; *ms sw*, CT 663 VI 289l.

même » [16]. L'épithète « celui qui a créé ses noms » renvoie à la conception que l'attribution du nom confère l'existence à un être [17].

La solitude.

Une notion étroitement liée à celle de l'autogenèse est celle de la solitude du créateur. La solitude qualifie par définition celui qui est venu à l'existence de lui-même et qui a créé tout ce qui existe. Mais la racine *w*^{c} / *w*^{c}*y* recouvre aussi l'idée d'unicité. Face aux autres dieux, Atoum a une position unique, il est le « maître unique », *nb w*^{c} [18].

En deux moments de son existence, Atoum se trouve seul ; d'une part durant la phase de la préexistence dans le Noun, d'autre part en tant que créateur obligé à tirer de lui-même la substance pour former d'autres êtres. Plusieurs textes se réfèrent à l'état de solitude dans les eaux primordiales :

6 … *sk wj w*^{c}*.kwj ḥn*^{c} *Nww m nnwt*
… lorsque j'étais seul avec Noun en inertie. CT 80 II 33e-f [19].

7 … *r wnn.sn ḥn*^{c}*.f w*^{c}*y m Nww*
…afin qu'ils (les dieux) soient avec lui (Atoum)
qui était seul dans le Noun.
CT 312 IV 75f, B6C; texte **95**.

---

[16] *qd sw ḏs.f*, CT 601 VI 216h.

[17] *qm3 rnw.f*, CT 335 IV 190/191a. Le vrai nom d'Atoum n'est toutefois pas connu : « Je suis cet unique qui traverse le Noun, celui dont les hommes ignorent le nom », CT 487 VI 66l-m ; « Ils ont demandé le nom d'Atoum à N », CT 449 V 318h. Cette notion préfigure déjà le thème de l'histoire tardive de *la ruse d'Isis*. L'épithète *jmn rn.f*, « celui dont le nom est caché » est portée par Rê et Osiris, cf. B. ALTENMÜLLER, *Synkretismus*, p. 259.

[18] CT 261 III 385b ; CT 282 IV 32d ; CT 631 VI 254e ; CT 663 VI 289c. Cette épithète peut aussi concerner Rê ; cf. B. ALTENMÜLLER, *Synkretismus*, p. 270.

[19] B1C omet le mot *nnwt* ; B1L écrit *Nwt* pour *Nww* (une erreur relativement fréquente), et B1P remplace *Nwt* par *pt* « ciel » avec le déterminatif de la déesse accroupie.

L'unicité du créateur et sa multiplication en un univers structuré sont formulées de la façon la plus concise dans la brève phrase : « lorsqu'il était un et qu'il devint trois » [20].

La solitude d'Atoum dans l'acte créateur est encore décrite ainsi :

8 *m wn.f w*ᶜ*y m prt m r.f*
Lorsqu'il était seul, lorsque quelque chose sortit de sa bouche.
CT 261 III 383c-d ; textes **141**, **211**.

Le contexte incite à considérer les deux propositions comme temporelles, la seconde faisant allusion à plusieurs modes de création utilisés par Atoum. La bouche d'Atoum joue le rôle d'une partenaire féminine lorsqu'il y introduit sa semence pour une période de gestation. La bouche apparaît également comme organe créateur dans les notions de création par le crachat et par la parole. Les différentes façons surnaturelles qu'Atoum met en œuvre pour surpasser sa solitude et créer une descendance sont le sujet de toute une série de notions de cosmogonie (cf. chapitre III). Un texte qui présente le dieu Heka comme le fils d'Atoum mentionne ce phénomène extraordinaire d'une naissance sans mère [21] :

9 *jnk wnnt s3 pw n ms tm*
msy n wnt mwt.f
je (Heka) suis certes ce fils de celui qui a mis au monde tout,
(je suis) celui qui a été mis au monde sans mère.
CT 261 III 384d-385a, B1Bo.

L'absence de partenaire pour la mise au monde de ses enfants peut conférer à Atoum le caractère de créateur androgyne. Bien qu'étant une divinité incontestablement masculine, Atoum est contraint, par sa solitude, à jouer simultanément le rôle des deux sexes. Il devient ainsi « celui-ci et celle-ci » :

10 *jnk Tm gm3 wrw*
jnk ms Šw

---

[20] *m wn.f w*ᶜ*y m ḫpr.f m ḫmt*, CT 80 II 39e. Pour la notion de solitude/unicité d'Atoum voir aussi CT 335 IV 186/7a, texte **13** ; CT 680 VI 306a. Cette caractéristique peut être « usurpée » par Chou et par Hâpi en tant que fils d'Atoum CT 75 I 334c, B1Bo ; 374/5d ; CT 547 VI 143f.

[21] Le phénomène est aussi évoqué à propos de Hâpi, CT 317 IV 135b ; texte **127**.

jnk pn tn
Je suis Atoum qui a créé les grands,
je suis celui qui a mis au monde Chou [22],
je suis celui-ci et celle-ci. CT 136 II 160g-161a.

Les deux pronoms démonstratifs 𓊪𓈖𓀭 et 𓏏𓈖𓁥, pourvus chacun d'un déterminatif divin, indiquent clairement l'aspect androgyne d'Atoum [23]. Cet aspect ne concerne pourtant pas la personne du dieu, mais uniquement son rôle de créateur solitaire.

Atoum est le créateur de tout, une qualité qui est exprimée par les épithètes *nb tm*, « maître de tout » [24] et *nb r ḏr*, « maître de l'univers » [25]. Un passage hymnique le décrit ainsi :

11 *jnḏ ḥr.k Tm*
jr pt qm3 wnnt pr m [t3]
sḫp[r] styt [nb] ntt ms nṯrw
Salut à toi, Atoum,
celui qui a fait le ciel, qui a créé ce qui existe, qui est sorti de la [terre] [26]
qui a fait venir à l'existence la semence, [le maître] de ce qui est,
qui a mis au monde les dieux. CT 306 IV 60e-f, L2Li.

Atoum est aussi « celui qui crée, qui n'a pas de faiblesse » [27].

---

[22] Le parallèle CT 132 II 152e donne *jnk jr Šw ms Tfnt*, « je suis celui qui a fait Chou et mis au monde Tefnout ».

[23] Ce thème est développé par plusieurs textes du Nouvel Empire et sera prédominant dans les conceptions gnostiques de l'Égypte des premiers siècles de notre ère ; J. ZANDEE, « Der androgyne Gott in Ägypten, ein Erscheinungsbild des Weltschöpfers » dans *Religion im Erbe Ägyptens*, 1988, p. 270-277.

[24] CT 7 I 20c ; CT 101 II 101b ; CT 167 III 27b ; CT 253 III 353a ; CT 261 III 382b ; CT 306 IV 61m ; CT 335 IV 321f ; CT 352 IV 391a, c ; CT 539 VI 134g ; CT 569 VI 168i. L'épithète est souvent portée par Rê, et à titre exceptionnel aussi par Chou, CT 965 VII 181c.

[25] Littéralement « maître jusqu'aux limites » ; CT 60 I 250a, 252b ; CT 336 IV 328k, l ; CT 647 VI 267u, 268g ; CT 747 VI 376d (Rê ou Atoum?) ; CT 1130 VII 461d, 465b. Une variante de cette épithète se trouve en CT 709 VI 341c, B2L, *jnk Tm nb r ḏrw pt*, « je suis Atoum, le maître jusqu'aux limites du ciel ».

[26] S'agirait-il ici d'une allusion à la forme de serpent d'Atoum connue principalement par le chapitre 175 du Livre des Morts ? Une traduction avec *m*- d'équivalence « je suis sorti en tant que [terre] » semble peu probable.

[27] *jnk Tm qm3w jwty gnnwt.f*, CT 103 II 109e-f.

Le rapport entre Atoum et Rê.

Les dieux Atoum et Rê sont souvent étroitement associés dans le contexte des conceptions cosmogoniques, parfois même identifiés l'un avec l'autre. Dans les associations syncrétiques de leurs noms [28] et les mentions conjointes des deux noms [29], celui de Rê précède toujours celui d'Atoum. Cet ordre est aussi respecté lorsque les dieux sont mentionnés individuellement, mais ne forment en fait qu'une seule entité divine : « ce N est apparu en tant que Rê et s'est élevé en tant qu'Atoum » [30], « je suis Rê, je suis Atoum, le maître de l'éternité, le pilier de la pérennité » [31], « je suis Rê qui est éternellement sain, je suis Atoum qui est plus glorieux que les glorieux » [32]. Comme l'a démontré B. Altenmüller, cet ordre signifie que Rê est une manifestation d'Atoum et qu'Atoum est la divinité dont il s'agit effectivement [33]. Le second nom désigne la divinité déterminante. Le rapport de prédominance d'Atoum sur Rê est aussi explicité par les textes : « Je suis Atoum en son nom de Rê » [34]. Dans tous ces cas, Rê est une forme d'Atoum.

12 *jnk R*^{c} *s3b w*^{c} *m pt*
ḫm.n mwt.f rn.f
jw wsr.j m 3ḫt jw šps.j m pt
mj Tm jt.j ms wj
jw rdj.n.f n.j b3.f
jw [rdj].n.f n.j 3ḫw.f (var.S1C : *jw 3ḫ.kwj r.f*)
Je suis Rê, le dignitaire, l'unique dans le ciel
celui dont la mère ignore le nom ;
je suis puissant dans l'horizon, je suis noble dans le ciel
comme Atoum, mon père, qui m'a mis au monde.
Il m'a donné son *ba*,
il m'a donné sa puissance-*3ḫw* (var. : je suis plus efficace que lui). CT 573 VI 177h-n, S2C, S1C.

---

28 CT 306 IV 60a.

29 Les cas où chaque nom possède un déterminatif, CT 137 II 165d ; CT 141 II 174a ; CT 510 VI 96b ; CT 995 VII 210b, 211f.

30 *N pn ḫ*^{c}*y m R*^{c} *q3y m Tm*, CT 45 I 191g-192a.

31 *jnk R*^{c} *jnk Tm nb nḥḥ sw3 ḏt*, CT 442 V 301b-c.

32 *jnk R*^{c} *swḏ3 r ḏt jnk Tm 3ḫ r 3ḫw*, CT 440 V 293b-c.

33 B. ALTENMÜLLER, *Synkretismus*, p. 25.

34 *jnk Tm m rn.f n R*^{c}*////*, CT 266 III 396a-b, S1C.

Selon ce *spell*, Atoum serait même le père de Rê avec lequel le défunt s'identifie, et Rê serait le porteur du *ba* et de la puissance-*3ḫw* d'Atoum. Même si l'on admet que le pronom de la première personne concerne principalement le défunt plutôt que le dieu Rê directement, ce texte témoigne néanmoins du rapport entre Atoum et Rê et présente Rê comme une manifestation (un *ba*) d'Atoum. La prétendue filiation pourrait être une façon symbolique d'exprimer ce rapport de préséance.

Dans d'autres textes, les deux dieux sont identifiés et se confondent.

13 *ẖpr mdwt nnk Tm*
    glose T2Be : *jnk R*^{c}
    glose T3L^{a} : *j[nk] Tm*
wnn.j w^{c}*.kwj*
jnk R^{c} *m ẖ*^{c}*w.f tpw*
    glose B5C : *wbn.f m 3ḫt*
jnk ^{c}*3 ẖpr ḏs.f*
    glose B9C^{a} : *ptr sw* ^{c}*3 ẖpr ḏs.f mww Nww pw*
    (var. H : *nṯr* ^{c}*3 pw Nww pw*)
qm3 rnw.f nb psḏt
jwty ḫsf m nṯrw
    glose M57C : *R*^{c} *pw*
    glose BH1Br : *sy pw Tm pw jmy jtn.f*
Adviennent (ici) les paroles de ma part, Atoum,
    Je suis Rê.
    Je suis Atoum.
moi qui suis seul :
Je suis Rê dans ses premières apparitions
    Il se lève à l'horizon.
je suis le grand qui est venu à l'existence de lui-même,
    Qui est-ce, le grand qui est venu à l'existence de lui-même ?
    Ce sont les eaux du Noun.
    (var. : Le grand dieu, c'est Noun)
celui qui a créé ses noms, le maître de l'ennéade
celui qui ne peut être repoussé des dieux.
    C'est Rê.
    Qui est-ce ? C'est Atoum qui est dans son disque [35].
CT 335 IV 184/5b-190/1d.

---

[35] Se rapportant à la dernière phrase seulement, la glose du sarcophage thébain de St. Petersbourg (H = T1Len) identifie « Horus qui préside à Letopolis » (*Ḥr ḫnty Ḫm*) comme celui qui ne peut être repoussé des dieux ; A. DE BUCK, *Coffin*

Dans la première phrase, Atoum se présente en tant que Rê. Atoum, Rê, et l'autogène qui a pris son origine à partir des eaux du Noun ne constituent qu'une même divinité créatrice. Cette identité transparaît également à travers les deux variantes de la seconde glose. « Celui qui a créé ses noms, le maître de l'ennéade » peut désigner aussi bien Rê qu'Atoum et cet amalgame est encore souligné par l'épithète éminemment solaire « celui qui est dans son disque » qui caractérise Atoum. L'identification des deux divinités se retrouve de façon similaire dans les versions plus tardives de ce texte au chapitre 17 du Livre des Morts.

Bien que les deux divinités puissent être perçues comme les aspects interchangeables d'une seule entité, la théologie du Moyen Empire semble différencier la sphère d'activité et la fonction de chacun de ces aspects. Comme nous le verrons plus en détail au chapitre IV, les textes de notre documentation distinguent de manière très nette la phase de la création du monde, d'une part, de la phase qui suit l'installation de l'univers d'autre part. Selon une conception égyptienne très profondément enracinée, le monde créé ne peut fonctionner sans un grand effort de recréation permanente. Or on constate à travers les sources étudiées ici, que le dieu Atoum, qui est pourtant le principal détenteur d'énergie créatrice, ne participe jamais à cet effort pour maintenir et pour faire prospérer l'univers. Il confie au contraire toute la responsabilité du maintien et du développement du monde à son (ou ses) fils. C'est le fils qui veille à la fertilité de la terre et à la reproduction de la vie de tous les êtres. Le rôle créateur d'Atoum s'arrête après l'installation des éléments majeurs de l'univers. Son oeuvre accompli, Atoum ne se soucie guère de l'entretien de l'univers, mais il s'en détache et devient un *deus otiosus* [36]. Cette conception paraît caractéristique de la théologie du Moyen Empire et constitue en même temps une des principales différences par rapport à la religion du Nouvel Empire, où le créateur continue à être présent et actif dans le monde de tous les jours, à s'occuper du fonctionnement de l'univers et des besoins de ses créatures.

Texts IV, p. 190, n. 3 ; pour la bibliographie de ce document, cf. H. WILLEMS, *Chests of Life*, 1988, p. 33.

[36] Dans des courants mythologiques autres que celui de la cosmogonie, Atoum joue bien sûr un rôle actif à l'intérieur du monde créé, notamment en tant que président du tribunal dans le conflit d'Horus et Seth, cf. par exemple CT 312 IV 86q-s.

Si Atoum n'intervient plus dans le monde créé, Rê y joue un rôle créateur éminent. En réapparaissant quotidiennement, Rê ramène le monde à l'existence et dispense l'énergie vitale grâce aux rayons solaires. Le lien entre Atoum et Rê devient ainsi compréhensible à l'intérieur des conceptions de l'époque. Rê est la forme d'Atoum qui est active après la création, qui garantit le maintien de l'univers. Il est la manifestation ou le *ba* d'Atoum, celui qui continue son œuvre créatrice et en assure la permanence. L'accomplissement essentiel d'Atoum est la création de l'existence, de sa propre vie et de celle des dieux et des hommes. Il est l'origine de l'énergie vitale, Rê en garantit la propagation. Atoum est responsable de l'invention de la vie ; le mouvement ininterrompu de Rê permet de l'entretenir. Cette opposition entre Atoum, qui incarne le principe de l'existence même, et de Rê, qui est le principe dynamique de son maintien, pourrait être exprimée dans la phrase :

14 *twr.j wsšt mj* R^{c} *qdd mj Tm mwt*
Je rejette l'urine [37] comme Rê le sommeil et comme Atoum la mort. CT 217 III 194i-j.

Pour que l'univers continue à fonctionner, l'aspect dynamique du créateur ne peut pas s'endormir [38], l'aspect statique qui garantit l'existence ne peut pas mourir. Le sommeil et la mort sont également évoqués à propos du créateur dans les *Admonitions* où Ipouer, consterné par l'absence de manifestation du maître de l'univers, lance tour à tour les questions « dormirait-il ? » et plus loin « est-ce que le pasteur bienveillant serait mort ? » [39].

Dans un autre texte funéraire, le défunt déclare :

15 *jw.j h3b.kwj jn* ^{c}*3 pw nb tm jwty mnj.n.f*
J'ai été envoyé par ce grand, le maître de tout qui ne peut pas mourir. CT 434 V 285a.

---

[37] Sur l'angoisse du défunt, très souvent exprimée dans les Textes des Sarcophages, de devoir manger ses propres déjections cf. G.E. KADISH, « The Scatophagous Egyptian », *JSSEA* 9, 1978, p. 203-217.

[38] Dans les Textes des Pyramides déjà, « le sommeil est l'abomination » de Rê, PT 411, pyr. 721d.

[39] *Adm.* 12, 5 *jn jw.f tr sḏr* ; 12, 13 *jn jw rf mnjw mr mwt.* Pour l'analyse grammaticale de la dernière question cf. M. GILULA, « Does God Exist? », dans D.W. YOUNG (éd.), *Studies Presented to H.J. Polotsky*, 1981, p. 390-400.

Ce dernier passage est quelque peu ambigu ; le maître de tout peut désigner aussi bien Rê qu'Atoum et le verbe *mnj* signifie « s'arrêter, amarrer (une barque) » ou « mourir ». L'arrêt de la traversée régulière de Rê équivaudrait à la mort d'Atoum.

Rê et Atoum sont ainsi deux aspects complémentaires du créateur qui sont actifs durant des moments différents de l'évolution du monde. Atoum, qui est à l'origine du processus et qui représente la source de toute l'énergie créatrice, reste la divinité principale dont Rê est la manifestation visible.

Notre documentation ne nous permet pas de saisir l'origine et l'histoire du rapport entre ces divinités. Nous ignorons s'il s'agit là de l'association d'un dieu créateur et d'un dieu solaire imaginée par des théologiens pour un quelconque motif, ou si ces deux aspects du créateur, statique et dynamique, étaient ressentis comme essentiels pour expliquer les faits et les moments distincts de l'œuvre créatrice. Les textes du Moyen Empire nous permettent de connaître les différentes fonctions et phases d'intervention des deux divinités, mais leur association et leur identification remonte à une date antérieure. Ceci est illustré par exemple par le fait qu'Atoum et Rê occupent déjà dans les Textes des Pyramides une place commune à la tête de l'ennéade.

Le rapprochement des deux dieux et de leurs actes créateurs est favorisé également par la proximité des notions cosmogoniques et des conceptions cosmologiques. Le Noun constitue le principal facteur commun ; comme Atoum est venu à l'existence à partir des eaux du Noun, le soleil Rê se lève hors du Noun chaque jour après s'y être régénéré. Les deux processus peuvent facilement être assimilés. Cette analogie d'Atoum qui vint à l'existence de lui-même et de Rê qui apparaît hors du Noun entraîne à son tour une autre association, celle de Rê et du créateur avec le dieu Khepri qui est l'aspect de Rê renaissant le matin. Le nom de Khepri rappelle aussi de façon évidente l'épithète du créateur autogène *ḫpr ḏs.f*.

16 *jnk nḥḥ jnk R*^{c} *pr m Nww*
m rn.j pw n Ḫpr b3.j pw nṯr
jnk qm3 Ḥw bwt.j pw jsft n m3[n.j] sy
jnk jr M3^{c}*t* ^{c}*nḫ.j jm.s r*^{c} *nb...*
ḫpr.n.j ḏs.j ḥn^{c} *Nww m rn(.j) pw n Ḫpr*
ḫpr.j jm.f r^{c} *nb*
Je suis l'éternité, je suis Rê, celui qui est sorti du Noun
en ce mien nom de Khepri, ce mien *ba* divin,

je suis celui qui a créé Hou, le mal-*jsft* est mon abomination, je ne peux pas le voir,
je suis celui qui a fait Maât, dont je vis chaque jour. [40] ...
Je suis venu à l'existence de moi-même avec Noun en ce mien nom de Khepri ;
je viens à l'existence en lui chaque jour.
CT 307 IV 62b-j, m-n, L1Li, BH4C.

L'apparition quotidienne de Rê en son nom de Khepri est comparée ici à l'autogenèse du créateur et associée aux aspects primordiaux de la création de Hou et de Maât. L'association de Khepri avec Atoum est déjà attestée dans les Textes des Pyramides [41] :

17 *jnḏ ḥr.k Tm*
jnḏ ḥr.k Ḫprr ḫpr ḏs.f
q3j.k m rn.k pw n q3
ḫpr.k m rn.k pw n Ḫprr
Salut à toi Atoum,
salut à toi Khepri qui est venu à l'existence de lui-même,
puisses-tu t'élever en ce tien nom de (butte) élevée,
puisses-tu venir à l'existence en ce tien nom de Khepri.
PT 587, pyr. 1587a-d.

Un passage des Textes des Sarcophages présente Khepri ainsi :

18 *jnk Ḫpr ḥry-tp nb////*
jw wb3.n.j kkw
jw ms.n.j jt.j jw j[wr].n.j mwt.j
Je suis Khepri qui est à la tête [du maître de ?] ////
J'ai ouvert les ténèbres,
j'ai mis au monde mon père, j'ai en[gendré] ma mère.
CT 944 VII 158c-f, P. Gard. III.

L'affirmation que le dieu ait mis au monde ses propres parents est une manière hyperbolique d'illustrer son autogenèse, sa naissance sans parents justement. Cette image réapparaîtra dans les hymnes du

---

[40] Atoum et Rê vivent tous les deux de Maât qui est leur fille ; cf. CT 80 et p. 171 sq.
[41] Voir aussi PT 600, pyr. 1652a ; texte **45.**

Nouvel Empire [42]. Dans le cas de Khepri, cette affirmation d'autogenèse, qui est liée au caractère solaire du dieu, ne permet pas de l'identifier comme créateur indépendant. Si Khepri est une figure très importante dans les conceptions funéraires parce qu'il symbolise le désir de transformation (*ḫprw)* et de renaissance des hommes, son rôle comme créateur est absolument secondaire et toujours lié à son identification avec Rê ou Atoum.

Le cas est sensiblement différent en ce qui concerne les rapports entre Atoum et Rê. Bien que Rê soit considéré comme une manifestation d'Atoum, il peut acquérir aussi dans les conceptions cosmogoniques un statut de créateur à part entière et indépendant. Bien que la fonction et la place de Rê se situent essentiellement dans le monde créé, son nom peut se substituer à celui d'Atoum en liaison avec des notions qui concernent la phase de la création primordiale. La substitution inverse peut également être observée, quoique plus rarement, comme nous l'avons vu ci-dessus (texte **13**) dans la désignation « Atoum qui est dans son disque ». D'autres allusions à une existence solaire d'Atoum précisent par exemple que le ciel est son domaine [43] ou qu'il faut élever Nout sous Atoum [44]. Dans le *spell* 80 on lit à propos d'Atoum : « Il se lève chaque jour et il sort de son œuf lorsque le dieu est mis au monde et que la lumière sort. "Louange" lui est dite par sa descendance qui est dans l'horizon » [45]. Atoum et Rê peuvent ainsi se confondre et échanger leur place et leur fonction. Ils sont considérés comme un seul dieu, le dieu créateur par excellence. Ceci explique aussi le fait qu'à plusieurs reprises les deux noms apparaissent dans le même texte, l'un comme variante de l'autre [46]. Dans la présente étude, nous nous référons à cette identification de Rê avec Atoum en parlant du créateur Atoum / Rê (Atoum ou Rê ; Atoum qui est aussi Rê).

---

42 Pour une discussion et des exemples de ce thème cf. J. ZANDEE, *Der Amunhymnus des Papyrus Leiden I 344, Verso* I, 1992, p. 24-27.

43 CT 76 II 2d.

44 CT 78 II 20c-d.

45 CT 80 II 36c-e ; un passage semblable en CT 81 II 44d-e.

46 cf. B. ALTENMÜLLER, *Synkretismus*, p. 247, 249 ; le nom d'Atoum est généralement celui que le plus grand nombre des versions atteste. La variante apparaît même à l'intérieur d'un seul document : CT 325 IV 156b, S1C[a] : *Tm*, S1C[b] : *R*[c].

Le dialogue entre Noun et Atoum.

Plusieurs passages font référence à un échange de paroles entre Noun et Atoum, échange qui constitue le premier événement du processus créateur. Ce dialogue marque la première rupture de l'inertie et la première structure organisant le rapport entre deux entités. La communication entre Noun et Atoum fait venir à l'existence les deux divinités. Le jour où ils parlent est le moment où la création commence.

Cette notion peut être liée à la création des génies-*ḥḥw* qui soutiennent le ciel aux côtés de Chou. Ces dieux auxiliaires sont en principe créés par Chou, mais leurs noms sont inventés par Atoum.

19 *j ḥḥw 8 jpw jrw.n Tm m rḏw n jwf.f*
jrw.n Tm rnw.sn ḫft qm3 mdw Nww (var. B2L: *mdw Nww ḥn^c Tm*)
hrw pw mdw.n Tm jm.f ḥn^c Nww m Ḥḥw m nww m tnmw m kkw
O ces huit génies-*ḥḥw* qu'Atoum a faits des humeurs de sa chair,
dont Atoum a fait les noms lorsque [47] la parole de Noun créa [48],
(var. : lorsque la parole de Noun avec Atoum créa)
ce jour où Atoum parla avec Noun dans le flot-Hehou, dans le Noun, dans le trouble et dans les ténèbres. CT 76 II 7c-8a.

Le *spell* 79 reprend le thème du dialogue entre Noun et Atoum et précise que c'était le jour de l'émersion d'Atoum :

20 *j ḥḥw 8 jpw prw m Šw*
qm3w.n jwf n Tm rnw.sn
ḫft mdw Nww m ḥḥw m nww m tnmw m kkw
jw.ṯn rḫ.twnj wj
jnk js qm3 ṯn wtt ṯn ṯs ṯn jr rnw.ṯn
ḫft qm3 mdw Nww ḥn^c Tm (var. B1Bo: *Nww ḥn^c R^c*)
hrw pw q3.n Tm jm.f m ḫnw ḏr.f
O ces huit génies-*ḥḥw* issus de Chou

---

[47] *ḫft*, ici plus probablement la préposition temporelle que l'adverbe « conformément à ; selon ».

[48] J. ZANDEE (« Sargtexte, Spruch 76 », *ZÄS* 100, 1974, p. 68) envisage une expression *qm3 mdw*, « prononcer une parole » : « le jour où la parole de Noun fut prononcée ».

dont la chair d'Atoum a créé les noms
lorsque Noun parla dans le flot-Hehou, dans le Noun, dans le trouble et dans les ténèbres.
Vous me connaissez
car je (Chou) suis celui qui vous a créés, qui vous a engendrés, qui vous a constitués, qui a fait vos noms
lorsque la parole de Noun avec Atoum (var. : Rê) créa,
ce jour où Atoum s'éleva de l'intérieur de son espace [49].
CT 79 II 23d-25a.

Dans ces passages, la création des noms des génies-*ḥḥw* est associée à une parole que prononça Noun ou qu'il échangea avec Atoum à l'intérieur de l'élément primordial. Cette parole marque un moment crucial. Aucun des textes ne spécifie ce que la parole de Noun créa ou ce qu'il dit. La parole de Noun ou son dialogue avec Atoum est l'événement qui déclenche le processus créateur, la découverte de la faculté créatrice. En s'adressant à Atoum, Noun provoque sa prise de conscience et son émersion. Il est intéressant de noter à ce propos le rôle prédominant de Noun qui n'est pas créateur, mais qui est le stimulateur du processus.

Un autre passage pourrait se référer à cette notion sans la lier à la création des dieux-*ḥḥw*. Il soulignerait également le rôle dominant de Noun par rapport à Atoum.

21 *m mdw.f ḥn^{c} ḫpr ḥn^{c}.f wsr.f r.f*
... lorsqu'il (le créateur) parla avec celui qui est venu à l'existence avec lui, qui est plus puissant que lui.
CT 261 III 384a-b; textes **85**, **141**.

Celui qui est venu à l'existence avec Atoum est ici probablement Noun et non pas le dieu Heka dont le passage décrit la naissance

49 Une traduction différente au sens peu satisfaisant est proposée par W. WESTENDORF, (*GöttMisc* 62, 1983, p. 87) : « Das ist Re, durch den Atum hoch geworden ist ». Cette interprétation est basée sur la graphie inhabituelle de *hrw*. Pour la lecture *hrw* de la graphie  cf. J. ZANDEE, *op. cit.*, p. 64. « Jour » écrit avec les même signes que « Rê » apparaît aussi dans L. HABACHI, *Tavole d'offerta*, 1977, p. 65 et 67 (face B ligne 7) = D. MEEKS, *AnLex* 77.2522.

primordiale [50]. L'échange de paroles amènerait ainsi les deux protagonistes à l'existence, mais Noun, l'instigateur de la conversation, serait considéré comme la divinité la plus puissante.

Au *spell* 80, les deux dieux mènent un long dialogue dans lequel Noun conseille à Atoum de se nourrir de sa fille Maât et lui assure que son fils Chou, qui représente le principe de la vie, le soulèvera. Suite aux paroles plaintives d'Atoum, Noun l'encourage à s'appuyer sur ses enfants qui le porteront à la pleine existence.

22 *ḏd.jn Tm n Nww*
jw.j ḥr mḥt wrḏ.kwj wrt
p^{c}t nny
jn s3.j ^{c}nḫ ṯs jb.j
s^{c}nḫ.f ḥ3ty.j s3q.n.f ^{c}wt.j jptn wrḏ wrt
ḏd Nww n Tm
sn s3t.k M3^{c}t wd n.k s(y) r fnd.k ^{c}nḫ jb.k
n ḥr.sn r.k s3t.k pw M3^{c}t ḥn^{c} s3.k Šw ^{c}nḫ rn.f
wnm.k m s3t.k M3^{c}t
jn s3.k Šw sṯs.f ṯw
Atoum dit à Noun :
« Je flotte étant entièrement engourdi,
mes membres (?) [51] étant inertes.
C'est mon fils Vie qui constituera mon cœur [52],
puisse-t-il faire vivre mon cœur après avoir réuni ces miens membres très engourdis. »
Noun dit à Atoum :
« Respire ta fille Maât, porte-la à ton nez afin que ton cœur vive.
Ils ne sont pas loin de toi, Maât est ta fille avec ton fils Chou dont le nom est Vie.
Puisses-tu te nourrir de ta fille Maât,
c'est ton fils Chou qui te soulèvera. » CT 80 II 34g-35h.

---

[50] Cette dernière hypothèse ne peut toutefois pas être écartée entièrement. Si elle s'avérait juste, l'idée que Heka, le fils d'Atoum, serait plus puissant que celui-ci trouverait alors un parallèle dans l'hymne cannibale, PT 273, pyr. 395b.

[51] Toutes les versions écrivent *p^{c}t*, mais le sens « humanité » ne convient guère. Il n'est pas exclu qu'il s'agisse d'une erreur (confusion graphique avec *^{c}wt.j* « mes membres »?). Cette traduction est proposée par J. ZANDEE, « Sargtexte, Spruch 80 », *ZÄS* 101, p. 64.

[52] P. BARGUET, *Sarcophages*, p. 471, traduit librement mais pertinemment « qui éveille ma conscience ».

Les passages **19** et **20** font état d'une notion de création selon laquelle le dialogue entre les deux divinités aurait été le moment qui déclenchait le processus créateur (et accessoirement le moment où furent créés les noms des génies-*ḥḥw*). L'échange de paroles cité ci-dessus présente également Noun comme l'initiateur de la prise de conscience et de l'autogenèse d'Atoum. Le texte **22** se distingue des deux précédents en ce qu'il est très explicite sur le contenu des discours. Il n'est pas certain que le dialogue développé au *spell* 80 se rapporte directement à la notion formulée ailleurs de façon plus concise. Il semble possible toutefois que nous ayons ici un des rares cas où nous pouvons saisir une même notion exprimée aussi bien sous la forme d'une évocation brève que sous une forme discursive.

Simultanéité et consubstantialité.

La plupart des notions de cosmogonie égyptiennes conçoivent l'origine du monde à partir de l'autogenèse du créateur qui fabriqua ensuite les composants de l'univers à l'aide de substances tirées de son corps et de son esprit. Le *Livre de Chou*, les *spells* 75-83 [53], propose concurremment à cette conception répandue une variante intéressante et subtile. L'origine du monde n'est pas décrite comme une série d'actions dirigées par le créateur, mais comme un lent processus de genèse et de dissociation des trois protagonistes Atoum, Chou et Tefnout qui se trouvaient dans un état d'union symbiotique.

23 *ḏd.jn Tm s3t.j pw* ^{c}*nḫt Tfnt*
wnn.s ḥn^{c} *sn.s Šw*
^{c}*nḫ rn.f m3*^{c}*t rn.s*
^{c}*nḫ.j ḥn*^{c} *s3ty.j* [54] ^{c}*nḫ.j ḥn*^{c} *ṯ3ty.j*
jsk wj m ḥry-jb.sny
w^{c}*t sny r s3.j (w*^{c}*t sny) r ẖt.j*
sḏr ^{c}*nḫ ḥn*^{c}*s3t.j M3*^{c}*t*
w^{c}*t m ẖnw.j w*^{c}*t ḥ3.j*
^{c}*ḥ*^{c}*.n.j ḥr.sny* ^{c}*wy.sn ḥ3.j*

---

[53] Sur l'unité de ces textes et la proposition de les considérer comme un Livre, voir P. JÜRGENS, « Textkritische und überlieferungsgeschichtliche Untersuchungen zu den Sargtexten », *GöttMisc* 105, 1988, p. 31.

[54] Le duel du mot enfant est basé sur la forme féminine (cf. E. Edel, *Altägyptische Grammatik*, § 300), genre qui est repris dans l'expression « l'un ... l'autre », *w*^{c}*t... w*^{c}*t* avec déterminatifs féminins.

Atoum dit : « c'est ma fille vivante, Tefnout,
elle sera avec son frère Chou.
"Vie" est son nom à lui, "Maât" est son nom à elle.
Je vivrai avec mes deux enfants, je vivrai avec mes deux oisillons,
car je suis au milieu d'eux deux,
l'un d'eux étant à mon dos, (l'autre) à mon ventre.
Vie est à l'état d'inertie [55] avec ma fille Maât,
l'un étant à l'intérieur de moi, l'autre autour de moi.
Je me suis levé sur eux deux, leurs bras étant autour de moi.»
CT 80 II 32b-33a.

À l'origine, les trois éléments ou personnages étaient entièrement mêlés. Dans cette vision, les trois dieux sont contemporains et d'une même substance. Dans l'espace primordial, ils constituaient une même forme. C'était en s'appuyant sur ses propres enfants qui l'entouraient qu'Atoum put se lever et venir à l'existence comme être vivant et conscient.

Cette unité symbiotique et sa dissociation en trois êtres indépendants est décrite de manière remarquable dans la phrase : *m wn.f w*^{c}*y m ḫpr.f m ḫmt*, « lorsqu'il était un et qu'il devint trois » [56].

L'interdépendance des trois divinités qui ne peuvent se réaliser que grâce à un effort mutuel est encore mentionné ailleurs dans le même *spell* : ce sont les enfants qui portent Atoum à l'existence et qui le maintiennent en vie. Atoum dit : « C'est mon fils Vie qui constituera mon cœur-*jb*, puisse-t-il faire vivre mon cœur-*ḥ3ty*... » et Noun le rassure qu'il se nourrira de sa fille Maât, et que son fils Chou le soulèvera (texte **22**). Ailleurs, le fait qu'Atoum respire sa fille Maât fait vivre son cœur-*jb* [57]. À la fin du texte **23**, les enfants sont décrits dans le geste de placer les bras autour d'Atoum. Au *spell* 600 des Textes des Pyramides, c'est Atoum qui « tend les bras autour d'eux en

---

[55] *sḏr* « être en inertie » cf. R.O. FAULKNER, *A Concise Dictionary of Middle Egyptian*, 1962, p. 259. Sur le rapport du sommeil avec l'inertie et le Noun cf. A. DE BUCK, *Godsdienstige Opvatting van den Slaap*, 1939, p. 6 sqq. Cette intéressante étude m'a été plus aisément accessible grâce à une traduction allemande aimablement mise a disposition par A. Dippold. Pour le sommeil et les ténèbres comme caractéristiques de l'état primordial voir texte **168**.

[56] CT 80 II 39e. Le processus contraire est décrit dans l'hymne cannibale où le roi s'incorpore en les absorbant ses pères et ses mères afin de devenir la puissance suprême, PT 273, pyr. 394b.

[57] CT 80 II 35a et d.

un geste de *ka* » [58] et qui transmet ainsi l'énergie vitale en ces enfants. Dans le texte des Sarcophages, les enfants procurent à leur père à la fois la possibilité de se soulever, la nourriture et le *ka*. Cette notion correspond au concept du maintien de l'existence non seulement par filiation, mais par l'échange de ressources vitales entre les générations. Les deux enfants, tout en devant leur existence à leur père, le maintiennent lui-même en vie. Dans la pensée égyptienne, ce principe d'échange et de réciprocité était à la base aussi bien du culte funéraire que du culte divin, et il régissait également de nombreux aspects de la vie sociale.

L'image de l'union des trois premiers composants de l'univers, de leur dissociation et de leur échange d'énergie vitale n'est développée nulle part de manière aussi profonde et intense que dans le *spell* 80. À plusieurs points de vue, ce texte, qui présente une analyse des principes fondamentaux de l'existence sous une forme mythologique imaginable et saisissable, est une œuvre unique dans la littérature égyptienne.

Cette notion d'interdépendance, de consubstantialité et de simultanéité se reflète aussi dans la manière dont Chou est décrit dans cet ensemble de *spells*. Tout fils qu'il est, il est extrêmement proche d'Atoum [59]. Il est venu à l'existence presque au même moment que le créateur lui-même et il partage sa substance puissante.

24 *jnk b3 Šw ḫpr ḏs.f*
ḫpr.n.j m ḥʿw n nṯr ḫpr ḏs.f
jnk b3 Šw nṯr sfg jrw
(var. : *ḫpr.n.j m ḥʿw n nṯr sfg jrw*)
ṯs.n.j m ḥʿw n nṯr ḫpr ḏs.f
jnk jmy ḏr nṯr ḫpr ḏs.f
ḫpr.n.j jm.f
Je suis le *ba* de Chou qui est venu à l'existence de lui-même,
je suis venu à l'existence du corps du dieu qui est venu à l'existence de lui-même.
je suis le *ba* de Chou, le dieu de nature insaisissable,
(var. : je suis venu à l'existence du corps du dieu de nature insaisissable)

[58] PT 600, pyr. 1653a ; texte **45**.

[59] Sur un aspect cultuel de cette proximité cf. H. ALTENMÜLLER, « Die Vereinigung des Schu mit dem Urgott Atum, Bemerkungen zu CT I 385d-393b », *SAK* 15, 1988, p. 1-16.

Je me suis constitué dans le corps du dieu qui est venu à l'existence de lui-même.
Je suis celui qui était dans l'espace du dieu qui est venu à l'existence de lui-même,
je suis venu à l'existence en/de lui (espace ? Atoum ?).
CT 75 I 314a-321a.

Le *ba* de Chou, qui est une désignation du dieu lui-même (cf. texte **43**), se définit dans ce début du *Livre de Chou* par les mêmes épithètes que son père. Les deux sont considérés comme autogènes, *ḫpr ḏs.f*, et, selon les versions, l'un et l'autre sont appelés *sfg jrw* [60]. Chou s'est constitué lui-même et il était déjà présent dans l'espace (*ḏr*) de la préexistence, le Noun [61]. Un peu plus loin, Chou se distancie même de Noun en affirmant que celui-ci n'a pas vu sa venue à l'existence [62].

Une référence beaucoup moins précise à l'union du créateur et de son fils pourrait encore se trouver dans un autre *spell* :

25 *jnk b3 Šw ḫpr m R*^{c}
ḫpr.n.j m R^c *ṯs pẖr*
Je suis le *ba* de Chou venu à l'existence de Rê,
je suis venu à l'existence de Rê et Rê est venu à l'existence de moi. CT 333 IV 178f-g, G1Be.

Si l'indication *ṯs pẖr* peut être prise à la lettre et n'est pas, comme si souvent dans les Textes des Sarcophages, mal-placée ou inutile, cette

---

[60] L'épithète *sfg jrw* est connue dès les Textes des Pyramides et encore attestée à l'époque ptolémaïque, cf. *LÄ* V, col. 822 sq. Elle s'applique tantôt au créateur ou au dieu solaire, tantôt à Chou (souvent en rapport avec le tribunal, cf. R. GRIESHAMMER, *Das Jenseitsgericht in den Sargtexten*, 1970, p. 82-86).
En trois endroits des Textes des Sarcophages, *sfg jrw* désigne clairement Atoum : CT 75 I 318/9a ; CT 507 VI 92o ; CT 709 VI 339q.
Le sens et l'étymologie de *sfg* n'étant pas assurés, la traduction proposée ici se base sur le parallèle *št3* « mystérieux » en PT 378, pyr. 665a. L'époque tardive connaît encore un génie *sfg ḥ*^{c}*w*, « celui dont le corps est invisible » ; cf. J.-Cl. GOYON, *Les Dieux-Gardiens et la genèse du temple*, 1985, p. 346 sq.

[61] Cette idée est exprimée plusieurs fois : « Je suis le *ba* de Chou dont le Noun fut rempli », *jnk b3 Šw mḥy Nww jm.f*, CT 1136 VII 481f. « Chou était à l'intérieur de Noun », *Šw m ḫnw Nww*, CT 79 II 25c, B1Bo. « Puissé-je marcher avec Chou dans le Noun », CT 1135 VII 479i.

[62] CT 75 I 334/5c.

phrase fournirait une attestation supplémentaire de l'échange de force vitale qui a porté les deux dieux à l'existence [63].

Autres dieux créateurs ?

Les études sur la religion égyptienne nous ont habitués à reconnaître en presque chacun des dieux majeurs du panthéon une divinité universelle et créatrice. Ce phénomène est expliqué comme le reflet des traditions locales des périodes les plus reculées de l'histoire. Toutefois, si l'on considère les sources disponibles d'un point de vue chronologique, force est de constater que la plupart des « traditions locales » ne sont attestées qu'à partir du Nouvel Empire, voire de Basse Époque. En effet, la documentation de l'Ancien et du Moyen Empire ne transmet aucune conception cosmogonique autre que celle dite « héliopolitaine » dans laquelle Atoum / Rê est le créateur unique [64]. Il est vrai que les textes religieux datant sûrement du Moyen Empire sont encore relativement peu variés et peu informatifs, mais le constat de l'absence d'autres dieux créateurs et d'autres traditions cosmogoniques mérite néanmoins d'être pris au sérieux. Si certaines grandes divinités du panthéon sont encore peu connues aux époques anciennes, d'autres sont décrites par des textes qui présentent de façon détaillée leur théologie. Quelques uns de ces témoignages permettent de saisir une évolution du rôle attribué à une divinité. Tel est notamment le cas pour Ptah. Comme nous le verrons plus loin (p. 123-167), les sources du Moyen Empire montrent Ptah non pas comme créateur autogène, mais comme fils d'Atoum / Rê sur l'ordre duquel il répand la vie parmi les êtres créés. Ce n'est qu'à partir de l'époque ramesside que Ptah remplit la fonction de créateur universel. Cette même évolution d'une divinité de la vie, douée, au Moyen Empire, de certaines capacités créatrices, vers un dieu autogène, créateur premier et universel au Nouvel Empire peut être observée à travers la théologie de plusieurs divinités.

Même la syncrétisation avec Rê ne semble pas conférer automatiquement un caractère créateur. Aussi, aucune activité créatrice de dieux comme Sobek-Rê ou même Amon-Rê n'est attestée. Ce dernier, probablement un nouveau venu dans le panthéon du Moyen Empire, est avant tout un dieu de la royauté. On sait que son épithète

---

[63] Sur les différents emplois de *ṯs pẖr*, cf. W. WESTENDORF, « Der Rezitationsvermerk *ṯs-pẖr* », dans O. FIRCHOW (éd.), *Ägyptologische Studien*, 1955, p. 383-402, un exemple très proche p. 391.

[64] Pour une discussion plus détaillée de ce problème voir chapitre X.

Kamoutef, « taureau de sa mère », se réfère également au roi et ne peut plus être considérée comme une sorte de synonyme de dieu autogène [65]. Son rôle de créateur du monde n'est attesté qu'à partir du Nouvel Empire [66]. Malgré notre compréhension encore limitée du phénomène du syncrétisme, il semble possible de percevoir dans les modifications de l'association d'Amon avec Atoum l'indice d'un changement de conception. Deux sources du Moyen Empire mentionnent une forme Atoum-Amon ou Atoum-Amon-Rê avec le déterminatif du dieu Amon [67]. Cette séquence semble indiquer qu'Atoum ne serait ici qu'un aspect associé à Amon, peut-être en raison de leur caractère commun de chef ou de roi des dieux. Au Nouvel Empire par contre, on trouve le nom inverse Amon-Rê-Atoum qui pourrait signifier que le créateur Atoum se manifeste maintenant sous la forme d'Amon-Rê [68].

Nous avons observé plus haut que les Textes des Pyramides et des Sarcophages ne fournissent encore aucune indication précise sur l'ogdoade et son rôle d'initiatrice de la création. De même, Thot, une des divinités les plus présentes dans les textes étudiés ici, ne porte encore jamais les épithètes de créateur qui lui sont attribuées occasionnellement dès le Nouvel Empire [69]. Quant à Neith, déesse connue dès les plus hautes époques, les premières références à son activité créatrice apparaissent à la fin du Nouvel Empire, mais, d'après nos sources, cet aspect ne sera véritablement développé qu'à partir de la Basse Époque [70]. Dans les Textes des Sarcophages, sa mention aux côtés de Mehet-ouret dans le *spell* 407 à propos des sept paroles ne l'inclut encore pas dans un contexte cosmogonique.

---

65 G. HAENY, « Zum Kamutef », *GöttMisc* 90, 1986, p. 33 sq.

66 Nous ne disposons que de peu de documents du Moyen Empire susceptibles de présenter les aspects créateurs d'Amon. Néanmoins, la simple comparaison des épithètes du dieu sur la chapelle blanche de Sésostris Ier et la chapelle rouge d'Hatchepsout montre dans le second cas des expressions telles *p3wty t3wy*, *nb* w^{c}, ou *nb r ḏr* qui sont absents du document plus ancien. Voir ci-dessous p. 158-167.

67 P. LACAU, H. CHEVRIER, *Une Chapelle de Sésostris Ier*, 1956, p. 175.

68 Les hymnes à Amon du Nouvel Empire identifient volontiers l'activité créatrice d'Amon à celle d'Atoum.

69 Un hymne de la tombe d'Horemheb, par exemple, A. BARUCQ, Fr. DAUMAS, *Hymnes et prières*, 1980, p. 352.

70 RAMADAN EL-SAYED, *La Déesse Neith de Saïs*, 1982, p. 51-65.

L'unanimité des sources disponibles et le fait qu'il soit possible de retracer l'évolution de certaines divinités du rôle d'auxiliaire d'Atoum / Rê vers un statut de créateur autogène, indépendant et suprême, semblent confirmer que l'absence d'autres dieux créateurs n'est pas due à l'état de la documentation, mais reflète bien une différence claire des conceptions cosmogoniques de l'Ancien et du Moyen Empire d'une part, et du Nouvel Empire et des époques postérieures d'autre part.

LE MOMENT DE LA CRÉATION.

Il est très rare de trouver dans les Textes des Sarcophages des indications concernant le moment où un événement cosmogonique eut lieu. Aucune notion précise ne semble exister à ce sujet. Le moment le plus crucial du processus est celui de l'apparition du créateur. Les textes se réfèrent simplement au « jour où Atoum est venu à l'existence ».

26 *jnk pw Šw qm3w Tm*
hrw ḫpr.n.f jm
C'est moi Chou qu'Atoum a créé
le jour où il est venu à l'existence. CT 76 II 3d-e.

Certaines versions semblent insister sur l'autogenèse d'Atoum :

27 *hrw ḫpr ḏs.f Tm jm*
Le jour où Atoum est venu à l'existence de lui-même.
CT 76 II 4c, B1Bo, G1T.

Comme nous l'avons vu plus haut, le jour de l'éclosion du créateur peut aussi être lié au dialogue qu'échangèrent Noun et Atoum (textes **19**, **20**).

Le caractère exceptionnel de ce jour est indiqué dans les *spell*s 76 et 79 par les graphies. Ce jour est caractérisé comme un phénomène divin, surnaturel, et il s'écrit avec les signes 𓇳𓀭 qui pourraient aussi désigner le dieu Rê qui en ce moment critique s'éleva pour la première fois [71]. Ces graphies, qui d'après le sens des passages ne peuvent en

[71] CT 76 II 3e, 4c ; CT 79 II 24f ; cf. aussi p. 47, n. 49.

aucun cas être traduits par « Rê », découlent de l'écriture courante  pour *hrw* dans les Textes des Sarcophages. Elles expriment la recherche d'un double sens qui réunit l'image du jour où le créateur apparut, au nom du dieu qui fournit la lumière du jour et qui, étant l'aspect dynamique du créateur, rythme le temps par son mouvement régulier depuis le moment de son éclosion [72].

On peut constater que la durée du processus créateur n'est jamais évaluée, et qu'il n'existe aucune notion qui ressemblerait à la conception biblique selon laquelle la création s'est déroulée en un laps de temps fixe de sept jours.

Les anciens Égyptiens n'ont pas cherché à établir le moment de la création en termes absolus.

La Première Fois.

L'origine de la fameuse expression *sp tpy* « la Première Fois » considérée comme terme technique de la création est difficile à cerner. Elle ne se trouve pas dans les Textes des Pyramides et semble également absente des Textes des Sarcophages. Cette expression serait toutefois connue, selon E. Otto, dès l'époque héracléopolitaine [73]. On trouve en effet quelques rares mentions de *sp tpy* dès cette période, mais cette expression ne paraît pas avoir de valeur spécifique et ne désigne pas encore l'origine du monde de manière globale [74].

---

72 Le fait que cette graphie est attestée par des documents, qui selon le *stemma* de P. JÜRGENS, (*GöttMisc* 105, 1988, p. 36) comportent des traditions de texte éloignées (p. ex. G1T et B1C, B1P) montre qu'il s'agit là bien d'une recherche volontaire et non pas de la copie de l'erreur d'un scribe. Une autre indication dans ce sens est la variante B1Bo en CT 79 II 24e (texte **20**) qui remplace le nom d'Atoum par celui de Rê créant une sorte d'amalgame  entre ce dieu et l'expression *hrw pw*.

73 E. OTTO, « Das "Goldene Zeitalter" in einem ägyptischen Text », dans *Religions en Égypte hellénistique et romaine*, 1969, p. 95.

74 Assiout, tombe no. IV col. 20, où il est question à propos d'un temple dédié à « celui qui a fait le ciel » (*jr pt*) de « relever les murs d'éternité et les sols de *sp* (?) *tpy* ». P. MONTET, *Kêmi* 3, 1930-1935, p. 102. Étant donnée la graphie  , W. SCHENKEL (*Memphis - Herakleopolis - Theben*, 1965, p. 88) traduit « die Böden des ersten Tages ». Cette même graphie ambiguë se trouve aussi sur la stèle Leiden V/4, lignes 3 et 13, du début de la XIIe dynastie, cf.

Une seule attestation éventuelle dans les Textes des Sarcophages doit rapidement être évoquée ici. Il s'agit d'un passage du *spell* 640 des Textes des Sarcophages, où les deux leçons T2Be et M2NY sont très lacunaires :

28 *jw ṯs ṯs ḥ3 tp.j [jn] Nww*
m33 ////
n ms[yt] nṯrw
Un nœud fut noué autour de ma tête par Noun
qui a vu ////
avant que les dieux ne fussent nés. CT 640 VI 261k-l.

Le parallèle dans le chapitre 50B du Livre des Morts remplace Noun par Nout, une confusion fréquente, et poursuit *m33.s sp tpy*, « elle a vu la Première Fois » [75]. Ici le terme se rapporte clairement au processus créateur. Il ressort des traces que De Buck restitue dans les notes [76] que la version T2Be est corrompue et que la lecture *sp* dans M2NY n'est pas sûre. Les deux sarcophages qui transmettent le *spell* 640 datent de la fin de la XIIe dynastie [77], ce texte pourrait donc être relativement récent et comporter une tournure nouvelle. Aurions-nous ici la seule attestation dans les Textes des Sarcophages de l'expression *sp tpy*, malheureusement mal conservée, ou sommes-nous en présence

P.A.A. BOESER, *Beschreibung der ägyptischen Sammlung des niederländischen Reichsmuseums der Altertümer in Leiden* II, 1909, pl. IV ; M. LICHTHEIM (*Ancient Egyptian Autobiographies*, 1988, p. 76 sq.) traduit « the first day ». C'est probablement dans un sens historique qu'il faut comprendre l'expression *sp tpy* dans un passage très lacunaire de l'inscription de Sésostris Ier à Tôd. Pour autant qu'on puisse en juger, il semble être question non pas d'un événement cosmogonique, mais de l'avènement du roi : « les dieux sont heureux grâce à la forme qui s'est manifestée là /// rayons(?) de Chou [...] c'est son nom qui est advenu la première fois, son /// est advenu là [...] les noms pour les rois du Sud et les rois du Nord... », Chr. BARBOTIN, J.J. CLÈRE, « L'inscription de Sésostris Ier à Tôd », *BIFAO* 91, 1991, p. 8 (col. 21-22). Sur la stèle du roi Neferhotep, cette expression ne paraît pas non plus désigner la création, mais plutôt l'état originel, supposé parfait, du temple d'Osiris, « puissé-je faire son monument comme la première fois » ; HELCK, *Historisch-biographische Texte der zweiten Zwischenzeit*, 1983, p. 24.

75 E.A.W. BUDGE, *The Book of the Dead. The Chapters of Coming Forth by Day*, 1898, p. 122.

76 A. DE BUCK, *Coffin Texts* VI, 261, n. 14 et VI, 252, n. 20.

77 H. WILLEMS, *Chests of Life*, 1988, p. 93 et 108.

d'une réinterprétation du passage par les rédacteurs du Livre des Morts ?

Une expression qui rappelle celle de « la Première Fois » apparaît au début du *spell* 335 où Atoum dit :

29 *jnk R*^{c} *m ẖ*^{c}*w.f tpw*
jnk ^{c}*3 ḫpr ḏs.f*
Je suis Rê dans ses premières apparitions,
je suis le grand qui est venu à l'existence de lui-même.
CT 335 IV 186/7b-188/9a.

La formulation « les premières apparitions » ou « les premières manifestations » de Rê désigne plus spécifiquement l'émersion du créateur. Cette expression pourrait être une variante de *sp tpy*.

Il faut également relever quelques emplois intéressants du terme *sp* dans les Textes des Sarcophages.

30 *jnk [pr m ?] Nww w*^{c} *jwty snw.f*
ḫpr.n.j jm sp wr n mḥt.j ḫpr.n.j
jnk p3 ḫpr.f ḏbnn jmy swḥt.f
jnk š3^{c} *jm Nww*
Je suis [celui qui est sorti du ?] Noun,
l'unique qui n'a pas de semblable,
je suis venu à l'existence lors de la grande occasion de mon émersion, je suis venu à l'existence.
Je suis celui qui s'est envolé, qui a la forme de celui qui s'encercle, celui qui est dans son œuf.
Je suis celui qui a commencé dans le Noun.
CT 714 VI 343 j-l, B3L ; texte **216**.

L'omission d'un participe [*pr m* ?] défigure très probablement le début de ce texte qui est clairement une arétalogie de Rê / Atoum décrivant son apparition. Un saut de colonne sur l'unique sarcophage qui transmet ce *spell* important pourrait être à l'origine de cette omission. Le moment de l'émersion est appelé *sp wr*, « la grande occasion » ou « la grande action ». Cette expression pourrait avoir un sens proche de *sp tpy* « la première fois ». On serait peut-être en droit de se demander, si *sp tpy* ne désignait pas à l'origine la « première action », le premier geste actif après l'immense passivité de l'état précédent [78] ? Cette première action est justement l'émersion du créateur hors de l'état d'inertie, sa venue à l'existence de lui-même, action qui seule rendra possible la création. Le phénomène de l'éclosion de l'autogène, sa « première action » serait venu à désigner dès le Nouvel Empire *pars pro toto* l'ensemble du processus créateur.

Relevons en passant que le texte ci-dessus fournit une des rares mentions du verbe *š3ᶜ* « commencer » dans le vocabulaire de création des Textes des Sarcophages.

Le discours du créateur du *spell* 1130 utilise le mot *sp* lorsqu'il énumère ses « quatre bonnes actions » (voir texte **195**). Ces actions, à savoir la mise à disposition des vents et de l'eau, et l'installation du rapport des hommes avec le monde des morts et les dieux, ne sont pas numérotées. Chaque phrase se termine simplement par *sp jm pw* « ce fut une des actions ».

On rencontre ainsi dans notre documentation des formulations qui pourraient avoir préfiguré l'expression *sp tpy* (*ẖᶜw tpw* ; *sp wr).* Ces tournures se rapportent toutefois exclusivement à l'apparition du créateur et ne recouvrent pas encore la totalité du phénomène de la création. Ni les textes religieux ni les compositions historiques et royales de l'époque ne semblent avoir ressenti le besoin de se référer de façon générale à l'origine du monde, à la « Première Fois » et à ses répétitions [79].

Le présent et les temps primordiaux.

Les deux sections précédentes nous amènent à évoquer le problème difficile du rapport entre le temps présent et l'origine du monde, tel qu'il fut conçu durant l'Ancien et le Moyen Empire. Comment les Égyptiens s'inscrivaient-ils dans la continuité du temps ? Dans quelle mesure l'historicisation du temps mythique était-elle déjà développée ?

---

[78] Dans ce sens S. MORENZ, *Ägyptische Religion*, 1960, p. 175, « dans (erste) "Mal" meint ein Geschehen. »

[79] Au Nouvel Empire, *sp tpy* peut désigner occasionnellement la répétition de la création, l'apparition quotidienne du soleil, cf. E. HORNUNG, *Das Amduat* II, 1963, p. 88, 192.

L'expression assez fréquente « depuis le temps de dieu » (*ḏr rk nṯr*) [80] atteste le sentiment d'une grande distance entre le présent et un temps différent, divin, plus proche de l'époque de la création.

Ce sentiment d'éloignement, mais de continuité, semble résonner aussi dans certains emplois du terme *p3wt* « les temps primordiaux ». Khéops déjà, dans une inscription très fragmentaire, se réfère à cette époque mythique par une formule qui deviendra courante par la suite : « jamais chose pareille [n'a été faite] sous [aucun roi] depuis les temps primordiaux (*ḏr p3wt*) » [81]. Dès l'Ancien Empire, cette phrase est aussi utilisée par des particuliers qui soulignent les faveurs royales extraordinaires dont ils ont été les bénéficiaires [82]. Sur une stèle de la XIIIe dynastie, le roi Neferhotep souhaite « voir les écrits du début des temps primordiaux d'Atoum » [83]. Les temps primordiaux servaient ainsi d'idéal et de référence aux actes du roi.

Les Textes des Sarcophages utilisent souvent le vocable *p3wt*, mais il n'y désigne jamais l'époque primordiale. Le « dieu primordial » est Atoum [84], et la forme-nisbé *p3wty* peut caractériser de nombreux dieux : Rê [85], Khepri [86], mais aussi Chou et Tefnout [87], Hâpi [88], Horus [89] et Hathor [90]. Le pluriel *p3wtyw* désigne l'ennéade, comme déjà dans les Textes des Pyramides [91], ou

---

80 U. LUFT, « Seit der Zeit Gottes », *StudAeg* II, 1976, p. 47-78. E. BLUMENTHAL, *Untersuchungen zum ägyptischen Königtum des Mittleren Reiches* I, 1970, p. 161sq.

81 J. BAINES, « Ancient Egyptian Concepts and Uses of the Past: 3rd to 2nd Millennium BC Evidence », dans R. LAYTON (éd.), *Who Needs the Past*, 1989, p. 135 ; cf. H. GOEDICKE, *Re-Used Blocks*, 1971, p. 20-23.

82 *Urk.* I, 43, 5 ; A. ROCCATI, *La Littérature historique sous l'Ancien Empire égyptien*, 1982, p. 110 ; U. LUFT, *Beiträge zur Historisiernung der Götterwelt und der Mythenschreibung*, 1978, p. 155.

83 *m33 sšw p3wt tpt nt Tm*, W. HELCK, *Historisch-biographische Texte der zweiten Zwischenzeit*, 1983, p. 21.

84 *nṯr pn p3wt*, CT 80 II 40c.

85 *wj3 p3wty*, « la barque du primordial », CT 148 II 222a.

86 CT 335 IV 321d, 329b.

87 Chou : CT 627 VI 244v ; Tefnout : CT 77 II 18f ; CT 78 II 22b.

88 CT 317 IV 114d, 118c, 135f.

89 CT 938 VII 147j ; l'œil d'Horus *p3wtt-t3*, CT 316 IV 109c.

90 CT 331 IV 172h.

91 PT 255, pyr. 298c ; PT 257, pyr. 304b.

l'ensemble des dieux [92]. Le terme *p3wt* se réfère moins, dans cette documentation, à un moment précis qu'à un état primordial dans lequel peuvent se trouver Rê [93] ou le défunt. Le mot peut se construire alors avec le pronom possessif et le personnage qui est « dans son état primordial » se sent dans un état comparable à celui de l'origine du monde qui devrait lui permettre de renaître [94]. Dans plusieurs passages, il semble d'ailleurs que les désignations *p3wtyw* ou *jmyw p3wt.sn* ne s'appliquent pas au collège des dieux mais bien aux défunts [95].

Les premières mentions explicites d'une relation historique entre le monde mythique et le temps présent datent du Nouvel Empire [96]. Sur le plan cosmique, c'est le mythe de la *Vache du Ciel* qui se réfère à un temps idéal pour expliquer les raisons de la distance entre le ciel et la terre, de même qu'entre les dieux et les hommes (cf. *infra* p. 197 sq.). Sur un plan plus politique et historique, c'est la liste royale de Turin qui fait précéder les rois de la Ire dynastie d'une succession de dieux aux règnes très longs [97].

Dans les Textes des Sarcophages, Geb, Osiris et Horus sont souvent présentés comme rois, mais le créateur ne l'est jamais. L'idée qu'Atoum / Rê ait été le premier roi de l'histoire et les spéculations sur la durée de son règne et de ceux des autres dieux-rois ne sont pas encore attestées. Il est difficile d'évaluer jusqu'à quel point la conception (développée dès la IVe dynastie) selon laquelle le roi est le

---

92 CT 39 I 166c-d ; CT 61 I 260c ; CT 80 II 34e, 39g ; CT 148 II 223d ; CT 164 III 3e ; CT 286 IV 36f, texte **172** ; CT 507 VI 92f, h ; CT 728 VI 358s.

93 *wbn R*^{c}*... m p3wt.f*, « lorsque Rê se lève... dans son état primordial », CT 824 VII 24h-i ; peut-être aussi *jmy p3wt.f*, CT 938 VII 149e.

94 CT 818 VII 17n ; CT 1169 VII 511d. Le sens « origine » de *p3wt* se trouve dans une menace contre « l'avaleur » en CT 384 V 51c-d : « N a dit ton nom et ton origine avant que tu ne fusses venu à l'existence ».

95 CT 132 II 157a ; CT 137 II 172f-i ; CT 302 IV 54i ; CT 764 VI 393k. On peut comparer la désignation des défunts « ceux qui sont dans le Noun ».

96 Sur le sujet en général et de nombreux exemples d'époque tardive voir L. KÁKOSY, « Urzeitmythen und Historiographie im alten Ägypten », dans *StudAeg* VII, 1981, p. 93-104.

97 Sur cette partie du canon de Turin, cf. en dernier lieu W. HELCK, « Anmerkungen zum Turiner Königspapyrus », *SAK* 19, 1992, p. 151-156. Helck présume que les dynasties divines auraient été intégrées aux annales dès l'Ancien Empire.

fils de Rê implique celle de la royauté du créateur. Selon un passage des Textes des Pyramides, le roi succède à Atoum [98].

La comparaison entre le *spell* 335 des Textes des Sarcophages et son successeur le chapitre 17 du Livre des Morts suggère que la notion de la royauté du créateur n'a reçu véritablement de portée qu'au début de la XVIIIe dynastie. Le *spell* 335 (texte **13**) présente Atoum / Rê comme créateur autogène, tandis que le Livre des Morts ajoute en glose : « c'est Rê, lorsqu'il commença à gouverner ce qu'il avait créé au commencement, c'est Rê qui apparut en tant que roi de ce qu'il avait créé... ». La royauté du créateur paraît être un ajout de la rédaction plus récente. L'historicisation de l'époque de la création, si elle n'a pas été développée qu'au début du Nouvel Empire, avait certainement, dès cette période, une signification politique plus importante qu'aux temps précédents [99]. Comme le remarque J. Baines, le terme *rk* de l'expression « depuis le temps (d'un dieu) » pourrait néanmoins déjà se rapporter au règne mythique d'un dieu aux origines des temps [100].

Dans l'état actuel de nos connaissances, nous pouvons constater que les temps primordiaux constituaient une valeur idéale, dans la continuité de laquelle tout roi cherchait à s'inscrire. Si le souverain se considérait déjà le successeur d'Horus et d'autres dieux-rois, la conception de la royauté du créateur ne sera expressément attestée, mythologiquement et politiquement importante, qu'à partir du Nouvel Empire.

LE LIEU DE LA CRÉATION.

Dans les descriptions de la deuxième phase du processus cosmogonique, phase durant laquelle le créateur vint à l'existence, apparaît souvent l'idée d'un lieu qui pouvait lui servir de base. Étant donné le caractère liquide de l'élément primordial, le créateur avait besoin d'un endroit stable pour se développer et pour commencer son œuvre. La notion d'un tel lieu d'origine existe visiblement dans les Textes des Sarcophages, mais elle est encore très vague.

---

[98] PT 256, pyr. 301b.

[99] E. OTTO, « Das "Goldene Zeitalter" in einem ägyptischen Text », 1969, p. 99 et p. 107 suppose que l'historicisation du monde mythique pourrait avoir commencé à la Première Période intermédiaire, sans toutefois présenter des exemples.

[100] J. BAINES, « Ancient Egyptian Concepts and Uses of the Past », 1989, p. 135.

Dans le passage le plus éloquent à ce sujet, Atoum déplore l'absence d'un endroit approprié.

31 *sk wj w^{c}.kwj ḥn^{c} Nww m nnwt*
n gm.n.j bw ^{c}ḥ^{c}.j jm
n gm.n.j bw ḥms.j jm
n grgt Jwnw wnn.j jm.f
n ṯst Ḥ3 ḥms.j ḥr.f (var. B2L : *n ṯst w3ḏ ḥms.j ḥr.f)*
... lorsque j'étais seul avec Noun en inertie ;
je ne trouvais pas de lieu où me tenir debout,
je ne trouvais pas de lieu où me tenir assis,
avant que ne fût fondée Héliopolis où je suis,
avant que ne fût constitué Ha (var. : Ouadj) sur lequel je m'assieds. CT 80 II 33e-34a, B1C.

Dans un premier temps, Atoum chercha un lieu quelconque, *bw,* sur lequel prendre pied ; un lieu aussi, grâce auquel il pouvait se débarrasser de l'inertie, se tenir debout ou s'asseoir et par la suite créer et sortir de sa solitude. Dans la seconde partie du passage, ce lieu est précisé : c'est la ville d'Héliopolis dans laquelle Atoum s'établira, et d'où la création et la différenciation émaneront. Cette ville est encore mentionnée un peu plus loin dans le texte : « lorsqu'il mit au monde Chou et Tefnout à Héliopolis... » [101]. Malgré la grande importance d'Héliopolis pour la religion égyptienne, ceci est la seule attestation dans les Textes des Sarcophages de cette ville comme lieu d'origine. Atoum / Rê, Chou et Tefnout sont parfois présentés en relation avec Héliopolis [102], mais cette ville représente dans ce corpus surtout le lieu de distribution des portions d'offrandes pour le défunt. Dans les Textes des Pyramides, deux des plus importants phénomènes cosmogoniques sont placés à Héliopolis, à savoir l'apparition d'Atoum en tant que pierre *benben* [103] et son premier acte créateur [104]. Dans les Textes des Sarcophages, le *spell* 80 fournit l'unique identification d'un lieu précis comme lieu de l'origine du monde [105] (voir chapitre X).

---

101 *m mst.f Šw Tfnt m Jwnw*, CT 80 II 39d ; texte **92**.

102 ex. CT 154 II 286b-c, *jw rḫ.kwj b3w Jwnw R^{c}* (var. *Tm) Šw Tfnt pw*, « je connais les *bas* d'Héliopolis, c'est Rê (Atoum), Chou et Tefnout ».

103 PT 600, pyr. 1652b ; textes **37** et **45**.

104 PT 527, pyr. 1248a ; texte **40**.

105 L'assimilation d'une ville concrète avec le lieu de la création se trouve encore en CT 60 I 255e où Abydos est appelé *3bḏw p3t tpt nt nb r ḏr*, « Abydos, premier (lieu) primordial du maître de l'univers ». Cette phrase se rapporte toutefois

L'identité du dieu Ha ou Ouadj sur lequel Atoum veut pouvoir s'asseoir dans le passage précédent n'est pas évidente. Comme l'a démontré Schlögl [106], on ne peut pas encore considérer ces divinités comme plante-*ḥ3* et lotus-*w3ḏ* personnifiés. D'une part, la conception de l'éclosion hors de la plante ne se développe qu'au Nouvel Empire et, d'autre part, il n'est pas question ici d'apparaître sur la plante, mais d'y prendre assise [107]

Mehet-ouret.

Mehet-ouret est une entité difficile à cerner. Son nom indique un rapport avec le flot-*mḥt* /*mḥj* [108] et le verbe de la même racine *mḥj* « flotter, nager ». Mehet-ouret est à la fois comprise comme une déesse sous forme de vache [109] et comme un élément impersonnel nageant dans le flot, voire plus précisément comme un lieu dans l'eau.

32 *hrw pw q3.n Tm jm.f m ḫnw nww Šw m ḏrw.f*
n m3nt.f Gb ḫr rdwy.f
Šw m ḫnw nww n ṯst 3kr Gb
n ḫprt Mḥt-wrt n Tm dj.f sḫn ḥr.s (var. : *sḫn.f ḥr.sny)*
Ce jour où Atoum s'éleva de l'intérieur du Noun, Chou étant (encore) dans son espace,
avant qu'il n'eût vu Geb sous ses pieds,

---

plutôt aux traditions osiriennes qu'aux conceptions cosmogoniques. La mort d'Osiris, qui peut aussi être qualifié de *nb r ḏr*, est en effet à l'origine d'une nouvelle phase dans l'histoire du monde. La stèle C 3 du Louvre, l. 16, fait également allusion à la fondation d'Abydos en des temps mythiques, P. VERNUS, *RdE* 25, 1973, p. 218.

106 H.A. SCHLÖGL, *Der Sonnengott auf der Blüte*, 1977, p. 13 sq.

107 *FECT* I, p. 86, n. 19 envisage la possibilité de lire *ḥ3.j* et d'assimiler le mot à *ḥ3jt* « chapelle ». Ceci pose un problème pour la préposition (*ḥr* au lieu de *m*) et ne résout pas la variante *w3ḏ*. Ce dieu Ha ne semble pas être en rapport avec le dieu homonyme, patron de l'ouest, qui est toujours déterminé avec le signe du désert sur un pavois.

108 Mehet-ouret est parfois aussi mise en rapport avec un autre élément liquide, le flot-*wtnw*.

109 Malgré les trois traits du pluriel qui suivent souvent le déterminatif, il ne semble guère s'agir, d'après les contextes et les pronoms personnels, d'un groupe de vaches Mehet-ouret commme le suggère L. KÁKOSY, *LÄ* IV, col. 4.

Chou étant à l'intérieur du Noun, avant que ne fussent constitués Aker et Geb
avant que Mehet-ouret ne fût venue à l'existence pour Atoum afin qu'il prenne repos sur elle (var. : afin qu'il se repose sur eux deux). CT 79 II 24f-25e, B1Bo.

Mehet-ouret est ici l'élément solide sur lequel Atoum peut se poser avant de créer Chou et d'installer la terre-Geb. Une séquence très semblable se trouve au *spell* 76.

33 *rdj.n.j Gb ḫr rdwy.j*
nṯr pn ṯs.f t3 n jt.j Tm
s3q.f n.f Mḥt-wrt
(Chou :) j'ai placé Geb sous mes pieds ;
ce dieu, puisse-t-il constituer la terre pour mon père Atoum,
puisse-t-il rassembler pour lui Mehet-ouret.
CT 76 II 2e-3a, B2L; texte **188**.

Mehet-ouret, qui est peut-être imaginée sous l'aspect d'une vache, est un élément semblable à la terre, qui vient à l'existence spontanément ou qui doit être rassemblé et formé. Elle est un endroit mis à disposition d'Atoum, mais qui n'est pas créé par celui-ci [110]. Dans ce contexte, on est tenté de traduire le nom de Mehet-ouret non pas comme d'habitude, « la grande nageuse », mais par « la grande immergée », voire « la grande émergée », car elle est justement immobile et offre une assise au milieu de l'eau.

Le mot *sḫn* « se poser, se reposer » que nous avons rencontré au texte **32** se retrouve à plusieurs reprises sous forme nominale dans les *spells* 407 et 408, des textes assez énigmatiques qui présentent les sept paroles (*ṯsw*) de Mehet-ouret. Il y est question à la fin des paroles 2 à 7 du « (lieu de) repos de Mehet-ouret » [111]. Il ne faut probablement pas comprendre « lieu de repos pour Mehet-ouret », mais plutôt le lieu de repos qu'elle offre lorsqu'elle prend pied à l'intérieur du flot. La connaissance des sept paroles garantit au défunt le vent de la part de Seth et la stabilité sous ses pieds dans le flot-*wtnw* de la part de Mehet-

[110] Le verbe *s3q* « rassembler » à propos de Mehet-ouret se retrouve aussi dans CT 1131 VII 472j.

[111] CT 407 V 215a, 217a, 218a, 219b, 220b, 221c. CT 408 V 225-226. Sur ces textes voir RAMADAN EL-SAYED, « A propos des *Spells* 407 et 408 des Textes des Sarcophages », *RdE* 26, 1974, p. 73-82.

ouret et de Neith [112]. Malgré l'importance de l'élément liquide, du vent et des ténèbres, ce texte n'a pas vraiment de connotations cosmogoniques, contrairement aux sept paroles de Mehet-ouret et de Neith qui sont inscrites deux mille ans plus tard au temple d'Esna [113].

Dans les Textes des Sarcophages, Mehet-ouret peut aussi être le lieu d'où Atoum commence la création :

34 *j jn Tm mn ṯs.j rwḏ swḥt.j ḥr ṯsw Mḥt-wrt*
Atoum dit : stable est ce que j'ai constitué [114], mon œuf est solide sur les vertèbres de Mehet-ouret.
CT 647 VI 267f-g, G1T ; texte **119**.

C'est l'œuf d'Atoum, son fils en voie d'évolution, qui a été placé sur le dos de Mehet-ouret. Elle est ici à la fois le lieu de repos et un être divin sous forme de vache ou de femme.

En plus des paroles (*ṯsw*) caractéristiques de Mehet-ouret, ses vertèbres (*ṯsw*) jouent ici un rôle éminent comme lieu où le créateur « noue » (*ṯs*, constitue) son œuvre.

35 *jw m3.n.j* R^c *msy m sf r ẖpdw Mḥt-wrt*
J'ai vu Rê qui est né hier des cuisses de Mehet-ouret.
CT 335 IV 244/5a.

Mehet-ouret met au monde Rê qui a ainsi eu une existence à l'intérieur de la déesse [115]. C'est dans ce sens que d'autres textes

---

[112] Dans CT 691 VI 322-324 les sept paroles de Mehet-ouret peuvent avoir un caractère menaçant pour le défunt. Dans CT 759 VI 388n quatre paroles de Mehet-ouret sont cachées dans le crâne de Rê. Le terme *ṯs* « parole » apparaît toujours soit suivi d'un nombre, soit au duel (I 139c ; V 322k ; V 325e ; VII 20r ; VII 21i ; VII 210a, g ; VII 211a, j). Seule exception : *ṯs* $m3^c$, « déclaration véridique » CT 149 II 241b.

[113] S. SAUNERON, « La légende des sept propos de Methyer au temple d'Esna », *BSFE* 32, 1961, p. 43-48.

[114] Ou « mon échine » (?), graphie 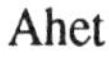.

[115] Il n'est pas certain que la déesse Ahet / Ihet, l'autre vache primordiale qui selon les sources postérieures met au monde le soleil, apparaisse déjà au Moyen Empire. Une déesse *h3t / htt / ht* sans déterminatif de la vache est mentionnée en CT 204 III 140d en relation avec Apis. La même déesse apparaît peut-être dans "p. Gol", cf. J. BORGHOUTS, « A New Middle Kingdom Netherworld Guide », *BSAK* 3, 1989, p.134. Pour les sources postérieures cf. S. SAUNERON, J. YOYOTTE, *La Naissance du monde*, p. 80, n. 21.

disent que « le chef de l'ennéade vit dans Mehet-ouret » [116], que le défunt « renaît de Mehet-ouret » [117], ou parlent à propos de Rê sous forme d'oie-*smn* de « sa sortie de Mehet-ouret » [118].

Mehet-ouret est une déesse ou un élément solide émergeant du flot. Elle est le lieu de repos du créateur où il se concrétise lui-même et d'où il crée. En tant que femme et vache, Mehet-ouret donne, comme la déesse Nout, naissance et renaissance à Rê et par extension au défunt. Dans un autre contexte, Mehet-ouret est le lieu où sont jugés Horus et Seth [119]. Mehet-ouret est à la fois un lieu et une divinité et elle partage cette double nature ainsi que son caractère aqueux avec Noun.

Durant la période étudiée ici, Mehet-ouret n'est qu'un facteur auxiliaire du créateur et non pas, comme elle le deviendra à l'époque tardive, une déesse créatrice active.

La butte primordiale.

L'image de la butte primordiale, du premier tertre élevé hors des eaux du Noun, est généralement considérée comme une des plus anciennes notions cosmogoniques. Le spectacle d'îles émergeant du plan d'eau était certainement très familier en Égypte. Des textes des plus hautes époques mentionnent la colline d'une divinité [120], et les superstructures des tombes anciennes, plus encore les pyramides, ont souvent été interprétées comme une imitation du tertre primordial [121].

Deux passages des Textes des Pyramides expriment clairement la conception. Le créateur y est identifié à une butte, il se manifeste en

---

[116] CT 177 III 64g.

[117] CT 180 III 73f.

[118] CT 723 VI 353n. Même expression à propos d'Osiris CT 74 I 311g-h.

[119] CT 619 VI 233i ; 622 VI 238j.

[120] P. KAPLONY, *Die Inschriften der ägyptischen Frühzeit* I, 1963, p. 470, 592, par exemple *ḏw Nt* « colline de Neith » dans des noms propres.

[121] A. BADAWY, « The Ideology of the Superstructure of the Mastaba-Tomb in Egypt », *JNES* 15, 1956, p. 180 ; Pour G. DREYER (« Zur Rekonstruktion der Oberbauten der Königsgräber der 1. Dynastie in Abydos », *MDAIK* 47, 1991, p. 101) le talus formé naturellement lors de l'excavation d'une tombe est devenue partie intégrante du complexe funéraire et a, par la suite, reçu une valeur symbolique grâce à son identification avec le tertre primordial.

tant que terre élevée. Ce tertre primordial est ainsi « sa première forme dynamique » [122].

36 *q3j.k m rn.k pw n q3*
Puisses-tu t'élever en ce tien nom de (butte) élevée.
PT 587, pyr. 1587c ; texte **17**.

37 *Tm Ḫprr q3.n.k m q33*
wbn.n.k m bnbn m ḥwt-bnw m Jwnw
Atoum-Khepri, tu t'es élevé en tant que (butte) élevée,
tu t'es levé en tant que *benben* dans le château du phénix (?) [123]
à Héliopolis. PT 600, pyr. 1652a-b ; texte **45**.

Le parallèle avec le premier passage où le dieu se lève en son nom, c'est à dire sous la forme d'une butte élevée, permet de considérer les *m* du second exemple comme *m* -d'équivalence. La butte est écrite , , le déterminatif indiquant clairement une colline. Ces deux passages ne figurent pas parmi les Textes des Pyramides repris sur sarcophages.

Dans les Textes des Sarcophages, la notion de la butte primordiale semble singulièrement absente [124]. Le mot *q3* y figure pourtant à plusieurs reprises, mais jamais dans des contextes cosmogoniques, à l'exception de deux emplois verbaux : « le jour où Atoum s'éleva » [125], « ce N... s'est élevé en tant qu'Atoum » [126]. Deux autres termes pouvant désigner la butte, *j3t* et *ḏb3t*, apparaissent fréquemment et sont parfois même graphiquement confondus . Le mot *j3t* est souvent associé avec une localité ou avec une divinité (les *j3wt* de Pe et Nekhen, les *j3wt* des dieux, d'Osiris, de l'ibis) [127]. Il est probable que le champs sémantique de *j3t* incluait tant l'idée de « la

---

122 S. SAUNERON, J. YOYOTTE, *La Naissance du monde*, p. 36.

123 La graphie est ambiguë. Désigne-t-elle le château du phénix ou le château du *benben* ?

124 Cette absence a été notée par J. ASSMANN, *LÄ* V, col. 678-679.

125 CT 79 II 24f, *hrw pw q3.n Tm jm.f.*

126 CT 45 I 192b.

127 Dans les Textes des Pyramides, les buttes (*j3wt*) d'Horus et Seth jouent un rôle très important.

butte » que celle de l'objet de culte qui permet d'élever un symbole divin, « le pavois ». Le mot est souvent déterminé par le signe  .

38 *sk wj q3.kwj ḥr j3t ḥr swt jpt n Nww*
… or je suis élevé sur le pavois, sur ces sièges de Noun.
CT 307 IV 63b-c, L1Li.

39 *jt nṯr q3 j3t*
(Heka) le père des dieux qui est élevé de pavois.
CT 261 III 386c.

Des phrases comme celles-ci ne semblent pas se référer au tertre primordial, mais à ce très ancien symbole divin qu'est le pavois. Dans les passages où le mot signifie butte, il s'agit soit de buttes réelles qui ont une importance cultuelle, soit de buttes situées dans la géographie mythique. Ceci vaut probablement aussi pour les buttes sur lesquelles se pose l'oie-*smn*, le jargonneur qui peut être une image du créateur qui prend pied sur la butte des deux sycomores (une image de l'horizon ?) [128] ou sur la butte des danseurs [129]. Le terme *ḫ*^{c} pour lequel De Buck a dégagé le sens de butte originelle [130] n'apparaît pas dans cette acception dans les Textes des Sarcophages [131].

L'île de l'embrasement ou l'île des flammes (*jw nsrsr*) n'est non plus jamais le lieu de la création. Cet endroit est toujours en relation avec le défunt et désigne soit le lieu d'où celui-ci vient, la terre des vivants, soit le lieu où il se rend, l'au-delà où il séjournera, où il sera jugé et où il risque de rencontrer des ennemis. L'île de l'embrasement n'est même nulle part mentionnée en rapport avec Hermopolis, et toutes les traditions qui la désignent comme butte originelle de cette ville sont postérieures [132]. Ce n'est certainement pas par hasard que la glose du premier paragraphe du *spell* 335 ne situe pas encore, comme

[128] CT 203 III 130h.

[129] CT 771 VI 405m-n.

[130] A. DE BUCK, *De Egyptische Voorstellingen betreffende den Oerheuvel*, 1922, p. 63 sqq.

[131] Le mot *ḫ*^{c} avec le sens de « butte » apparaît pourtant déjà en PT 333, pyr. 542a.

[132] Certaines extrapolations historiques et mythologiques de H. KEES, « Die Feuerinsel in den Sargtexten und im Totenbuch », *ZÄS* 78, 1942, p. 41-53, sont problématiques.

le fera la glose du même passage au chapitre 17 du Livre des Morts, l'apparition de Rê sur « la butte élevée (*q33*) qui est à Hermopolis » [133].

Finalement, aucune des mentions du dieu Tatenen au Moyen Empire ne le désigne encore comme butte originelle [134].

La notion du tertre primordial comme première forme dynamique du créateur ou comme butte sur laquelle il s'élève pour prendre appui au milieu de l'élément liquide semble donc absente des Textes des Sarcophages. Les allusions très vagues mentionnées dans les exemples **31**, **32** (et peut-être **204**) et le rôle que Mehet-ouret peut jouer dans ce contexte, montrent toutefois que la conception d'une base solide pour l'autogène, d'un lieu d'origine, existait. Le *spell* 600 des Textes des Pyramides atteste que les théologiens d'Héliopolis avaient identifié leur lieu saint, le *benben*, comme butte originelle [135]. Mais il est peu probable que d'autres villes aient à leur tour fait de telles assimilations.

De manière générale, la notion de la première terre émergée du Noun est très peu développée avant le Nouvel Empire. Les buttes attribuées à des dieux relèvent certainement davantage de la volonté de placer l'image de la divinité en un endroit proéminent ou sur un pavois. C'est aussi dans ce sens cultuel, plutôt que mythologique, que doit être compris le mot *q3* « élevé » qui caractérise si souvent les divinités. Dans l'architecture funéraire, les formes de mastaba, d'escalier ou de pyramide étaient peut-être avant tout des dispositifs qui facilitaient au défunt l'escalade du ciel plutôt que des structures rappelant un tertre initial.

---

133 U. RÖSSLER-KÖHLER, *Kapitel 17 des ägyptischen Totenbuches*, 1979, p. 282.

134 H.A. SCHLÖGL, *Der Gott Tatenen*, 1980, p. 18.

135 Sur l'incorporation du *benben* dans le mythe de création cf. J. BAINES, « *Bnbn* : Mythological and Linguistic Notes », *Orientalia* 39, 1970, p. 389-404.

CHAPITRE III

LA TROISIÈME PHASE : LA CRÉATION

INTRODUCTION.

La pensée égyptienne s'est intéressée davantage aux modes de création qu'aux objets créés. Les éléments issus du créateur, les dieux, les hommes et le cosmos, sont visibles et, à ce titre, ils n'ont pas besoin d'interprétation. Après le phénomène de l'autogenèse d'Atoum par laquelle une nouvelle forme d'existence fut trouvée, c'est la question du passage du créateur unique à la diversité de sa création qui nécessite des explications et qui suscite de nombreuses spéculations. La théologie égyptienne ne cherche pas tant à décrire le début du monde, qu'à expliquer les phénomènes présents et à savoir comment ils ont pu venir à l'existence. Le besoin étiologique est à l'origine de la plupart des notions de cosmogonie.

Le principe sous-jacent aux mythèmes concernant les moyens de création est toujours le même : le créateur étant absolument seul, sans avoir à sa disposition ni partenaire, ni matière première, ni objet, doit tirer de lui-même la substance de l'élément qu'il crée. Aux substances matérielles que le créateur anthropomorphe peut produire (la semence, le crachat, l'expiration et les larmes) s'ajoutent les substances immatérielles telles la parole, la volonté et le pouvoir intellectuel (*3ḫw*) ainsi que la puissance de l'imagination ou de la visualisation. C'est sur ce dédoublement du créateur que se focalise l'attention des penseurs. La réflexion des anciens se sert principalement de métaphores biologiques, concevant les composants du monde comme issus de façon organique et évolutive du corps et de l'esprit du créateur. Les images artificialistiques, selon lesquels les éléments sont considérés comme fabriqués artisanalement par le créateur, sont encore très rares aux époques étudiées ici (voir par exemple les textes **125** et **193**) [1].

Le fait que la substance émise par le créateur soit immédiatement l'objet créé, sans qu'aucune transformation ne soit nécessaire, est une caractéristique des conceptions cosmogoniques égyptiennes. La question de savoir comment un crachat devint dieu, ou comment des larmes devinrent hommes n'est jamais posée. Toutes les créatures sont produites directement par le créateur, et la substance dont elles sont issues forme un lien significatif entre l'un et les autres. Cette substance fournit une image qui est capable d'illustrer la différenciation du monde à partir d'une source unique, de même qu'elle explique un aspect essentiel du caractère de l'élément créé.

Le nombre des modes et moyens de création mis en œuvre par l'unique est déjà très élevé dans les Textes des Sarcophages et les époques postérieures n'ajouteront plus guère que des variantes. Les textes du Moyen Empire présentent un ensemble de conceptions nettement plus large et varié que les Textes des Pyramides dans lesquels on ne trouve pas encore de traces de l'utilisation de substances immatérielles ou de pouvoirs comme moyens de création.

Contrairement au Nouvel Empire et aux périodes ultérieures, le nombre d'éléments créés est encore assez restreint dans la documentation étudiée ici et ne concerne que les phénomènes majeurs de l'univers.

LES MODES DE CRÉATION.

La main et la bouche.

L'idée que le créateur anthropomorphe et masculin se servit de son sexe pour procréer est certainement ancienne. Le *spell* 527 des Textes des Pyramides, qui n'est jamais reproduit sur des sarcophages, est encore très explicite.

---

[1] Pour la distinction de ces deux types de métaphores, cf. O. KEEL, « Altägyptische und biblische Weltbilder », 1993, p. 137-139. Les modèles artificialistiques auront tendence à augmenter à partir du Nouvel Empire et seront associés surtout avec les créateurs Ptah et Khnoum.

40 *Tm pw ḫpr m jw s3w*[2] *jr.f m Jwnw*
wd.n.f ḥnn.f m ḫfꜥ.f jr.f nḏmmt jm.f
ms s3ty snty Šw ḥnꜥ Tfnt
C'est Atoum, celui qui est venu à l'existence, lui qui se masturba à Héliopolis.
Il mit son phallus dans son poing pour s'en faire jouir,
et les deux enfants Chou et Tefnout ont été mis au monde.
PT 527, pyr. 1248a-d.

Un passage des Textes des Sarcophages formule de façon très concise cette notion de l'excitation sexuelle :

41 *jr.n.f r-ḏr nk.n.f ḫfꜥ.f [m] nḏmmt*
Il (Rê) a fait la totalité [3] lorsqu'il s'accoupla avec son poing [en] jouissance. CT 321 IV 147d-e, B2L.

Le mot *nḏmmt* est un terme spécifique du mythème de la création par la main de l'unique.

Dans le passage ci-dessus, le verbe *nk* (*Wb* II, 345) semble indiquer que le poing du dieu jouait le rôle de l'élément féminin. La main d'Atoum a été personnifiée et est devenue sa partenaire dans les conceptions plus tardives. Durant l'Ancien et le Moyen Empire, la déesse *ḏrt.f* « sa Main », issue de la notion de la création par la main, n'est encore jamais attestée dans le mythème de la création sexuelle

---

[2] J.P. ALLEN, *The Inflection of the Verb in the Pyramid Texts*, 1984, p. 94 sq., § 171B, comprend *s3w* comme forme préfixée du verbe *3w* « être long » et traduit : « Atum is one who came into being, in Heliopolis, as one who comes extended ». cf. aussi K. SETHE, *Kommentar* V, p. 148. Sur la persistance de cette notion jusqu'à l'époque romaine et la possible association entre l'acte de masturbation (*jw s3w*, déterminé dans les Textes des Pyramides ) et la balance (*jwsw*) comme attribut tardif du créateur, cf. Ph. DERCHAIN, « Le démiurge et la balance », *Religions en Égypte hellénistique et romaine*, 1969, p. 31-34.

[3] Pour *r-ḏr* comme substantif cf. MEEKS, *AnLex* 78.4937.

d'Atoum [4]. Djeretef est toutefois associée avec Atoum dans des formules d'offrande sur plusieurs sarcophages d'Assiout [5].

Dans les Textes des Sarcophages, l'image de la création par la main et le sexe a été développée. Le phallus d'Atoum n'est plus mentionné mais sous-entendu. En revanche, la bouche du créateur apparaît presque toujours conjointement avec sa main ou son poing. La cavité buccale joue le rôle de la matrice et permet au créateur de mettre au monde des enfants [6]. Substituant une partenaire, sa bouche remplit ici la fonction féminine.

42 *n-ntt jnk js nw n mtwt.k jwrt.n.k m r.k*
mst.n.k m ḫf^{c}*.k m nḏmmt*
... car je suis cette tienne semence dont tu as été enceinte dans ta bouche,
que tu as mise au monde avec ton poing en jouissance.
CT 245 III 334j-335a, S2C/S1C.

L'utilisation de la bouche comme organe de gestation de la semence attire comme suite logique la notion de la mise au monde par un crachat [7].

43 *jnk b3 pw n Šw...*
st.n Tm m ḏrt.f jr.f nḏmmt
stpw (var. B1Bo : *n r.f*) *ḫr m r.f*

---

[4] De même, son identification avec la déesse Iousaâs n'est encore pas attestée, cf. J. VANDIER, « Iousâas et (Hathor)-Nébet-Hétépet », *RdE* 16, 1964, p. 60-61 ; *RdE* 17, 1965, p. 108-109.
Une allusion à la main de Rê se trouve aussi en CT 1025 VII 247d-e, Sq4C.

[5] E. CHASSINAT, « La déesse Djéritef », *BIFAO* 10, 1912, p. 159 sq. E. CHASSINAT, Ch. PALANQUE, *Une Campagne de fouilles dans la nécropole d'Assiout*, 1911. On trouve toujours la même séquence de divinités : Atoum, Djeretef, Osiris, Isis, Seth, Nephthys, Amset, Hâpi, Douamoutef et Kebehsenouf.

[6] J. ZANDEE, « Sargtexte, Spruch 77 », *ZÄS* 100, 1974, p.71. H. TE VELDE, « Some Aspects of the God Shu », *JEOL* 27, 1981-1982, p. 25.

[7] Cet ensemble d'idées est exprimé graphiquement en CT 27 I 79g, MC105

« tu es la semence du grand », *twt mtwt wr*,
mtwt étant déterminé par le signe de la bouche qui crache.

jšš.n.f wj m Šw ḥn^c Tfnt (var. B1Bo : *jšš.n.f N m Šw tfn.n.f sw m Tfnt*)
Je suis ce *ba* de Chou...
qu'Atoum a engendré avec sa main lorsqu'il se fit jouir
et que la chose exquise (var. : de sa bouche) tomba de sa bouche.
Il m'a craché en tant que Chou et Tefnout
(var. : il a craché N en Chou, il l'a expectoré en Tefnout).
CT 77 II 18a-e, G1T.

Les moyens de création que nous rencontrons ici sont d'abord la main qui produit la jouissance, la bouche, et finalement le crachat. Les trois éléments apparaissent dans l'ordre inverse dans le *spell* 80.

44 *jnk... wḥmw jšš.n Tm*
pr m r.f dj.f ḏrt.f
3bt.f r sḫrt n t3
Je suis... la réplique [8] qu'Atoum a crachée,
celui qui est issu de sa bouche lorsqu'il utilisa sa main
et que ce qu'il désirait tomba par terre. CT 80 II 31e-32a.

La dernière proposition de ce passage, dont la traduction est quelque peu incertaine, se rapproche de la phrase *stpw ḫr m r.f* « la chose exquise tomba de sa bouche » du texte **43**. Les deux termes *stpw*  [9] et *3bt* 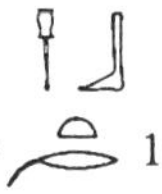 [10] désignent la substance qu'Atoum produisit de sa bouche après s'être fait jouir de sa main. Il est intéressant de constater qu'ils sont dérivés respectivement des racines *stp* « choisir, élire » et *3b* « désirer ». Ces termes indiquent qu'il s'agit d'un acte très conscient et prémédité du créateur dont le produit est choisi et désiré.

[8] *wḥmw*, MEEKS, *AnLex* 79.0741. Cf. aussi CT 78 II 23b, *jnk...wḥmw n Tm*, « je suis... la réplique d'Atoum ». Voir aussi CT 331 IV 173g, *nb w^c jwty wḥmwt.f*, « le maître unique qui ne possède pas de réplique ». Malgré les objections de P. JÜRGENS (*GöttMisc* 105, 1988, p. 32 sq.) *wḥmw* semble plutôt être une épithète de Chou qu'un adjectif « paarig » se rapportant aux dieux-*ḥḥw* qui précèdent. La traduction du passage proposé (*ibid.*, p. 33 sq.) donne un contresens ; *3bt* n'est ici pas dérivé de *j3b* « éviter ».

[9] MEEKS, *AnLex* 78.3936.

[10] MEEKS, *AnLex* 78.0024.

Le crachat.

L'image de la création par le crachat, une autre sécrétion à disposition du créateur, semble avoir été à l'origine indépendante. Le crachat-*jšš* apparaît sans le contexte de la création sexuelle dans deux *spells* des Textes des Pyramides.

45 *Tm Ḫprr q3.n.k m q33*
wbn.n.k m bnbn m ḥwt-bnw m Jwnw
jšš.n.k m Šw tf.n.k m Tfnt
wd.n.k ᶜwy.k ḥ3.sn m ᶜ k3 wn k3.k jm.sn
Atoum-Khepri, tu t'es élevé en tant que (butte) élevée,
tu t'es levé en tant que *benben* dans le château du phénix à Héliopolis.
Tu as craché Chou, tu as expectoré Tefnout,
tu as tendu tes bras autour d'eux en un geste de *ka* afin que ton *ka* oit en eux. PT 600, pyr. 1652a-1653a ; cf. texte **37**.

46 *Šw s3 Tm pw Wsjr N pn*
ṯwt s3 wr n Tm twtw.f
jšš.n iw Tm m r.f m rn.k m Šw
Cet Osiris N est Chou, le fils d'Atoum,
tu es le fils aîné d'Atoum, son semblable,
Atoum t'a craché de sa bouche en ton nom de Chou.
PT 660, pyr. 1870a-c.

Dans les Textes des Sarcophages, la création de Chou et de Tefnout par le crachat d'Atoum apparaît à deux reprises en tant que notion indépendante.

47 *sk wj m ḥḥ jš.k ḥnᶜ tf.k Šw pw ḥnᶜ Tfnt*
Or je cherchais ton crachat et ton expectoration, c'est Chou et Tefnout. CT 331 IV 174f-g ; texte **81**.

48 *n qd.j m ẖt n ṯs.j m swḥt n jwr.j js jwrt*
(var. B1Bo, G1T : *n msw.j js msyt*)
jšš.n wj jt.j Tm m jšš n r.f ḥnᶜ snt.j Tfnt
Je n'ai pas été formé dans un corps, je n'ai pas été constitué dans un œuf, je n'ai pas été conçu par conception
(var. : je n'ai pas été enfanté par enfantement),
c'est en un crachat de sa bouche que mon père Atoum m'a craché avec ma sœur Tefnout. CT 76 II 3f-4a, B1C.

Le défunt qui s'identifie à Chou met ici en vedette le mode de création par le crachat, par opposition à une naissance normale. Il insiste de cette façon sur son rang de première créature. De façon semblable, la possibilité d'un enfantement naturel est rejetée pour mieux mettre l'accent sur la création surnaturelle par la volonté de l'unique au *spell* 75 (texte **64**).

La notion du crachat a été liée secondairement à celle de la masturbation du créateur, lorsque celle-ci s'est trouvée complétée par l'idée de la gestation de la semence dans la bouche (textes **43** et **44**) [11]. Dans tous les cas, ce moyen de création produit les deux enfants Chou et Tefnout.

Il existe un grand nombre de vocables pour l'action d'expectorer. Les termes *jšš* et *tf* / *tfn* sont certainement choisis dans ce contexte pour leur assonance aux noms de Chou et Tefnout, sans pour autant vouloir expliquer ni l'étymologie des noms ni le caractère de ces divinités. C'est uniquement un jeu phonétique qui illustre un des modes d'apparition du premier couple divin [12]. De la même manière, le scribe du sarcophage T2L fait allusion à ce mode de création par un jeu graphique, lorsqu'il détermine le nom de Tefnout par le signe de la bouche qui crache [13].

Mais d'autres termes peuvent également renvoyer à la création de Chou par le crachat d'Atoum [14].

49 *N pn Šw tp jḫmwt sp sn bš q33 sp sn*
N est Chou sur les rives, celui qui a été craché, qui est très élevé.
CT 610 VI 224 a-b, B1C.

---

[11] La même séquence main-bouche-crachat se trouve encore dans le papyrus Bremner-Rhind, 26, 24 - 27, 1. Le vocabulaire utilisé s'apparente beaucoup de celui des exemples **43** et **44**.

[12] Ce jeu de mots a souvent été commenté ; sur le thème en général, voir M. MALAISE, « Calembours et mythes dans l'Égypte Ancienne », dans *Homo religiosus* 9, 1983, p. 97-112.

[13] CT 532 VI 126d, T2L.

[14] Dans les Textes des Pyramides, la terre est qualifiée de « issue d'Atoum, le crachat-*nšš* issu de Khepri », PT 222, pyr. 199a-c.

50 *ᶜb3.j ᶜb3* [15] *jsd* [16] *pr m r n Tm*
C'est ma pureté, la pureté de la salive qui est sortie de la bouche d'Atoum. CT 527 VI 119i, S2C.

En dehors du contexte cosmogonique, le crachat et la salive apparaissent fréquemment dans les Textes des Sarcophages et des Pyramides comme éléments purificateurs ou guérisseurs de blessures, mais aussi comme substances destructrices [17].

L'expiration.

Un autre mode de création est l'expiration par le nez. Cette notion apparaît pour la première fois dans la pyramide de Neith [18]. Dans les Textes des Sarcophages, elle est principalement attestée par le *spell* 75.

51 *nf3.n.f wj m šrt.f*
jnk nf3 jrw
Il (Atoum) m'a expiré de son nez,
je (Chou) suis celui dont la forme a été expirée.
CT 75 I 338/9b-c.

Le mot *nf3*, substantif ou verbe [19], est caractéristique de cette conception. *Nf3 jrw* devient ainsi une désignation de Chou (voir aussi CT 75 I 354b, 360a), semblable à *sfg jrw*. Cette désignation fait référence non seulement au mode de création, mais également à un des aspects de Chou. On pourrait aussi comprendre « celui à la nature aérienne » [20]. Si Chou est *nf3 jrw*, Atoum peut être appelé propriétaire

---

[15] Pour le terme *ᶜb3* et plusieurs phrases de ce type, cf. E. BLUMENTHAL, « Die "Reinheit" des Grabschänders », *OLA* 39, 1991, p. 47-56, n. 39.

[16] *jsd*, cf. *Wb* I, 134, 7.

[17] K. ZIBELIUS, « Zu "Speien" und "Speichel" in Ägypten », dans Fs. Westendorf, 1984, p. 399-407.

[18] Neith 697-698, R.O. FAULKNER, *Pyramid Texts, Supplement*, p. 87 : *jwr Nt m fnḏ ms Nt m ms3ḏt*, « Neith a été conçue dans le nez, Neith est née des narines ». J. ZANDEE, « Sargtexte, Spruch 75 », *ZÄS* 98, 1972, p. 151.

[19] *Wb* II, 250, 11-18 ; MEEKS, *AnLex* 77.2080. Les Textes des Sarcophages donnent toujours la vocalisation en aleph, alors qu'au Nouvel Empire le mot se termine en *y* ou *w*, mais cf. *nfwt* CT 80 II 43c.

[20] Pour *jrw* « nature » cf. E. HORNUNG, *Das Buch der Anbetung des Re im Westen* II, 1976, p. 115, n. 148 ; *id.*, « Der Mensch als "Bild Gottes" in

et maître de l'expiration : « je suis celui qui préside à l'expiration, le maître de la grande expiration » [21].

52 *jnk nf3 jrw*
n ms.f wj m r.f
n jwr.f wj m ḫfᶜ.f
nf3.n.f wj m šrt.f
jr.n.f wj m ḥry-jb nfr.f
Je (Chou) suis celui dont la forme a été expirée.
Il (Atoum) ne m'a pas mis au monde par sa bouche,
il ne m'a pas conçu dans son poing,
c'est de son nez qu'il m'a expiré,
c'est du milieu de sa gorge qu'il m'a créé [22].
CT 75 I 354b-357b.

La compréhension de ce passage pose quelques problèmes. La création de Chou par expiration est mise en opposition à la création par la main et la bouche. Nous nous trouvons ici face à l'unique exemple où deux notions de création ne sont pas associées et additionnées, mais où l'une est expressément rejetée en faveur d'une autre. Le cas est différent de ceux cités dans les textes **48** et **65** où une création extraordinaire est opposée à une conception normale, humaine. Quelle peut être la raison de ce rejet de l'image de la main et de la bouche ? Une motivation morale dans le sens d'un « refinement of this crude myth » [23] est peu probable. J. Zandee propose de reconnaître dans le passage la trace d'une polémique théologique dans laquelle une école rejetterait l'explication concernant la création de Chou d'une autre école [24]. Si l'on considère le caractère cohérent et uniforme des *spells* 75 à 81, cette interprétation n'est pas convaincante. Dans ce Livre, les

---

Ägypten », dans O. LORETZ, *Die Gottebenbildlichkeit des Menschen*, 1967, p. 127. Ph. DERCHAIN, (« Sur le nom de Chou et sa fonction », *RdE* 27, 1975, p. 113), traduit cette épithète : « celui dont la substance provient d'un éternuement ».

21 CT 992 VII 204 e+l, P. Gard II + III, *jnk ḥry nf3 nb nf3 wr*. En CT 268 IV 1d, N est « celui que Seth a expiré (*nf3*) ».

22 *Nfr* :il s'agit plus probablement de l'organe que le signe représente que de la « beauté » au sens abstrait. cf. *Wb* II, 252, 12 et MEEKS, *AnLex* 79.1530.

23 R.O. FAULKNER, « Some Notes on the God Shu », *JEOL* VI/18, 1964, p. 266.

24 J. ZANDEE, *ZÄS* 98, 1972, p. 151. *id.*, « Das Schöpferwort im Alten Ägypten », dans Fs. Obbink, 1964, p. 36.

trois principaux modes de création de Chou apparaissent dans la distribution suivante :

	main-bouche	*crachat*	*souffle*
CT 75	nié		X
CT 76		X	X
CT 77	X	X	
CT 80	X	X	X
CT 81			X

Les *spells* 77 et 80 parlent de façon positive de la création au moyen de la main et du phallus, et six sarcophages présentent l'un de ces textes conjointement avec le *spell* 75. Si le passage cité ci-dessus reflétait vraiment une polémique théologique, une telle contradiction eût été insoutenable. De plus, le *spell* 80 traite les trois modes de création de manière équivalente et reprend même textuellement une phrase de CT 75, dans laquelle « l'habit » de Chou est défini comme le souffle d'Atoum.

53 *ḥbs.j* (*pw* CT 80) *ṯ3w n ᶜnḫ pr.n.f ḥ3.j m r n Tm*
C'est mon habit, le souffle de vie qui est sorti autour de moi de la bouche d'Atoum.
CT 75 I 372d-375b ; CT 80 II 29f-g.

« L'habit » désigne ici plus qu'une simple enveloppe, c'est tout l'être de Chou. Or Chou est issu du souffle de vie d'Atoum, mais il est surtout lui-même le souffle de vie, la Vie. Chou est de nature aérienne (*nf3 jrw*) issu de l'expiration-*nf3* d'Atoum, il est également par essence la Vie, issu du souffle de vie (*ṯ3w n ᶜnḫ*) de son créateur. C'est certainement ce que le texte veut expliquer. Il n'y a rien de polémique, car le *spell* 75 est celui parmi les Textes des Sarcophages qui présente le plus grand nombre de modes de création. Outre l'apparition de Chou grâce à l'expiration et au souffle d'Atoum, celui-ci est considéré comme issu de son corps, de ses jambes et bras, de sa volonté-*jb* et de son pouvoir-*3ḫw* (cf. texte **215**). La parole créatrice et surtout le crachat sont les seuls modes de création que le *spell* 75 passe sous silence.

Avec le *spell* 80, le *spell* 75 est assurément un des textes les plus élaborés. Il met l'accent sur la création de Chou par l'expiration d'Atoum, non par dogmatisme, mais parce que ce mode de création est le plus apte à renseigner sur l'essence du dieu créé. L'image de la création par le sexe, la main et la bouche d'Atoum illustre l'isolement du créateur, mais ne dit rien sur Chou. Le crachat-*jšš* n'offre qu'une vague assonance avec le nom de Chou. L'idée de l'expiration, par contre, peut expliquer l'aspect de dieu de l'air et surtout le fait que Chou représente le principe fondamental de la Vie. Le caractère de dieu de la vie est ici inhérent au mode de création de Chou, alors que dans le *spell* 80 cet aspect lui est conféré par la parole d'Atoum, juste après la description de la création de Chou par la main, la bouche et le crachat.

Le rejet du mythème de la main et de la bouche dans le *spell* 75 doit donc être compris de manière plus nuancée. Cette image peu significative pour la nature de Chou n'est niée que pour mieux mettre en valeur celle de l'expiration qui connote deux des principaux aspects du dieu Chou. Le souffle d'Atoum sortant sans effort, inconsciemment peut-être même, cette forme de naissance peut finalement être considérée comme une autogenèse. Le fait que Chou soit appelé « celui qui est venu à l'existence de lui-même » dans la première phrase du *spell* 75, n'est certainement pas d'un « copyist's blunder » [25].

Le *spell* 80 formule l'idée de l'habit, c'est-à-dire de l'être aérien de Chou d'une autre manière encore :

54 *jnm.j pw mḏd ṯ3w pr ḥr-s3.j m r n Tm*
C'est ma peau adhérente, le souffle qui est sorti derrière moi de la bouche d'Atoum. CT 80 II 30c-d, B1C.

Jnm ne désigne pas seulement la peau, mais aussi l'aspect d'un dieu [26]. Dans la suite du *spell*, la tempête et l'orage sont identifiés avec les effluves et le parfum du dieu. Chou est donc constitué entièrement de substance aérienne.

C'est la substance (*ṯ3w* ou *nf3*) qui est importante dans cette conception, qu'elle sorte du nez ou de la bouche du créateur n'est pas significatif [27]. Si le souffle est décrit comme sortant de la bouche, cette image ne véhicule aucune allusion à la notion de la main et de la bouche

---

[25] R.O. FAULKNER, *loc. cit.* ; mais cf. J. ZANDEE, *ZÄS* 97, 1971, p. 157 ; cf. texte **24**.

[26] MEEKS, *AnLex* 79.0257.

[27] Dans les *spells* 222 et 223 se trouvent des renvois au « doux souffle (*ṯ3w nḏm*) qui est dans le nez d'Atoum ». Sur l'importance du souffle pour le défunt voir ZANDEE, « Bemerkungen zu einigen Kapiteln aus den Sargtexten », dans J. ASSMANN, E. FEUCHT, R. GRIESHAMMER (éd.), *Fragen an die altägyptische Literatur*, 1977, p. 511-529.

ou à celle du crachat. La bouche et « ce qui sort de la bouche » apparaîtront également dans la conception de la parole créatrice.
La mention du nez est parfois précisée par celle des narines :

55 *jwr.n.f wj m šrt.f pr.n.j m ms3ḏty.f*
Il (Atoum) m'a conçu dans son nez, je (Chou) suis issu de ses narines. CT 80 II 39i-40a.

ou, phrase identique dans les *spell*s 80 et 81 :

56 *ms.n.f wj m šrt.f pr.n.j m ms3ḏty.f*
Il (Atoum) m'a mis au monde par son nez, je (Chou) suis issu de ses narines. CT 80 II 35j-36a ; CT 81 II 44b.

L'identification de Chou avec le souffle vital incite Atoum à « respirer Chou ».

57 *sn n.f sb3w m*^{c}*nḏt sn.f Šw qm3.f Tfnt*
Puissent les portes de la barque du jour s'ouvrir pour lui (Rê), afin qu'il respire Chou et crée Tefnout. CT 1065 VII 325d-26f.

Le verbe *sn* « respirer » est ici choisi pour son homophonie avec le verbe « ouvrir ». L'acte de respirer Chou est en rapport avec sa création par l'expiration. Chou est venu à l'existence par le souffle de vie d'Atoum, il est devenu lui-même la Vie, et il rend la vie à son père par son propre souffle. Il se place à la gorge ou au nez d'Atoum, afin que celui-ci le respire (*sn*) et vive. Cette réciprocité est exprimée dans les *spell*s 80 et 81. « Je suis le fils d'Atoum, ... il m'a placé à sa gorge afin qu'il me respire chaque jour... je lui donne le souffle à son nez »[28].

Avec cette réciprocité du souffle de vie d'Atoum et de Chou, nous retrouvons le principe d'échange que nous avons déjà rencontré à propos de l'union consubstantielle et de la séparation d'Atoum, Chou et Tefnout (texte **33**). Ce principe si fondamental dans la civilisation égyptienne régit le rapport entre les créatures et leurs créateurs, entre les hommes et les dieux et entre les générations humaines. C'est le principe du culte, où les hommes offrent aux dieux ce que ceux-ci ont créé, afin de leur donner la possibilité de maintenir la création, de recréer. Le monde fonctionne ainsi grâce à un perpétuel mouvement d'échange de

---

[28] CT 81 II 44 a, c, f. CT 80 II 36b, 40b.

l'énergie vitale dans lequel tous les membres se trouvent en entière interdépendance.

Le verbe *sn* « respirer » est aussi fréquemment utilisé en relation avec Tefnout / Maât, non à propos de sa création, mais pour illustrer la fonction vivifiante que cette déesse exerce également pour son père Atoum ou Rê. La notion de respirer Maât est indépendante du mode de sa création et n'exprime pas une réciprocité aussi étroite que l'idée d'Atoum respirant Chou.

La création par expiration, contrairement aux modes de création par la main et la bouche ou par le crachat, n'inclut jamais la déesse Tefnout. L'image de l'expiration est si intimement liée au caractère de Chou qu'elle ne convient pas à expliquer l'apparition d'une autre divinité.

La notion de l'expiration peut aussi être associée à celle de l'expectoration [29].

58 *sbš.n.f wj m r.f nf3.n.f wj m šrt.f*
Il (sujet non précisé) m'a craché de sa bouche, il m'a expiré de son nez. CT 191 III 100c-d.

Le corps.

Le *spell* 75 affirme à plusieurs reprises que Chou est venu à l'existence du corps (*ḥ^{c}w)* d'Atoum.

59 *ḫpr.n.j m ḥ^{c}w n nṯr ḫpr ḏs.f*
Je suis venu à l'existence du corps du dieu qui est venu à l'existence de lui-même.

ṯs.n.j m ḥ^{c}w n nṯr ḫpr ḏs.f
Je me suis constitué dans le corps du dieu qui est venu à l'existence de lui-même.
CT 75 I 316/17a ; 318/19b ; 336/37a ; 350/51c - 352/53a ; 389b.

Les verbes *ḫpr* et *ṯs* peuvent être intervertis selon les versions ; *ṯs* « nouer », « constituer » peut avoir un sens transitif ou intransitif-

---

[29] Il existe même l'expression *bš ṯ3w* « cracher le souffle », CT 76 II 12g-h.

réflexif. Ce dernier convient seul ici. Ces deux verbes sont également associés avec l'image du corps d'Atoum dans le *spell* 312.

60 *N 3ḫ ḫpr ṯs ṯs pẖr m ḥ^{c}w nṯr…*
N pn w^{c} m nw n nṯrw 3ḫw jmyw j3ḫw
qm3.n Tm m jwf.f
N est un esprits-*akh* qui est venu à l'existence et qui s'est constitué, et vice-versa, dans le corps du dieu…
Ce N est un de ces dieux et de ces esprits-*akh* qui sont dans la lumière
qu'Atoum a créés de sa chair. CT 312 IV 74h-75b, B6C.

L'apparition à partir du corps et de la chair est liée dans ce texte à la création par l'œil d'Atoum (texte **78**). La préposition-*m*, un des éléments les plus fréquents du vocabulaire de création, est utilisée dans ces passages dans différents sens : instrumental, locatif ou *m* - d'origine, les deux dernières nuances étant parfois difficiles à distinguer.

Les humeurs, éléments liquides du corps, peuvent également servir de substance créatrice.

61 *j ḥḥw 8 jpw jrw.n Tm m rḏw jwf.f*
ô ces huit génies-*ḥḥw* qu'Atoum a faits des humeurs de sa chair.
CT 76 II 7c-d, B1Bo, G1T [30].

En CT 75 l'image du corps d'Atoum est précisée par l'évocation de ses jambes, ses bras et ses membres en général.

62 *rd.n.j m rdwy.f ḫpr.n.j m ^{c}wy.f šw.n.j m ^{c}wt.f*
J'ai poussé de ses jambes, je suis venu à l'existence de ses bras, je me suis élevé de ses membres. CT 75 I 342/43b-c.

L'image du corps d'Atoum ou de ses membres ne semble pas former un mythème très développé ni répandu. Il ne s'agit d'ailleurs pas vraiment d'un mode de création, car dans les passages cités, Atoum est entièrement inactif (sauf en **60** et **61** où il crée de sa chair). Au *spell* 75, le corps d'Atoum sert uniquement de base sur laquelle Chou peut se développer. Tous les verbes utilisés expriment l'apparition

[30] En CT 76 II 1b et 78 II 19e, c'est Chou qui fait les génies-*ḥḥw* des humeurs de son corps et de sa chair.

spontanée de Chou qui vient à l'existence non pas par création, mais par sa propre force. En effet, dès la première phrase de ce texte, Chou est présenté comme *ḫpr-ḏs.f*.

Le verbe *rd* « pousser (normalement à propos des plantes) » offre ici une assonance avec *rdwy* « les jambes », assonance qui pour les anciens pouvait être signe d'un lien intrinsèque entre les jambes d'Atoum et la croissance de Chou. Ce verbe est assez rare dans le vocabulaire de création, mais il apparaît au moins trois fois ailleurs en parallèle avec *ḫpr* [31].

Plus important est le verbe *šwj* « s'élever ». Cette manière d'apparaître de Chou en s'élevant lui-même est, comme sa création par l'expiration, significative de son essence. Le verbe *šw*, qui semble être étymologiquement lié avec le nom du dieu Chou, renvoie à une de ses fonctions principales, celle de s'élever entre le ciel et la terre et d'assurer de la sorte la structure cosmique [32]. Une allusion à cette image est faite ailleurs où le défunt dit « je me suis élevé (*šw*) au ciel en tant que Chou » [33]. L'idée d'élévation est une des raisons pour lesquelles le défunt cherche si souvent à s'identifier au dieu Chou.

Le *spell* 75 présente conjointement un grand nombre de modes de création dont beaucoup sont significatifs du caractère de Chou. Il décrit aussi le procédé d'autogenèse de ce dieu qui s'élève sur la base d'Atoum dont il tire nécessairement sa substance. Remarquons que tous les modes de création sont des notions indépendantes, réutilisées dans d'autres textes et contextes tandis que l'idée de l'autogenèse de Chou semble être le message spécifique de ce *spell*.

---

[31] CT 245 III 335f ; CT 331 IV 173i-174a ; CT 680 VI 306a.

[32] Ph. DERCHAIN, *RdE* 27, 1975, p.110-116 développe à partir de cette étymologie et de cette fonction de Chou l'idée que ce dieu avait avant tout un rôle d'intermédiaire.
Un autre mot *šw* « être vide » apparaît dans un contexte semblable en CT 456 V 329a, B3L, B1L. Après la reconstitution de son corps, le défunt déclare : « alors Chou est sorti vide de ma chair », *pr rf Šw šw m jwf.j*. L'égyptologie a souvent spéculé sur cette assonnance ou étymologie éventuelle à propos du caractère aérien de Chou et associé « le Vide » avec l'espace que le dieu occupe entre la terre et le ciel.

[33] CT 682 VI 311k.

La sueur.

Une notion de création qui n'apparaît qu'une seule fois dans les Textes des Sarcophages est celle de l'origine des dieux de la sueur de l'unique [34].

63 *sḫpr.n.j nṯrw m fdt.j*
J'ai fait venir à l'existence les dieux de ma sueur.
CT 1130 VII 464g.

La sueur divine est une substance noble, qui caractérise les dieux. Elle est souvent assimilée au parfum et à l'encens [35]. C'est son parfum qui atteste la présence d'un dieu [36]. Nous retrouvons ainsi le concept selon lequel l'origine d'une créature détermine son essence ou du moins un de ses aspects caractéristiques. Dans le *spell* 1130, l'évocation des dieux issus de cette émanation précieuse se situe immédiatement avant celle des hommes qui apparaissent des larmes du créateur. Le passage souligne ainsi le contraste entre l'origine d'une substance noble des uns et d'une substance de tristesse des autres.

La volonté-*jb* et la puissance-*3ḫw*.

Le cœur-*jb* est pour les Égyptiens un organe central. Il est responsable d'une part de toutes les facultés intellectuelles, sentimentales et sensorielles. D'autre part, comme il « parle » dans tous les membres [37], il régit aussi toutes les fonctions du corps de même que ses sécrétions. C'est pour cette raison que Bilolo a déclaré que le cœur était l'unique lieu de création [38]. En effet, selon la physiologie égyptienne, la semence, la salive, l'expiration et les larmes peuvent être considérés comme provenant du cœur. Ce rapprochement n'est toutefois pas fait dans les Textes des Sarcophages. Les émanations du

[34] E. OTTO, « Zur Komposition von Coffin Texts *Spell* 1130 », dans ASSMANN, FEUCHT, GRIESHAMMER (éd.), *op. cit.*, 1977, p. 9.

[35] En CT 648 VI 270h les dieux vivent de la sueur-*jdt* de Rê.

[36] Dans les textes de la théogamie, le parfum *snṯr* d'Amon réveille la reine, cf. *Urk.* IV, 219, 13 et *Urk.* IV, 1714, 9.

[37] P. Ebers 854a.

[38] M. BILOLO, « Du "Cœur" *ḥ3ty* ou *jb* comme l'unique lieu de création : propos sur la cosmogenèse héliopolitaine », *GöttMisc* 58, 1982, p. 7-14.

créateur semblent simplement venir de lui-même, de son corps sans précision d'une cause physiologique.

Le cœur joue cependant un rôle dans le processus de création : « créer par le cœur » est un mode de création qui constitue une notion indépendante. D. Müller a démontré que le cœur peut avoir chez les dieux et chez les hommes un rapport très direct avec la procréation sexuelle. Des expressions comme « donner le cœur à quelqu'un » ou « être puissant de cœur » renvoient clairement à l'engendrement [39]. Dans le papyrus Bremner-Rhind, le cœur du créateur intervient dans l'image de sa main et de sa semence [40].

Dans les Textes des Sarcophages relatifs à la création, le cœur n'a pas de fonction physiologique, il recouvre plutôt les idées de désir et de volonté. La volonté du créateur de créer est un facteur important auquel plusieurs textes se réfèrent. Nous avons déjà rencontré plus haut ce facteur de la volonté consciente sous les vocables *3bt* et *stpw* qui désignent le produit désiré de la jouissance d'Atoum.

Les verbes utilisés en relation avec *jb* sont *qm3*, *jr* et *qd*, des termes qui expriment l'action de créer et de façonner. Il ne peut donc s'agir de l'organe du cœur qui n'a aucune possibilité de projeter directement un élément créé hors du corps. Dans le contexte qui nous occupe, *jb* n'est pas le cœur du créateur, mais sa volonté qui émane du cœur. C'est une puissance qu'il tire de lui-même et qu'il émet. Cette émanation, invisible mais non moins efficace, a la même valeur que les sécrétions plus physiques.

La force de la volonté-*jb* est associée à plusieurs reprises à la puissance-*3ḫw*, un autre pouvoir intellectuel.

64 *qm3.n.f wj m jb.f jr.n.f wj m 3ḫw.f*
Il (Atoum) m'a créé par sa volonté, il m'a fait par sa puissance-*3ḫw*. CT 75 I 336c-339a.

65 *qm3.n.f wj m jb.f ḏs.f jr.n.f wj m 3ḫw.f*
n ms.tw.j js msyt
Il m'a créé par sa propre volonté, il m'a fait par sa puissance-*3ḫw*
je n'ai pas été enfanté par enfantement.
CT 75 I 344/5a-c ; texte **215**.

---

[39] D. MÜLLER, « Die Zeugung durch das Herz in Religion und Medizin der Ägypter », *Orientalia* 35, 1966, p. 247-274.
[40] P. Bremner-Rhind 28, 27 - 29, 1.

La préposition-*m* a ici une valeur instrumentale.

66 *mkt N pw mkt Ḥr-smsw - Rᶜ jnk jr.n jb.f*
C'est la protection de N, la protection d'Horus-l'aîné - Rê [41],
je suis celui que sa volonté (celle d'Horus-l'aîné - Rê) a fait.
CT 1061 VII 318a-b.

Le terme *3ḫw*, habituellement traduit par « puissance magique » [42], désigne ici une puissance dont dispose le créateur, mais aussi tout autre dieu et même les humains. Le mot a souvent un rapport avec la magie, il peut dans certains cas même être synonyme de *ḥk3* [43], et il signifie aussi « formule magique ». Mais il se réfère également à la connaissance et au savoir, il désigne une puissance intellectuelle [44]. Ce sont surtout les savants, artisans et médecins qui possèdent la puissance-*3ḫw*, le savoir. À ce titre, la puissance-*3ḫw*, faculté des vivants, doit être distinguée de l'état-*3ḫ* que les défunts cherchent à atteindre pour devenir des êtres-*3ḫw* ou des dieux [45].

Dans les passages relatifs à la cosmogonie, où la puissance-*3ḫw* est un moyen de création, elle apparaît souvent en parallèle avec la volonté-*jb*. La faculté-*3ḫw* désigne ici le pouvoir intellectuel du créateur, son savoir, grâce auquel il peut créer [46]. Savoir et volonté peuvent être complémentaires, mais chacune des forces peut aussi être créatrice seule.

67 *jnk ᶜnḫ ... jr.n Tm smsw m 3ḫw.f*

---

41 Sur cette association d'une forme d'Horus et de Rê cf. B. ALTENMÜLLER, *Synkretismus*, p. 141.

42 MEEKS, *AnLex* 77.0073 ; *id.*, 78.0060.

43 H. TE VELDE, « The God Heka in Egyptian Theology », *JEOL* 21,1970, p. 177 et n. 11. J.F. BORGHOUTS, « *3ḫ.w* (akhu) and *ḥk3.w* (hekau). Two Basic Notions of Ancient Egypt. Magic and the Concept of the Divine Creative Word », dans A. ROCCATI, A. SILIOTTI (éd.), *La Magia in Egitto*, 1987, p. 29-46.

44 E. OTTO, *LÄ* I, col. 51, traduit *3ḫw* par « Geisteskraft ».

45 Les vivants peuvent atteindre l'état-*3ḫ* dès le Nouvel Empire par la récitation de formules funéraires, cf. G. ENGLUND, *Akh*, 1978, p. 151 sq. La faculté intellectuelle-*3ḫw* par contre est attestée dès le P. Prisse 5, 7 (Enseignement de Ptahhotep) comme appartenant aux vivants.

46 F.M. FRIEDMAN, *On the Meaning of Akh (3ḫ) in Egyptian Mortuary Texts*, Dissertation Abstracts International, Ann Arbor, 1981, p. 154 sq.

Je (Chou) suis la Vie... qu'Atoum a fait l'aîné par sa puissance-*3ḫw*. CT 80 II 39c.

68 *nfr.w nṯr pn rnpw jr.n R^c m 3ḫw.f*
Il est beau, ce jeune dieu (Hâpi) que Rê a fait par sa puissance-*3ḫw*. CT 317 IV 117e-f, S1C, B2L ; texte **124**.

Un peu plus loin dans le même texte intervient également la force créatrice du *ba*.

69 *jn R^c jr wj m b3.f*
C'est Rê qui m'a créé au moyen de son *ba*
CT 317 IV 119f, B2L (var. S1C : *m jrw.f* selon sa nature) ; texte **125**.

70 *ḫpr.n.j m dqrw R^c rdj.n.f n.j ḥ3w 3ḫw.f*
Je suis venu à l'existence en tant que quintessence [47] de Rê,
il m'a donné abondamment sa puissance-*3ḫw*.
CT 317 IV 127g-h, S1C.

Le créateur peut gratifier sa créature du don de la puissance-*3ḫw*. Dans ce contexte, *3ḫw* peut être mis en parallèle avec le pouvoir-*ḥk3*, ainsi dans le *spell* 573, le successeur du fameux hymne cannibale. Par cette formule, le défunt, après s'être identifié avec Rê, voulait probablement se transformer en dieu Heka, selon le titre fragmentaire du texte.

71 *... mj Tm jt.j ms wj*
jw rdj.n.f n.j b3.f
S2C *jw rdj.n.f n.j 3ḫw.f* (var. S1C : *jw 3ḫ.kwj r.f*)
S1C *jw ḥk3w.j ḥ3 [.j]*
...comme Atoum, mon père qui m'a mis au monde,
il m'a donné son *ba*,
il ma donné sa puissance-*3ḫw* [48] ; (var. : moi qui suis plus efficace que lui)

---

[47] Le mot *dqrw* ne semble attesté que dans deux passages des Textes des Sarcophages, en plus de celui cité ici cf. CT 310 IV 66c, *jnk w^c dqrw nṯrw*, "je suis l'unique, la quintessence des dieux". MEEKS, *AnLex* 78.4843.

[48] Le *ba* et la puissance-*3ḫw* sont également associés dans le *spell* 38 I 162e : « ton *ba* est en toi, ta puissance-*3ḫw* est avec toi ».

mes pouvoirs-*ḥk3* étant autour de moi.
CT 573 VI 177k-178a, S1C, S2C.

Les deux puissances *3ẖw* et *ḥk3* sont également très proches dans le domaine de la magie :

72 *ḥk3w rḫw rw.sn*
r jṯ(t) ḥk3w.sn
r nḥm 3ẖw.sn
Les magiciens connaissent leurs formules
afin d'enlever leurs pouvoirs-*ḥk3* (ceux des bâtons-*ᶜmᶜ3t*)
et de retirer leurs puissances-*3ẖw*. CT 418 V 254a-c [49].

Contrairement à la puissance-*3ẖw*, le pouvoir-*ḥk3* n'est dans notre documentation jamais un moyen de création (cf. *infra*, p.156).

Les forces-*jb* et *3ẖw* existent déjà à l'état virtuel du créateur, c'est par ces deux facultés qu'il a la possibilité de se façonner lui-même, de prendre corps [50].

73 *sḫpr.n.j ḥᶜw.j m 3ẖw.j*
jnk jr wj qd.n.(j) wj r mrr.j ḫft jb.j
J'ai fait venir à l'existence mon corps grâce à ma puissance-*3ẖw*
je suis celui qui s'est créé, je me suis façonné comme je désirais, selon ma volonté. CT 714 VI 344b-d, B3L.

La puissance-*3ẖw* et la volonté-*jb* auraient ainsi préexisté au corps et à l'autogenèse du créateur. Ce sont les forces grâce auxquelles Atoum a pu s'amener lui-même à l'existence.

Dans le *spell* 312, il est question d'un être « qui est dans la lumière » ou d'un « esprit de lumière » (*jmy j3ẖw / j3ẖw*) qui est aussi appelé *3ẖ* [51]. Il vient à l'existence comme un parmi plusieurs *3ẖw* du corps, de la chair et de l'œil d'Atoum, alors que celui-ci est encore seul dans le Noun. Ce *3ẖ* est glorifié (*s3ẖ*) par Atoum et c'est lui qui annonce la sortie d'Atoum de l'horizon (*3ẖt*). G. Englund conclut de ce passage que *3ẖ* est une des énergies à travers lesquelles se fait la

---

49 Semblable en CT 281 IV 30e-f.
50 E. HORNUNG, *Conceptions of God*, p. 208 et n. 45.
51 CT 312 IV 74g-75h ; texte **95**.

création [52]. Comme l'a démontré H. Brunner, ce *spell* était à l'origine un texte rituel qui a certainement subi des remaniements profonds lors de son adaptation comme texte funéraire [53]. Le terme *3ḫ* serait-il un ajout de cette deuxième rédaction au cours de laquelle le défunt est venu s'identifier à cet esprit de lumière et jouer son rôle ? *3ḫ* désignerait ainsi le défunt en tant qu'être divin (*j3ḫw* / *3ḫw*) qu'Atoum aurait créé dans une situation mythologique particulière, en relation avec l'enterrement d'Osiris et la prise de succession d'Horus, situation dans laquelle le Noun et l'état de préexistence d'Atoum ne sont qu'un cliché littéraire. Dans ce contexte, le mot *3ḫ* ne semble pas se référer à une énergie inhérente au créateur, mais être un qualificatif du défunt qui s'identifie à une des créatures de l'unique.

L'œil.

Parmi les thèmes de la mythologie égyptienne, celui de l'œil est un des plus fréquents et des plus complexes. L'œil est l'élément central de nombreux mythes, et différentes traditions s'influencent et se « contaminent » souvent mutuellement. Deux groupes principaux peuvent être distingués :

— L'œil d'Horus d'une part, blessé et arraché dans le combat par Seth, guéri et restitué par Thot, est un des symboles les plus universels de l'Égypte.
— L'œil solaire, œil de Rê ou d'Atoum, d'autre part, toujours une entité féminine, joue un rôle dans plusieurs traditions mythiques [54] :

A) Rê peut envoyer son œil en mission punitive contre ses ennemis, les hommes (Livre de la *Vache du Ciel*) ou Apophis (P. Bremner-Rhind).

B) L'œil solaire revenant de mission se voit remplacé, devient furieux et Rê lui assigne une nouvelle place à son front comme uraeus protectrice. Presque toutes les déesses peuvent se confondre dans ce rôle d'œil, uraeus et fille de Rê.

---

[52] G. ENGLUND, *Akh*, 1978, p. 75-77, p.135. cf. aussi ZANDEE, *OLZ* 77, 1982, p. 445.
[53] H. BRUNNER, « Zum Verständnis des Spruches 312 der Sargtexte », *ZDMG* 111, N.F. 36, 1961, p. 439-445.
[54] E. OTTO, *LÄ* I, col. 562-567, *s.v.* « Augensagen ».

C) L'œil de Rê est parti en colère, mettant Rê dans une affliction profonde. L'œil a quitté l'Égypte et doit être recherché, apaisé et ramené par un dieu (Chou, Thot, Onouris).

D) Chou et Tefnout ont quitté leur père et doivent être recherchés et ramenés par l'œil d'Atoum / Rê.

Presque toutes ces traditions apparaissent dans les Textes des Sarcophages et leurs principales attestations seront présentées dans un bref excursus en fin de chapitre.

À ces mythes, il convient d'ajouter ici la notion de l'œil solaire comme moyen de création. L'œil du créateur peut fonctionner de différentes façons :

— Il peut pleurer et créer par la sécrétion de larmes, principe analogue à la création par le crachat, l'expiration, la sueur, etc.
— L'œil est aussi le siège de la puissance de la vision et de l'imagination. À ce titre, il peut créer par l'émission d'une force immatérielle, selon un principe comparable à la création par la volonté du cœur ou par la parole de la bouche.

La notion de la création par l'œil est souvent influencée par les mythes de l'œil solaire qui possède une mobilité indépendante et que le dieu peut faire partir ou envoyer. Bien que le départ de l'œil est compris dans ces mythes d'une manière très concrète et entraîne l'absence de l'organe et la cécité temporaire du dieu, il ne faut probablement pas envisager, dans le contexte de la création, une séparation physique et violente de l'œil. Car le créateur ne se départage jamais d'un de ses membres ou organes, pas plus qu'il ne se fait violence pour créer ; il n'utilise à cette fin que les sécrétions naturelles ou l'émission de ses puissances [55]. Lorsque le dieu envoie son œil pour créer, il convient donc plutôt de comparer cet acte à nos expressions « jeter un coup d'œil », « jeter un regard » ; par ce geste, l'unique active sa puissance visuelle.

Il est presque toujours question, dans les différents mythes et dans le contexte cosmogonique, de l'œil de Rê ou d'Atoum au singulier. Il porte parfois le nom spécifique de *w*^{c}*t* « l'unique ».

---

[55] Une rare exception à ce concept semble être un passage du chapitre 17 du Livre des Morts, où Hou et Sia sont nés du sang de Rê qui coula de son phallus après qu'il se fut mutilé lui-même.

Comme le suggère Otto[56], ce nom pourrait se référer à l'état primordial du monde caractérisé par l'unité, par opposition à la dualité du monde créé. Toutefois, le soleil et la lune sont aussi les deux yeux du cosmos. De ce fait, le soleil ne constitue qu'un seul oeil, celui qu'il possède dans sa forme anthropomorphe[57].

La création par les larmes de l'unique est par excellence celle des hommes. Ce rapprochement est basé sur le fameux jeu phonétique entre *rmjt* « les pleurs » et *rmṯ* « les hommes »[58]. Mais cette assonance est plus qu'un simple jeu, car elle renseigne sur l'identité substantielle de l'humanité et du créateur d'une part, et elle peut, d'autre part, faire allusion à l'origine des hommes nés d'une situation d'affliction du créateur qui conditionna leur sort. La notion de la création des hommes par les larmes qui sera extrêmement répandue jusqu'à la fin de la religion égyptienne, apparaît pour la première fois dans les Textes des Sarcophages.

74 *jw rmṯ m rmwt jrt.j*
Les hommes sont les larmes de mon œil. CT 1130 VII 465a.

Cette affirmation du maître universel suit immédiatement la phrase « j'ai fait venir à l'existence les dieux de ma sueur » et la particule *jw* qui relie les deux propositions pourrait exprimer un contraste « (mais) les hommes sont les larmes de mon œil ». Les dieux sont issus d'une matière noble, alors que les hommes ne sont que le triste produit des pleurs[59]. Bien qu'aucune référence explicite ne soit faite à une situation d'affliction, ce passage se situe juste après le rejet par le créateur du reproche implicite des hommes, où le maître de l'univers charge l'humanité de toute la responsabilité du mal dans ce monde : « je n'ai pas ordonné qu'ils commettent le mal (*jsft*), mais c'est leurs cœurs (volonté) qui ont désobéi à ce que j'avais dit » (texte **197**).

---

[56] E. OTTO, *loc. cit.*

[57] CT 959 VII 177k fait allusion à la conception du soleil comme œil : « Je suis Rê, le grand qui est au milieu de son œil », l'œil est ici l'équivalent du disque solaire.

[58] B. MATHIEU, « Les hommes de larmes, à propos d'un jeu de mots mythique dans les textes de l'ancienne Égypte », dans *Hommages à Fr. Daumas*, 1986, p. 499-509.

[59] Cette même conception se retrouve encore dans les textes d'Esna où les hommes naissent des larmes de chagrin de Rê sur l'absence de sa mère, alors que les dieux naissent de la salive (de joie) lorsqu'il la revoit ; *ibid.*, p. 504.

Cette phrase explique la condition humaine empreinte de chagrin et de souffrance, condition pour laquelle le créateur ne porte pas de responsabilité directe, mais qui est tout de même liée à l'origine et au mode de création des hommes. Comme nous l'avons constaté à plusieurs reprises, notamment à propos de la création de Chou, les modes de création renseignent sur l'essence de l'être créé. La raison d'être d'un état ou d'un fait est souvent révélée par son origine.

Le rapprochement des larmes et des hommes et le thème de la condition humaine comme conséquence de l'affliction du créateur se trouvent de manière plus explicite dans le *spell* 714.

75 *rmjt jrj*[*t*]*.j pw m 3d r.j*
rmi n špw ḥrw-s3.j
Les larmes, c'est ce que j'ai produit à cause de la colère contre moi,
les hommes appartiennent à la cécité qui est derrière moi.
CT 714 VI 344f-g, B3L [60].

Comme relevé plus haut, dans ce *spell*, le créateur semble s'appeler Noun [61], mais toute l'imagerie est celle d'Atoum ou de Rê. Il ne fait aucun doute que c'est le créateur solaire qui verse des larmes.

Ce *spell* fournit une explication à la gravité de la condition humaine. Le créateur a pleuré à cause d'une colère contre lui, et l'état de l'humanité est la conséquence directe de cette affliction. De qui venait cette colère contre le dieu ? Il ne semble pas s'agir de la révolte des hommes qui, constituant un événement mythique postérieur à la première étape de la création, s'intégrerait mal dans le contexte du *spell*. Cette révolte n'est d'ailleurs pas encore attestée dans les Textes des Sarcophages. L'élément qui est ici en colère contre le créateur est son propre œil. Le même terme *3d* « la colère, être en colère » est utilisé dans un autre texte à propos de l'œil d'Atoum : « il (Atoum) a soumis (= apaisé) l'œil lorsqu'il (l'œil) était en colère (*3d.s*) et qu'il était furieux » [62]. Nous rencontrons dans le passage du *spell* 714 une interférence de la notion de la création des hommes par les larmes, d'une part, et du mythe du départ en colère de l'œil du dieu solaire (**C**), d'autre part.

---

[60] Sur ce passage voir E. HORNUNG, *Conceptions of God*, 1982, p. 150. Les traductions de *FECT* II, p. 270 et de P. BARGUET, *Sarcophages*, p. 462, « la foule des aveugles est mon troupeau » sont certainement moins satisfaisantes.

[61] Peut-être en raison de l'omission d'un participe [*pr m* ?], cf. textes **30** et **216**.

[62] *ḏr.n.f jrt 3d.s 3ḫfḫf.s*, CT 325 IV 154e.

L'oeil du créateur s'est mis en colère contre lui et l'a quitté. Frappé de cécité, le dieu pleura (« les larmes, c'est ce que j'ai produit à cause de la colère contre moi »). Les larmes dont est issue l'humanité ont conditionné le caractère aveugle de celle-ci (« les hommes appartiennent à la cécité »). Le créateur, lui, surpassa son état d'affliction (« la cécité est derrière lui ») car, comme continuerait le mythe, son œil s'est laissé apaiser et lui a été ramené.

La notion de la création des hommes par les larmes d'Atoum a attiré ici le mythe du départ furieux de l'œil solaire. Grâce à l'image de la cécité et du chagrin du créateur, cette notion fournit une étiologie de la condition humaine.

Par extension de l'image des hommes provenant des larmes, ceux-ci peuvent aussi être simplement issus de l'œil du créateur.

76 *rḫ.n.f s^{c}nḫ jmy swḥt m ẖt jry*
m rmṯ prt m jrt.j h3bt.n.j
sk wj w^{c}.kwj ḥn^{c} Nww m nnwt
Il (Chou) sait faire vivre celui qui est dans l'œuf dans chaque ventre
à savoir, les hommes qui sont issus de mon œil que j'ai envoyé
lorsque j'étais seul avec Noun en inertie. CT 80 II 33c-f, B2L.

Atoum spécifie ici qu'il s'agit de l'œil qu'il a envoyé, mais ceci est de nouveau une contamination et un élargissement de la notion de création par un des mythes (**A** et **B**) dans lesquelles le dieu envoie son œil. Cet envoi de l'œil n'est pas un acte créateur proprement dit, mais une tournure figurée de la création par la visualisation, influencée par un autre mythe. Le seul élément commun de ces différentes conceptions est l'œil.

Cette même tournure apparaît encore à propos de la création de Heka.

77 *jnk jr.n nb w^{c}*
n ḫprt jšt snwt m t3 pn
m h3b.f w^{c}t.f
m wn.f w^{c}y
Je (Heka) suis celui que le maître unique a créé
avant que deux choses n'eussent existé dans ce monde,
lorsqu'il envoya son œil-unique
lorsqu'il était seul. CT 261 III 382e-383c ; texte **141**.

Si l'image des pleurs est à l'époque réservée exclusivement à la création des hommes [63], les dieux peuvent également avoir leur origine dans l'œil du créateur. Dans la suite du passage cité ci-dessus qui décrit la naissance de Heka « avant que deux choses n'eussent existé dans ce monde », la version B1Bo précise que « l'ennéade était (encore) dans l'œil » de l'unique [64]. Ces divinités résidaient encore dans l'imagination du créateur en attendant leur réalisation.

Au *spell* 312, un dieu ou esprit de la lumière non spécifié avec lequel le défunt s'identifie, prend son origine au siège même de la puissance visuelle, à « la racine de l'œil ».

78 *N pn* w^c *m nw n nṯrw 3ẖw jmyw j3ẖw*
qm3.n Tm m jwf.f
ẖprw m w3b n jrt.f ...
N pn w^c *m nw n fnṯw Tm*
qm3.n.f m jrt.f (var. B2Bo : *qm3.n jrt nb* w^c)
Ce N est un de ces dieux et de ces esprits-*akh* qui sont dans la lumière
qu'Atoum a créés de sa chair,
qui sont venus à l'existence de la racine de son œil...
Ce N est un de ces serpents d'Atoum
qu'il a créés au moyen de son œil (var. : que l'œil du maître unique a créés).
CT 312 IV 75a-c ; 76a-b, B6C.

Les Égyptiens possédaient un sens très développé de la réalité et de la puissance de l'image dont ils faisaient un usage si abondant. L'image est une réalité et de ce fait, sa conception, l'imagination, constitue déjà un acte créateur. Ainsi, visualiser ou imaginer un objet équivaut à lui donner existence, à le créer.

L'œil du créateur n'est pas seulement le centre de la visualisation, mais également celui de la clairvoyance, de l'intelligence et de la perspicacité, facultés couvertes par la notion de *sj3*. Ceci est illustré par

---

[63] Au Nouvel Empire et à Basse Époque apparaissent quelques textes selon lesquels les dieux (spécialement Hathor) seraient issus des larmes. Des étiologies tardives attribuent cette même origine également à d'autres éléments : les poissons (*rmw*), le vin, l'encens ; cf. W. GUGLIELMI, « Lachen und Weinen in Ethik, Kult und Mythos der Ägypter », *CdE* LV, 1980, p. 83-85.

[64] CT 261 III 383f, B1Bo.

la phrase : « Sia qui réside au milieu de l'œil de Rê » [65]. L'œil du dieu est le siège de son imagination raisonnée.

L'exemple ci-dessus montre que l'œil peut être à la fois lieu d'origine de la créature (avec la préposition *m* du locatif ou *m* d'origine), moyen de création (avec *m* instrumental), et une partie ou une faculté du créateur qui crée d'elle même.

Lorsque le créateur anthropomorphe est imaginé avec deux yeux, ceux-ci sont souvent associés à Chou et Tefnout. L'œil unique étant fille de Rê ou d'Atoum, ses deux yeux correspondent à ses deux enfants.

79 *jrty.k m s3ty Tm*
Tes (N) deux yeux sont les deux enfants d'Atoum.
CT 761 VI 391k, T1L.

80 *jrt.k jmnt msktt jrt.k j3bt mᶜnḏt*
jrty.k //// prt m Tm Šw pw ḥnᶜ Tfnt
Ton œil droit est la barque de la nuit, ton œil gauche est la barque du jour,
tes deux yeux, [Horus, [66]] qui sont issus d'Atoum, ce sont Chou et Tefnout. CT 607 VI 220q-r, L2Li.

Dans cet exemple, Chou et Tefnout sont non seulement les deux yeux d'Atoum, mais ils sont aussi identifiés avec les deux barques. L'œil gauche et l'œil droit peuvent être associés tant à la lune et au soleil qu'à l'ouest et à l'est [67].

Les yeux du créateur ou son œil unique apparaissent souvent dans les textes où les parties du corps sont assimilées à des dieux, ainsi par exemple « l'œil de ce N est Rê » [68].

---

[65] CT 1006 VII 222a+h. En CT 1143 VII 491a, Sia résider dans l'œil de Ptah.

[66] Sur ce *spell* qui opère une fusion des mythèmes concernant les yeux d'Horus et l'œil solaire cf. J.F. BORGHOUTS, « The Victorious Eyes : a Structural Analysis of Two Egyptian Mythologizing Texts of the Middle Kingdom », dans Fs. Westendorf, 1984, p. 711-715. Voir aussi les textes parallèles, H. KEES, « Ein alter Götterhymnus als Begleittext zur Opfertafel », *ZÄS* 57, 1922, p. 108. H. ALTENMÜLLER, « Ein Opfertext der 5. Dynastie », *MDAIK* 22, 1967, p. 9-18.

[67] OTTO, *LÄ* I, col. 566.

[68] CT 280 IV 28f.

Nous avons pu constater que la notion de l'œil créateur est analogue aux autres modes de création par la sécrétion d'une substance ou l'émission d'une puissance. Cette notion, à l'origine indépendante, a souvent été influencée par les autres mythes relatifs à l'œil solaire. Il convient de présenter dans un bref excursus non exhaustif les principaux témoignages de ces mythes qui ne se distinguent pas toujours clairement l'un de l'autre.

Les mythes de l'œil solaire

A) L'œil de Rê a pu lui servir d'arme contre l'humanité rebelle et contre son ennemi éternel Apophis. Les Textes des Sarcophages ne mentionnent aucune destruction des hommes, comme le fera au Nouvel Empire le beau mythe de la *Vache du Ciel*, mais l'œil de Rê sous sa forme d'uraeus constitue déjà une menace pour ceux-ci et il est utilisé contre Apophis. « La grande qui est au front du disque du lumineux… celle dont l'humanité vit dans la crainte de l'haleine embrasée de sa bouche, celle qui sauve Rê d'Apophis. » [69]. La flamme qui est dans l'œil, c'est à dire l'uraeus, est utilisée par le défunt comme menace contre ses ennemis : « une grande flamme sortira contre toi de l'intérieur de l'œil endommagé (*nknt*) d'Atoum » [70]. Que l'œil d'Atoum soit ici décrit comme endommagé peut être une allusion au mythe **C**) où l'œil est parti et a causé la cécité du dieu, ou être une « contamination » du mythe de l'œil blessé d'Horus. Comme l'a démontré Junker, les deux grands courants de l'œil de Rê et de l'œil d'Horus étaient à l'origine étroitement liés [71].

B) Une évocation de la colère dans laquelle se mit l'œil de Rê se voyant remplacé par un autre œil au retour de sa mission se trouve dans une glose du *spell* 335. « C'est l'œil (droit) de Rê lorsqu'il était furieux contre lui (Rê) après qu'il l'avait envoyé en mission » [72].

C) Une allusion à l'affliction et à la cécité temporaire que provoqua le départ en colère de l'œil a pu être repérée dans le *spell* 714 (texte

---

69 CT 284 IV 34 e, h-i, Sq6C, T1L.

70 CT 453 V 323b et CT 454 V 325j-326a.

71 H. JUNKER, *Die Onurislegende*, 1917, p. 136 sqq. Par une argumentation qui semble un peu trop compliquée, R. ANTHES ramène tous ces courants mythiques vers une origine commune dans un mythe de l'œil royal (l'uraeus royale), « Das Sonnenauge in den Pyramidentexten », *ZÄS* 86, 1961, p. 1-21.

72 CT 335 IV 240/41d-242/43b.

75). La phrase « je suis Rê qui s'est pleuré lui-même au moyen de son œil unique, qui éteint la flamme avec mon œil » [73] renvoie probablement au même mythe. Le séjour à l'étranger de l'œil furieux et brûlant, son apaisement et son rapatriement par Chou sont mentionnés dans un passage du *spell* 75 [74].

D) Le départ pour des raisons non spécifiées de Chou et Tefnout et leur recherche par l'œil d'Atoum est évoqué à plusieurs reprises. « Je suis Chou, le père des dieux. Atoum a jadis envoyé son œil-unique à ma recherche et à celle de ma sœur Tefnout » [75]. Beaucoup plus explicite et intéressant par sa structure narrative est le *spell* 331. C'est la déesse Hathor qui représente ici l'œil du créateur solaire. Il y a toutefois un rapprochement entre l'œil d'Horus et celui du maître unique, Atoum / Rê. Hathor est ici présentée comme une entité primordiale.

81 *Ḥwt-Ḥr p3wtt nbt r ḏr…*
jnk jrt tw nt Ḥr wpwtt nb w^{c}
jwty wḥmwt.f
jnk jgrt jrt rn.f
rd.n.j rdt ḫpr.n.j ḫprt
n msyt pt - dj.s n.j j3w
n wḥ^{c}*t t3 - sq3.f wj*
sk wj m ḥḥ jš.k ḥn^{c} *tf.k Šw pw ḥn*^{c} *Tfnt*
jw sḫn.n.j jw ḥḥ.n.j mk jn.n.j
Hathor, la primordiale, la maîtresse universelle…
Je suis cet œil d'Horus, la messagère du maître unique
qui (lui) n'a pas sa réplique.
Je suis certes celle qui a fait son nom.
J'ai crû en croissance, j'ai commencé à venir à l'existence
avant que le ciel ne fût né - et il me donne des louanges,
avant que la terre ne fût fondée - et elle m'acclame.
Or, je cherchais ton crachat et ton expectoration, c'est Chou et Tefnout.
J'ai enquêté, j'ai cherché. Vois, je (les) ai ramenés.
CT 331 IV 173f-174j, G1T, S2C.

---

[73] CT 711 VI 342l-m, B2L.

[74] CT 75 I 378a-382b ; (Chou dit) « J'ai éteint la flamme, j'ai refroidi le *ba* de la brûlante, j'ai calmé celle qui est au milieu de sa braise, … Je suis celui qui transporte le *ba* de la brûlante », P. BARGUET, *Sarcophages*, p. 465.

[75] CT 76 II 5a-b.

Dans la suite, Hathor devient l'uraeus au front du dieu.

Citons pour terminer quelques allusions plus vagues qui ne peuvent être rattachées avec certitude à l'un ou l'autre des mythes évoqués ci-dessus. « Je suis le faucon issu de Rê, je suis l'uraeus vivante issue de l'œil de Rê » [76]. Les mentions de serpents dans l'œil de Rê ou d'Atoum ne sont pas claires [77], ces serpents seraient-ils en rapport avec l'uraeus ou avec la forme de serpent qu'Atoum peut prendre lui-même ? Le défunt peut aussi affirmer qu'il a ouvert l'œil de Rê [78].

Ces différents courants mythiques concernant l'œil solaire n'ont probablement jamais été distingués avec rigueur. Plusieurs conceptions et traditions se sont associées à l'image très polyvalente de l'œil et se sont développées en s'entremêlant. La notion de la création par l'œil est néanmoins indépendante à l'origine et n'a attiré que secondairement des éléments d'autres traditions. Comme la bouche du créateur, l'œil est un organe qui peut émettre aussi bien une sécrétion qu'une force intangible.

La parole créatrice.

L'image et la parole sont étroitement liées en Égypte ancienne, et les deux ne sont pas considérées comme des signes arbitraires, mais comme des éléments participant de l'essence même de l'objet qu'ils désignent ou représentent. Le signifiant a un lien essentiel avec le signifié. Aussi, le nom recouvre-t-il entièrement l'être de la personne qui le porte ; la connaissance du nom peut donner, par conséquent, de l'emprise sur la personne. La parole est aussi intimément liée à la situation dans laquelle elle est prononcée ; la performativité du langage transforme l'énoncé en l'acte même qu'il décrit [79]. L'invocation ou la représentation graphique et picturale d'une formule d'offrandes, par exemple, équivaut à l'offrande matérielle. Les conceptions de la parole comme puissance et de la parole comme essence et réalité impliquent déjà celle de la parole créatrice. Évoquer une chose est l'appeler à l'existence. Cette conception est couramment appliquée dans la magie, elle joue un rôle important dans le culte divin et funéraire et elle forme, utilisée en sens inverse, le principe des exécrations. L'efficacité de la

---

[76] CT 364 V 25b-c, semblable mais lacunaire CT 851 VII 55a+d.
[77] CT 170 III 37b ; CT 312 IV 76a ; CT 711 VI 342i.
[78] CT 373 V 35o ; CT 632 VI 255e.
[79] Ph. DERCHAIN, « À propos de performativité », *GöttMisc* 110, 1989, p. 13-18.

parole est une conception fondamentale qui intervient dans de très nombreux domaines de la civilisation égyptienne.

L'ancienneté de la conception du verbe créateur a été soutenue depuis longtemps, mais le plus souvent sur la base de la datation certainement erronée du « traité de théologie memphite ». Cette notion apparaît déjà dans les Textes des Pyramides, dans un contexte qui ne contient toutefois que de vagues allusions cosmogoniques [80]. Les Textes des Sarcophages offrent un matériel très riche à ce sujet et attestent pour la première fois la notion de la parole comme moyen de création [81]. La notion de la parole créatrice comporte dans notre documentation quatre aspects principaux :

— *la parole* (*mdw, r* ou *tp-r*) en tant que puissance.

— *Hou* (*ḥw*), la parole créatrice et déterminante, est le terme technique de la notion. Hou est le plus souvent représenté comme une divinité personnifiant le concept du verbe créateur. Hou peut apparaître seul ou en compagnie de son partenaire traditionnel Sia, la personnification de la perspicacité.

— *l'ordre* (*wḏ*), la parole chargée d'autorité. L'ordre d'un être doué de pouvoir provoque l'exécution immédiate. Commander que quelque chose soit, égale créer [82].

— *le nom* (*rn*). Un mode de création légèrement différent des précédents consiste non pas à créer un être au moyen d'une forme de parole, mais à inventer le nom dont l'être est intrinsèque.

Créer le nom d'un être ou d'un objet est une manière très directe de l'appeler à l'existence, le nom étant une partie constituante de tout phénomène créé [83].

---

[80] PT 510, pyr. 1146c, *ḏd ntt sḫpr jwtt*, « celui qui dit ce qui est et fait venir à l'existence ce qui n'est pas ».

[81] J. ZANDEE, « Das Schöpferwort im Alten Ägypten », dans Fs. Obbink, 1964, p. 33 66.

[82] S. MORENZ, *Ägyptische Religion*, 1960, p. 172. ZANDEE, *op. cit.*, p. 52 sqq., donne de nombreux exemples du rôle créateur du roi à travers l'ordre-*wḏ*.

[83] Cette notion est généralisée dans le rituel d'Amon du Nouvel Empire : « Tu es le dieu venu à l'existence la Première Fois, ... alors que n'était encore inventé le nom d'aucune chose » ; P. Berlin 3055, A. BARUCQ, Fr. DAUMAS, *Hymnes et prières*, 1980, p. 293. Nommer constitue également un acte créateur dans les

Fascinée depuis le début du siècle par le *Traité de théologie memphite*, la recherche a associé le mode de création par la parole principalement avec le dieu Ptah. Depuis qu'il a été démontré que ce texte n'est pas un produit des plus hautes époques, mais certainement le reflet de la théologie du temps de Ramses II [84], nous devons reconsidérer la notion de la parole créatrice pour les périodes antérieures. La documentation des Textes des Sarcophages infirme en effet l'a priori de l'association de la parole avec Ptah. Au Moyen Empire, le verbe créateur est avant tout l'instrument d'Atoum.

La plupart des attestations de cette notion sont en relation avec un concept dont il sera question plus en détail dans le chapitre suivant et que l'on pourrait appeler « le concept du fils-créateur ». Un grand nombre de textes présentent en effet le fils de l'unique comme étant lui-même créateur et jouant un rôle important dans l'extension et dans le maintien de la création. Ce fils peut être, selon les Textes des Sarcophages, Chou, Ptah, Hâpi et Heka. Ce concept peut rencontrer la notion de la parole créatrice de plusieurs façons : le fils peut transmettre ou « protéger » la parole de son père, il peut créer selon l'ordre de son père, et il peut posséder lui-même la capacité de générer par la parole.

82 *jw ḏd.n n.j ḥ3tjw.ṯn nṯrw n prt m r.ṯn*
ḥr-ntt ḫpr.n js m ^{c}*.j jrt mj-r-ḏr* S1C, S2C, T3C
(var. B1C, B2L, B1P : *ḥr-ntt ḫpr.n.j js m* ^{c} *jr mj-qd*)
ḥr prt m r n nṯr pn šps ḫpr ḏs.f
n wḏb.n.f sw ḥr ḏdt.n.f
ḥr-ntt jnk js jr r-ḏr ḫft wḏt.n.f
(Chou dit :) Vos cœurs, dieux, m'ont parlé avant que ce ne fût sorti de vos bouches,
parce qu'il m'a été donné [85] de tout créer

---

conceptions mésopotamiennes, ainsi par exemple dans « l'Epopée de la création Enûma eliš » : « Lorsque Là-haut le ciel n'était pas encore nommé, et qu'Ici-bas la terre ferme n'était pas appelée d'un nom... », J. BOTTERO, S.N. KRAMER, « *Lorsque les Dieux faisaient l'homme* », 1989, p. 604. Dans la Genèse biblique par contre, c'est l'homme qui définit les noms des animaux et des oiseaux ; Gen. II, 19-20.

[84] Fr. JUNGE, « Zur Fehldatierung des sog. Denkmals memphitischer Theologie, oder Der Beitrag der ägyptischen Theologie zur Geistesgeschichte der Spätzeit », *MDAIK* 29, 1973, p. 195-204. Pour la datation ramesside, cf. H.A. SCHLÖGL, *Der Gott Tatenen*, 1980, p. 110-117.

[85] Littéralement : « il est advenu sur ma main (à ma disposition) ».

(var. : parce que je suis venu à l'existence de celui qui a créé tout)
à cause de ce qui est sorti de la bouche de ce dieu vénérable qui est venu à l'existence de lui-même,
qui ne se détourne pas de ce qu'il a dit,
parce que je suis celui qui a crée tout selon ce qu'il a ordonné.
CT 75 I 382d-385c.

Cette phrase assez compliquée souligne les capacités créatrices de Chou qui dépendent directement de la parole et de l'ordre d'Atoum. Il est difficile de déterminer si le début du passage se rapporte à la création des dieux par Chou, selon la première variante, ou s'il insiste simplement sur l'antériorité de Chou par rapport aux autres divinités. De même, la suite peut être comprise soit comme une référence à la parole d'Atoum qui conféra à Chou sa faculté de créateur, soit comme une évocation de l'apparition de Chou de la bouche (semence ou crachat) d'Atoum. Cette phrase ne sous-entend toutefois pas que Chou aurait été créé par la parole d'Atoum comme l'interprète Derchain [86]. La fin du passage semble se rattacher à la première variante, car elle réaffirme que Chou crée ou agit conformément à ce qu'Atoum a ordonné. La parole créatrice a besoin d'être répandue et c'est le rôle de Chou de poursuivre l'œuvre de son père, d'exécuter son ordre ou de transmettre sa parole : « je (Chou) suis celui qui transmet la parole de celui qui est venu à l'existence de lui-même à sa multitude » [87].

83 *sšm.j sn s^{c}nḫ.j sn m r.j pw*
^{c}nḫ jmy ms3ḏt.sn
sšm.j nfwt.j m ḥtt.sn
ṯs.j tpw.sn m Ḥw pw tp r.j rdj.n n.j Tm
Je (Chou) les (les créatures) conduis, je les fais vivre au moyen de cette mienne bouche,
(étant) la vie qui est dans leurs narines
je conduis mon haleine dans leurs gorges
je constitue leurs têtes grâce à ce Hou qui est sur ma bouche qu'Atoum m'a donné. CT 80 II 43b-e ; texte **111**.

La possession du verbe créateur-*ḥw* et de la faculté génératrice est un don d'Atoum à son fils. Ceci est aussi exprimé au *spell* 75 dans un

---

[86] Ph. DERCHAIN, (*RdE* 27, 1975, p. 115), donne une traduction qui ne peut correspondre à aucune des versions.

[87] CT 75 I 324/25a.

passage où éléments proprement théologiques et éléments funéraires s'entremêlent :

84 *jw qm3.n.f n.j Ḥw b3.j ḥ3.j*
Il (Atoum) a créé pour moi Hou, mon *ba*, autour de moi (Chou).
CT 75 I 394b, la plupart des versions.

« Mon *ba* » est vraisemblablement une apposition à Hou, plutôt qu'un élément additionnel « il a créé Hou et mon *ba* ». La force Hou est ici identifiée avec le *ba*, une autre force créatrice qu'Atoum a mis à disposition de Chou. La graphie avec le déterminatif divin fait allusion à l'assimilation relativement fréquente du dieu Hou à Chou [88]. Dans la suite du passage, Chou réaffirme qu'il agit ou crée selon l'ordre de son père.

Le *spell* 261 présente Heka comme fils d'Atoum, le maître unique.

85 *jnk jr.n nb w^{c}...*
m wn.f w^{c}y m prt m r.f...
m mdw.f ḥn^{c} ḫpr ḥn^{c}.f wsr.f r.f
m jṯ.f Ḥw tp r.f...
jw.j m s3 wḏt nb w^{c}
Je (Heka) suis celui que le maître unique a créé...
lorsqu'il était seul, lorsque quelque chose sortit de sa bouche...
lorsqu'il parla avec celui qui est venu à l'existence avec lui, qui est plus puissant que lui,
lorsqu'il saisit Hou qui est sur sa bouche...
je suis le protecteur de ce qu'ordonne le maître unique.
CT 261 III 382e, 383c-d, 384a-c, 385b; texte **141**.

Heka semble ici créé par la bouche, plus précisément par la puissance Hou de son père. Le rôle du fils est de nouveau lié à la parole d'Atoum. En protégeant son ordre et son verbe Hou, il veille au bon aboutissement de l'énergie génératrice de son père. Il est question dans ce passage d'un discours d'Atoum avec un dieu non nommé qui est venu à l'existence avec lui et qui est plus puissant que lui. Cette image rappelle le dialogue d'Atoum avec Noun où la position de Noun paraissait aussi plus importante que celle d'Atoum.

---

88 H. ALTENMÜLLER, *LÄ* III, col. 66 et n. 22 à 24 ; DERCHAIN, *op. cit.*, p. 115.

Le lien entre le rôle de Heka et les directives d'Atoum est répété plus loin : « (je suis) celui qui embelli un dieu selon ce qu'ordonne celui qui a mis au monde tout (*ms tm*) (var. : le dieu aîné), lui qui mange et qui parle avec sa bouche » [89].

Dans une arétalogie de Hâpi, qui selon le *spell* 317 et d'autres passages est aussi fils de Rê / Atoum, tous les éléments qui peuvent se rattacher à la notion de la parole créatrice apparaissent ensemble : la parole liée au cœur, le rôle de Hou et Sia, l'échange de paroles entre dieux, l'invention de noms, la fonction créatrice du fils et les directives du créateur.

86 *jnk j^{c}b q3bw jr st.f m ẖnw q3bw.j*
r.f prt m jb.f ḏs.f
pẖr.n.f ḥn^c Šw ḥr pẖrt nt Ḥw Sj3
nḏ-ḥ(r)t m-^{c}.f
ḏd.n n.f Ḥw Sj3 mj rk šm.n jr.n rnw nw q3b pf ẖft prt m jb.f
p3 pẖr ḥn^c Šw s3.f pw ms.n.f ḏs.f
ḏd Tm n nṯrw ḏdw.j m ẖnw Nww jr.n rnw.ṯn
ḥm wḥm.n b3w.f ḥn^c b3w.j ḏs.f (< j)
Je (Hâpi) suis celui qui a constitué [90] les méandres, qui a fait son siège à l'intérieur de mes méandres.
Sa parole (de Rê / Atoum) est ce qui est sorti de son propre cœur
lorsqu'il circula avec Chou sur le circuit (?) de Hou et Sia
qui s'enquéraient de lui.
Hou et Sia lui dirent : viens donc, marchons, faisons les noms de ce méandre selon ce qui sort de son cœur à lui
qui circule avec Chou, son fils qu'il a mis au monde lui-même.
Atoum dit aux dieux : « ce que j'ai dit à l'intérieur du Noun est : "faisons vos noms" ; répétons donc son pouvoir avec mon propre pouvoir. »
CT 321 IV 147g-o, B2L.

---

[89] CT 261 III 386d-387b.

[90] Le verbe *j^{c}b* est ici écrit 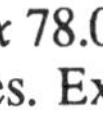. De telles graphies, attestées pour la Basse Époque par MEEKS, *AnLex* 78.0636, apparaissent à plusieurs reprises déjà dans les Textes des Sarcophages. Exemples CT 75 I 338d, M4C ; en I 344a, M4C  est une variante de *qm3*. En CT 523 VI 115d-e, le verbe *j^{c}b*, en graphie phonétique, est synonyme des verbes *dmḏ* et *ṯs* « rassembler, constituer ».

Bien que certains détails de ce passage restent difficiles à comprendre, plusieurs points sont d'un grand intérêt [91]. Relevons d'abord le rôle de Hou et Sia, qui sont les instigateurs de l'attribution des noms, les puissances motrices de la création par le verbe.

Le méandre créé par l'invention de ses noms désigne certainement le dieu Hâpi qui, dans ce *spell*, explique les raisons de sa notoriété et de ses capacités de créateur. En recevant des noms de la part d'Atoum, Hâpi est appelé à l'existence par son père et devient un dieu d'importance égale à Chou.

À la fin du passage, Atoum répète aux dieux ce qu'il avait dit auparavant, à l'intérieur du Noun.

L'imbrication de deux discours directs se situant à des moments différents, des irrégularités graphiques et la confusion de pronoms rendent la compréhension de la dernière phrase délicate. Atoum s'adressant aux dieux, il est probable que la proposition « faisons vos noms » se rapporte à ceux-ci. Dans le Noun déjà, Atoum aurait créé les dieux en inventant leurs noms. Le pluriel par lequel Atoum se désigne doit inclure les forces auxiliaires de la création par la parole, Hou et Sia, supposés présents dans ou autour du dieu.

La dernière proposition semble de nouveau se rapporter au méandre et être la réponse d'Atoum à l'exhortation de Hou et Sia de lui créer des noms. Atoum répète le procédé de création par le nom et rend ainsi le pouvoir du méandre / Hâpi semblable à son propre pouvoir, lui confère donc la possibilité de créer à son tour.

Ce passage introduit également une idée qui persistera longtemps dans la pensée égyptienne, l'idée du lien entre le cœur et la parole (« sa parole est ce qui est sorti de son propre cœur »). Le cœur comme centre de l'intelligence et de la volonté est l'organe qui invente et conçoit les phénomènes que l'autorité de la parole mettra à exécution. Le cœur d'Atoum ou sa puissance volitive ne sont plus ici un moyen de création direct comme dans la création par la volonté-*jb*, mais le siège de l'invention qui sera concrétisée par la parole. Cette notion occupe une place centrale dans la seconde section du *Traité de théologie memphite* (col. 53-57) [92]. La parole y est représentée par la langue. Le cœur et la langue sont les organes créateurs du monde. Dans le texte memphite,

---

91 R.T. RUNDLE CLARK (« Some Hymns to the Nile », 1955, p. 26-30) commente les points essentiels de ce *spell*.

92 Numérotation des colonnes selon J.H. BREASTED, « The Philosophy of a Memphite Priest », *ZÄS* 39, 1901, pl. I-II. H. KEES, « Herz und Zunge als Schöpferorgane in der ägyptischen Götterlehre », *StudGener* 19, 1966, p. 124-126.

c'est essentiellement le dieu Ptah qui crée au moyen de ces deux organes : « ainsi toute parole divine vint à l'existence grâce à ce que pensait le cœur et grâce à ce qu'ordonna la langue » (col. 56). Dans ce texte très lacunaire et difficile, Atoum est considéré comme le fils de Ptah. Sa forme fut conçue dans le cœur de Ptah et créée sur sa langue, c'est à dire par la parole : *ḫpr m ḥ3ty ḫpr m ns m tjt Tm*, « (elle) vint à l'existence dans le cœur, (elle) vint à l'existence sur la langue, à savoir l'image / la forme d'Atoum » (col. 53). Aux colonnes 50a et 51a du *Traité*, Ptah est également appelé le père et la mère d'Atoum.

Plus loin dans le traité memphite, la création par la parole est assimilée à la création par les mains et la semence d'Atoum. Notons que dans le *spell* 321 des Textes des Sarcophages, l'évocation du poing et de la jouissance d'Atoum (texte **41**) précède immédiatement le passage cité en **86**. La notion de la main et de la semence d'Atoum et celle du cœur et de la parole se trouvent ainsi associées dans deux textes séparés par au moins sept siècles.

Hâpi, en tant que fils d'Atoum créé par la parole, est lui-même en possession de l'autorité d'ordonner et du verbe créateur Hou :

87 *ʿnḫ nṯr nb ḫft wḏ.j*
Chaque dieu vivra selon mon ordre. CT 321 IV 146l, B2L.

88 *jnk jr ntt sḫpr jwtt*
ḏd.j ḫpr Ḥw
jwt.f ʿš3 ḫnty mswt
ḥry-tp nṯrw jmy jb n nb nṯrw
Je (Hâpi) suis celui qui a créé ce qui est et fait venir à l'existence ce qui n'est pas,
je parle, et Hou vient à l'existence,
lui qui vient souvent, qui est prééminent de manifestation [93],
qui est à la tête des dieux, qui est dans le cœur du maître des dieux. CT 320 IV 145b-e, B2L.

L'épithète « maître des dieux » désigne dans cette série de *spell*s le dieu Hâpi lui-même. Hou, qui est son moyen de création, réside dans son cœur, expression qu'il faut ici prendre à la lettre plutôt que de considérer *jmy jb* comme « le favori ». La parole est issue du cœur.

---

[93] Cf. J. BAINES, « *MSWT* "manifestation" ? », dans *Hommages à Fr. Daumas*, 1986, p. 43-50.

Cette notion du cœur qui conçoit et de la parole qui concrétise sa pensée est parfois associée aux deux personnifications Hou et Sia. Il en est ainsi dans un *spell* qui présente Ptah dans le rôle du fils d'Atoum qui est à son tour doué de facultés créatrices. Ptah en tant que fils d'Atoum est à la fois l'hypostase, le porteur et l'exécutant de la parole créatrice de son père.

89 *n wnt ḏd n.j jm.sn*
wp -r [jr] rn.j pw w^{c}
ḥr-ntt jnk Ḥw tp r.f Sj3 jmy ẖt.f
Il n'y a personne parmi eux (les dieux) qui me parle
excepté [celui qui a fait] ce mien nom unique [94]
car je (Ptah) suis Hou sur sa bouche et Sia dans son corps.
CT 647 VI 268m-o, G1T ; texte **121**.

Ptah se présente ici comme la force créatrice d'Atoum (cf. *infra*, p. 137-145). Il est Hou et Sia de son père Atoum / Rê mentionné auparavant. Hou et Sia se situent respectivement sur la bouche et dans le corps, donc probablement le cœur, du créateur.

Tout comme le *spell* 321, ce passage contient des éléments qui réapparaîtront dans le *Traité de théologie memphite*, à la différence toutefois que Ptah n'est pas ici le créateur, mais son fils, capable de créer lui-même, notamment au moyen de la parole.

Il existe ainsi, selon la fin du passage **89**, un lien causal entre Sia et Hou, Sia étant l'instance qui conçoit depuis le cœur et qui provoque l'apparition et l'efficacité de Hou. Ce rapport est exprimé au *spell* 1006 où Sia réside non pas dans le cœur, mais dans l'œil de Rê [95], un autre organe de conception (par l'imagination). Sia descend de l'œil pour créer, ou pour susciter Hou. Ce *spell* associe aussi Sia à une personnification de l'ordre. Sia dit : *jnk wḏ jnk jr wḏ* « je suis l'Ordre, je suis celui qui a donné / créé l'Ordre ». Dans les deux cas, *wḏ* est écrit 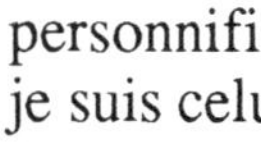. Cette personnification rare doit être assez proche de Hou.

Malgré cette antériorité logique de Sia par rapport à Hou, ce dernier est l'entité la plus importante et la plus puissante. « Le ciel tremble, la terre frémit (?) à la voix de Hou » [96]. « Il (Atoum) donne

---

[94] Traduction et restitution proposées par J.P. ALLEN, *Genesis in Egypt*, p. 39 et notes p. 90.

[95] En CT 1143 VII 491a, Sia réside dans l'œil de Ptah.

[96] CT 709 VI 339k-l.

Hou à Noun (*Njw*) afin qu'il soit puissant grâce à lui » [97]. « Il (Atoum) donne Hou qui est sur sa bouche à Horus fils d'Isis, afin qu'il gouverne l'Égypte » [98]. Hou est essentiellement une propriété d'Atoum qui peut distribuer cet instrument efficace à d'autres divinités. Ceux-ci, plus rarement, le possèdent à titre indépendant, tel Horus fils d'Osiris qui crée le garçon Ihy au moyen de Hou [99]. Le défunt cherche fréquemment à disposer de la puissance Hou.

Au *spell* 307, Hou est créé par Rê, ce qui constitue la seule occurrence où Hou est présenté comme une création, ou comme un fils du créateur [100]. Sia, lui, n'est jamais créé, mais Rê peut être son maître ou possesseur [101]. Tout en étant traités comme personnifications, Hou et Sia sont avant tout des puissances dont le créateur peut se servir [102].

La parole est principalement le moyen de création d'Atoum.

90 *mst m bj3 pw tp-r n Tm*
La parole d'Atoum est ce qui est né dans le firmament.
CT 976 VII 187f, P. Gard. III.

D'autres dieux peuvent également se saisir de la parole. Ainsi, Isis aurait-elle créé le serpent Mehen par la parole ; elle se trouvait toutefois en présence du maître unique [103].

Les *spells* 619 et 622 présentent une série de menaces : l'ennéade, Geb ou la terre pourraient ne plus parler. Leurs paroles devaient donc jouer un rôle pour le bon fonctionnement du monde.

---

[97] CT 325 IV 154b, G1T, A1C. C'est une formule pour « devenir Hou ».

[98] CT 312 IV 86s-t.

[99] CT 51 I 236h-237a.

[100] Au chapitre 17 (§15) du Livre des Morts, Hou et Sia sont issus du sang du phallus de Rê. Dans le passage correspondant du *spell* 335, Hou et Sia sont qualifiés de « dieux-ancêtres » (*nṯrw jmyw-b3ḥ*) qui sont « avec mon père (à N) Atoum tous les jours » IV 228c-231b.

[101] *nb sj3*, CT 1033 VII 274b.

[102] Nous ne pouvons aborder ici le rôle très important de Hou, de Hou et Sia, ou de Hou et Heka dans la barque de Rê et le combat contre Apophis, ex. CT 818 VII 17c-d ; CT 1130 VII 466b.
Le dieu Hou comme pourvoyeur de la nourriture dans l'au-delà est d'une importance capitale pour la survie du défunt. Sur le rapport de Hou-verbe-créateur et de Hou-nourriture cf. J. ZANDEE, « Das Schöpferwort… », p. 62 sq.

[103] CT 760 VI 390a-b.

L'ordre, commandé par un dieu ou par le roi, est un instrument d'organisation. Ainsi, à la fin du *spell* 80, le tableau qui assigne aux différents animaux et aux hommes leur moyen de subsistance se termine par la constatation « comme l'a ordonné Atoum » (texte **111**). Son ordre n'est pas seulement créateur, mais aussi organisateur. La bonne exécution de ses directives est assurée par Chou (textes **82** et **83**) tout comme un fils royal ou un vizir veille à l'application d'un ordre royal.

Selon le *spell* 1130, le mal dans le monde vient de la transgression par les hommes de l'ordre du créateur qui affirme « je n'ai pas ordonné qu'ils (les hommes) commettent le mal-*jsft* ».

Bien qu'un ordre soit généralement prononcé par une seule divinité, on apprend aussi que l'humanité aurait été créée selon l'ordre des dieux [104]. L'importance de l'ordre divin pour l'existence des hommes est également exprimée dans des noms propres du type « Amon a ordonné qu'il vive » [105].

Le procédé de création par l'invention des noms s'applique même au créateur. Atoum se présente au début du *spell* 335 comme « le grand qui est venu à l'existence de lui-même, qui a créé ses noms » [106]. *qm3 rnw.f* (et non pas la formulation fréquente au Nouvel Empire *jr rnw*) équivaut ici à l'épithète courante de l'autogène, *ḫpr ḏs.f.*

En inventant ses propres noms, le créateur se trouve une identité, se constitue et vient à l'existence. Il n'est pas étonnant qu'il soit toujours question, lors de la création d'un dieu, de ses noms au pluriel, car seule une multitude de noms peut définir l'être d'une divinité [107].

Sans développer en détail l'importance des noms des dieux, mentionnons cependant quelques épithètes qui désignent le créateur selon le *spell* 1130 : *št3w rnw* « celui aux noms secrets », *ḥ3p rn.f* « celui dont le nom est caché », *ᶜš3 rnw m r n psḏt* « celui aux noms multiples dans la bouche de l'ennéade ».

---

[104] CT 472 VI 1e, … *ᶜwt jrt.n N pn ḫft wḏ nṯrw*, « …le bétail (humain) que ce N a créé selon l'ordre des dieux ». En CT 96 II 80a, le défunt devient le *ba* vivant d'Osiris selon l'ordre des dieux.

[105] L. DÜRR, *Die Wertung des göttlichen Wortes im Alten Testament und im Alten Orient*, 1938, p. 80 sq. Des noms combinés avec *wḏ* apparaissent dès le Moyen Empire, cf. H. RANKE, *PN* I, p. 88.

[106] CT 335 IV 190/91a.

[107] E. HORNUNG, *Conceptions of God*, p. 86 sqq. H. BRUNNER, « Name, Namen, Namenlosigkeit Gottes im Alten Ägypten », dans *id.*, *Das hörende Herz*, 1988, p. 135 sq.

En résumé nous constatons que la parole créatrice, sous ses différentes formes, est l'apanage d'Atoum. Dans un deuxième temps, la puissance du verbe est utilisée par le fils du créateur, par les dieux en général, par le roi et, parmi les hommes, par les prêtres et les magiciens. Un aspect particulier de la parole créatrice est sa valeur d'autorité, figurée dans la notion de Hou et dans l'emploi de l'ordre. Hou et l'ordre sont des forces à disposition du roi. Dans une autobiographie de la VIe dynastie, le fonctionnaire Ouni agit « selon Hou qu'ordonna la majesté » [108].

La parole est une des substances qui peut émaner du créateur. L'invention des noms peut, comme d'autres modes de création, forger le caractère de l'être créé. Par son essence même et plus spécifiquement par son lien avec le cœur, la parole possède une forte qualité volitive. Comme nous l'avons déjà remarqué à propos de plusieurs autres modes de création, la volonté du dieu est un facteur important dans le processus créateur.

La parole d'Atoum génère exclusivement des divinités. On notera surtout que ce mode de création ne s'applique pas à Chou. Ce dieu n'est jamais créé par la parole, mais il reçoit une de ses qualités principales, celle de dieu de la vie, comme nom de la part d'Atoum (texte **23**).

À travers son fils sous ses différents aspects, le verbe créateur d'Atoum est l'élément moteur continuel de toute la création. En attribuant les facultés de la parole et de Hou à son fils, Atoum le charge de l'étape suivante du processus de création ainsi que du maintien du monde et de la vie.

---

[108] *ḫft Ḥw wḏ.n ḥm...*, *Urk.* I, 108, 10.

CHAPITRE IV

LES ÉLÉMENTS CRÉÉS ET LA QUATRIÈME PHASE : LE DÉVELOPPEMENT ET LE MAINTIEN

INTRODUCTION.

Comme l'indique son intitulé, cette section se propose d'aborder conjointement deux aspects très différents de la cosmogonie égyptienne. Faisant suite aux chapitres précédants qui traitaient des moyens mis en œuvre par l'unique pour créer, nous nous tournons ici vers les produits de cet effort créateur. Les éléments créés par le dieu autogène sont encore peu nombreux durant l'époque qui nous concerne. Ce sont les grandes entités des dieux en général et de l'humanité, ainsi que la figure capitale du fils du dieu créateur. Le fils est théoriquement une figure unique, éventuellement secondé par une sœur, mais plusieurs divinités peuvent remplir ce rôle.

Les textes montrent clairement que tous ces éléments n'ont pas été inventés par le créateur dans le simple but de les faire exister. Les créatures qui ont le privilège d'être issues du dieu autogène sont investies d'une fonction essentielle pour la continuité du monde. Cette responsabilité est particulièrement explicite dans le cas des différents dieux-fils. Ils sont en effet infiniment plus que le premier maillon dans la chaîne des reproductions et multiplications. Ils sont, comme leur père, doués d'un grand pouvoir créateur. Contrairement à l'action du dieu unique qui est ponctuelle, celle du dieu-fils est permanente. C'est le dieu-fils qui perpétue l'énergie créatrice de son père dans le temps et l'étendue du monde créé. Le « fils-créateur », comme on pourrait appeler cette figure, a la fonction d'assurer le développement de la création et de subvenir à tous les besoins qu'implique le maintien constant de l'univers.
Les autres produits du créateur, à savoir les dieux dans leur ensemble et l'humanité, portent également une grande part de responsabilité pour

la continuité du monde. L'échange entre hommes et dieux que produit le rituel régulier est considéré comme le moteur essentiel de l'univers et comme la garantie de sa stabilité [1].

Les principaux éléments du monde ayant ainsi été créés dans le but de perpétuer et d'assurer l'œuvre du créateur, nous avons choisi de présenter ici concurremment les différentes créations et leurs fonctions. On retiendra toutefois le fait que, selon notre division des étapes de la cosmogonie, la création des éléments se situe dans la troisième phase, alors que les activités liées au développement et au maintien de l'univers et de la vie constituent la quatrième phase du processus créateur, la phase de la « création continue » dans laquelle se plaçait la civilisation égyptienne.

LE PRINCIPE DE LA DIFFÉRENCIATION.

L'unicité caractérise par essence le créateur égyptien. Il vient à l'existence seul, il existe en tant que dieu unique dans un environnement où rien n'existe encore, à l'exception bien sûr de l'eau primordiale. Par opposition à cet état, le monde de la création est défini par la pluralité. Dès la réalisation de sa première créature, de son fils ou de ses enfants — les autres éléments créés ne sont jamais présentés comme les premiers — le créateur surpasse sa solitude, se libère de son inertie, extériorise son énergie créatrice et atteint, grâce à sa progéniture, la pleine conscience. Ce passage de l'état de préexistence vers le monde de l'existence et de la vie, de l'unique vers le multiple, est parfois décrit à l'aide de nombres.

91 *jnk jr.n nb w*^{c}
n ḫprt jšt snwt m t3 pn
Je suis celui que le maître unique a créé
avant que deux choses n'eussent existé dans ce monde.
CT 261 III 382e-383a.

C'est le dieu Heka qui se présente dans ce passage comme fils du créateur et comme sa première créature. Pour bien illustrer sa primauté, Heka décrit le moment de sa naissance comme le temps et l'état où deux choses n'existaient pas encore, où aucune différenciation ne s'était encore produite. Avec son avènement, une dualité de choses

---

[1] D. MEEKS, « Notions de dieu et structure du panthéon dans l'Égypte ancienne », *RHR* CCV, 1988, p. 438 sq.

existantes est atteinte qui constitue la première forme de la multiplicité de l'univers.

La phrase « avant que deux choses n'eussent existé dans ce monde » est probablement devenue une locution. Elle apparaît dans un autre contexte et sur un ensemble de sarcophages différents dans une des versions de la troisième strophe de la *Chanson des quatre vents*. Les vents des quatre points cardinaux, associés au souffle vital, sont des éléments essentiels de l'univers et ils peuvent, de ce fait, être considérés comme issus du monde primordial. Selon un hymne du Nouvel Empire, les quatre vents proviendraient du corps de Nounet [2]. Le texte des sacrophages entoure l'origine de chacun des vents d'une imagerie primordiale qui reste très vague : « Ces vents m'ont été donnés par ces jeunes filles. C'est le vent de l'ouest, le frère de Ha, le rejeton d'Jaaou qui vivait dans le corps unique, avant que deux choses n'eussent existé dans ce monde » [3]. Comme plus loin dans le même texte (**214**), on rencontre des notions rares ou inconnues par ailleurs. Si l'association du vent de l'ouest avec le dieu du désert occidental Ha est bien compréhensible, le dieu-oiseau Jaaou est mal connu et présenté dans les Textes des Sarcophages sous des traits ambigus [4]. La signification du « corps unique » [5] est également incertaine. Cette strophe ne se réfère pas à des faits cosmogoniques, mais utilise la notion de la première dualité dans un emploi secondaire semblable à une locution proverbiale.

La création de Chou et Tefnout est également présentée de façon numérique.

92 *... jr.n Tm smsw m 3ḫw.f*
m mst.f Šw Tfnt m Jwnw

---

[2] The Epigraphic Survey, *The Tomb of Kheruef*, *OIP* 102, 1980, pl. 64A, *ṯ3w 4 pryw m ḫt Nwnt.*

[3] CT 162 II 394b-396b ; *n ḫprt jšty snty m t3 pn*, ainsi cinq des dix versions, les cinq autres donnent « le second dans ce monde » comme apposition à Jaaou.

[4] Dieu dangereux et abject qui vit de son urine en CT 698 VI 332i-j, il est associé aux dieux primordiaux et à l'envol que souhaite prendre le défunt en CT 148 II 223d-e. E. DRIOTON considère Jaaou comme un être issu du folklore et assimilé au créateur, « La chanson des quatre vents », *Pages d'égyptologie*, 1957, p. 365, n. 2-3.

[5] Toutes les versions écrivent *ḫt w^{c}t*, ce qui ne peut être traduit par « corps de l'unique ».

m wn.f wᶜy m ḫpr.f m ḫmt
(Chou est) celui qu'Atoum a fait l'aîné par sa puissance-*3ḫw*
lorsqu'il mit au monde Chou et Tefnout à Héliopolis,
lorsqu'il était un et qu'il devint trois. CT 80 II 39c-e.

Grâce à la création de ses enfants, le dieu unique instaure la pluralité. Le chiffre trois est en égyptien le nombre du pluriel. La formulation de la phrase en question est très remarquable, car elle précise clairement que le créateur se multiplie lui-même. L'unique ne projette pas simplement d'autres éléments, il devient lui-même multiple, il devient trois et existe en tant que pluralité. C'est ainsi que commence le long processus de différenciation de l'énergie créatrice, un processus perpétuel qui ne s'arrêtera qu'avec la fin du monde.

Le thème de la multiplication du créateur et de la diversification de son essence sera fréquemment développé à partir du Nouvel Empire [6]. L'expression la plus concise et la plus globale est l'épithète « l'un qui s'est fait millions » qui est appliquée aux différents créateurs jusqu'à l'époque romaine [7]. Citons encore, dans ce contexte, le passage du papyrus Bremner-Rhind qui décrit l'évolution du monde par un enchaînement de termes formés sur la racine *ḫpr* « venir à l'existence, se développer » [8].

93 *jnk pw ḫpr m ḫprj*
ḫpr.n.j ḫpr ḫprw
ḫpr ḫprw nbw m-ḫt ḫpr.j...
C'est moi, celui qui s'est développé en tant que celui qui se développe (Khepri),
je me suis développé pour que les développements se développent,

---

[6] Un développement numérique particulièrement étendu se trouve sur un sarcophage de la XXIe dynastie : « Je suis Un qui devint Deux, je suis Deux qui devint Quatre, je suis Quatre qui devint Huit... » ; E. HORNUNG, « L'Égypte, la philosophie avant les Grecs », *Études philosophiques* 2-3, 1987, p. 115, n. 10.

[7] E. HORNUNG, *Conceptions of God*, 1982, p. 170 et n. 105. Cette idée est attestée dès l'hymne à Aton : « tu crées des millions de développements à partir de toi l'unique » (*jr.k ḥḥ n ḫprw jm.k wᶜy*), M. SANDMAN, *Texts from the Time of Akhenaten*, *BAe* VIII, 1938, p. 95, 12.

[8] Sur ce passage cf. J.P. ALLEN, *Genesis in Egypt*, 1988, p. 27-30.

tous les développements se développent après mon développement. [9]

Ce texte insiste sur le caractère évolutif de la création où virtuellement tout découle de la venue à l'existence initiale de l'unique et de sa puissance génératrice.

L'idée que l'autogène se soit développé en la totalité des manifestations du monde, en des millions, ne paraît pas encore généralisée au Moyen Empire. Toutefois, les développements-*ḫprw* sont déjà associés avec Atoum qui porte une fois l'épithète *nb ḫprw* [*nbw* ?], « maître de [tous les] développements » [10]. Ailleurs, le défunt peut proclamer « je me suis développé dans les développements d'Atoum » [11]. On trouve également des mentions selon lesquelles Atoum aurait mis au monde la totalité et Rê aurait créé « tout » [12]. Bien que l'activité du créateur semble se limiter aux éléments majeurs qui seront présentés dans les chapitres qui suivent, et qu'il n'est pas encore supposé, comme au Nouvel Empire, avoir créé lui-même jusqu'à l'herbe et aux insectes, Atoum est cependant par essence « le maître de tout ce qui existe » (*nb tm*).

LA CRÉATION DES DIEUX.

La création des dieux est présentée dans notre documentation sous deux aspects différents.

D'une part, selon le principe de la différenciation, l'unique fait venir à l'existence une divinité spécifique qui est son fils, voire son couple d'enfants à partir desquels des générations de dieux se développeront par la suite.

D'autre part, l'autogène peut créer « les dieux » comme ensemble d'êtres peuplant l'univers, à l'instar des hommes. À partir de cette première constitution de l'espèce divine, les dieux peuvent en engendrer d'autres, faire naître, naître et même mourir en tant

---

[9] R.O. FAULKNER, *The Papyrus Bremner-Rhind, BAe* III, 1933, p. 60 ; 26, 21-22. Ce papyrus date environ du IIIe siècle av. J.-C., mais le texte est déjà attesté sur un manuscrit du Nouvel Empire conservé au Musée de Turin, A. ROCCATI, « Les papyrus de Turin », *BSFE* 99, 1984, p. 22, n. 31.

[10] CT 406 V 211f, B2Bo, (M22C).

[11] *ḫpr.n.j m ḫprw Tm*, CT 703 VI 335c, B2L.

[12] *ms tm*, CT 261 III 384d, 386d. CT 321 IV 146r (*mj-qd*), 147d (*r-ḏr*).

qu'individus [13]. Ces multiples développements se situent certes à l'extérieur du temps « historique », mais ils prennent clairement place à l'intérieur du cadre du monde créé et n'appartiennent pas à la phase de la création. Ces développements font partie de la quatrième phase du processus créateur, et nous verrons plus loin que les fils du dieu unique sont les principaux garants de la procréation des dieux.

Les conceptions égyptiennes distinguent de façon très nette la mise au monde de dieux individuels, dont Atoum est le père, de la création de l'espèce divine comme entité dont Atoum est l'inventeur. C'est ce second aspect que nous abordons ici.

Dans les Textes des Pyramides, un seul passage mentionne expressément la création des dieux, mais dans une formulation négative : « ce roi est né de son père Atoum... avant que les dieux ne fussent nés... » [14]. Une référence à l'activité créatrice d'Atoum pourrait encore se trouver dans la phrase *ḫpr r.k Tm nṯr nb*, « viens à l'existence, toi, Atoum de chaque dieu » [15]. Si texte et traduction de ce bref passage sont justes, l'expression « Atoum de chaque dieu » semble bien se référer au fait qu'Atoum est le créateur de tous les dieux. À deux reprises, Atoum est appelé « le père des dieux » [16], épithète sur laquelle nous reviendrons plus loin.

Les Textes des Sarcophages fournissent une série d'exemples du mythème de la création des dieux.

94 *jnḏ ḥr.k Tm ... [nb] ntt ms nṯrw*
Salut à toi, Atoum, ... [le maître] de ce qui est, qui a mis au monde les dieux. CT 306 IV 60e-f, L2Li ; textes **11**, **164**.

---

[13] Sur ces caractéristiques des dieux égyptiens voir E. HORNUNG, *Conceptions*, 1982, p. 143-165.

[14] *n mst nṯrw*, PT 571, pyr. 1466d ; texte **166**.

[15] PT 215, pyr. 147b ; cf. R.O. FAULKNER, *Pyramid Texts*, p. 43, n. 13. Pour un commentaire de ce passage cf. aussi R. ANTHES, « Der König als Atum », *ZÄS* 110, 1983, p. 2 sq.

[16] *jt nṯrw*, PT 577, pyr.1521a et PT 580, pyr. 1546a. Après la phrase « satisfait est Atoum, le père des dieux » suit l'énumération de toutes les divinités de l'ennéade et de tous les autres groupes de dieux, dieux du ciel, dieux de la terre, dieux des quatre points cardinaux, dieux des nomes et dieux citadins (pyr. 1521-1522).

Le *spell* 312 est une composition théâtrale opposant Osiris à Horus qui juge plus utile de s'occuper de la succession royale que du service mortuaire que réclame son père [17]. L'intermédiaire entre les deux protagonistes est un « esprit de lumière », *j3ẖw*, qui se présente de la façon suivante :

95 *(jnk) j3ẖw jnk 3ẖ ẖpr ṯs ṯs pẖr m ḥ^{c}w nṯr*
(jnk) w^{c} m nw n nṯrw 3ẖw jmyw j3ẖw
qm3.n Tm m jwf.f
ẖprw m w3b n jrt.f
sẖprw.n Tm s3ẖw.n.f
ṯsw.n.f ṯnw.n.f ḥrw.sn
r wnn.sn ḥn^{c}.f w^{c}y m Nww
Je suis un esprit de lumière, je suis un esprit-*akh* qui est venu à l'existence et qui s'est constitué, et vice versa, dans le corps du dieu.
Je suis un de ces dieux et de ces esprits-*akh* qui sont dans la lumière
qu'Atoum a créés de sa chair,
qui sont venus à l'existence de la racine de son œil,
qu'Atoum a fait venir à l'existence et qu'il a glorifiés,
dont il a constitué et différencié les visages
afin qu'ils soient avec lui qui était seul dans le Noun.
CT 312 IV 74g-75f, B6C.

Les dieux sont issus de la chair d'Atoum, mais aussi, tout comme l'humanité, de son œil. On relèvera surtout la mention de la différenciation des visages, donc des personnalités des dieux [18].

Ils sont créés pour rompre la solitude de l'unique, une idée qui est formulée différemment dans d'autres textes (**101** et **102**).

96 *sẖpr.n N nṯrw n mswt.f*
N (le créateur) a fait venir à l'existence les dieux lors de sa naissance. CT 680 VI 306b, B1Bo ; texte **194**.

Le thème de l'éclosion simultanée du créateur et de son fils hors de l'état primordial, thème que nous connaissons principalement du

---

[17] H. BRUNNER, « Zum Verständnis des Spruches 312 der Sargtexte », dans *id.*, *Das hörende Herz*, 1988, p. 309-315.

[18] Sur ce passage voir D. MEEKS, « Zoomorphie et image des dieux dans l'Égypte ancienne », *Le Temps de la réflexion* VII, 1986, p. 178.

spell 80 (texte **23**), pourrait être étendu ici à l'ensemble des dieux dont l'apparition aurait coïncidé avec la naissance de l'unique.

Les moyens de création énumérés au *spell* 312 (texte **95**) n'ont aucun lien spécifique avec les dieux. La seule attestation d'un mode d'origine significatif pour les dieux se trouve au *spell* 1130.

97 *sḫpr.n.j nṯrw m fdt.j*
J'ai fait venir à l'existence les dieux de ma sueur.
CT 1130 VII 464g.

Les dieux sont issus de la sueur du créateur, par opposition aux hommes qui, dans la proposition suivante, sont nés de ses larmes. La sueur est une substance spécifiquement divine qui peut indiquer la présence d'un dieu [19]. L'encens des offrandes qui forme un lien entre ce monde-ci et celui des dieux est également appelé « la sueur divine » (*fdt nṯr*, *Wb* I, 582, 9). La notion des dieux prenant leur origine de la substance qui les caractérise, la sueur, est attestée ici pour la première fois [20].

Dans plusieurs *spells*, Atoum est « celui qui créa les grands » [21], pluriel qui semble se rapporter à l'ensemble des dieux. Dans la proposition qui suit cette épithète, Atoum est plus spécifiquement « celui qui fit Chou et mit au monde Tefnout » [22]. La création de l'ensemble des divinités est associée ici à la mise au monde des enfants d'Atoum.

Atoum peut aussi être qualifié de « celui qui a rassemblé (constitué) les formes des dieux » [23].

Un exemple un peu plus problématique est le passage suivant :

98 *jw jr.n.f (R^c) n N tn nṯrw*

---

[19] Cf. *supra*, p. 86.

[20] Pour des références à des attestations plus tardives voir E. OTTO, 1977, p. 9.

[21] *qm3 wrw*, CT 132 II 152d ; CT 136 II 160g ; CT 144 II 177l.

[22] CT 132 II 152e et CT 144 II 177m (en partie en lacune), ou « celui qui mit au monde Chou » CT 136 II 161a.

[23] *dmḏ jrw nṯrw*, var. *dmḏ jrw nṯr nb*, CT 75 I 340b et 352c. Sur le terme *jrw* comme « spezifische Gestalt » d'une divinité ou d'un homme cf. E. HORNUNG, « Der Mensch als "Bild Gottes" in Ägypten », 1967, p. 126 sq.

r wnn m šmsw n N tn
Il (Rê) a créé pour cette N les dieux
afin qu'ils soient les suivants de cette N.
CT 722 VI 351c-d, B3Bo.

Dans le contexte, Rê, le père de la personne défunte, lui donne le ciel comme son domaine, les vivants (*ᶜnḫw*) pour sa protection et crée les esprits-*akh* afin qu'elle soit puissante grâce à eux. Il est possible dès lors que ce passage doive être situé entièrement au niveau funéraire et que les dieux créés comme compagnons de la femme morte soient en effet d'autres défunts-*nṯrw*.

Plusieurs passages se servent de la forme verbale *n sḏmt.f* pour référer de façon négative à l'apparition de l'espèce divine.

99 *ḫpr.n.k n msyt rmṯ n ḫprt nṯrw*
Tu es venu à l'existence avant que les hommes ne fussent nés et avant que les dieux ne fussent venus à l'existence.
CT 162 II 400a [24].

Le dieu Heka affirme : « à moi appartenait tout, avant que vous ne fussiez venus à l'existence, dieux » [25].

Un texte de contenu funéraire semble parler du moment où la nature des dieux a été créée.

100 *m ḏd ḫnty st wrt*
sp nw n jw nṯr pn
n wpyt šwwt n jryt sḫrw nṯrw
m33 m ḥr.ṯn nṯrw j3w ḫprw tp-ᶜwy jmyw-b3ḥ
r 3ḫ pn jj mjn
... comme dit celui qui préside au grand trône :
« Quel est le temps où ce dieu est venu ? »
« (C'était) avant que les ombres ne fussent révélées, avant que la nature des dieux ne fût créée » [26].

---

[24] Un passage semblable mais lacunaire inverse l'ordre : */// n ms[t] nṯrw ///[n ḫprt] rmṯ* « /// avant que les dieux ne fussent nés, [avant que] les hommes [ne fussent venus à l'existence] », CT 640 VI 261l, T2Be.

[25] CT 261 III 389b-c, texte **141**.

[26] Traduction proposée par E. HORNUNG, *Conceptions*, 1982, p. 175, n. 122. P. BARGUET, *Sarcophages*, p. 510, traduit : « (avant) que les desseins des dieux

« Regardez de vos visages, dieux anciens qui êtes venus à
l'existence les premiers, ancêtres,
vers ce bienheureux qui est venu aujourd'hui. »
CT 316 IV 101f-102b, S2P.

Comme leur nature (*sḫrw*), l'ombre (*šwt*) est un aspect constitutif des dieux ; *šwt* peut signifier l'image, mais encore la puissance d'une divinité [27]. Les deux propositions négatives paraissent composer un *parallelismus membrorum* qui décrit les êtres divins par leur aspect extérieur, ou la force par laquelle ils se manifestent, et par leur nature. Peut-être faut-il comprendre ce passage comme une tentative du défunt « qui est venu aujourd'hui » de s'identifier avec le dieu qui est venu à l'existence avant les autres dieux, à savoir le créateur ou son fils.

Le *spell* 80, dont le sujet principal est la création de Chou, mentionne l'apparition non pas des dieux en tant qu'espèce, mais de deux groupes de divinités qui peuvent représenter *pars pro toto* l'ensemble du genre divin créé pour tenir compagnie à l'autogène.

101 ... *n msyt ḫt tpt*
n ḫprt psḏt p3wtyw
wn.jn.sn ḥn^{c}*.j* (var. II 39h : *wnn.sny ḥn*^{c}*.j*)
... avant que la première corporation ne fût née,
avant que l'ennéade des dieux primordiaux ne fût venue à
l'existence,
afin qu'elles soient avec moi (Atoum).
CT 80 II 34d-e et 39g-h.

C'est probablement les deux mêmes groupes de divinités qui sont mentionnées dans le passage suivant :

102 *ṯs.n Tm ḏs.f m s3 psḏty.f p3wty ḫprty ḥn*^{c}*.f*

---

aient été réalisés ». Les deux façons de traduire sont théoriquement possibles ; pour *sḫrw* « nature » cf. MEEKS, *AnLex* 77.3822 et 79.2745.

[27] B. GEORGE, *Zu den altägyptischen Vorstellungen vom Schatten als Seele*, 1970, p. 112-117.

Atoum s'est constitué lui-même en protection de ses deux ennéades primordiales qui sont venues à l'existence avec lui.
CT 507 VI 92e-g.

On remarque qu'Atoum ne porte nulle part, dans les Textes des Sarcophages, l'épithète « père des dieux », *jt nṯrw*. Vu le très grand nombre d'attestations de ce dieu et de ses épithètes, cette absence ne semble guère fortuite [28]. Le terme « père » ne semble pas s'appliquer au créateur d'une espèce d'êtres ou d'une forme d'existence. De manière analogue, Atoum n'est jamais le père de l'humanité. Le créateur est uniquement le père des divinités individuelles auxquelles il a donné naissance. Face à l'ensemble des dieux, Atoum est présenté comme leur maître [29] ou leur souverain [30].

Le qualificatif « père des dieux » est en revanche porté à plusieurs reprises par Chou, Hâpi et Heka [31]. Ces trois fils du créateur ayant à charge le développement et l'entretien des dieux, c'est à eux que revient cette épithète dans le sens large de géniteur et pourvoyeur de l'espèce divine.

LE CONCEPT DU FILS-CRÉATEUR.

Parmi les éléments que le dieu unique fait venir à l'existence, son fils tient une position prépondérante. Le fils est la première créature. Les autres constituants de la création qui peuvent être considérés comme étant issus de l'autogène ne sont jamais décrits comme sa première œuvre.

L'importance du fils du créateur n'étonne guère si l'on considère que la relation du père et de son (premier) fils est une des structures

---

[28] À l'exception des deux exemples des Textes des Pyramides cités ci-dessus, cette épithète n'est attribuée à Atoum qu'à partir de la XIXe dynastie et elle sera fréquente à l'époque ptolémaïque, cf. K. MYŚLIWIEC, *Studien zum Gott Atum* II, 1979, p. 170 sq. Sur l'épithète *jt nṯrw* en général, E. EL-BANNA, « A propos de la désignation "père des dieux" », *BIFAO* 86, 1986, p. 151-170.

[29] *nb nṯrw*, CT 148 II 219b.

[30] *jty nṯrw*, CT 335 IV 297d, 312a.

[31] Deux attestations également pour Osiris, et une respectivement pour Geb et Noun. Un passage assez énigmatique affirme que le défunt ne s'est pas transformé en « père des dieux », cf. M. GILULA, *JEA* 60, 1974, p. 249 et n. 6.

principales dans de nombreux domaines de la société égyptienne (famille, carrière, culte funéraire, survie dans l'au-delà).

Selon la conception la plus répandue, Chou est le fils du créateur Atoum. Cette filiation est déjà bien attestée dans les Textes des Pyramides. Avec Geb et Osiris, Chou est un des rares dieux du panthéon égyptien des hautes époques qui soient aussi bien fils que père. Avant le Nouvel Empire et surtout la Basse Époque où les liens mythologiques se sont souvent élargis, la plupart des divinités ne jouaient qu'un seul de ces rôles, soit père, soit fils, voire souvent aucun des deux. Pour Geb et Osiris la paternité est le rôle dominant, alors que Chou est avant tout fils, né sans mère, issu du créateur de différentes manières aussi surnaturelles que déterminantes pour son identité. Avec sa sœur Tefnout, il inaugura la longue chaîne de la transmission de la vie par procréation. Mais la transmission de la vie ne se limite pas pour Chou à l'engendrement de ses enfants. Après l'élan initial et la concrétisation de l'énergie vitale fournis par Atoum, c'est la tâche de son fils Chou de perpétuer et de maintenir le principe de la vie. Cet aspect du maintien de la vie, auquel des Textes des Pyramides font déjà allusion, est développé plus largement dans les Textes des Sarcophages, de la manière la plus explicite dans le *spell* 80 [32]. Chou représente et garde le principe de la vie, il fait vivre (*sᶜnḫ*) aussi bien les dieux, les hommes et les animaux, et il est de même responsable de la végétation qui fournit la subsistance aux êtres vivants. Atoum est la source de toute énergie créatrice et vitale, mais son fils est le garant de la transmission de cette énergie et du bon fonctionnement de la création. Sur terre, c'est le roi qui représente la figure du garant de la création continue. Comme Chou, le roi est principalement fils, son éventuelle paternité relève d'une autre sphère et est idéologiquement secondaire. Le *spell* 660 des Textes des Pyramides assimile le roi à Chou et fait déjà référence à la fonction vivificatrice de ce dieu : « cet Osiris Neferkarê est Chou, fils d'Atoum. Tu es le fils aîné d'Atoum, son semblable. Atoum t'a craché de sa bouche en ton nom de Chou... ô Chou, c'est cet Osiris Neferkarê que tu as fait maintenir en vie (*sḏb*) afin qu'il vive. Si tu vis, il vit, tu es le maître du pays entier » [33].

Si la mythologie de toutes les époques abonde d'attestations dans lesquelles Chou est fils d'Atoum, il est beaucoup plus étonnant de

---

[32] J. ASSMANN, *Ägypten*, 1984, p. 209-215 ; *id.*, *Re und Amun*, 1983, p. 246 sqq.

[33] PT 660, pyr. 1870a-1872b.

rencontrer dans les Textes des Sarcophages des *spells* où d'autres dieux, généralement considérés comme indépendants, sont présentés comme fils d'Atoum / Rê. Ce sont les dieux Ptah, Hâpi et Heka. Ce dernier peut être considéré comme la personnification des facultés créatrices de l'unique et à ce titre, sa position mythologique de fils n'est pas trop inattendue. Que Ptah et Hâpi soient décrits comme fils du créateur est par contre si surprenant que les passages affirmant ces conceptions ne semblent même pas avoir été pris en considération par la recherche.

Il ne peut toutefois pas s'agir de « fantaisie de scribe » ou d'associations spontanées sans fondement. Le thème de la filiation de Ptah, Hâpi et Heka est développé avec soin et insistance respectivement dans les *spells* 647, 317 + 321 et 261. Un même document peut d'ailleurs reproduire des textes concernant différents fils-créateurs [34]. Outre le fait que ces dieux soient décrits comme fils d'Atoum / Rê, ils possèdent une série de traits communs entre eux et avec Chou. Les principales caractéristiques communes sont les suivantes :

— Chou, Ptah, Hâpi et Heka sont fils du créateur Atoum / Rê.
— Chou, Hâpi et Heka sont fils aîné d'Atoum / Rê, sa première créature.
— Ptah, Hâpi et Heka sont issus de la parole du créateur, les deux premiers ont été appelés à l'existence par l'invention de leurs noms, Heka a été créé au moyen de Hou. Il est intéressant de constater que dans notre documentation tous les modes de création, (mis à part les modes spécifiques de la sueur et des larmes) peuvent s'appliquer à Chou, sauf justement la création par la parole.
— Hâpi, Heka et Ptah (ce dernier dans des documents extérieurs aux Textes des Sarcophages) sont désignés comme successeur ou héritier du créateur.
— Chou, Hâpi et Heka affirment agir selon l'ordre de leur père, ce qui semble traduire la conception que toute activité dans ce monde n'est possible que sur l'instigation du créateur et sur la base de la source d'énergie première que représente Atoum / Rê.
— Tous ces dieux jouent un rôle éminent dans la création continue.
— Chou, Ptah, Hâpi et Heka transmettent la vie, *s*^{c}*nḫ* .
— Ils créent à leur tour les dieux.
— Chou, Ptah et Hâpi sont responsables de la végétation, ils fournissent la subsistance aux êtres vivants.

---

[34] Le sarcophage G1T, par exemple, contient le *spell* 75 sur Chou sur sa face avant et le *spell* 647 sur Ptah sur sa face arrière, cf. L.H. LESKO, *Index*, 1974, p. 56.

À travers tous ces traits communs, un véritable concept se dégage : le concept du fils du dieu autogène qui est lui-même investi de pouvoirs créateurs, qui est dieu de la vie, père des dieux et garant de la fertilité de la nature. L'action des fils se situe dans la quatrième phase du processus de création, la phase du développement et du maintien de l'univers, phase dans laquelle se situait la civilisation égyptienne.

Autour de ce concept du fils-créateur se cristallise la question de la distinction entre la *cosmogonie* et la *création*. S. Morenz résumait la différence entre les deux termes en définissant le premier (das Weltwerden) comme l'observation et l'explication de la nature, le second (die Weltschöpfung) comme une déclaration de croyance [35]. Cette distinction justifiait aussi deux entrées séparées dans le *Lexikon der Ägyptologie* [36]. J. Assmann relativise toutefois l'importance de la distinction entre ces deux notions en écrivant :

« Die Verbindung von "Schöpfung" und "Kosmogonie" [ist...] für das Weltbild der frühen Hochkulturen insgesamt konstitutiv. Nach unseren Begriffen schliessen sich die beiden Konzepte gegenseitig aus. Die Konzeption der Schöpfung impliziert eine Dissoziation von Gott und Welt. Auf der einen Seite ist der Schöpfer, auf der andern die von ihm erschaffene Welt. Die Konzeption der Kosmogonie dagegen identifiziert Gott und Welt. Die Welt ist eine Emanation Gottes, sie entspringt einem Akt der Selbstentfaltung Gottes. In den ägyptischen Texten treten die beiden Konzeptionen jedoch... immer in unauflöslicher Verbindung auf und scheinen sich zu einer komplementären Relation zu verbindnen. Der Gott, aus dem die Welt hervorgeht, wird zugleich als Schöpfer in ihr wirksam. » [37]

La cosmogonie, définit Assmann [38], constitue le « modèle intransitif », la création le « modèle transitif ».

La documentation du Moyen Empire semble fournir des précisions à ce sujet et indiquer que les penseurs de l'époque concevaient effectivement une distinction entre deux « modèles ». Cette distinction concerne toutefois le niveau d'intervention des forces créatrices bien plus que la différence entre des développements successifs et des actes créateurs volontaires. Le « modèle intransitif » serait celui de l'évolution autogène du monde qui se différencie à partir

---

35 S. MORENZ, *Ägyptische Religion*, 1960, p. 168.

36 « Kosmogonie » : Ph. DERCHAIN, *LÄ* III, col. 747-756 ; « Schöpfung » : J. ASSMANN, *LÄ* V, col. 677-690.

37 J. ASSMANN, *Ma'at*, 1990, p. 172.

38 *Ibid.*, p. 164.

d'une énergie primordiale, d'un dieu unique qui prend conscience, se concrétise et qui crée d'autres constituants par émanation de sa propre substance. En ce qui concerne les détails de ce processus, les textes peuvent se servir aussi bien de verbes intransitifs que transitifs pour décrire l'apparition de l'unique (*ḫpr ḏs.f*; *jr sw*, *ms sw*, *qd sw*) et la création de ses enfants ou des éléments du cosmos (*ḫpr*, *rd*, etc.; *sḫpr*, *qm3*, *jr*, *ms*, *jšš*, *nf3*, etc.) [39]. Dans la théologie du Moyen Empire, c'est Atoum qui vint à l'existence de lui-même et qui produisit un nombre limité d'éléments à partir des substances de son corps et de son esprit. Son action s'arrête là, il n'intervient nullement dans le développement du monde qu'il a amené à l'existence. Retiré à grande distance, il se borne en tant que Rê à lui fournir l'énergie nécessaire. Ce sont ses fils et sa fille Tefnout / Maât qui agissent, selon les ordres de leur père, dans le monde créé. Ils sont les acteurs du « modèle transitif » et les responsables de la création continue. Tout le fonctionnement du monde créé leur incombe.

La pensée égyptienne distingue clairement deux étapes. Il y a d'une part le processus de l'éclosion de l'unique et de l'émanation des principaux éléments (nos phases I-III). D'autre part, on rencontre la création comme intervention dans le monde existant (notre phase IV), intervention qui vise à la multiplication et au maintien des constituants dans leur ensemble et en tant qu'individus. La différence concerne avant tout le niveau et le champ des actions.

Cette distinction implique également une différenciation entre le créateur unique, qui inaugura toute forme d'existence, et un ou plusieurs démiurge(s) responsable(s) de tous les aspects perceptibles et concrets de l'univers [40]. Dans les conceptions du Moyen Empire, le rôle de créateur unique et autogène paraît réservé exclusivement à Atoum (et à Rê par assimilation). Rê - le soleil est la forme sous laquelle Atoum existe et agit après l'accomplissement de sa tâche créatrice. Le rôle de démiurge ou d'intervenant dans le maintien de la création est tenu par plusieurs divinités qui sont toutes qualifiées d'émanation et de fils ou fille du créateur. Le lien de parenté entre

---

[39] Pour un exemple où les deux espèces de verbes sont utilisés conjointement cf. CT 75 I 342b-345b, textes **62** et **64**, **215** ; cf. aussi les deux notions de la création et de l'apparition du ciel et de la terre. Pour une liste et une classification des verbes de création cf. M. BILOLO, *GöttMisc* 131, 1992, p. 13-19.

[40] E. IVERSEN, « The Cosmogony of the Shabaka Text », 1990, p. 289 sq.

Atoum et le démiurge (son fils) fait partie de ce concept et s'étend à des divinités, tels Ptah et Hâpi, dont le cadre mythologique, pour autant qu'il nous soit connu, n'inclut généralement pas le dieu Atoum.

Si la distinction entre cosmogonie et création (dans le sens de création continue dans le monde existant) se dégage bien à travers l'analyse des conceptions, les anciens ne tenaient guère à l'expliquer de façon précise. Les mêmes verbes signifiant « créer » (*jr*, *qm3*, etc.) peuvent ainsi s'appliquer aux actions des différentes phases. Parfois, les dieux-fils, pourtant par essence issus du créateur, sont également qualifiés d'autogènes (cf. *infra*).

Bien que les principaux constituants du monde soient des émanations du dieu unique, nous avons constaté que l'apparition de tous les éléments (à l'exception peut-être de l'humanité) est accompagnée d'un acte volitif. La cosmogonie égyptienne n'est pas un processus « automatique », mais une série de décisions prises par l'autogène et suivies d'actes créateurs conscients. C'est pour cette raison que nous utilisons dans cette étude les termes créateur et création le plus souvent à propos d'Atoum et de son œuvre cosmogonique.

En ce qui concerne le mot « démiurge » employé par E. Iversen, nous lui préférons l'appellation « fils-créateur » qui reflète bien le statut et la fonction de ces divinités et qui évite toute connotation d'autres courants religieux, tels les religions gnostiques.

Il convient de préciser que la distinction du rôle du créateur unique et de celui de ses fils semble être une spécificité des croyances du Moyen Empire. Ce partage des rôles sera beaucoup moins perceptible au Nouvel Empire et remplacé par des dieux qui réunissent toutes les fonctions, celle d'origine et de créateur du monde entier et celle d'intervenant dans le monde créé s'occupant même des besoins et soucis quotidiens des hommes. Cette fusion des rôles est particulièrement bien attestée pour le dieu Amon, mais ne se limite pas à lui seul. L'ensemble de l'évolution pourrait être en rapport avec l'importance toujours croissante de Rê et du phénomène de la course solaire qui manifeste la présence et l'activité permanentes du créateur dans le monde.

Dans les paragraphes suivants, nous passons en revue les principales attestations relatives au statut et au rôle des différents fils-créateurs.

Chou.

Grâce au *Livre de Chou*, une des compositions théologiques les plus élaborées de l'époque (les *spells* 75-83), nous disposons d'une information abondante concernant les conceptions autour de ce dieu au caractère très complexe [41]. Son cadre mythologique est déjà défini par les Textes des Pyramides, et le *Livre de Chou* développe surtout le thème des modes de création qui permettent d'illustrer les ressources inépuisables du créateur, mais aussi d'expliquer les différents aspects de Chou. De surcroît, ces textes présentent de la manière la plus explicite le concept du fils-créateur, du fils comme dieu de la vie, chargé du maintien de l'œuvre initiale de son père.

Ce concept est exprimé dans le nom même dont Atoum revêt son fils : « "Vie" est son nom à lui » [42]. Le nom que reçoit Chou recouvre son être entier, Chou est la Vie, alors que sa sœur représente le principe de Maât. Atoum crée ces deux fondements de l'existence et il en investit ses deux enfants. Lui-même est l'initiateur, Chou et Tefnout sont en charge des deux principes qui régissent la continuité de la création et le rapport entre les créatures. La vie est un principe personnifié qui s'écrit avec le déterminatif divin ; Chou est .

En tant que dieu de la vie, Chou fait vivre les hommes en transmettant l'énergie vitale en eux. Au *spell* 80, sa force créatrice atteint chaque embryon. Atoum dit à propos de Chou :

103 *rḫ.n.f s^{c}nḫ jmy swḥt m ẖt jry*
m rmṯ prt m jrt.j h3bt.n.j
Il sait faire vivre celui qui est dans l'œuf dans chaque ventre,
à savoir les hommes qui sont issus de mon œil que j'ai envoyé.
CT 80 II 33c-d.

Le *spell* 75 parle du *ba* de Chou qui engendre parmi les hommes. Hommes et femmes qui propagent la vie humaine sont ainsi investis de

---

[41] A. DE BUCK, *Plaats en Betekenis van Sjoe*, 1947, surtout p. 16-32. R.O. FAULKNER, « Some Notes on the God Shu », *JEOL* VI,18, 1964, p. 266-270. Ph. DERCHAIN, « Sur le nom de Chou et sa fonction », *RdE* 27, 1975, p. 110-116 et *RdE* 30, 1978, p. 57. H. TE VELDE, « Some Aspects of the God Shu », *JEOL* 27, 1981-1982, p. 23-28.

[42] CT 80 II 32d ; texte **23**.

la force vitale que dispense Chou. Les hommes en tant qu'espèce sont issus de l'œil du créateur, mais leur reproduction est assurée grâce à Chou.

104 *jw.j sṯ.j jw b3.j sṯ.f*
sṯṯ b3.j m rmṯ jmyw jw nsrsr
sṯṯ.j ḏs.j m nṯrwt
J'engendre ; mon *ba* engendre,
mon *ba* engendre parmi les hommes qui sont dans l'île de l'embrasement (= sur terre) ;
j'engendre moi-même parmi les déesses. CT 75 I 364b- 367b.

C'est parmi les hommes et les dieux que Chou ou son *ba*, la puissance vitale invisible, transmet la vie.

Le rôle de créateur des dieux ne se réfère pas spécifiquement à ses deux enfants Geb et Nout, ni à la naissance des huit génies-*ḥḥw*, mais à la création des dieux en général. Le titre de « père des dieux », se réfère à cette activité de procréation de l'espèce divine et souligne aussi l'ancienneté et le prestige de Chou.

105 *jnk pw Šw jt nṯrw*
Je suis Chou, le père des dieux.
CT 76 II 5a cf. aussi II 21e et CT 554 VI 154g.

106 *jnk pw Šw wṯt nṯrw*
Je suis Chou qui engendre les dieux. CT 76 II 6b.

Chou n'est pas uniquement une divinité qui génère la vie des dieux et des hommes, il est également en charge de l'entretien des créatures. À ce titre, il fournit deux éléments indispensables à tout être vivant, le souffle de la vie et la nourriture. Originaire lui-même du souffle d'Atoum, Chou est le souffle vital, et il le dispense à son tour pour faire vivre son père Atoum, les hommes et même les animaux jusqu'aux plus humbles. Le vent du nord, symbole du souffle vital, peut également être identifié avec Chou [43].

Le souffle de vie et la puissance procréatrice sont des propriétés de Chou, « le dieu de nature insaisissable » (*sfg jrw* [44]), dont le défunt souhaite disposer dès l'époque des Textes des Pyramides.

---

[43] CT 1136 VII 481e-f, « je viens en tant que vent du nord, je suis le *ba* de Chou ».
[44] Sur cette épithète cf. *supra* p. 52, n. 60.

107 *ṯ3w m fnḏ.j mtwt m ḥnn.j*
mj sfg jrw ḥry-jb j3ḫw
Que le souffle soit dans mon (N) nez, que la semence soit dans mon phallus
comme (ils le sont chez) celui à la nature insaisissable qui est dans la lumière. PT 493, pyr. 1061b-c [45].

Son caractère aérien est aussi en rapport avec la végétation.

108 *jnk nṯr nf3 jrw ḫnty sḫwt.f w3ḏwt*
Je suis le dieu dont la forme a été expirée, celui qui préside à ses champs prospères. CT 75 I 358d-361a.

Non seulement sur terre (cf. *infra*), mais aussi dans l'autre monde, Chou répand la prospérité et fournit l'alimentation.

109 *jnk jr p3qw n nṯrw…*
nb sḫwt w3ḏwt m d3t
j Tm j Nww
jnk sḥtp ḏf3w
sw3ḏ Ḥw n Wsjr
Je suis celui qui a fait les pains-*p3q* pour les dieux,…
le maître des champs prospères dans la Douat.
ô Atoum, ô Noun,
je suis celui qui fournit les aliments
celui qui fait prospérer la nourriture-Hou pour Osiris.
CT 75 I 346b-349d.

Chou sait également provoquer la pluie [46].

110 *rḏww.j pw qrr n pt*
jdt.j pw nšn jḫḫw
Mes effluves sont la tempête du ciel,
ma sueur est l'orage de la pénombre. CT 80 II 30e-f.

Citons enfin le très beau tableau des moyens de subsistance des différentes espèces qui termine le *spell* 80. Cette description de

---

[45] Un passage semblable se trouve dans la pyramide de Neith, R.O. Faulkner, *Pyramid Texts, Suppl.*, p. 9 ; cf. aussi CT 180 III 74b-c (sans *ḥry-jb j3ḫw*).

[46] Dans les Textes des Pyramides, PT 486, pyr. 1039a, Chou amène l'eau (de l'inondation).

l'organisation harmonieuse du monde et du soin de la divinité, même pour les plus petites créatures, peut trouver des parallèles dans plusieurs grands hymnes du Nouvel Empire, notamment dans l'hymne à Aton.

111 *ꜥnḫ bjkw m 3pdw*
s3bw m nmtt
š3w m ḫ3swt
dbw m sḫwt
rmṯ m Npr
msḥw m rmw
rmw m mw jmyw ḥꜥpj
mj wḏt Tm
sšm.j sn sꜥnḫ.j sn m r.j pw
ꜥnḫ jmy ms3ḏt.sn
sšm.j nfwt.j m ḥtt.sn
ṯs.j tpw.sn m Ḥw pw tp r.j rdj.n n.j jt.j Tm
pr m 3ḫt j3btt
sꜥnḫ.j ḫḏḏw ḥf3wt ḥryw s3 Gb
jnk wnnt ꜥnḫ ẖr Nwt.
Les faucons vivent d'oiseaux,
les chacals de maraude,
les cochons du désert,
les hippopotames du marais,
les hommes de Neper,
les crocodiles de poissons,
les poissons des eaux qui sont dans le Nil,
comme Atoum l'a ordonné.
Je (Chou) les conduis, je les fais vivre au moyen de cette mienne bouche,
(étant) la Vie qui est dans leurs narines ;
je conduis mon haleine dans leurs gorges,
je constitue leurs têtes grâce à ce Hou qui est sur ma bouche que mon père Atoum m'a donné,
lui qui sort de l'horizon oriental.
Je fais vivre les canards et les serpents qui sont sur le dos de Geb,
car je suis vraiment la Vie qui est sous Nout. CT 80 II 42b-43h.

Ce passage est remarquable à plusieurs titres. Sa forme de liste, présentée graphiquement comme un tableau sur quelques sarcophages, indique qu'il s'agit d'un élément indépendant, ajouté ici en fin de texte pour illustrer et résumer l'action vivificatrice de Chou, action qui dépend d'Atoum. S. Morenz a identifié ce tableau comme « Naturlehre » qui possède des points de comparaison dans la littérature hymnique et qui avait peut-être son origine dans l'enseignement scolaire [47].

Presque toutes les espèces d'animaux sont évoquées avec leur moyen de subsistance ou, dans certains cas, le milieu dans lequel ils la trouvent. Chou est le garant de ce monde bien organisé, il fait vivre toutes les créatures par le souffle vital et par la puissance créatrice, la parole-Hou. Chou maintient en vie tout ce qui existe sur terre (Geb), il représente le principe de la Vie sous le ciel (sous Nout).

Ce passage exprime très clairement la répartition des fonctions entre Atoum et Chou. Atoum ordonne, il exige le bon fonctionnement du monde et met la force créatrice Hou à disposition de son fils. Il n'intervient pas lui-même auprès des créatures. Chou est l'élément actif qui exécute l'ordre de son père en assurant la nourriture à toutes les espèces et en amenant le souffle vital dans la gorge de chaque être. Atoum donne l'impulsion et l'énergie, Chou s'occupe de tous les aspects concrets nécessaires à garantir la vie et le bien-être des créatures.

Les hommes, placés un peu curieusement entre les hippopotames et les crocodiles, vivent de blé. Semblable à la nourriture-Hou, Neper est la personnification du blé. Il est très significatif que le blé-neper soit cité ici comme principale base de subsistance des humains, car un peu plus haut dans le texte du *spell* 80 nous apprenons que Chou est également lui-même Neper :

112 *jnk ᶜnḫ... jr.n Tm m Npr*
m sh3t.f wj r t3 pn r jw nsrsr
Je suis Vie... celui qu'Atoum a créé en tant que Neper
lorsqu'il me fit descendre sur cette terre, sur l'île de
l'embrasement. CT 80 II 40f-g.

Neper est comme Vie un des aspects de Chou. Atoum a créé son fils comme subsistance pour les hommes.

En tant que dieu de la vie, Chou est responsable du maintien en vie des créatures, y compris d'Atoum lui-même, par le souffle vital. Il est responsable de la nature (de l'atmosphère, de l'air, des pluies), de la végétation comme subsistance aux différentes espèces créées et

---

47 S. MORENZ, « Eine "Naturlehre" in den Sargtexten », *WZKM* 54, 1957, p. 119-129. Sur ce passage cf. aussi ASSMANN, *Ägypten*, 1984, p. 214 sq.

particulièrement du blé pour les hommes. Ces nombreux rôles et domaines d'activités sont résumés par l'épithète *nb tm* qui désigne Chou comme « maître de tout » [48].

Le rôle de Chou comme dieu de la vie est connu essentiellement par le *Livre de Chou*. Mis à part les épithètes assez générales, « père des dieux » et « maître de tout », un seul passage extérieur à cette composition semble renvoyer à ce rôle.

113 *sjp n ᶜnḫ rn.j pw n ḏt*
sbš.n.f wj m r.f
nf3.n.f wj m šrt.f
Celui qui est assigné à la vie est ce mien nom pour l'éternité,
il m'a craché de sa bouche
il m'a expiré de son nez. CT 191 III 100b-d [49].

Malgré l'absence de nom divin, les modes de création indiquent clairement que le défunt s'identifie ici avec Chou. L'épithète qui le désigne fait référence à son caractère de dieu de la vie et peut-être aussi au fait que Chou est souvent mis en rapport avec des notions d'éternité.

Comme les deux principes Vie et Maât, les concepts *nḥḥ* et *ḏt* peuvent être identifiées respectivement avec Chou et Tefnout [50]. Cette association est attestée uniquement à travers le *Livre de Chou*.

114 *sk Šw m nḥḥ Tfnt m ḏt*
Vois, Chou est la pérennité, Tefnout est l'éternité.
CT 80 II 28d.

115 *jnk nḥḥ jt n ḥḥw...*
Je suis la pérennité, père de millions / des génies-*ḥḥw*...
CT 78 II 22a.

116 *jnk pw nḥḥ ms ḥḥw*

---

[48] CT 965 VII 181c. *nb tm* désigne le plus souvent Atoum / Rê. Dans le contexte funéraire, Osiris et Horus portent également cette épithète. cf. B. ALTENMÜLLER, *Synkretismus*, p. 276 (où la référence à Hâpi doit être supprimée).

[49] Aucun des quatre sarcophages qui présentent ce *spell* n'attestent le *spell* 80. S1C et S2C comportent le *spell* 75.

[50] J. ASSMANN, *Ägypten*, 1984, p. 209-215. Au *spell* 335 IV 200e-203b, *nḥḥ* est identifié avec le jour, *ḏt* avec la nuit.

ḏt pw (snt.j pw) Tfnt
C'est moi, la pérennité qui met au monde les millions / les génies-*ḥḥw*
l'éternité, c'est (ma sœur) Tefnout. CT 78 II 23a, c, A1C.

Ces deux notions *nḥḥ* et *ḏt* sont fondamentales dans la conception égyptienne du temps (et de l'espace ?), mais malgré de nombreuses discussions, un consensus définitif concernant leur évolution, leur portée et leur signification exacte n'a pas encore pu être atteint [51]. Les Textes des Sarcophages ne permettent pas de clarifier la question. Si l'identification de *nḥḥ* avec Chou et de *ḏt* avec Tefnout semble fournir quelques associations qui décriraient les deux concepts (*nḥḥ* : masculin, actif, diurne, etc. ; *ḏt* : féminin, statique, nocturne, etc.), d'autres passages des mêmes textes mettent en doute la valeur de cette classification rapide. Ainsi, les deux principes peuvent être en rapport avec Chou uniquement.

117 *jnk qm3w Tm jw.j r st ḏt*
jnk pw nḥḥ ms ḥḥw
Je suis celui qu'Atoum a créé étant destiné à une place d'éternité,
Je suis la pérennité qui met au monde les millions / les génies-*ḥḥw*. CT 80 II 31b-d.

S'il est possible que les mentions de *ḏt* dans ce passage et dans le texte **113** proviennent du contexte funéraire, Chou peut néanmoins être appelé expressément « le maître de *ḏt* ».

118 *jnk ᶜnḫ nb rnpwt ᶜnḫ n nḥḥ nb ḏt*
Je suis la Vie, le maître des années, vivant pour la pérennité, le maître de l'éternité. CT 80 II 39b.

Inversement, Maât qui est identifiée avec Tefnout, peut être « la maîtresse de *nḥḥ* » [52]. Notre documentation ne permet donc guère d'approfondir la définition et la distinction de ces deux principes, mais elle montre que la propriété de ces deux aspects de l'étendue de la création, voire l'identification avec eux, est la prérogative du créateur et de ses enfants.

---

[51] Pour la bibliographie, cf. *LÄ* IV, col. 1368-71, *s.v.* « Zeit ».
[52] CT 956 VII 171u ; CT 957 VII 175b.

Les *spells* 75 à 80 présentent Chou comme dieu universel, fils du créateur, concerné par tous les aspects importants de l'existence. Il est la Vie et le garant de sa continuité et de sa subsistance, il est la pérennité.

De nombreux autres textes attestent aussi des fonctions plus cosmiques de Chou, notamment celle de séparateur du ciel et de la terre (cf. *infra* p. 188-196). À ce titre, il représente la stabilité de la création et, élément capital dans la religion funéraire, il constitue le lien, l'échelle, entre ce monde et le ciel. Chou représente également l'étendue infinie de l'espace, de sorte que le défunt souhaite souvent pouvoir parcourir Chou. Tous ces aspects font de lui une des figures les plus importantes des conceptions funéraires. Pouvoir s'identifier avec Chou constitue un des espoirs les plus fréquemment exprimés par le défunt. Néanmoins, les Textes des Sarcophages mentionnent aussi des côtés négatifs et dangereux de Chou [53].

[53] Exemples : « que je ne sois pas empoigné par Chou », CT 105 II 112e ; « que je ne sois pas pêché dans le filet de Chou », CT 229 III 296f ; « ne pas tomber dans la salle d'abattage de Chou », CT 553 VI 152a. Sur ces aspects dangereux cf. J. ZANDEE, *Death as an Enemy*, 1960, p. 215.

Ptah.

Le texte qui nous renseigne le mieux sur le dieu Ptah est le *spell* 647 attesté par un seul sarcophage, G1T, provenant de Gebelein en Haute-Égypte et datant probablement de la fin de la Première Période intermédiaire ou du début de la XIe dynastie [54]. Le *spell* 647, qui d'après son titre sert à la « protection au moyen de Ptah », est une arétalogie de Ptah.

119 *jnk sẖm q3 ḥry-tp t3wy*
nb m3^{c}t sš pr-wr ///...
nb smw [s]w3ḏ sẖwt
s^{c}nḫ npr n sḫt-ḥtp ṯs mmt
j jn Tm mn ṯs.j rwḏ swḥt.j ḥr ṯsw Mḥt-wrt
wj sp sn s3.j nfr ḥr.k pḥtw ṯw ///
ḫpr rn.j pw n Ptḥ nfr ḥr wr pḥty
Je suis la puissance élevée, celui qui est à la tête du Double Pays,
le maître de Maât, le scribe du *per-our*, *///...*
le maître des pâturages, celui qui [fait] prospérer les champs,
celui qui fait vivre le blé-neper de la campagne des offrandes et
qui constitue les céréales.
Atoum dit : « stable est ce que j'ai constitué, mon œuf est solide
sur les vertèbres de Mehet-ouret.
ô, ô, mon fils, ton visage est beau, tu es vigoureux [55] »
(Ainsi) vint à l'existence ce mien nom de Ptah au beau visage,
grand de vigueur. CT 647 VI 267b-j, G1T.

Ptah est présenté comme dieu de la nature, maître des pâturages et pourvoyeur de blé-neper. C'est Atoum qui le crée en tant que son rejeton, son œuf. Il invente les noms de Ptah, l'appelant ainsi à

---

[54] H.O. WILLEMS, « Ein bemerkenswerter Sargtyp aus dem frühen Mittleren Reich », *GöttMisc* 67, 1983, p. 81-90. Cette datation a toutefois été contestée par A. Roccati lors d'une conférence donnée le 19 décembre 1992 à Leiden au symposium « The World of the Coffin Texts ». Basé sur l'analyse de l'orthographe, Roccati assigne ce sarcophage au règne d'Amenemhat II.

[55] F*ECT* II p. 122 et 123, n. 3 propose de lire *ptḥw tw[t].j* « mon image est créée ». Le premier mot forme le lien phonétique aussi bien avec Ptah qu'avec le mot *pḥty* de la proposition suivante. On peut dès lors se demander s'il doit être compris comme verbe *ptḥ* « créer » (ce qui qualifierait Ptah d'image d'Atoum) ou comme adjectif-verbe *pḥt* « être vigoureux ». Une restitution *pḥtw ṯw* [*r*]*.j* « tu es [plus] vigoureux [que] moi » serait aussi envisageable.

l'existence, et il constitue les épithètes qui définissent son caractère. Il le nomme expressément « mon fils ». Par le même procédé qui rattache les noms à des propos louangeurs, Atoum, sous la forme de Sia, compose ensuite trois autres désignations de Ptah.

120 *smy rf jmy-ẖnw ^{c}ḥ n nb ^{c}nḫ*
smj rf swt.f
ḫnt rf s^{c}ḥw.f m ḫntj wrw r.f
ḫr.f Sj3 r.j
ḫpr rn.j pw n Smy nb m3^{c}t sš ḫnty pr-wr
« Réputé est celui qui est dans le palais du maître de vie,
réputés sont ses sièges,
prééminentes sont ses dignités en tant que président de ceux qui sont plus grands que lui »
dit il, Sia, à mon sujet.
(Ainsi) vint à l'existence ce mien nom de Semy, maître de Maât,
scribe qui préside au *per-our*. CT 647 VI 267k-p, G1T.

Plus loin dans le texte, Ptah précise qu'il a le droit d'entrer et de sortir dans la chapelle (*k3r*) du maître de l'univers (*nb r ḏr)*, Atoum / Rê. Cette affirmation trouve un parallèle proche au *spell* 75, où Chou entre dans la chapelle du dieu autogène [56].

Une phrase assez énigmatique place Ptah en relation avec Chou : « Je (Ptah) fais monter Maât sur l'autel de Chou qui est dans la tombe / le sarcophage (*qrsw*) » [57].

121 *jnk srd smw sw3ḏ jdbw nw Šm^{c}w*
nb ḫ3swt sw3ḏ jnwt
tpy jwntyw Stjw Sṯtyw Ṯḥnw
jw j^{c}ḥ n.j pḏt 9
jw rdj n.j tmw jn R^{c} nb r ḏr
jnk rsy jnb.f jty nṯrw
jnk nsw n pt nḥb k3w sr t3wy
nḥb k3w dd b3w ḫ^{c}w k3w š3^{c}w
jnk nḥb k3w jw ^{c}nḫ.sn r ^{c}.j
mrr.j jrr.j ^{c}nḫ.sn
n wnt ḏd n.j jm.sn

---

[56] CT 75 I 386 sqq. ; cf. H. ALTENMÜLLER, « Die Vereinigung des Schu mit dem Urgott Atum, Bemerkungen zu CT I 385d-393b », *SAK* 15, 1988, p. 1-16.
[57] CT 647 VI 267t-v.

wp -r [jr] rn.j pw w^{c}
ḥr-ntt jnk Ḥw tpy r.f Sj3 jmy ẖt.f
Je suis celui qui fait croître les pâturages, qui fait prospérer les rives de Haute-Égypte,
le maître du désert, qui fait prospérer les vallées,
celui qui est à la tête des nomades nubiennes, des Asiatiques et des Libyens,
les Neuf Arcs étant saisis pour moi.
Tout m'a été donné par Rê, le maître de l'univers.
Je suis celui au sud de son mur, le souverain des dieux,
je suis le roi du ciel, le pourvoyeur de *ka*s, le noble du Double Pays,
le pourvoyeur de *ka*s, qui donne les *ba*s, les apparitions, les *ka*s et les commencements.
Je suis le pourvoyeur de *ka*s, ils vivent de moi.
Quand je (le) souhaite, je crée et ils vivent.
Il n'y a personne parmi eux qui me parle
excepté [celui qui a fait] [58] ce mien nom unique
car je suis Hou sur sa bouche et Sia dans son corps.
CT 647 VI 268c-o.

Ptah est un dieu de la végétation et de la prospérité. Il est un dieu universel dominant non seulement le Double Pays, mais aussi toutes les régions voisines de l'Égypte. Après la mise en relation de Ptah avec le sanctuaire de Haute-Égypte «*per-our*», la mention de Haute-Égypte *Šm^{c}w*, la qualification de « noble du Double Pays » et de maître de tous les pays étrangers, Ptah est désigné par son épithète la plus fréquente « celui qui est au sud de son mur ». Cette épithète est généralement considérée comme faisant référence à la ville de Memphis, une identification qui n'est toutefois pas assurée pour les périodes plus anciennes [59].

Ptah est aussi dispensateur de la vie. Il transmet surtout les puissances vitales des *ka*s et des *ba*s. Il porte ainsi l'épithète *nḥb k3w*

[58] Traduction proposée par J.P. ALLEN, *Genesis*, p. 39 et notes p. 90 sur la base de la trace de l'œil- *jr* notée par A. DE BUCK, *Coffin Texts* VI, p. 268, n.1.

[59] B. BEGELSBACHER-FISCHER, *Untersuchungen zur Götterwelt des Alten Reiches*, 1981, p.129 sq. Pour l'Ancien Empire, l'auteur émet des doutes quant à l'identification de *jnb* écrit dans l'épithète sans le déterminatif de la ville, avec *jnb-ḥḏ* - Memphis.

(texte **121**) que l'on peut traduire par « pourvoyeur de *kas* » [60]. Dans les Textes des Sarcophages, *nḥb k3w* désigne d'une part une divinité indépendante, un génie gardien de l'au-delà sous la forme d'un serpent ; d'autre part, ce nom peut se rapporter à Atoum [61]. Par essence, Atoum est un « pourvoyeur de *kas* ». Les Textes des Pyramides décrivent déjà le créateur plaçant ses bras autour de ses enfants en un geste de *ka* afin que son *ka* soit en eux [62]. Atoum transmet sa force vitale à ses enfants, afin que ceux-ci puissent à leur tour répandre la vie parmi les créatures. Ptah est chargé de dispenser les *kas* et les *bas* pour faire vivre les dieux et les hommes ; il est ainsi lui-même un « pourvoyeur de *kas* » [63]. Nous allons rencontrer une idée parallèle à propos de Heka et de Chou qui incarnent le « million de *kas* » du créateur.

La phrase qui insiste sur le fait que tout a été donné à Ptah par Rê, le maître de l'univers, est de première importance. Rê et Atoum sont clairement le même dieu dans ce texte. Comme dans le cas de Chou, le père créateur est à l'origine de tous les privilèges et de toutes les capacités de son fils. L'idée de l'union et de l'interdépendance du père et du fils est ici exprimée par une autre image qu'au *spell* 80 où Chou restitue l'énergie vitale à Atoum. Ptah est lui-même la force conceptrice et créatrice de son père ; il est Hou et Sia d'Atoum / Rê. Venu à l'existence par le verbe créateur avec lequel son père a fait ses noms et son être, Ptah est le verbe-Hou. C'est sous son aspect de Sia qu'Atoum a composé une deuxième série de noms de Ptah. La nature du dieu découle du mode selon lequel il a été créé et est identique à celui-ci. Ptah incarne la puissance de la parole-Hou de même que celle de la perspicacité et de la conception intellectuelle, Sia. Il est l'essence même de la force qui l'a amené à l'existence, il est Hou sur la bouche et Sia dans le corps du créateur. Ce concept équivaut exactement à celui

---

60 A.W. SHORTER, « The God Nehebkau », *JEA* 21, 1935, p. 41, propose « bestower of dignities » ; pour *nḥb* « pourvoir, doter » cf. *Wb* II, 293, 11-12.

61 B. ALTENMÜLLER, *Synkretismus*, p. 96-98. Neheb-kaou semble même apparaître comme variante d'Atoum en CT 398 V 130a, M6C (dans un passage détruit). En CT 768 VI 402e-f, Rê et Neheb-kaou sont nommés conjointement et ne désignent probablement qu'une seule divinité.

62 PT 600, pyr. 1653a ; texte **45**.

63 En CT 761 VI 392j Neheb-kaou est décrit par la phrase « tu es le *ka* de chaque dieu ». Cette même phrase désigne le fils aîné d'Atoum en CT 906 VII 111s ; texte **203**.

qui caractérise Chou comme dieu du souffle vital parce qu'il est issu du souffle vital d'Atoum.

122 *jnk nfr ḥr pw mrrw nb ᶜnḫ ḥq3{t} nṯrw*
dj.j ᶜnḫ sšm.j 3wt n nṯrw nbw ḥtpw
jnk pw nb ᶜnḫ sr m nwt ...
jnk nb ᶜnḫ
Je suis celui au beau visage, le bien-aimé, le maître de vie, le seigneur des dieux.
Je veux donner la vie, je veux conduire la nourriture aux dieux maîtres des offrandes.
C'est moi le maître de vie, le noble dans le ciel...
Je suis le maître de vie. CT 647 VI 269q-s, u.

La fin de ce texte réaffirme le rôle de Ptah comme pourvoyeur de nourriture et comme « maître de vie ». Ptah soutient à nouveau sa souveraineté sur les dieux et dans le ciel.

Certains des aspects de Ptah présentés dans le *spell* 647 se retrouvent également dans un autre texte, attesté sur des sarcophages d'Assiout et d'el-Berche, un *spell* qui permet de « se transformer en Neper ».

123 *ᶜnḫ nṯrw jm.j*
ᶜnḫ.j rd.j m Npr...
jnk bdt...
jnk nb m3ᶜt...
jnk Ptḥ
Les dieux vivent grâce à moi.
Je veux vivre, je veux croître en tant que Neper...
je suis le blé...
je suis le maître de Maât...
je suis Ptah. CT 330 IV 169b-c, g, 170c, 171a.

Comme dans le *spell* 647, Ptah est responsable du blé, il est lui-même le dieu du blé, Neper. Il se désigne aussi comme « maître de Maât », une épithète de Ptah fréquente dès le Moyen Empire [64]. Cette épithète se réfère-t-elle au fait qu'en tant que fils d'Atoum / Rê, Ptah pourrait théoriquement être le frère de Maât, à l'instar de Chou ? Il est

---

[64] M. SANDMAN-HOLMBERG, *The God Ptah*, 1946, p. 75 sqq. Dans les Textes des Sarcophages, cette épithète désigne aussi Atoum.

plus probable que Ptah porte cette épithète indépendamment des notions de cosmogonie et de la parenté avec Atoum et Maât.

L'existence des dieux dépend de Ptah, puisqu'il est à la fois responsable de la vie et de la nourriture des dieux. Le *spell* 647 insiste pourtant davantage sur l'aspect de la domination de Ptah sur les autres divinités que sur sa paternité ou ancienneté. Remarquons dans ce contexte que Ptah est le seul parmi les dieu-fils connus des Textes des Sarcophages qui ne se proclame pas fils aîné d'Atoum / Rê. La qualification de fils d'Atoum ou de Rê est cependant un trait indéniable et marquant du texte 647. L'unique a créé Ptah par l'attribution de ses noms. C'est en tant que fils du créateur que Ptah peut être dieu de la vie, de la végétation et dieu universel, souverain sur toutes les régions de la terre et du ciel. Il doit son existence et ses capacités à Atoum / Rê. Contrairement à Chou, la parenté d'Atoum / Rê et de Ptah n'est pas une donnée mythologique répandue.

Quel peut être le sens de cette conception inhabituelle que présente le *spell* 647 ? Pouvons-nous trouver à l'extérieur des Textes des Sarcophages d'autres indices de cette dépendance de Ptah face au créateur ? À notre connaissance, aucun autre texte n'est aussi explicite à ce sujet, et au Nouvel Empire, les rapports ont tendance à être inversés, Ptah affirmant même sa supériorité et son antériorité à l'égard d'Atoum ou de Rê.

On peut néanmoins relever quelques éléments qui vont dans le même sens que le *spell* 647. Dès le Moyen Empire, une épithète rare peut désigner Ptah de successeur ou de remplaçant de Rê (*sttj Rᶜ*). Cette appellation est attestée sur un linteau de porte provenant du Delta oriental [65] et sur deux stèles d'Abydos, CGC 20062 [66] et Louvre C 11 (XIIIᵉ dynastie) [67]. Au Nouvel Empire, l'épithète se retrouve dans le temple de Séti Iᵉʳ à Abydos [68] et au Ramesseum [69]. Un livre des morts d'époque ptolémaïque mentionne encore, au chapitre 142,

---

[65] S. SCHOTT, *MDIAK* 2, 1932, p. 57 ; M. SANDMAN-HOLMBERG, *op. cit.*, p. 30.

[66] M. SANDMAN-HOLMBERG, *op. cit.*, p. 30, où l'on trouve également des attestations du Moyen Empire de Ptah comme *nb pt*, *nb m3ᶜt* et *nsw t3wy*.

[67] J. SPIEGEL, *Die Götter von Abydos*, 1973, p. 79 sq. (appelé Louvre C 12) ; W.K. SIMPSON, *The Terrace of the Great God at Abydos*, 1974, pl. 80.

[68] J. SPIEGEL, *op. cit.*, p. 80.

[69] *KRI* II, p. 660,9 (où Ptah est également *sttj Wsjr*).

« Ptah, le noble pilier-*ḏd*, le successeur de Rê, l'unique qui est habile dans le château du *benben* » [70].

Cette localisation de Ptah dans le *ḥwt bnbn* incite à rechercher d'éventuels liens cultuels entre Rê et Ptah. Dans les Textes des Pyramides par exemple, un hall de Rê et un palais de Ptah se trouvent mentionnés côte à côte [71]. Il a été observé que les prêtres de Ptah de la Ve dynastie exerçaient également des fonctions sacerdotales dans les temples solaires [72]. Dans les Textes des Sarcophages, Ptah est souvent localisé à Héliopolis [73]. En effet, en dehors de son association avec Sokar (qui peut également être placé à Héliopolis [74]) et peut-être de l'épithète « celui qui est au sud de son mur », rien ne le rattache expressément à Memphis. On remarque au contraire une certaine affinité avec la Haute-Égypte (les épithètes « scribe de *per-our* » et « celui qui fait prospérer les rives de Haute-Égypte », Gebelein comme provenance du sarcophage G1T, les stèles d'Abydos) [75].

Si Ptah était certainement vénéré par les fonctionnaires et artisans de la cour à Memphis, il n'était pas lié spécifiquement à cette ville durant l'Ancien et le Moyen Empire. L'étude des noms théophores révèle une forte augmentation de sa popularité dans toutes les couches

---

70 R. LEPSIUS, *Das Totenbuch der Ägypter*, 1842, p. 30.

71 PT 345, pyr. 560b ; PT 349, pyr. 566b.

72 B. BEGELSBACHER-FISCHER, *op. cit.*, p. 128. Ch. MAYSTRE, *Les Grands Prêtres de Ptah de Memphis*, 1992, p. 44 sq.

73 B. ALTENMÜLLER, *Synkretismus*, p. 65 sq. Le plus clairement en CT 153 II 265d-e, où Ptah sort du Château du Prince à Héliopolis ; et en CT 179 III 69b où il s'agit de donner du pain à Ptah dans Héliopolis. Les trois mentions de *ḥwt-Ptḥ* (IV 89e ; IV 97h ; VII 65r) ne permettent aucune localisation certaine.

74 CT 816 VII 15d. Sur les stèles funéraires, Ptah et Sokar sont avant tout associés avec Abydos.

75 On relèvera à ce propos l'intérêt qu'il y aurait à mieux connaître les centres de rédaction des Textes des Sarcophages. Pour les *spells* transmis par G1T, H.O. Willems suppose une rédaction dans la zone d'influence thébaine, cf. WILLEMS, *Chests of Life*, 1988, p. 110 ; *id.*, *GöttMisc* 67, 1983, p. 81-90. P. JÜRGENS par contre, souligne la continuité de tradition des Textes des Pyramides vers les Textes des Sarcophages et considère la région memphite-héliopolitaine comme lieu de rédaction des premiers *spells* des Sarcophages, communication orale du 2 septembre 1991 au sixième Congrès d'Égyptologie à Turin (cf. aussi chapitre X).

sociales durant la Ve dynastie [76]. Bien que les textes religieux ne le mentionnent pas encore comme créateur de l'humanité, la tradition populaire connaît des noms propres comme « celui que Ptah a créé », et même Sahourê se dit créé par Ptah [77]. Un particulier de la Deuxième Période intermédiaire déclare être le fils de Ptah et implore le souffle de son dieu protecteur [78]. L'existence des vivants et des morts dépend de Ptah qui eut tôt une place importante dans la piété de l'ensemble de la société. Une formule fréquente d'introduction de lettres privées du Moyen Empire souhaite au destinataire de la missive : « puisse Ptah qui est au sud de son mur te satisfaire agréablement de vie et d'un bel âge » [79]. La plupart des lettres qui attestent cette formule proviennent de la région thébaine [80]. Ptah est un dieu de la vie, un pourvoyeur de *ka*s et de subsistance pour tous les êtres vivants.

Nous avons déjà constaté plus haut que la création par le verbe n'est pas une caractéristique de Ptah. Presque tous les fils d'Atoum / Rê ont été appelés à l'existence par la parole de ce dernier, et tous peuvent utiliser la force de la parole, Hou, comme instrument dans l'entretien de la création dont ils sont responsables. C'est l'extraordinaire répercussion qu'a eu le texte de la pierre de Chabaka sur l'histoire des religions qui a forgé la théorie d'une « théologie memphite » dont la grande spécificité aurait été la notion de la parole créatrice. Les sources du Moyen Empire montrent que la conception du verbe créateur n'est pas liée au seul dieu Ptah qui, même au Nouvel Empire, n'a pas l'exclusivité de ce mode de création. Par ailleurs, durant la période étudiée ici, Ptah n'exerçait pas encore le rôle de créateur universel, mais celui de fils de l'unique et de maître de la vie.

Les choses sont très différentes au Nouvel Empire : Ptah est un dieu spécifiquement memphite, d'où il rayonne sur l'empire entier. De grandes compositions hymniques le caractérisent comme créateur

---

76 B. BEGELSBACHER-FISCHER, *op. cit.*, p. 144. E. FREIER, « Zu den sogenannten Hohepriestern von Memphis im Alten Reich », *AltorForsch* 4, 1976, p. 33.

77 B. BEGELSBACHER-FISCHER, *op. cit.*, p. 145 et 147, *jrw.n Ptḥ, ᶜnḫ jrw Ptḥ*. Notons aussi que le nomarque Kheti d'Assiout de la IX/Xe dynastie affirme qu'il est quelqu'un « que Ptah a fait venir à l'existence pour qu'il commande », E. EDEL, *Die Inschriften der Grabfronten der Siut-Gräber*, 1984, p. 166 sq., et M. LICHTHEIM, *Ancient Egyptian Autobiographies*, 1988, p. 27.

78 *dj.n.f ṯ3w nḏm n šrt.j*, P. VERNUS, « Etudes de philologie et de linguistique II », *RdE* 34, 1982-1983, p. 115, stèle CGC 20281.

79 *snḏm Ptḥ rsy jnb.f jb.k m ᶜnḫ wrt j3wt nfrt.*

80 T.G.H. JAMES, *The Hekanakhte Papers*, 1962, p. 123 sq.

autogène, l'aîné de la Première Fois, l'aîné des dieux primordiaux, modeleur des hommes et dieu de la végétation. Il assimile la plupart des modes de création d'Atoum / Rê : par la bouche, les mains, la volonté-*jb*, le souffle et la parole [81]. Ptah devient ainsi le père du soleil, Rê, qu'il crée au moyen de sa bouche et de ses mains [82]. Dans le *Traité de théologie memphite*, Ptah est le père et la mère d'Atoum (col. 50a, 51a). Si, dans le *spell* 647 des Texte des Sarcophages, Ptah était encore l'instrument créateur d'Atoum (« Hou sur sa bouche et Sia dans son corps »), les rapports sont ici inversés. Ptah est le créateur suprême, Atoum est son démiurge, son fils-créateur [83]. Les forces créatrices d'Atoum, sa main et sa semence, sont devenues le moyen de création pour Ptah. Elles sont identifiées aux dents et aux lèvres, grâce auxquelles Ptah prononce la parole créatrice (col. 55).

Ptah semble avoir été l'objet d'une forte promotion théologique. Au début du Nouvel Empire, il a été amené au rang de dieu suprême et de créateur par l'absorption de tous les mythèmes cosmogoniques plus anciens. Il a été assimilé au soleil, et Rê et Atoum lui ont été subordonnés comme fils. C'est également à cette période que s'affirme son lien avec Memphis.

On peut se demander, si son rattachement à Atoum / Rê, au début du Moyen Empire, n'aurait pas été une première étape de cette promotion. À l'origine, Ptah était probablement le patron des artisans et des orfèvres ; il était vénéré surtout par les couches sociales humbles [84]. Son ascension théologique et sociale allait peut-être de pair avec son association au culte de Rê. Le statut de fils d'Atoum / Rê, qui le faisait devenir un dieu de la vie et un créateur dans la phase du maintien de l'univers, pourrait avoir facilité l'essor prodigieux de Ptah.

---

[81] P. Harris I ; P. Berlin 3048 ; A. BARUCQ, Fr. DAUMAS, *Hymnes et prières*, 1980, p. 388 sqq. ; J. ASSMANN, *ÄHG*, p. 414 sq., p. 322 sqq.

[82] P. Berlin 3048, IV/8, BARUCQ, DAUMAS, *op. cit.*, p. 395 ; ASSMANN, *ÄHG*, p. 325. L'idée que Rê est le fils de Ptah est réaffirmée à la fin de ce très long texte (XII/4). Dans un hymne de la fin de la XVIIIe dynastie déjà, Rê-Atoum-Horakhty est invoqué comme créature de Ptah (*jr.n Ptḥ*), BARUCQ, DAUMAS, *op. cit.*, p. 123.

[83] E. IVERSEN, « The Cosmogony of the Shabaka Text », 1990, p. 289 sq.. L'auteur remarque à juste titre que le *Traité* ne reflète aucune rivalité entre les dieux Ptah et Atoum, mais définit leur rôle respectif de créateur et de démiurge (fils-créateur).

[84] À la IVe et au début de la Ve dynastie, les noms théophores composés avec Ptah sont portés principalement par des serviteurs et des petits fonctionnaires, cf. B. BEGELSBACHER-FISCHER, *op. cit.*, p. 140.

Hâpi.

Cinq *spells* connus par des sarcophages d'Assiout et d'el-Berche traitent du dieu Hâpi et constituent un véritable *Livre de Hâpi*. Ce sont des formules de transformation et des arétalogies dans lesquelles le dieu se présente lui-même et où il est acclamé de manière hymnique. Loin d'être seulement un élément ou un phénomène naturel divinisé, Hâpi se manifeste comme un dieu majeur agissant dans plusieurs domaines. Il est fils de Rê ou d'Atoum et accomplit à ce titre les fonctions créatrices qui lui incombent [85]. Dieu de la crue du Nil, son aspect principal est celui de dieu de la végétation et de la subsistance pour les dieux et les hommes. De même que pour Ptah, son lien de parenté avec le créateur ne constitue pas un thème mythologique bien connu. Les *spells* 317 à 321 affirment néanmoins à plusieurs reprises que Hâpi, toujours en tant que dieu et non en tant que phénomène de la nature, a été appelé à l'existence par le créateur.

Outre l'extrait du *spell* 321 (texte **86**) où Hâpi est créé par l'attribution de ses noms par Atoum, plusieurs autres passages se réfèrent à sa création. Mis à part les modes de création par la parole (les noms) et par les puissances-*jb* et *3ẖw*, on relèvera surtout l'image exceptionnelle de la construction du dieu à la manière d'une maçonnerie (texte **125**). Cette métaphore semble être un des rares témoignages de l'époque d'une création artificialistique et non pas biologique [86]. Signifierait-elle que la riche personnalité de Hâpi se compose de multiples aspects, comme un mur maçonné de nombreuses pierres ?

124 *nfr.w nṯr pn rnpw*
jr.n Rᶜ m 3ẖw.f S1C, B2L...
sk jnk js rnpw
jnk jmy-b3ḥ p3wty smsw r nṯrw
Il est beau, ce jeune dieu
que Rê a fait par sa puissance-*3ẖw* [87] ...

---

[85] R.T. RUNDLE CLARK, « Some Hymns to the Nile », 1955, p. 27-30.

[86] Sur ces deux modèles, cf. O. KEEL, « Altägyptische und biblische Weltbilder », 1993, p. 137-139, et *supra*, p. 72.

[87] Dans une des cryptes de Dendera, la légende d'une statue d'Amenhotep III sous forme de figure de fécondité précise que « Hâpi, le père des dieux, fait venir à l'existence tout ce qui est au moyen de (sa) puissance-*3ẖw* », J. BAINES, *Fecundity Figures*, 1985, p. 320 ; *Dendera* V, pl. 335. Cet exemple très tardif va dans le sens du phénomène déjà observé : le moyen par lequel le fils de l'autogène a été créé devient son propre moyen de création.

car je suis jeune
je suis l'ancêtre, le primordial, l'aîné des dieux.
CT 317 IV 117e-f, 118b-c, S1P.

125 *jn R^c jr wj m b3.f* (var. S1C : *m jrw.f*)
sqd .n.f wj m k3t m ḏnj
ṯnj.f jrw.j r nṯrw
rdj.n.f wj m ḫnty psḏt
m s^cḥ.j sttj R^c
C'est Rê qui m'a créé au moyen de (en tant que ?) son *ba*
(var. : selon sa nature)
il m'a construit à la manière d'une maçonnerie [88],
il a distingué ma nature de (celle) des dieux,
il m'a placé comme chef de l'ennéade
dans ma dignité de successeur de Rê. CT 317 IV 119f-120c.

126 *n-ntt jnk js Ḫprj ḫpr ḏs.f*
ḫpr.n.j m dqrw R^c
rdj.n.f n.j ḥ3w 3ḫw.f...
... car je suis Khepri qui est venu à l'existence de lui-même.
je suis venu à l'existence en tant que quintessence de Rê
il m'a donné abondamment sa puissance-*3ḫw*.
CT 317 IV 127f-h, S1C.

Hâpi insiste sur son ancienneté, comme le font, (à l'exception de Ptah) les autres dieux-fils. Il est la première créature de l'unique apparue avant qu'il n'existât de mère. Il insiste, comme Chou aux *spells* 75 et 76, sur sa naissance exceptionnelle. Il se réfère aussi au temps de Noun, désignation générale de « l'époque de la création ». Cette ancienneté lui confère du prestige face aux autres dieux et en fait ainsi une figure avec laquelle le défunt souhaite s'identifier.

127 *jnk smsw r jmyw-b3ḥ*
ḫpr.n.j n jryt k3t n msyt ḥmt ...
jnk p3wty t3
Je suis l'aîné des ancêtres,
je suis venu à l'existence avant qu'un vagin ne fût créé, avant qu'une vulve ne fût mise au monde...
je suis le primordial. CT 317 IV 135a-b, f.

---

[88] *ḏnj*, MEEKS, *AnLex* 78.4809, littéralement :« en travail de maçonnerie ».

128 *jnk smsw n ḫmnw Ḥ^{c}pjw p3wtyw*
Je suis l'aîné des huit Hâpi primordiaux.
CT 317 IV 133b, S1C.

129 *j nṯrw ... rḫ.ṯn tp-^{c}wy [.j] m rk nww*
ô dieux...puissiez vous connaître [mon] ancienneté (qui remonte au) temps de Noun.
CT 321 IV 146c.

Comme les autres fils du créateur, Hâpi est responsable de l'existence des dieux.

130 *jnk js Ḥ^{c}pj wsḫ ḥr jr nṯrw jty ḥqwt*
nṯr šps št3 jdt
^{c}nḫ nṯrw nbw ḫft wḏ.j
... car je suis Hâpi au large visage, celui qui a créé les dieux,
souverain des grenouilles-Heqet,
dieu vénérable, imprévisible de colère [89],
tous les dieux vivent selon mon ordre. CT 321 IV 146i-l.

131 *sḫpr.n.j n.f nṯrw m t3 pn*
J'ai fait venir à l'existence pour lui (antécédent dans lacune) les dieux dans ce pays.
CT 547 VI 143h, M22C.

En tant que créateur des dieux, Hâpi semble exister et se manifester dans tous les êtres divins :

132 *jnk js ḫpr m ḫprw wsrw nbw 3ḫw nbw ḫprw nbw*
... car je suis celui qui vient à l'existence en tant que manifestation de tous les puissants, de tous les esprits-*akh* et de tous les êtres (?). CT 318 IV 141b-c.

---

[89] *jdt* « colère », MEEKS, *AnLex* 78.0577 avec comme seule référence CT 316 IV 108c, *jw šfšft.j n jdt.j*, « je suis redoutable de colère » ; le mot y est déterminé avec le signe du ciel comme en CT 648 VI 270h où il s'agit plutôt d'une variante féminine du terme *jdw* « la sueur », *^{c}nḫ nṯrw m jdt.f*, « les dieux vivent de sa sueur ». Ces termes sont probablement à rapprocher de *j3dt*, liquide puissant qui désigne aussi bien « la rosée », « le parfum » que les émanations dangereuses qui amènent la « détresse annuelle », cf. *AnLex* 78.0172 et 78.0173.

Hâpi est le protecteur des dieux [90], leur maître [91], il est le chef ou le souverain de l'ennéade [92], le grand d'un groupe de Huit [93] et « l'aîné des sept dieux aînés » [94]. Une épithète fréquente de Hâpi qui ne lui est toutefois pas encore attribuée dans les Textes des Sarcophages, le désigne comme « père des dieux » [95].

Sa fonction principale est celle de dieu de la fertilité, de la végétation et de la nourriture. Cette fonction découle aussi bien de son rôle de dieu-fils que de sa nature plus spécifique de dieu de l'inondation. L'importance de ce double rôle est telle que Hâpi peut affirmer être la totalité et de tout avoir créé.

133 *jnk jpw r-ḏr ṯs pḫr*
ḥr-ntt rd n.j js t3 pn r ḏrw mrr.j
C'est moi la totalité et vice versa,
car ce pays prospère grâce à moi aussi loin que je le désire.
CT 318 IV 142e-f.

134 *jnk jr ntt sḫpr jwtt*
ḏd.j ḫpr Ḥw
Je suis celui qui a fait ce qui est et fait venir à l'existence ce qui n'est pas,
je parle et Hou vient à l'existence.
CT 320 IV 145b-c. cf. aussi IV 145k.

Comme les autres dieux-fils, Hâpi dispose de la faculté créatrice de la parole Hou. Ce concept de Hou englobe un second aspect qui est celui de la nourriture [96] (voir texte **109**). La nourriture Hou peut être une manifestation de Hâpi, conception qui correspond à l'assimilation de Chou et de Ptah au blé Neper.

135 *jnk Ḥ^{c}pj ḏf3 ḥtp Ḥw*
Je suis Hâpi, l'aliment, l'offrande, Hou. CT 320 IV 144a.

---

90 *nḏtj nṯrw*, CT 317 IV 114d, IV 116i.

91 *jnk nb nṯrw*, CT 321 IV 147p.

92 *ḫnty psḏt*, CT 317 IV 120b ; *jtj psḏt*, CT 320 IV 144e.

93 *wr Ḫmnw*, CT 317 IV 124a.

94 *jnk smsw r nṯrw 7 smsw*, CT 317 IV 122i.

95 Hâpi porte cette épithète au moins depuis la XVIIIe dynastie, cf. J. BAINES, *Fecundity Figures*, p. 160, fig. 98.

96 B. ALTENMÜLLER, *Synkretismus*, p. 128.

136 *srd.j smw s^{c}nḫ.j ḏr*[97] *jr.j ḥtpw n nṯrw sḥtp.j R^{c} m b^{c}ḥ wtnw*
Je fais croître les pâturages, je fais vivre le papyrus (?), je crée les offrandes pour les dieux, je satisfais Rê par l'inondation du flot-*wtnw* CT 320 IV 144j-m.

La fertilité de l'Égypte dépendant de la régularité de l'inondation, Hâpi assure :

137 *šm.j r nw.j jj.j r tr.j*
Je m'en vais au bon moment, je reviens en temps opportun.
CT 317 IV 112h-i.

À ce titre, il est aussi responsable des saisons :

138 *fdt.j pw prrt m jwf.j prt*
C'est ma sueur qui sort de ma chair, la saison de la germination.
CT 318 IV 142a.

Il fait la germination [98], il amène ou créé la végétation en tant que « maître des offrandes » [99], il est le « maître des aliments » [100]. Hâpi est aussi « celui qui amène le blé » [101]. De manière générale, il est « celui qui fait vivre le Double Pays » [102] et « le maître de la pérennité » [103]. Plusieurs épithètes se réfèrent à l'eau et aux différents flots : « maître de l'eau », « maître du flot-*3gb* » et « maître du flot-*wtnw* » [104].

Des fragments d'une inscription dédicatoire du temple de Sésostris Ier à Éléphantine semblent présenter Hâpi sous les traits

---

97 Le déterminatif suggère qu'il s'agit d'une graphie fautive du mot *ḏt* « papyrus », *Wb* V, 511.
98 CT 318 IV 141h.
99 *jnk nb ḥtpw jn w3ḏḏt* (var. B2L *jr w3ḏḏ*), CT 317 IV 115e.
100 *nb ḏf3w*, CT 317 IV 113b.
101 *jnn sšr*, CT 571 VI 171j.
102 *s^{c}nḫ t3wy*, CT 318 IV 141e.
103 *nb nḥḥ*, CT 320 IV 145a.
104 *nb mw*, CT 317 IV 115d, S1C ; *nb 3gb*, CT 317 IV 128c ; *nb wtnw*, CT 320 IV 144d+h. Son rapport avec les eaux du monde terrestre et de l'autre monde peut rapprocher Hâpi de Noun. En CT 820 VII 20o le défunt dit :« je suis certes un bienheureux issu de Hâpi, issu du Noun ».

typiques de fils-créateur [105]. Bien qu'aucune mention de son père ne soit faite dans les parties conservées du texte, Hâpi est décrit comme créateur des dieux et comme celui qui donne le souffle de vie aux hommes, activités qui dépassent le cadre restreint de dieu de l'inondation.

139 *Ḥ^{c}pj* [*pw*] ///// *wr ḏw ms nṯrw*
ḫpr.n ḫprt m jmw.f /////
sj3 ḥ3tyw fq3.f nw n ^{c}nḫ[w]
[C'est] Hâpi /// [106] grand de montagne, celui qui a mis au monde les dieux,
celui du flanc de qui est venu à l'existence ce qui est venu à l'existence, /////
celui qui reconnaît les cœurs (lorsqu') il offre le souffle aux vivants.

Le fameux hymne au Nil attribué au poète Khety de la XIIe dynastie [107] offre de nombreux parallèles avec les *spells* 317 à 321. L'hymne célèbre avant tout Hâpi comme dieu de la végétation qui procure leur subsistance à tous les êtres créés. Le dieu y est entre autre qualifié de « celui qui fait vivre l'Égypte », celui qui créé les céréales *jt* et *bdt* ; il est associé à Neper, il fournit la nourriture aux dieux, il pourvoit l'humanité et fait vivre les hommes et le bétail. Relevons particulièrement deux passages qui pourraient se référer au lien père - fils de Rê et Hâpi. Dans la strophe I, 5-6, Hâpi est qualifié de *jwḥ š3w qm3w.n R^{c} r s^{c}nḫ ^{c}wt nbt* « celui qui inonde la prairie, (celui) que Rê a créé pour faire vivre tout le petit bétail ». La forme verbale relative se rapporte plus probablement à Hâpi qu'à la prairie. « Faire vivre » est une des activités principales de Hâpi, activité qui selon le principe du fils-créateur lui aurait été confiée par Rê. Dans la strophe XIV, 1-4 on lit :

---

105 W. SCHENKEL, « Die Bauinschrift Sesostris' I. im Satet - Tempel von Elephantine », *MDAIK* 31, 1975, p. 112 sq. ; W. HELCK, « Die Weihinschrift Sesostris' I. am Satet - Tempel von Elephantine », *MDAIK* 34, 1978, p. 74.

106 Sans raison apparente, HELCK, *loc. cit.*, intercale [c'est Ptah-Tatenen]. Ce syncrétisme ne semble d'ailleurs pas attesté avant la XIXe dynastie, cf. H.A. SCHLÖGL, *Der Gott Tatenen*, 1980, p. 54.

107 Voir toutefois les arguments pour une datation au début du Nouvel Empire : D. VAN DER PLAS, *L'Hymne à la crue du Nil*, 1986, p. 187 sqq.

140 *tmw wṯsw psḏt*
snḏw n šfšft.f
jr.n n s3.f nb r ḏr
r sw3ḏ jdbwy
Tous les hommes louez l'ennéade,
craignez son prestige (à lui, Hâpi)
que le maître de l'univers a fait pour son fils
afin de faire prospérer les Deux Rives».

Cette traduction simple du troisième vers, à laquelle oblige la version de P. Sallier II [108], a été évitée par les interprètes de ce texte [109], car elle fait allusion à l'image peu fréquente selon laquelle Hâpi est le fils de Rê, le maître de l'univers [110]. Le père pourvoit son fils de puissance ou de prestige afin que celui-ci puisse faire prospérer le monde. Comme le montrent les Textes des Sarcophages, la notion de cette filiation existe bien et mérite d'être prise en considération également pour l'hymne au Nil.

Heka.

C'est encore une arétalogie, le *spell* 261, qui nous renseigne le mieux sur les conceptions concernant le dieu Heka. Ce texte est attesté par cinq versions d'Assiout, dont quatre sur les sarcophages de Mesehet, ainsi qu'une version avec plusieurs ajouts et variantes d'el-Berche.

141 *ḫpr m Ḥk3…*
jnk jr.n nb wꜥ (var. S1Cb, B1Bo : *jnk rn pw jr.n nb wꜥ*)
n ḫprt jšt snwt m t3 pn
m h3b.f wꜥt.f
m wn.f wꜥy
m prt m r.f
m wnn ḥḥ.f n k3 m s3 wnḏwt.f (B1Bo : *psḏt m jrt.f*)

---

108 E.A.W. BUDGE, *Egyptian Hieratic Papyri* II, 1923, pl. LXXVI, l. 10. Les autres versions utilisent la forme verbale relative perfective (*jr n s3.f nb r ḏr*), ce qui ne modifie guère le sens.

109 Sur ce passage et les différentes interprétations cf. VAN DER PLAS, *op. cit.*, p. 152-157.

110 Dans la grande majorité des cas, *nb r ḏr* désigne Rê ou Atoum (autres possibilités : Osiris, Seth, Thot), cf. B. ALTENMÜLLER, *Synkretismus*, p. 272 sq.

m mdw.f ḥn^{c} ḫpr ḥn^{c}.f wsr.f r.f m jṯ.f Ḥw tpy r.f
jnk wnnt s3 pw n ms tm (B1Bo: *msy n wnt mwt.f*)
jw.j m s3 wḏt nb w^{c} (B1Bo: *N pn ḥwy k3w.f*)
jnk s^{c}nḫ psḏt
jnk mrr.f jrr.f jt nṯrw q3 j3t
smnḫ nṯr ḫft wḏt ms tm (var.B1B: *nṯr j3w*)...
m s^{c}ḥ.j pw wr n nb k3w jw^{c} n Tm...
nnk tm n ḫprt.ṯn nṯrw
h3 n.ṯn jjw ḥr pḥwy
jnk Ḥk3
Transformation en Heka...
Je suis celui que le maître unique a créé,
(var.: je suis ce nom qu'a créé le maître unique [111])
avant que deux choses n'eussent existé dans ce monde,
lorsqu'il envoya son œil-unique,
lorsqu'il était seul,
lorsque quelque chose sortit de sa bouche,
lorsque son million de *ka*s devenait la protection de ses sujets
(var.: l'ennéade étant [encore] dans son œil),
lorsqu'il parla avec celui qui est venu à l'existence avec lui,
qui est plus puissant que lui [112],
lorsqu'il saisit Hou qui est sur sa bouche.
Je suis certes ce fils de celui qui a mis au monde tout
(var.: qui a été mis au monde sans mère)
je suis le protecteur de ce qu'ordonne le maître unique
(var.: ce N est celui qui consacre (?) ses *ka*s).
C'est moi qui fais vivre l'ennéade,
je suis celui qui crée lorsqu'il désire, le père des dieux, élevé de pavois,
celui qui embelli un dieu selon ce qu'ordonne celui qui a mis au monde tout (var.: le dieu aîné)...
... dans cette mienne grande dignité de maître des *ka*s et héritier d'Atoum...
à moi appartenait tout avant que vous, dieux, ne fussiez venus à l'existence,

[111] La variante B1Bo lie cette phrase à la précédente: « craignez-moi selon ce que vous savez, à cause de ce nom du maître unique ».
[112] Cette mention se réfère probablement à la notion du dialogue entre Atoum et Noun (texte **21**).

à vous descend celui qui est venu à l'extrémité [113],
je suis Heka.
CT 261 III 382a, 382e-385d, 386b-d, 388b-c, 389b-e.

Heka est fils d'Atoum, il est la première création de l'unique, né avant que n'existât une dualité. Il porte ailleurs le nom de « Heka l'aîné » [114]. Sa naissance semble due à la fois à l'imagination d'Atoum, à la création par l'œil, à la parole créatrice Hou et, selon certaines versions, à l'invention du nom. De Heka dépendent tous les autres dieux, il les crée, il les fait vivre, il est leur père. Toutes ces activités sont liées à l'ordre que donne le créateur.

Comme Ptah qui est le pourvoyeur de *ka*s (*nḥb k3w*, texte **121**), Heka est également lié aux *ka*s par son épithète « le maître des *kas* » [115]. Il est aussi « celui qui consacre (?) ses *kas* » (*ḥwy k3w.f*) [116] ; Te Velde propose la traduction « strengthener of his *ka*s » et remarque qu'il s'agit peut-être d'une pseudo-étymologie du nom de Heka [117]. Le dieu peut encore être mis en rapport avec « le million de *ka*s » du créateur, (*ḥḥ.f n k3*, certainement encore un jeu de mots sur le nom du dieu), expression qui désigne son infinie puissance créatrice : « lorsque son million de *ka*s devenait la protection de ses sujets » [118]. Il faut probablement comprendre que la puissance créatrice d'Atoum fabriqua le dieu Heka en tant que protection de ses sujets. Dans un autre *spell*, le million de *ka*s du créateur est clairement identifié avec Heka.

[113] Traduction selon H. TE VELDE, « The God Heka in Egyptian Theology », *JEOL* 21, 1970, p. 180 et n. 36. L'auteur comprend *pḥwy* comme l'extrémité du temps, le tout début. Il soupçonne un jeu graphique entre cette possible épithète de Heka et le signe  qui peut servir à écrire le nom du dieu.

[114] CT 1127 VII 457j. Au sujet de *Ḥk3 smsw* voir E. HORNUNG, *Das Amduat* II, 1963, p.131. cf. aussi la mention sur la stèle du sphinx de Thoutmès IV de « Heka l'aîné de la place sacrée de la Première Fois », H. KEES, « Kulttopographische und mythologische Beiträge », *ZÄS* 65, 1930, p. 83 sq. Sur la représentation de Heka comme personnage âgé, cf. J. BAINES, *Fecunditiy Figures*, 1985, p. 124.

[115] CT 261 III 388b.

[116] CT 261 III 385c, B1Bo; le sens courant de *ḥwj* « frapper, battre » convient mal, mais on pourrait envisager « consacrer (une offrande) » (MEEKS, *AnLex* 77.2623 ; 78.2612 ; 79.1912) dans le sens de « présenter, répandre » ses *kas*.

[117] TE VELDE, *op. cit.*, p. 180.

[118] CT 261 III 383e.

142 *sḫm.f ḥr wdt snḏ m nṯrw ḫprw r-s3.f*
ḥḥ.f n k3 m-ḫnw r.f
ḥk3 pw ḫpr ḏs.f
Sa puissance (de Rê) place la crainte parmi les dieux qui sont venus à l'existence après lui ;
son million de *ka*s qui était dans sa bouche,
c'est Heka qui est venu à l'existence de lui-même.
CT 648 VI 270f-h, G1T.

Heka n'est pas déterminé ici avec le signe du dieu, mais avec le simple rouleau de papyrus. À travers tous les Textes des Sarcophages, la graphie avec le rouleau de papyrus (et parfois les traits du pluriel) désigne tantôt la puissance-*ḥk3*, tantôt le dieu. Le million de *ka*s se réfère ici encore à la force créatrice de l'unique, localisée dans sa bouche, qui créa Heka par la parole-Hou ou par l'invention de son nom. Heka devient ainsi lui-même le million de *ka*s, il représente le potentiel créateur de son père. Le million de *ka*s est aussi bien le dieu Heka que de façon générale la puissance-*ḥk3* dont dispose le créateur. Cette ambiguïté explique peut-être la fluctuation constante de Heka entre puissance et divinité.

Remarquons à propos du dernier passage cité que Heka surgit spontanément, de manière autogène, caractéristique que nous avons déjà observée à propos de Chou et de Hâpi.

Une phrase très proche de celle citée ci-dessus se trouve dans le *spell* 75 à propos de Chou.

143 *jnk jnnw n.f 3ḫw.f*
j^{c}b n.f ḥḥ.f n k3 dy m s3 wnḏwt.f
Je (Chou) suis celui qui lui (Atoum) amène sa puissance-*3ḫw*,
celui qui constitue [119] pour lui son million de *ka*s, donné comme protection de ses sujets. CT 75 I 376/7b-c.

Le contexte semble indiquer que les pronoms personnels se rapportent à Atoum (*nṯr ḫpr ḏs.f* mentionné en I 374/5c). Le million de *ka*s appartient dans les trois occurrences recensées au créateur. Le dieu-fils, Chou ou Heka, constitue ou représente cette puissance créatrice qui est installée par le père comme protection de ses sujets. D'après les

---

119 Pour *j^{c}b*, « constituer », synonyme de *qm3* et de *ṯs*, cf. *supra*, p. 105, n. 90.

différents déterminatifs, le mot *wndwt* « les sujets » se rapporte aussi bien aux dieux qu'aux hommes [120].

Ces passages semblent ainsi faire référence au statut du fils créateur qui est investi de toute la puissance génératrice, du million de *ka*s de son père, de même qu'au rôle de pourvoyeur du dieu-fils, donc de protecteur de la création. Ces formulations assez compliquées renvoient à une image très sobre que décrivent les Textes des Pyramides : « Tu as craché Chou, tu as expectoré Tefnout, tu as tendu tes bras autour d'eux en un geste de *ka*, afin que ton *ka* soit en eux » [121]. Les enfants du créateur ne personnifient pas encore la puissance vitale et créatrice de leur père, mais ils en sont investis par le geste caractéristique et homophone de l'accolade [122]. Dans la suite du passage, le roi défunt supplie le dieu de lui accorder ce geste comme protection (*nḫnḫ*) de son corps et de son domaine funéraire.

Dans le *spell* 261, Heka n'est pas la simple émanation d'une force d'Atoum [123], il est un dieu-fils à part entière. Heka est la concrétisation du potentiel créateur d'Atoum, de son million de *ka*s, pouvoir par lequel il peut créer et faire vivre les dieux. Contrairement à la puissance-*3ḫw*, la force-*ḥk3* que représente le dieu n'est pas un moyen de création ; rien ne peut être créé par la force-*ḥk3* (*m ḥk3*). Heka est la personnification de l'énergie génératrice de l'unique ; il est la force créatrice (*ḥk3* ou *ḥḥ n k3*) d'Atoum, tout comme Ptah incarne les facultés Hou et Sia du créateur [124].

Malgré son caractère de force illimitée, le champ d'actions de Heka semble plus restreint que celui des autres dieux-fils. Il intervient dans la création des dieux, mais il n'a guère de fonction dans le

---

120 Dans l'exemple **143**, une allusion à Heka pourrait être sous-jacente si l'on considère d'une part que ce passage se situe dans la suite de la réfutation de l'obéissance à Heka (cf. *infra*), et d'autre part que les puissances-*3ḫw* et *ḥk3* peuvent être des forces semblables. cf. H. TE VELDE, *op. cit.*, p. 177 et n. 11; cf. aussi texte **71**.

121 PT 600, pyr. 1652c-1653a ; texte **45**.

122 Sur la longévité de ce passage et du geste qui devint un acte rituel voir E. GRAEFE, « Über die Verarbeitung von Pyramidentexten in den späten Tempeln », *OLA* 39, 1991, p. 129-148.

123 Cf. H. BONNET, *RÄRG*, p. 301.

124 Heka, Hou, Sia et les génies-*ḥḥw* sont associés en tant que forces que le défunt souhaite acquérir en les mangeant dans CT 689 VI 319l-n, B1Bo. Hou et Heka s'associent pour renverser Apophis en CT 1130 VII 466b.

maintien du monde et ne s'occupe ni de la végétation ni de la continuité de la vie des humains. La force que représente Heka est liée davantage à l'impulsion créatrice qu'à l'entretien.

Bien que Heka soit généralement une force positive que l'on souhaite posséder, il peut néanmoins être considéré comme une menace pour les autres dieux et pour les défunts. Ils se distancient parfois expressément de Heka et déclarent leur indépendance face à lui.

144 *n sḏm.n.j n ḥk3*
ḫpr.n.j tp-ᶜwy.f
Je n'obéis pas à Heka / au pouvoir-*ḥk3* [125],
je suis venu à l'existence avant lui. CT 75 I 372/3b-c.

Ce passage a souvent été compris comme une comparaison polémisante entre Chou et Heka, les deux étant désignés comme la première créature d'Atoum et représentant une force génératrice, rôles que Chou contesterait à Heka [126]. Mais comme nous l'avons constaté, Heka n'est pas le seul dieu qui, en tant que fils d'Atoum et créateur, tient une place parallèle à celle de Chou et aurait pu attirer la polémique des prétendus « théologiens de Chou ». La *rabies theologorum* paraît en outre avoir très peu passionné les penseurs de l'époque. Il est possible qu'il faille attribuer au passage ci-dessus, qui se situe après un développement sur la coiffe-némès et les dignités du défunt / Chou, une valeur moins théologique que funéraire. Le défunt exclut que Heka pourrait avoir une emprise sur lui. S'identifiant à Chou, il se souvient de son ancienneté, donc de son propre pouvoir comme premier rejeton du créateur. De manière semblable, le défunt proclame un peu plus loin que son *ba* ne sera pas saisi par Heka [127]. Le refus d'obéir à Heka ou à sa puissance est affirmé ailleurs par le défunt identifié au serpent-*nᶜw* ou à Neheb-kaou [128]. Il s'agit ici d'un souci funéraire visant à éviter la soumission du défunt à une puissance redoutable, et non pas d'une querelle entre des défenseurs de Chou et ceux de Heka.

---

125 Aucune des 15 versions n'écrit le déterminatif divin.

126 J. ZANDEE, *ZÄS* 98, 1972, p. 155. TE VELDE, *op. cit.*, p. 183. B. ALTENMÜLLER, *Synkretismus*, p. 162.

127 CT 75 I 398b, certaines versions précisent « par Heka de l'entourage de Rê ».

128 CT 87 II 53g et 54d; CT 88 II 54i+m.

Les aspects communs aux fils-créateurs.

Les quatre fils-créateurs que les Textes des Sarcophages nous font connaître partagent un ensemble de rôles communs qui définit leurs fonctions à l'intérieur du monde créé. Ils sont responsables du maintien et de la propagation de l'œuvre du créateur. À cette fin, ils ont à leur tour besoin de puissances créatrices dont ils disposent grâce à leur lien direct avec l'unique. Leur statut de fils du créateur semble découler du fait qu'ils sont chargés d'actions créatrices qui ne sont réalisables que grâce à l'énergie qui leur est transmise par leur père. Leur lien avec Atoum paraît être lié principalement à leur fonction. Malgré le champ très étendu de leurs activités, ces dieux sont clairement subordonnés au créateur et agissent exclusivement sur l'ordre de leur père. Chacun est considéré comme la première créature de l'unique et les circonstances de leur apparition leur permettent parfois même d'être désignés comme autogènes. Leur puissance et leur ancienneté leur confèrent un énorme prestige qui les rend ainsi très « attractifs » pour les conceptions funéraires.

Parmi les champs d'action des fils-créateurs, relevons d'abord la création des dieux. L'unique ayant inventé la forme d'existence des êtres divins, ses fils sont chargés de reproduire cette création et de veiller en pères sur la vie des dieux. Ce rôle leur confère aussi les qualités de souverains et maîtres des dieux.

Une fonction semblable les lie aux hommes. Le genre humain a été créé par l'unique, la procréation et la subsistance des individus est entre les mains des fils-créateurs. La pensée égyptienne de l'époque semble distinguer clairement entre, d'une part, la création des modes d'existence des genres divin et humain, qui est l'œuvre de l'unique, et, d'autre part, la perpétuation des deux genres par la transmission de la vie dont sont responsables les fils du créateur. Les fils sont les dieux de la vie. Ils transmettent aux créatures la force vitale ou le « million de *ka*s » du dieu unique, force vitale dont ils sont eux-mêmes la concrétisation ou l'incarnation. À ce titre, ils dispensent le souffle de la vie. Afin de pouvoir entretenir les créatures, les dieux-fils ont la responsabilité de la végétation et de la fertilité de la terre. Ils sont les pourvoyeurs de la subsistance des dieux et des hommes et ils s'approprient les capacités du dieu Neper, personnification du blé, qui est la base et le symbole de toute nourriture. Ce sont eux qui sont attentifs aux besoins des hommes et qui leur offrent leur sollicitude.

Leur champ d'activités est si vaste qu'ils peuvent être appelés « maître universel », sans être confondus pour autant avec le créateur universel Atoum / Rê. Ce n'est qu'au Nouvel Empire qu'une seule divinité peut remplir à la fois les fonctions de créateur universel et celles de dieu de la vie et de pourvoyeur du bien-être des créatures [129].

Il est possible que le principe du fils-créateur s'étendît à d'autres divinités que les Textes des Sarcophages ne présentent pas comme tels. Parmi les dieux importants, on songerait avant tout à Sobek, dont le culte était répandu à travers toute l'Égypte durant le Moyen Empire [130]. Au Nouvel Empire et à la Basse Époque, Sobek était un des grands créateurs universels [131]. Plusieurs épithètes attestées au Moyen Empire à travers les hymnes du papyrus VI du Ramesseum le rapprochent en effet des fils-créateurs, bien que la caractéristique principale, celle de la filiation, ne soit pas mentionnée expressément [132]. On y trouve néanmoins le nom de *snw* R^{c} « double de Rê » [133] qui rappelle les désignations *wḥmw n Tm* « réplique d'Atoum » et *dqrw* R^{c} « quintessence de Rê » que portent respectivement Chou et Heka (voir ci-dessous tableau I). Son rôle de dieu de la fertilité, de l'eau, des vents et de la nourriture [134] prédestinerait Sobek à être inclus dans le concept des fils-créateurs. Si tel était probablement le cas dans une certaine mesure, la théologie de Sobek semble toutefois dépasser ce cadre. Comme Min, autre divinité de la fertilité, Sobek est associé de très près à Horus et entre avec lui dans les domaines des conceptions royales et funéraires [135]. En tant que Sobek-Rê, Sobek est également une manifestation du dieu solaire, rôle auquel se réfère un passage des Textes des Sarcophages selon

---

129 Ce phénomène a été étudié à propos d'Amon-Rê par J. ASSMANN, *Re und Amun*, 1983.

130 F. GOMA^{c}, « Der Krokodilgott Sobek und seine Kultorte im Mittleren Reich », Fs. Westendorf, 1984, p. 787-803.

131 Pour le Nouvel Empire voir par exemple l'hymne à Sobek sur la stèle de Pja (Musée de Louqsor J. 149), H.S.K. BAKRY, *MDAIK* 27/2, 1971, p. 137.

132 A.H. GARDINER, « Hymns to Sobk in a Ramesseum Papyrus », *RdE* XI, 1957, p. 43-56, pl. 2-4. Dans ces textes, Sobek est appelé plusieurs fois « fils de Neith à Abydos ».

133 *Ibid.*, col. 6 et 12 ; et p. 46, n. 1 où Gardiner précise qu'il faut bien traduire « duplicate or double of Re, not "second to Re" ».

134 Il est « maître des aliments », *nb k3w*, *ibid.*, col. 14 ; « seigneur des vents », *sr ṯ3w*, col. 13 ; plus loin, col. 137, Sobek affirme aussi sa domination parmi les autres dieux, *ḥq3 m nṯrw*.

135 Sur Min qui semble avoir été vénéré très tôt dans toute l'Égypte comme garant de la fertilité du pays et de l'institution de la royauté, voir A. MCFARLANE, « The Cult of Min in the Third Millennium B.C. », *BAC* 1, 1990, p. 69-75.

lequel Sobek « se lève à l'est et se couche à l'ouest » et est « le brillant (*wbnw*) qui n'a pas de faiblesse » [136].

Le rôle de Thot est également très large et complexe. Une des versions du *spell* 75 assimile Thot à Chou [137], mais rien ne permet de déduire qu'il en partageait le champ d'activités [138]. En tant que dieu de la lune, Thot est souvent associé à Rê, l'astre du jour. C'est probablement sur ce rapport d'importance que se fonde l'épithète « fils de Rê » que Thot peut porter dès le Nouvel Empire [139]. Pour le Moyen Empire, aucun aspect de Thot ne permet de le rapprocher du concept du fils créateur.

De par sa fonction de modeleur des hommes, Khnoum pourrait aussi être rapproché de ce concept. Un passage de la stèle C 3 du Louvre le désigne comme fils de l'unique : « Khnoum et Heqet, les ancêtres… qui sont issus de la bouche de Rê lui-même » [140]. Mais les sources nous font défaut pour savoir si la théologie chargeait Khnoum aussi de responsabilités envers les dieux et la fertilité du pays. Il paraît certain toutefois qu'il n'était pas encore un créateur universel.

Malheureusement, nous ne disposons pas de documents éloquents au sujet d'Amon. Au Moyen Empire, son activité semble se concentrer sur sa fonction de dieu de la royauté.

Une statue de la Deuxième Période intermédiaire conservée au British Museum comporte presque mot à mot le texte des deux

---

136 CT 991 VII 202d, f, P. Gard. II + III ; B. ALTENMÜLLER, *Synkretismus*, p. 188. Pour des attestations de Sobek-Rê au Moyen Empire voir par exemple J. YOYOTTE, *BIFAO* 56, 1957, p. 87 sq.

137 CT 75 I 314c, B6C : « Ce N est le *ba* de Chou qui est venu à l'existence de lui-même, ce N est Thot, ce N est Chou ».

138 Sur ses nombreux rôles voir B. ALTENMÜLLER, *Synkretismus*, p. 235-243. H. SPIESS, *Der Aufstieg eines Gottes, Untersuchungen zum Gott Thot bis zum Beginn des Neuen Reiches*, 1991.

139 Exemples : une statue d'Horemheb (New York MMA 23.101), ASSMANN, *ÄHG*, p. 463 ; une statue d'époque tardive (Musée de Leiden Inv. F. 1950/8), *BIFAO* 86, 1986, p. 153, n. 8. La désignation *Ḏḥwty šry Rᶜ* « Thot le petit de Rê », J. CERNY, *Ostraca hiératiques*, *CGC*, Le Caire, 1935, n° 25671, semble également se référer au rapport entre les deux astres. Dans la grande inscription d'Hatchepsout au Spéos Artémidos, Thot est issu de Rê (*pr m Rᶜ*), *Urk.* IV, 387, 15.

140 P. VERNUS, *RdE* 25, 1973, p. 218.

premières sections du grand hymne à Amon du Caire [141]. Amon ou Amon-Min y est décrit comme dieu de la vie, pourvoyeur de la subsistance des hommes et du bétail, comme « celui qui soulève le ciel et soumet la terre » et comme possesseur de tous les insignes royaux. Dans la partie la plus fragmentaire, sur le flanc gauche du personnage agenouillé, Amon est, selon le parallèle du papyrus, assimilé à Rê, Khepri et Atoum. La fin du passage souligne sa grande sollicitude envers les humains : il est « celui qui est aimable (*jm3-jb*) à l'égard de qui l'appelle ». Comme l'a relevé Assmann, ce texte ne présente pas encore Amon comme dieu primordial ou autogène [142]. Cette composition pourrait témoigner de la transition, au seuil du Nouvel Empire, d'un rôle du dieu qui s'inscrit dans le concept des fils-créateurs vers la double fonction de créateur unique et de bienfaiteur universel qui caractérisera Amon à partir du milieu de la XVIIIe dynastie [143].

Quant aux déesses, nous verrons que Tefnout, en tant que Maât, est la garante d'un des principes de base de l'univers. À travers leurs rôles de fille de Rê, œil de Rê et Maât, un grand nombre de déesses sont assimilées à Tefnout et intégrées dans le concept de « filles-créatrices » responsables de l'ordre social et cosmique et de l'harmonie du monde. Un exemple se trouve au *spell* 331 où Hathor est œil de Rê et porte en tant que telle les épithètes de « primordiale » et de « maîtresse universelle » *nbt r ḏr* (texte **81**). La déesse Bastet est appelée une fois « fille d'Atoum, première fille du maître de l'univers » [144].

L'idéologie royale attribue au roi un rôle qui correspond en de nombreux points à celui des fils-créateurs. Comme eux, le souverain sur terre est le fils du créateur et il peut être désigné comme

---

[141] Statue BM 40959, *HTBM* IV, pl. 50 ; Papyrus le Caire CG 58038 (= P. Boulaq 17) ; S. HASSAN, *Hymnes religieux du Moyen Empire*, 1928, p. 157-193 ; ASSMANN, *ÄHG*, 87 A-C, p. 199-201 ; BARUCQ, DAUMAS, *Hymnes et Prières*, 1980, p. 192-195. Pour la structure du texte, M. RÖMER dans Fs. Fecht, 1987, p. 405-428.

[142] J. ASSMANN, *Re und Amun*, 1983, p. 172.

[143] Les troisième et quatrième sections de l'hymne du Caire, pour lesquelles aucun parallèle antérieur à la XVIIIe dynastie n'est connu, soulignent en effet l'unicité d'Amon, cf. ASSMANN, *op. cit.*, p. 172-175 ; RÖMER, *op. cit.*, p. 427 sq.

[144] CT 60 I 250a.

« successeur de Rê » [145]. Il a la charge d'assurer la prospérité du pays et l'équilibre social, une tâche qui n'est pas seulement politique mais possède un caractère cosmique très prononcé. Afin de pouvoir assumer sa responsabilité, le roi peut être identifié avec des divinités. L'*Enseignement loyaliste* présente l'activité royale en des termes qui se rapprochent des textes concernant les fils-créateurs. Dans la version qui est attestée au Moyen Empire sur la stèle de Sehetepibrê, le souverain est assimilé implicitement à Hâpi, Chou et à la nourriture Neper ou Hou ; il est identifié expressément avec Sia, Rê - le soleil, Khnoum, Bastet et Sekhmet.

À l'instar des fils-créateurs, le roi possède, en plus de nombreux aspects bénéfiques, des côtés redoutables. Les hommes craignent le souverain, sachant que leur approvisionnement dépend de sa bienveillance. Si les hymnes divins incitent les hommes à vénérer et à craindre les dieux (voir texte **140**) parce qu'ils détiennent le pouvoir de prodiguer ou de restreindre la subsistance, les textes royaux posent l'adhésion au souverain comme condition à son action bénéfique. Le roi pourvoit ceux qui le suivent, qui adhèrent à sa voie et qui l'adorent [146].

145 *Sj3 pw jmy ḥ3ty* (...)
*R*ᶜ *pw m33w m stwt.f* (...)
sw3ḏw sw r ḥᶜp ᶜ3
mḥ.n.f t3w m nḫt ᶜnḫ
qbb fndw w3.f r nšn
ḥtp.f r tpr ṯ3w
dd.f k3w n ntyw m šms.f
sḏf.f mḏd mṯn.f
k3 pw nsw ḥ3w pw r.f
sḫpr.f pw wnnt.f
Ḫnmw pw n ḥᶜw nb
wttw sḫpr rḫyt
Bstt pw ḫwt t3wy
jw dw3 sw r nhw ᶜ.f
Sḫmt pw r th wḏt.f

---

145 Dans un hymne à Rê sur la stèle d'Antef *W3ḥ-ᶜnḫ* (MMA 13.182.3) le roi dit *jnk sttj.k* (*R*ᶜ) ; H.E. WINLOCK, « The Eleventh Egyptian Dynasty », *JNES* 2, 1943, pl. XXXVI, l. 3.

146 Sur une stèle de Ouadi el-Houdi (Le Caire JE 71 901), Sésostris Ier « donne le souffle de vie à celui qui l'adore », *dd ṯ3w n ᶜnḫ n dw3 sw* ; A. ROWE, *ASAE* 39, 1939, p. 189 sq.

C'est Sia qui est dans les cœurs; (...)
C'est Rê grâce aux rayons duquel on voit; (...)
Il fait verdir plus qu'une grande inondation,
il remplit les Deux Pays de force et de vie.
Les nez se glacent quand il tombe en colère,
se calme-t-il qu'on respire l'air.
Il assure la subsistance de ceux qui le suivent,
il entretient celui qui adhère à sa voie.
Le roi est la fortune, sa bouche est la surabondance [147];
Celui qu'il élève sera quelqu'un.
C'est Khnoum de tout corps,
le géniteur qui crée les humains.
C'est Bastet, protectrice des Deux Pays,
celui qui l'adore sera abrité par son bras.
C'est Sekhmet contre le violateur de son ordre.
(traduction G. Posener) [148]

Sans tenir compte du cas particulier du roi, les tableaux qui suivent récapitulent les épithètes et les champs d'action les plus importants des fils-créateurs.

---

147 *ḥ3w pw r.f*; les manuscrits du Nouvel Empire ont modifié le terme *ḥ3w* « surabondance » en *ḥw* avec le déterminatif divin, « sa bouche est la Nourriture-Hou ». À cet endroit, les versions du Nouvel Empire ajoutent l'identification du roi avec Atoum : « C'est Atoum pour celui qui rattache les cous ». Ce n'est peut-être pas sans raison que le texte plus ancien omet encore l'identification du roi avec le créateur lui-même, identification qui est encore très rare, cf. cependant *Urk*. VII, 27, 9-10 et 29, 6.

148 G. POSENER, *L'Enseignement loyaliste*, 1976, traduction de la version de la stèle de Sehetepibrê, p. 19-26.

ASPECTS COMMUNS AUX FILS-CRÉATEURS

Tableau I

Chou	**Ptah**	**Hâpi**	**Heka**	**Sobek**	
wḥmw n Tm II 23b/31e		*dqrw R^{c}* IV 127g		*snw R^{c}* * (*supra* n. 133)	réplique de Rê
	sttj R^{c} * (*supra* n. 65-69)	*sttj R^{c}* IV 120c	*jw^{c} n Tm* III 388c		successeur / héritier d'Atoum / Rê
jr r-ḏr ḫft wḏt.f I 385c		*šm.j jw.j ḫr wḏt.f* IV115a	*jw.j m s3 wḏt nb w^{c}* III 385b		fils agit selon l'ordre du père
jr.n Tm smsw II 39c		*smsw r nṯrw* IV 118c	*Ḥk3 smsw* VII 457j		ancienneté
j3w r nṯrw I 374d					
ḫpr ḏs.f I 314b		*ḫpr ḏs.f* IV 127f+8h	*ḫpr ḏs.f* VI 270h		« autogenèse »

* attestation extérieure aux Textes des Sarcophages.

Tableau II

Chou	Ptah	Hâpi	Heka	Sobek	
jt nṯrw II 5a/21e; VI 154g	*mrr.j jrr.j ʿnḫ.sn* VI 268l	*jr nṯrw* IV 146m	*mrr.f jrr.f jt nṯrw* III 386b		création des dieux
			sʿnḫ psḏt III 385d		
		sḫpr.n.j… nṯrw VI143h			
wṯṯ nṯrw II 6b		*ms nṯrw* * (*supra* p. 151)			
	jty nṯrw VI 268h	*nb nṯrw* IV 147p			domination sur les dieux
	ḥq3 nṯrw VI 269q			*ḥq3 m nṯrw* * (*supra* n. 134)	

* attestation extérieure aux Textes des Sarcophages.

Tableau III

Chou	**Ptah**	**Hâpi**	**Heka**	**Sobek**	
ʿnḫ rn.f II 32d/35f/40i					dieu de la vie
	dj.j ʿnḫ VI 269r				
	snḏm jb m ʿnḫ * (*supra* n. 79)				
	nb ʿnḫ VI 267k/269s	*sʿnḫ t3wy* IV 141e			
ḥḥ.f n k3w I 376c	*nḥb k3w* VI 268 i, j, k		*ḥḥ.f n k3w* III 383e ; VI 270g		concrétisationdu « million de *kas* » du créateur
			nb k3w III 388b		
sʿnḫ jmy swḥt… *m rmt* II 33c-d					transmission de la vie parmi les hommes
stṯ b3.j m rmṯ I 364c-367a					
sšm.j nfwt.j *m ḥtt.sn* II 43c	*dj.n.f ṯ3w nḏm* * (*supra* n. 78)	*f3q.f nw n ʿnḫw* * (*supra* p.151)		*sr ṯ3w* * (*supra* n. 134)	souffle de vie

* attestation extérieure aux Textes des Sarcophages.

Tableau IV

Chou	**Ptah**	**Hâpi**	**Heka**	**Sobek**	
jr.n Tm m Npr II 40f	*sꜥnḫ npr* VI 267e				Neper
	ꜥnḫ.j rd.j m Npr IV 169c				
nb sḫwt w3ḏwt I 346c	*sw3ḏ jdbw* VI 268c	*jn w3ḏt* IV115e			dieu de la végétation
sḥtp ḏf3w I 348c		*jn ḥtpw ḏf3w* IV 113a			
		nb ḏf3w IV 113b		*nb k3w* * (*supra* n. 134)	
nb tm VII 181c		*nb tm* IV 146f			maître universel
		jr ntt sḫpr jwtt IV 145b, k			

* attestation extérieure aux Textes des Sarcophages.

TEFNOUT — MAÂT.

La déesse Tefnout ne semble pas avoir de caractère bien défini; aucun mode de création n'explique son être. Seule une assonance lie son nom au verbe *tf / tfn* «cracher» et associe ainsi la création de Tefnout par expectoration à celle de Chou par le crachat-*jšš*.

146 *jšš.n.f N m Šw tfn.n.f sw m Tfnt*
Il (Atoum) a craché N en Chou, il l'a expectoré [149] en Tefnout.
CT 77 II 18e, B1Bo.

Le verbe *tf / tfn* est limité, avant l'époque grecque, aux textes religieux et à l'utilisation dans le contexte de Tefnout [150]. À plusieurs reprises, ce terme n'est même pas employé et l'apparition de la déesse est rattachée au crachat-*jšš* qui crée aussi bien Chou que Tefnout [151]. Le verbe *tf / tfn*, s'il n'a pas été purement inventé pour ce contexte et par analogie à l'assonance *jšš* - Chou, n'a aucune valeur étiologique et ne renseigne ni sur l'étymologie du nom de la déesse, ni sur son caractère ou sa fonction. D'autres origines possibles du nom de Tefnout ne sont guère plus probantes; on a ainsi évoqué la racine *tfn / tfnt* «orphelin / orpheline» qui pourrait désigner les enfants d'Atoum nés sans mère [152]. Une hypothèse récente tente d'expliquer le nom et le rôle de Tefnout à partir d'un verbe *tfn* qui se rapporte à la déformation du métal. Cette explication se référerait à sa fonction de déesse céleste qui provoque la «déformation» et le rajeunissement de ses compléments masculins, tels la lune et le soleil [153].

---

149 Le déterminatif est ici celui du nez dont coule un liquide; en CT 331 IV 174f, le verbe *tf* s'écrit avec la bouche qui crache; la bouche de profil qui crache détermine le nom de Tefnout en CT 532 VI 126d. La phrase citée ci-dessus apparaît déjà dans les Textes des Pyramides PT 600, pyr. 1652c avec, comme déterminatif des verbes *jšš* et *tfn*, un museau de lion ou de chat qui crache.

150 *Wb* V, 297, 7-8. Il existe néanmoins un mot copte «salive» qui est basé sur la racine *tf*, cf. MEEKS, *AnLex* 77.4800.

151 CT 76 II 4a, texte **48**; CT 77 II 18e, G1T, A1C, texte **43**.

152 Cf. PT 260, pyr. 317a-b, où les termes *tfn* et *tfnt* sont utilisés à proximité du verbe *šw* «être absent»: «Ounas juge l'orphelin et l'orpheline, les deux Maât écoutent, il n'y a pas de témoin (ou: Chou est témoin ?)». La citation de ce passage en CT 575 VI 186b-d introduit quelque confusion et détermine les mots *tfnt* et *šw* avec le signe de la divinité.

153 U. VERHOEVEN, *LÄ* VI, 296-304; *id.*, dans W. WESTENDORF, *Bemerkungen und Korrekturen zum Lexikon der Ägyptologie*, 1989, p. 89 sq.

Dans la cosmologie égyptienne, Chou représente les éléments de l'air et du vent ainsi que la lumière. On s'attendrait à voir Tefnout identifiée avec un élément naturel d'une égale importance. Or aucun texte ne nous en informe de façon explicite. L'assimilation de Tefnout à l'humidité ou à l'eau, proposée de longue date dans la littérature égyptologique, repose sur des bases textuelles assez faibles, ainsi, notamment, un passage du *spell* 660 des Textes des Sarcophages [154] :

147 *Tfnt jpt jppt jn ḏt*
j3w.ṯn s(y) tp-ʿw mw jmyw.s
C'est Tefnout qui dénombre ce qui doit être dénombré par l'éternité ;
veuillez la vénérer devant les eaux qui proviennent d'elle (ou : qu'elle représente). CT 660 VI 286i-j, B1Bo.

Ce passage peu éloquent sur la nature de Tefnout constitue l'unique attestation dans les Textes des Sarcophages, où la déesse n'est pas nommée dans le voisinage immédiat de Chou (ou d'Atoum / Rê). Elle n'a guère d'activité ni de caractère indépendants et son rôle se limite à celui de fille d'Atoum / Rê ou, le plus souvent, celui de sœur, épouse ou complément de Chou.

L'idée que le créateur ait mit au monde les deux enfants Chou et Tefnout paraît en effet un des thèmes mythologiques les plus anciens et les plus répandus. Cette notion est très générale et n'est pas nécessairement liée au mode de création par le crachat :

148 *jnk Tm qm3 wrw*
jnk jr Šw ms Tfnt
Je suis Atoum qui a créé les grands,
je suis celui qui a fait Chou et qui a mis au monde Tefnout.
CT 132 II 152d-e.

La naissance de Chou et Tefnout peut être située dans la ville d'Héliopolis : « ...lorsqu'il (Atoum) mit au monde Chou et Tefnout à Héliopolis » [155].

---

[154] W. BARTA, *Untersuchungen zum Götterkreis der Neunheit*, 1973, p. 91 sq. Au début de ce même *spell* (VI 280t-u), l'énumération partielle de l'ennéade pourrait suggérer que Tefnout est implicitement identifiée avec l'eau et le Noun mentionnés avant la liste des dieux Geb, Nout, etc.

[155] CT 80 II 39d. D'autres textes intègrent ces dieux aux *ba*s d'Héliopolis : « Je connais les *ba*s d'Héliopolis, ce sont Rê (var. Atoum), Chou et Tefnout », CT

Malgré la quasi-simultanéité de leur apparition, rien n'indique que Chou et Tefnout aient été considérés comme des jumeaux, interprétation fréquente qui se base sur des formulations comme « il (Atoum) m'a craché en tant que Chou avec ma sœur Tefnout qui est sorti après moi » [156]. Une sorte de tabou semble avoir été rattaché aux jumeaux en Égypte, du moins avant l'époque grecque [157]. Ce sont davantage les trois protagonistes de la création qui forment une union très étroite plutôt que les deux enfants entre eux. La description de cette symbiose dans le *spell* 80 « je (Atoum) suis au milieu d'eux deux, l'un d'eux étant à mon dos, (l'autre) à mon ventre... » [158] a influencé plusieurs textes funéraires dans lesquels le défunt souhaite être entouré, comme Atoum, de Chou et Tefnout [159].

Un rôle qui découle naturellement de son contexte mythologique est celui de mère de Geb et Nout ou, de façon plus générale, des dieux ou de l'ennéade :

149 *N tn jrs ms.s bk3ty* [160] *Šw*
Quant à cette N, elle mettra au monde les deux rejetons de Chou.
CT 748 VI 378q, B4C.

150 *Tfnt jrt nṯrw wtṯt nṯrw smnt nṯrw*
Tefnout qui a créé les dieux, qui a conçu les dieux, qui a façonné les dieux. PT 301, pyr. 447b.

151 *snt.j pw Tfnt p3t Tm msyt psḏt* [161]
(var. G1T, A1C : *snt.j pw ꜥ3t s3t Tm msyt psḏt*)
C'est ma sœur Tefnout, la primordiale d'Atoum qui a mis au monde l'ennéade.
(c'est ma grande sœur, la fille d'Atoum qui a mis au monde l'ennéade.) CT 78 II 22b.

---

154 II 286/7b-c ; « ...Chou ...et Tefnout, ce sont les très grands dieux qui président aux *ba*s d'Héliopolis », CT 769 VI 404q-s.

156 *prt ḥr-s3.j*, CT 77 II 18e, G1T, A1C et CT 76 II 4b.

157 J. AINES, « Egyptian Twins », *Orientalia* 54, 1985, p. 474 sq. et 479.

158 CT 80 II 32g-h ; texte **23**.

159 « J'ai vu Chou et Tefnout autour de moi, vraiment », CT 114 II 132g ; « Chou est derrière moi, Tefnout devant », CT 177 III 64b-c ; « Chou est à mon côté est, Tefnout à mon côté ouest », CT 839 VII 42c-d ; PT 606, pyr. 1691a.

160 *bk3t* « jeune pousse ; embryon », MEEKS, *AnLex* 78.1378.

161 Noter les graphies identiques de *p3t* et *psḏt*

152 *Tfnt prt ḥr-s3.j* (B1Bo *m*) *psḏt ᶜ3t s3t Tm psḏt ḥr nṯrw*
... Tefnout qui est sortie après moi, (étant) la grande ennéade, la fille d'Atoum qui brille sur les dieux. CT 77 II 18e-f.

Les trois traits du pluriel que G1T ajoute au premier *psḏt* de la dernière citation et le jeu de mots avec le verbe « briller » assurent la lecture « ennéade » (et non pas *p3t* « la primordiale »). Tefnout, la mère et maîtresse de l'ennéade, peut ainsi représenter et personnifier cet ensemble de divinités [162].

Contrairement à d'autres déesses, Nout ou Isis par exemple, Tefnout n'apparaît presque jamais sans l'un des partenaires de son entourage immédiat. Ainsi, lorsqu'elle figure en dehors des notions de cosmogonie dans d'autres contextes mythologiques ou funéraires, elle est toujours accompagnée de son frère Chou [163].

Néanmoins, les Textes des Sarcophages lui assignent un rôle essentiel pour le fonctionnement du monde créé et l'intègrent elle aussi dans le cercle des enfants du créateur chargés d'entretenir la création. Tefnout est Maât, elle est l'ordre qui règle ce monde et qui maintient en vie l'autogène, qui l'a expressément destinée à incarner ce principe fondamental : « Vie est son nom à lui (Chou), Maât est son nom à elle (Tefnout) » [164].

Comme la Vie et le souffle vital, Maât est un principe qui doit être échangé à plusieurs niveaux : entre le créateur et sa fille Maât d'une part, et entre le créateur, voire les dieux en général, et le monde créé d'autre part. Le premier niveau d'échange est détaillé dans le *spell* 80 [165] ; l'unique a créé Maât, mais ce n'est qu'en la respirant ou en

---

[162] L. TROY, « The Ennead : The Collective as Goddess », dans G. ENGLUND (éd.), *Cognitive Structures*, 1989, p. 65 sq., avec d'autres exemples provenant des Textes des Sarcophages.

[163] Ainsi par exemple dans le mythe de la recherche de l'œil de Rê, CT 76 II 5b ; CT 331 IV 174f-g, texte **81** ; dans des contextes funéraires : remembrement du défunt CT 532 VI 126c-d ; protection du défunt CT 818 VII 17u ; protection d'une porte dans l'au-delà CT 336 IV 329q ; « Gliedervergottung » CT 607 VI 220r, CT 761 VI 391k (Chou et Tefnout sont les yeux), CT 945 VII 161b (Chou et Tefnout sont les cuisses) ; cf. aussi B. ALTENMÜLLER, *Synkretismus*, p. 231sq.

[164] CT 80 II 32d-e ; texte **23**.

[165] Les principaux passages sont commentés par J. ASSMANN, *Ägypten*, 1984, p. 209-215 ; *id.*, *Maât*, 1989, p. 100-102 ; *id.*, *Re und Amun*, 1983,

l'absorbant qu'il peut se maintenir à l'existence. Tefnout / Maât exerce une fonction vivifiante pour son père. Nous rencontrons ainsi encore une fois l'idée d'échange et d'interaction permanente selon laquelle les enfants divins, – ou à un autre niveau les hommes –, ont le devoir et la responsabilité de « soulever » et d'entretenir le créateur afin d'activer son potentiel d'énergie vitale. Cette notion d'échange était pour les anciens Égyptiens de première importance pour la compréhension du monde. Le culte divin, les conceptions funéraires, mais aussi les rapports sociaux sont ancrés dans ce principe de réciprocité [166].

153 *ḏd Nww n Tm*
sn s3t.k M3^{c}t wd n.k s(y) r fnd.k ^{c}nḫ jb.k
Noun dit à Atoum :
« Respire ta fille Maât, porte-la à ton nez afin que ton cœur vive ». [167] CT 80 II 35b-d.

154 *sn.f wj ḥn^{c} snt.j M3^{c}t*
Il (Atoum) me (Chou) respirera avec ma sœur Maât.
CT 80 II 36b.

Cette phrase joue à la fois sur le rôle de Chou comme souffle de vie qu'Atoum cherche à respirer à l'instar de Maât, et sur la proximité phonétique des mots « respirer » et « sœur ». L'idée que les enfants portent à l'existence et font vivre leur créateur au moyen des principes qu'il leur a assignés, est formulée de façon limpide dans le passage suivant, où Noun dit à Atoum :

155 *s3t.k pw M3^{c}t ḥn^{c} s3.k Šw ^{c}nḫ rn.f*
wnm.k m s3t.k M3^{c}t
jn s3.k Šw sṯs.f ṯw
C'est ta fille Maât et ton fils Chou dont le nom est Vie ;
puisses-tu te nourrir de ta fille Maât,
c'est ton fils Chou qui te soulèvera. CT 80 II 35f-h.

---

p. 113 sq. ; et surtout *id.*, *Ma'at*, 1990, p. 167 sqq. Voir aussi HORNUNG, « Maat - Gerechtigkeit für alle », *Eranos Jahrbuch* 56 (1987), 1989, p. 385-427.

166 Échange, intégration et réciprocité sont les termes-clé d'une définition du principe de Maât, cf. J. ASSMANN, *Ma'at*, 1990, surtout p. 237-245.

167 Dans la proposition précédente, Chou est « celui qui fait vivre le cœur-*ḥ3ty* » d'Atoum.

Malgré son caractère agissant et indépendant, Maât est avant tout la personnification d'un principe essentiel et en tant que telle le complément indispensable de la Vie. Vie, air et lumière étaient pour les Égyptiens des notions intimement liées, toutes trois représentées par le dieu Chou.

I. Shirun-Grumach propose d'expliquer l'association de Chou et de Maât à partir de leur attribut commun, la plume, et postule une ressemblance originale des deux divinités en tant que dieux de l'air [168]. La plume de Maât et l'action de respirer Maât seraient toutefois les seuls indices pour un éventuel caractère aérien de la déesse. Mais le caractère aérien de Chou et de Maât est, dans le contexte cosmogonique, d'une signification bien moindre par rapport aux principes de Vie et de Maât que les deux divinités représentent et qu'elles concrétisent en permanence dans le monde créé. C'est grâce à ces deux principes fondamentaux que le monde peut fonctionner. L'association des deux divinités semble donc bien se baser sur la complémentarité des principes de Vie et de Maât plutôt que sur la ressemblance de leurs attributs voire de l'étymologie de leurs noms [169]. Vie et Maât sont les aspects les plus importants de Chou et de Tefnout dans le cadre des notions de création et de maintien du monde. Ce sont ces aspects qui définissent la fonction des deux divinités dans le monde créé. Aussi, le rôle mythologique de Maât recouvre et spécifie celui de Tefnout.

Maât apparaît en tant que fille du créateur et sœur de Chou également en dehors du *spell* 80.

156 *jnk nḥḥ jnk R^{c} pr m nww m rn.j pw n Ḫpr*
jnk jr M3^{c}t ^{c}nḫ.j jm.s r^{c} nb
Je suis l'éternité, je suis Rê, celui qui est sorti du Noun en ce mien nom de Khepri,
je suis celui qui a fait Maât, je vis d'elle chaque jour.
CT 307 IV 62b-d, i-j ; texte **16.**

157 *jnk qd R^{c} qdw Šw M3^{c}t*
Je suis celui que Rê a façonné, lui qui a façonné Chou et Maât.
CT 1142 VII 489b-c.

---

[168] I. SHIRUN-GRUMACH, « Remarks on the Goddess Maat », dans S. ISRAELIT-GROLL, *Pharaonic Egypt*, 1985, p. 173-201.

[169] *Ibid.*, p. 174.

158 *jnk s3 Tm snw n M3^{c}t*
Je suis le fils d'Atoum, le compagnon de Maât.
CT 121 II 145b, S1C.

159 *psš.f wnwt ḥn^{c} ^{c}nḏw*
sḥtp.f R^{c} ḥr M3^{c}t
ḫ^{c} Šw jt nṯrw
jtrw ḥ3.f m nsr j3ḫw
Il (Chou) divise les heures de l'aube,
il satisfait Rê de Maât
quand Chou apparaît, le père des dieux,
le fleuve est dans un flamboiement de lumière.
CT 554 VI 154e-g.

Chou est décrit ici sous son aspect de dieu de la lumière qui représente le jour qui se lève. Lors de l'apparition du créateur / soleil et de son émanation Chou / lumière, Rê doit être satisfait de Maât, il la respire ou s'en nourrit. La même idée est exprimée dans le passage suivant :

160 *ṯs ṯw R^{c} … bš.k hrw sn.k M3^{c}t*
Lève-toi Rê … afin que tu craches le jour et que tu respires Maât.
CT 1029 VII 254b-c.

L'image de Rê qui produit le jour et la lumière et celle du créateur qui crée Chou au moyen du crachat s'interpénètrent ici dans la formulation « cracher le jour ». Cette activité de Rê est à nouveau soutenue et rendue possible par le fait qu'il respire Maât.

L'identification de Tefnout et Maât est aussi exprimée par les deux variantes d'un autre passage du *Livre des deux Chemins* :

161 *jw jn.n.j n.f M3^{c}t* (var. : *Tfnt* [170])*^{c}nḫ.f jm.s*
Je (N) lui (maître de tout) ai amené Maât (var. : Tefnout), afin qu'il en vive. CT 1033 VII 270a.

Pour réanimer Osiris, Horus a « placé Maât à sa face, comme Atoum » [171]. Pour écarter le mal du défunt, on lui assure que

[170] 9 documents parlent de Maât, 5 de Tefnout. Toutes les attestations en question proviennent d'el-Berche.
[171] CT 46 I 202b.

« Tefnout, la fille de Rê, te nourrit de ce que lui a donné son père Rê » [172]. Afin d'être intégré dans ce système d'échange de force vivifiante, le défunt cherche à devenir la « Maât de Rê » ou la « Maât au nez de Rê » [173].

Une des versions de l'*Enseignement de Ptahhotep* semble également associer l'existence de Maât à l'époque de la création :

162 *3ḫ M3ᶜt w3ḥ spd.s*
n ẖnn.tw.s ḏr rk jry sy
Maât brillera, son efficacité sera durable,
elle n'a pas été détruite depuis le temps de celui qui l'a créée [174].

Maât, ce principe qui pénètre tous les domaines de l'éthique et de la pensée égyptiennes, est un facteur primordial qui existe dès le début de la constitution du monde. Malgré son rôle déterminant pour la venue à l'existence et le maintien en vie de l'autogène, Maât n'est pas un principe créateur au sens strict du terme [175]. Elle incarne une des principales forces nécessaires à la conservation de l'univers, fonction qui correspond à son statut de fille du créateur. Elle est un élément crucial au bon fonctionnement de la création. Sa capacité vivifiante maintient et renouvelle la vie du créateur et rend possible l'existence et le déroulement harmonieux des phénomènes cosmiques et naturels, de même que les relations sociales entre les hommes. À tous les niveaux de la création, Maât est le principe complémentaire et indissociable de celui de la Vie. Toute forme d'existence doit obligatoirement être nourrie de Maât. À ce titre, un passage du *spell* 957 se présente comme une définition de Maât : « Je ne peux ni être détruite, ni mourir, ni être inexistante, ni être anéantie ; je suis Maât qui est au milieu de Nekhbet (?), l'aimée de Rê, la maîtresse de l'éternité-*nḥḥ*, la maîtresse

---

[172] CT 22 I 63d-64a.

[173] CT 743 VI 372r ; CT 649 VI 271e.

[174] P. Londres British Museum 10509 ; G. FECHT, *Der Habgierige und die Maat in der Lehre des Ptahhotep*, 1958, p. 12. Par une erreur visuelle ou auditive, P. Prisse, l. 89, donne *ḏr rk Wsjr*.

[175] Pour l'opinion contraire cf. J. ASSMANN, *Ma'at*, 1990, p. 167 ; Assmann considère le *spell* 80 comme une exception dans laquelle Maât n'apparaît pas comme d'habitude en relation avec le maintien du monde, mais comme un principe cosmogonique.

des limites du ciel et de la terre» [176]. Maât est indispensable et indestructible, elle existera tant que la création et la Vie existeront.

Vie et Maât sont des concepts profondément ancrés dans la civilisation égyptienne. Ils sont ressentis comme aussi concrets et aussi inhérents à l'œuvre créatrice que la lumière ou l'air.

LA CRÉATION ET LA SÉPARATION DU CIEL ET DE LA TERRE.

«Lorsque Yahvé eut fait le ciel et la terre...» (*Genèse* II,4b), «Au commencement, Elohim créa le ciel et la terre.» (*Genèse* I,1). Dans les conceptions bibliques, la première du Yahviste datant probablement du IXe siècle, la seconde du Document Sacerdotal du VIe siècle environ, la création du ciel et de la terre est le premier acte du créateur, acte qui constitue la condition préalable à l'ensemble du processus créateur [177].

La création et l'installation du ciel et de la terre comme principaux constituants du cosmos jouent un rôle capital dans les conceptions cosmogoniques de nombreuses civilisations [178].

Cet aspect de la cosmogonie, au sens strict du terme, est très étroitement lié à la conception des structures de l'univers, à la cosmologie. La cosmologie étant très développée dans la pensée égyptienne dès les plus hautes époques, on peut s'étonner que les réponses au problème de la création ou de l'apparition des grands éléments de l'univers se présentent de façon si subsidiaire et hétérogène. Il faut préciser aussi qu'en Égypte les notions de cosmogonie ne suivent pas toujours les conceptions de la cosmologie. Les deux problématiques y sont souvent abordées de manière indépendante et aboutissent même à des interprétations d'apparence contradictoire. Dans les conceptions cosmogoniques, par exemple, Rê

---

176 *n sk.j n mwt.j n tm.j n ḥtm.j jnk M3ᶜt ḥrt-jb Nḫbt mrrt Rᶜ nbt nḥḥ nbt ḏr p[t] t3*, CT 957 VII 175a-b, P. Gard. IV ; avec des variantes en P. Gard. III et en CT 956 VII 171u-v, P. Gard. III.

177 Le ciel et la terre sont également les premiers éléments créés dans la IIe Épitre de Pierre III, 5. Sur «Les origines de l'univers selon la Bible», cf. J. BOTTÉRO, *La Naissance de Dieu*, 1986, p.155-202.

178 Pour la mythologie mésopotamienne voir J. BOTTÉRO, S.N. KRAMER, *Lorsque les Dieux faisaient l'homme*, 1989, les nº 32, 34, 36 et 37.

est le créateur unique qui, suite à son autogenèse, provoque l'installation du ciel qui est assimilé à Nout. Selon les conceptions cosmologiques, par contre, Rê est le fils de Nout qu'elle met au monde chaque jour. Suivant la question qu'il s'agissait d'élucider, les penseurs pouvaient disposer les idées de manière à créer l'image étiologique la plus riche. On peut remarquer qu'aux époques anciennes, les questions de cosmologie ont beaucoup plus retenu l'intérêt des penseurs que le problème de la création du monde [179].

Dans les pages qui suivent, on distinguera les notions concernant l'origine du ciel et de la terre de celles, beaucoup plus répandues, qui expliquent le maintien des structures du cosmos.

L'acte créateur.

Notons d'emblée que *la création du ciel et de la terre* par le créateur n'a pas la même importance en Égypte que dans d'autres civilisations. Ce phénomène n'est décrit que rarement, presque en passant, et ne semble pas constituer une notion cosmogonique fondamentale. Les quelques mentions que nous possédons de cet événement primordial dans les Textes des Sarcophages et les sources contemporaines divergent aussi bien sur le vocabulaire employé que sur la formulation.

163 *R^c ... qm3 d̠ww t̠s bj3*
Rê ... qui a créé les montagnes et constitué le firmament.
CT 648 VI 270i, G1T.

164 *jnd̠ ḥr.k Tm*
jr pt qm3 wnnt pr m [t3]
Salut à toi, Atoum,
celui qui a fait le ciel, qui a créé ce qui existe, qui est sorti de la [terre],
CT 306 IV 60e-f, L2Li ; texte **11**.

Les deux passages se situent dans des contextes hymniques. Ceci explique peut-être le fait que les termes plus spécifiques et rares de *d̠ww* « montagnes » et de *bj3* « firmament » soient utilisés *pars pro toto* pour

[179] Sur les connaissances très détaillées de cosmologie à l'Ancien Empire déjà cf. J.P. ALLEN, « The Cosmology of the Pyramid Texts », *YES* 3, 1989, p. 1-28.

la terre et le ciel dans l'exemple **163**. Il s'agit plutôt d'une tournure poétique que de l'évocation d'un cliché ou d'une notion fixe et répandue.

Le deuxième exemple mentionne la création du ciel en premier lieu et avec une terminologie très générale. La contrepartie « terre » n'est toutefois pas présentée comme élément créé, mais comme lieu d'origine du créateur Atoum [180].

À part ces deux fragments, aucun autre Texte des Sarcophages ne renvoie à la création du ciel et de la terre. Ceci montre clairement que ces deux éléments pouvaient être considérés comme issus directement du créateur, mais qu'ils ne constituent en aucun cas les éléments principaux ou préalables de la création.

Dans les sources contemporaines, on trouve l'épithète *jr pt* « celui qui a fait le ciel » désignant un dieu non spécifié dans une tombe d'Assiout [181].

L'hymne final de l'*Enseignement pour Mérikarê* dit à propos du dieu créateur et pasteur de l'humanité : *jr.n.f pt t3 n jb.sn* (var. *n jb jry*) « il a créé le ciel et la terre à leur intention (les hommes, le bétail de dieu) » [182]. Avec un vocabulaire extrêmement simple, le dieu est présenté comme créateur du cosmos. Rien n'indique toutefois qu'il s'agirait de l'acte capital et initial du processus créateur, comme l'envisagent de manière fort logique les conceptions d'autres civilisations. La création du ciel et de la terre s'inscrit ici dans une optique différente, non pas cosmique, mais tournée vers l'humanité. La création et l'organisation du monde sont décrites dans ce texte comme étant mises en œuvre spécifiquement et uniquement pour les hommes. Cette finalité anthropocentrique de la création est une caractéristique de ce passage de *Mérikarê* dont nous verrons ci-dessous [183] qu'il s'intègre mal dans la pensée du Moyen Empire et se rapproche

---

180 C'est peut-être en raison de l'absence de correspondance entre les formulations concernant le ciel et la terre que la version de Soutimes du chapitre 79 du Livre des Morts, qui reprend ce passage, a remplacé la première épithète par celle plus connue de « maître du ciel » ; E. Naville, *Todtenbuch*, pl. 90.

181 P. MONTET, *Kêmi* 3, 1930-1935, p. 102. Le temple s'apelle « le ciel de celui qui a fait le ciel » ; dans le contexte, Thot est le fondateur de ce temple, Ptah en est le constructeur.

182 W. HELCK, *Die Lehre für König Merikare*, 1977, p. 83 sqq., texte **198**.

183 P. 219.

davantage des hymnes du Nouvel Empire, où le thème de la création du ciel et de la terre est d'ailleurs couramment évoqué.

Une deuxième conception est exprimée par l'image de *l'apparition des éléments du cosmos* de façon spontanée. Cette notion paraît un peu plus répandue que celle de la création du ciel et de la terre, mais elle est attestée principalement dans des tournures négatives. Une exception est le passage suivant qui ne traite toutefois que de l'apparition du ciel :

165 *R*^{c} *pw psḏ m grḥ*
wr ḫpr.n n.f pt
C'est Rê qui brille de nuit,
le grand pour qui le ciel est venu à l'existence.
CT 1098 VII 383c-384a (la deuxième ligne ne figure que dans 4 de 10 versions d'el-Berche).

Le ciel est ici apparu pour Rê et, semble-t-il, sans son intervention [184].

Nous avons relevé plus haut que les formulations négatives n'ont pas pour but de décrire le monde avant la création ni d'énumérer les grands phénomènes créés. Par l'évocation de l'ancienneté, elles visent à donner une importance particulière à un personnage ou à un événement précis. Dans les passages suivants, le roi, le défunt et la déesse Hathor seront qualifiés d'antérieurs à l'apparition du ciel et de la terre. Ces exemples illustrent bien le caractère rhétorique et fonctionnel de ces tournures d'antériorité relative.

166 *ms N pn jn jt.f Tm*
n ḫprt pt n ḫprt t3
n ḫprt rmṯ
n mst nṯrw
n ḫprt mt
Ce N est né de son père Atoum
avant que le ciel ne fût venu à l'existence,
avant que la terre ne fût venue à l'existence,
avant que les hommes ne fussent venus à l'existence,

---

[184] L'interprétation de ce passage serait légèrement différente si l'on pouvait admettre pour la préposition-*n* le sens « grâce à », comme le suggèrent également les textes **133** et **194**.

avant que les dieux ne fussent nés
et avant que la mort ne fût venue à l'existence.
PT 571, pyr. 1466b-d [185].

Ce texte, souvent cité à cause de sa singulière mention de la mort, n'est attesté que dans la pyramide de Pépi Ier et ne semble pas avoir été repris sur les sarcophages. Mais le même type de formulation figure également dans les Textes des Sarcophages :

167 *ḫpr.n N pn*
n ḫprt pt n ḫprt t3
Ce N est venu à l'existence
avant que le ciel ne fût venu à l'existence,
avant que la terre ne fût venue à l'existence.
CT 660 VI 282a, B1Bo.

168 *pr.n.j m-m wn-ḥr*
ms.kwj n mw.f jwr.kwj n mw.f
ms m qdd jwr m knmt
n ḫprt pt t3
n ꜥnnt ꜥrty M3ṯt s3t Rꜥ
Je (N) suis issu de celui au visage ouvert,
je suis né de sa semence, j'ai été conçu de sa semence
né dans le sommeil, conçu dans l'obscurité,
avant que le ciel et la terre ne fussent venus à l'existence,
avant que les deux mâchoires de Matet, la fille de Rê, ne fussent attachées [186]. CT 1012 VII 228m-q, P. Gard.II.

Nous rencontrons ici une divinité assez mal connue : Matet ou Matret [187]. Elle est mentionnée à deux autres reprises dans le corpus des Sarcophages, une première fois dans un contexte assez semblable au passage précédent :

169 … *n ꜥnnt ꜥrty M3ṯrt* (var. : *M3tt*) *s3t nṯr ꜥ3*
(var. B1Bo : *s3t nṯr dw3y*)

---

185 *n ḫprt pt n ḫprt t3* aussi dans PT 486, pyr. 1040a.

186 *ꜥnn*, MEEKS, *AnLex* 77.0662 « retourner, tordre, entortiller », le terme est en rapport avec un mot pour « corde ».

187 Sur le titre féminin, la déesse et la plante du même nom cf. E. EDEL, *ZÄS* 96, 1969, p. 9-14.

... avant que les deux mâchoires de Matret, la fille du grand dieu (var. : du dieu matinal), ne fussent attachées, ...
CT 162 II 401a.

Attacher (par une corde) les mâchoires de la déesse Mat(r)et apparaît comme un acte primordial. Le déterminatif de la plante qui suit généralement son nom indique qu'il s'agit d'une déesse-arbre. Un buisson ou arbre *m3tt* est connu par de nombreux textes médicaux et magiques et a été identifié avec le calatrope, dont les grands fruits ronds sont extrêmement vénéneux [188].

Dans un autre *spell*, le défunt affirme avoir vu « les deux rives de Matet », le déterminatif divin est absent dans les trois versions [189].

Un texte des pyramides présente Matet, déterminée par un arbre, comme protectrice du roi défunt et la caractérise d'une épithète intéressante : « Matet tend ses bras au roi, elle, la gardienne de porte du ciel » [190]. Dans le commentaire de ce passage, K. Sethe avait déjà fait le rapprochement tentant entre les deux battants de la porte du ciel et les deux mâchoires de Mat(r)et. La relation, en langue égyptienne, entre les éléments porte et bouche renforce cette voie d'interprétation. Les deux rives de Matet participent de la même idée et mettent cette déesse, fille de Rê et personnification d'un arbre de grande importance magique, en rapport avec un espace entre le ciel et la terre. L'installation dans le cosmos de cet espace charnière pourrait être décrite par l'image des mâchoires de Mat(r)et.

Après ce bref excursus sur Mat(r)et, citons encore un exemple, où Hathor se vante d'être plus ancienne que le ciel et la terre et d'être acclamée de ce fait par ces éléments. Ce n'est plus ici le verbe *ḫpr* qui est utilisé, mais les termes *msy* « naître » et *wḥ*^{c} « fonder ». Ces verbes laissent en principe supposer un géniteur ou fondateur qui n'est cependant pas précisé. Il est probable qu'il ne soit pas nécessaire, dans ce contexte, de le considérer comme sous-entendu, et que ces verbes, malgré leur sens premier, renvoient à l'idée d'une venue à l'existence indépendante.

170 *rd.n.j rdt* (var. S2C : *ḫpr.n.j ḫprt*)

---

188 W.R. DAWSON, *JEA* 19, 1933, p. 133. Fr. DAUMAS, *BIFAO* 56, 1957, p. 60 sqq.

189 CT 317 IV 121b.

190 *rdj.n M3ṯt* ^{c}*wy.s r N jryt-*^{c}*3 nt pt*, PT 569, pyr. 1440e.

n msyt pt dj.s n.j j3w
n wḥ^{c}t t3 sq3.f wj
J'ai crû en croissance, (var. : j'ai commencé à venir à l'existence)
avant que le ciel, qui me donne des louanges, ne fût né,
avant que la terre, qui m'acclame, ne fût fondée [191].
CT 331 IV 173i-174e ; texte **81**.

Dans les rares textes qui attestent la *création* du ciel et de la terre par l'autogène, aucun mode ou moyen de création n'est mentionné, et il n'est pas spécifié quelles ressources l'unique aurait utilisé pour cette œuvre.

Les documents qui évoquent *l'apparition* des éléments de l'univers ne précisent aucune origine ou source, ni le créateur, ni le Noun, comme si le ciel et la terre étaient venus à l'existence d'une force qui leur est inhérente.

Un courant distinct des deux notions abordées ci-dessus est constitué par la conception de la *séparation du ciel et de la terre*. Ce thème englobe plusieurs notions qui se situent à des niveaux différents du processus créateur. Toutes ces notions ont en commun l'idée d'une sorte de préexistence du ciel et de la terre. Ces éléments sont présents sans que leur origine ne soit connue ou cherchée. Ce n'est plus ici leur création ou leur venue à l'existence qui est significative, mais leur séparation qui peut représenter un acte ou un événement créateur [192]. Tout comme le Noun n'est jamais décrit en détail, parce qu'il est très logiquement indescriptible, l'état qui précède la séparation du ciel et de la terre n'est nulle part explicité.

Un passage des Textes des Pyramides parle de deux doigts qui auraient été donnés à « la belle, la fille du grand dieu lors de la séparation du ciel de la terre » [193]. Le contexte est si peu éloquent que l'on ne peut que prendre note de l'attestation de cette conception à l'Ancien Empire déjà.

---

191 *wḥ^{c}*, sens de base « délier, dénouer ». *FECT* I, p. 256, n. 6 attire l'attention sur le parallèle dans *Urk.* IV, 162, 5-6 où Amon dit à propos de Thoutmosis III : « Il se réjoui de moi plus que d'aucun roi venu à l'existence sur terre, depuis qu'elle fut fondée » ... *m t3 ḏr wḥ^{c}.tw.f.*

192 La mythologie mésopotamienne connaît également cette notion : « Le Seigneur (Enlil)... avant de tirer du sol les prémices du pays, eut soin de séparer le Ciel de la Terre et de séparer la Terre du Ciel. », BOTTÉRO, KRAMER, *op. cit.*, n° 40, cf. aussi n°s 39 et 29.

193 *m wpt pt jr t3*, PT 519, pyr. 1208c.

La notion qui lie la séparation du ciel et de la terre à l'autogenèse d'Atoum suggère que tous ces constituants se trouvaient en germe et entremêlés dans la substance de la préexistence. Un mouvement général, une grande éclosion mue par une énergie commune les a fait prendre forme en même temps. C'est le *spell* 80 qui formule cette éclosion de la manière la plus saisissante, tout en y incluant l'épanouissement d'Atoum par la création de Chou et Tefnout.

171 *m mst.f Šw Tfnt m Jwnw*
m wn.f w^{c}*y m ḫpr.f m ḫmt*
m wpt.f Gb r Nwt [194]
n msyt ẖt tpt n ḫprt psḏt p3wtyw
… lorsqu'il mit au monde Chou et Tefnout à Héliopolis,
lorsqu'il était un et qu'il devint trois,
lorsqu'il sépara Geb de Nout,
avant que la première corporation ne fût née, avant que l'ennéade des dieux primordiaux ne fût venue à l'existence…
CT 80 II 39d-g.

La prise de conscience et l'éveil d'Atoum qui « devint trois » sont liés dans cette description à la séparation du ciel et de la terre dont Atoum est l'instigateur. Il n'est guère important que les deux éléments cosmiques soient évoqués ici par les noms des divinités qui les représentent et qui, selon un autre courant mythologique, devraient d'abord être mis au monde par Chou et Tefnout. Les noms de Geb et Nout étaient si couramment appliqués aux éléments terre et ciel, que la valeur mythologique de ces divinités pouvait passer au second plan. En outre, les auteurs de ce passage d'une si grande densité auraient pu rechercher une image « téléscopée » qui englobe à la fois la notion de l'acte créateur d'Atoum séparant le ciel et la terre, et celle du maintien de la création selon laquelle Chou sépare Geb et Nout.

La différenciation d'Atoum d'une part, qui ne prend existence et conscience qu'au moment où il se trouve entouré de ses deux enfants, et la séparation du ciel et de le terre, d'autre part, s'inscrivent dans un seul mouvement créateur. L'autogenèse du créateur s'accomplit dans ce mouvement dont il est lui-même la ressource. Le *spell* 80 précise que c'est l'événement initial de la création qui eut lieu avant que les dieux primordiaux ne fussent nés.

---

[194] La construction *m + sḏm.f* alterne ici avec *m + sḏmt.f* (éventuellement infinitif substantivé).

Dans un autre texte, les dieux primordiaux sont supposés avoir déjà assisté à cette éclosion générale qui comportait la séparation des éléments et l'autogenèse du créateur.

172 *snḏ n N pn ...*
p3wtyw m33w wpt pt r t3
m jrt p3 ḫpr jt n N pn
Craignez ce N,
vous les primordiaux qui avez vu la séparation du ciel de la terre
étant ce qui fut fait lorsque le père de ce N vint jadis à l'existence.
CT 286 IV 36d, f-37b, Sq6C.

Dans ce texte, le père du défunt est Atoum dans l'un des documents (Sq6C), Rê dans l'autre (B1C). Ce passage laisse subsister un doute si le créateur était, comme au *spell* 80, considéré comme l'instigateur de la séparation du ciel et de la terre, ou si les auteurs pensaient à deux événements concomitants qui pouvaient ensemble décrire l'éclosion primordiale.

Ces sources ne précisent pas de quelle manière Atoum a séparé le ciel et la terre. Si cette question a été posée par les anciens, il faut plutôt songer à un moyen immatériel (volonté, ordre, parole, etc.) qui pouvait provoquer la dissociation des éléments. Rien dans ces textes n'évoque l'image du dieu s'interposant personnellement entre Geb et Nout, image sur laquelle nous reviendrons ci-dessous à propos de Chou.

La notion de la préexistence du ciel et de la terre devient plus explicite encore dans les passages qui associent le Noun à ces deux éléments. Le ciel, la terre et le Noun étaient entremêlés et leur dissociation provoqua l'installation des structures du monde.

Cette conception est véhiculée par un passage du *spell* 627 des Textes des Pyramides, repris sur quatre cercueils d'Assiout [195] et intégré presque sans modifications dans deux *spells* des Textes des Sarcophages.

173 *N pw bjk ᶜ3 ḥry snbw ḥwt jmn-rn*
jṯ ḫrt Tm n ḏsr pt jr t3 nww
Ce N est le grand faucon qui est sur les murs du temple de celui dont le nom est caché,
celui qui s'est emparé de la nature d'Atoum lors de la séparation du ciel de la terre et du Noun. PT 627, pyr. 1778a-b.

---

[195] T.G. ALLEN, *Occurrences of Pyramid Texts*, 1950, p. 95.

174 *jnk bjk ꜥ3 ḥry snbw ḥwt ///*
/// n ḏsr /// r t3 nww
Je suis le grand faucon qui est sur les murs du temple ///
/// lors de la séparation /// (déterminatif divin) de la terre et du Noun. CT 990 VII 199e-f, P. Gard. II.

175 *p3.n.f jtt.n.f m bjk pw ꜥ3*
ḥry snbw ḥwt jmn-rn.f
jṯ ẖrt ntyw jm
n ḏsr pt r t3 nww
Il (N) s'est envolé, il a plané en ce grand faucon
qui est sur les murs du temple de celui dont le nom est caché,
celui qui s'est emparé de la nature de ceux qui sont là-bas
lors de la séparation du ciel de la terre et du Noun.
CT 682 VI 310k-l, B1Bo.

Ces textes qui associent la destinée funéraire à un événement cosmogonique, sont assez difficiles à comprendre. Le défunt, en tant que faucon, se place en relation avec « celui dont le nom est caché », épithète qui caractérise de préférence le créateur. Le rôle que joue ce faucon sur les murs du temple n'est pas précisé [196].

Le participe *jṯ* pourrait se rapporter aussi bien au défunt qu'au dieu au nom caché, mais dans tous les cas, l'expression *jṯ ẖrt* est déjà liée à l'événement cosmogonique mentionné dans la suite. Des traductions comme « prendre possession des biens » proposées par Faulkner et Barguet semblent peu probantes, et il convient plutôt de recourir au sens plus ancien de *ẖrt* « nature, être » et de comprendre cette proposition comme une évocation de la prise de forme et de conscience du créateur. Dans le Texte des Pyramides, c'est le roi défunt dont la mort est assimilée à un événement cosmogonique, qui « s'empare de la nature d'Atoum » et, en même temps, de sa force et de sa fonction créatrices. À nouveau, le moment de la séparation des éléments cosmiques semble coïncider avec la prise de conscience d'Atoum, au moment où il s'empare lui-même de sa nature et de son être.

---

196 Sur cette phrase qui semble faire référence à l'image du *serekh*, cf. M. GILULA, « An Egyptian Etymology of the Name of Horus », *JEA* 68, 1982, p. 259-265 ; D. LORTON, « Observations on the Birth and Name of Horus in Coffin Texts Spell 148 », *VA* 5, 1989, p. 205-212.

La mention au *spell* 682 des *ntyw jm* qui représentent, comme les *jmyw nww*, l'ensemble des défunts, s'éloigne du sens originel.

La conjonction-*n* semble avoir ici un sens temporel [197] et non pas, comme le proposent Faulkner et Barguet, une valeur de datif. Le verbe *ḏsr* (substantivé dans la traduction proposée ci-dessus) est caractéristique du thème de la séparation du ciel et de la terre ; il est, dès les Textes des Pyramides, synonyme du verbe *wp* [198].

Dans l'énumération des trois éléments ciel, terre et Noun, il est intéressant de relever que la préposition séparative-*r* se situe uniquement entre le ciel d'une part et la terre et le Noun d'autre part. Le ciel est séparé de la terre et du Noun. Ceci semble indiquer une cosmologie qui place le Noun non pas tout autour du monde créé, mais bien du côté ou en-dessous de la terre.

À propos de la séparation du ciel et de la terre, ajoutons encore, avec beaucoup de circonspection en raison de la date incertaine de la composition, un passage des *Admonitions d'Ipouer*, 12, 11-12 [199] : « le maître de tout, il a provoqué la séparation du ciel de la terre ».

Une notion différente qui n'a de valeur cosmogonique que dans une certaine mesure, est représentée par *l'acte de fendre le firmament-bj3*. Le firmament n'est pas vraiment un élément primordial, mais constitue plutôt un aspect du ciel, bien que le terme *bj3* puisse être employé comme synonyme de *pt*. Le firmament-*bj3* est principalement l'élément dans lequel se trouvent le soleil et la lumière, et la surface sur laquelle Rê navigue. *Bj3* est aussi assimilé à une coque qui englobe le ciel et le monde entier comme la coque d'un œuf [200]. Fendre *bj3*, briser la coque de « l'œuf - univers » est ainsi un acte cosmique important qui entraîne l'apparition du soleil. Une fois de plus, le lever quotidien du soleil et l'éclosion primordiale du créateur peuvent être décrits par les mêmes images.

---

[197] Voir E. EDEL, *Altägyptische Grammatik*, 1955/64, § 757e.

[198] J.K. HOFFMEIER, *Sacred in the Vocabulary of Ancient Egypt*, 1985, p. 30-37 et 79-84.

[199] G. FECHT, *Der Vorwurf an Gott*, 1972, p.73 et 77. *nb tm jr.n.f jwd pt r s3ṯw*, Fecht traduit : « Herr des Alls, das er erschaffen, der den Himmel trennte von der Erde ».

[200] E. GRAEFE, *Untersuchungen zur Wortfamilie bj3*, 1971, p. 46 et p. 66 « Himmels-oder Weltschale ».

176 *jnk sm*^{c} *pr m nww*
psš.n bj3.f nb sf sp sn (var. : *psš bj3 n sf*)
... *jnk js bk3 nb sf sp sn* (var. : *jnk js bj3 n sf*)
Je suis la perche sortie du Noun,
celui qui a partagé son firmament, le maître de hier,
(var. : qui a partagé le firmament de hier)
... je suis demain, le maître de hier.
(var. : je suis le firmament de hier.)
CT 98 II 92f, 93a, e, S1C, G2T ; var. B1C, B2L, B2P.

Les versions S1C et G2T paraissent plus fondées que les trois autres dans la mesure où l'expression « le firmament de hier » semble une faute de copie ; à moins qu'il ne s'agisse d'une désignation du Noun inconnue par ailleurs. L'association des adverbes temporels hier et demain avec le créateur figure également au *spell* 153 ainsi qu'au *spell* 335 et dans son successeur, le chapitre 17 du Livre des Morts :

177 *jn ḥm mst R*^{c} *m sf msw.j* ...
aussi vrai que Rê est né de hier, je naîtrai...
CT 153 II 265b, B9C.

178 *nnk sf jw.j rḫ.kwj dw3*
glose : *jr sf Wsjr pw jr dw3 Tm pw* (var. : *R*^{c} *pw)*
À moi appartient hier, je connais demain.
Quant à hier, c'est Osiris ; quant à demain, c'est Atoum (var. Rê).
CT 335 IV 192/3a-c.

179 *pr.n.f m t3w N pw bj3 jmy-ḫnw swḥt*
n pšn bj3 n m33 jmyt Jwnw
Il est sorti des terres, ce N, la merveille à l'intérieur de l'œuf,
avant que le firmament ne fût fendu,
avant qu'on n'eût vu ce qui est à Héliopolis.
CT 686 VI 315f-h, B1Bo.

Ce passage est élaboré autour d'un jeu basé sur la racine *bj3* qui englobe aussi bien le sens de « merveille » que la conception du firmament comme œuf. Le défunt proclame ici être venu à l'existence avant que le firmament ne fût fendu, ce qui, ajouté à la mention de « ce qui est à Héliopolis », pourrait qualifier cet événement de primordial. Il n'est pas spécifié qui a provoqué cet acte.

Dans un contexte funéraire d'arrivée au ciel et de transformation en Horus, le défunt affirme avoir fendu le *bj3* :

180 *jṯ.n.j pt pšn.n.j bj3 sšm.j w3wt n Ḫpr*
J'ai pris possession du ciel, j'ai fendu le firmament, je montrerai es chemins à Khepri.
CT 326, IV 160c-161b.

Le terme spécifique de cette notion est *pšn* « fendre », qui a pu être remplacé par le verbe phonétiquement et sémantiquement très proche *psš* « partager ».

À côté de ces exemples de l'acte de « fendre le firmament-*bj3* », on trouve souvent l'expression « ouvrir *bj3* » à propos du soleil ou du défunt, parfois en relation avec la défaite d'Apophis [201].

Dans le domaine cosmogonique aussi bien que funéraire, l'acte de fendre le firmament pourrait correspondre à l'acte « ouvrir les portes du Noun » [202]. Dans le même ordre d'idées s'intègre aussi la notion d'« ouvrir les ténèbres », mais aucune de ces expressions ne se rattache de façon précise à une conception de l'origine du monde.

L'acte structurateur.

Comme nous l'avons constaté à travers les exemples **171-175**, la séparation du ciel et de la terre peut être considérée comme un événement cosmogonique dans lequel le créateur est impliqué de deux façons différentes. Selon l'une des notions, il est intégré au processus de séparation et vient à l'existence en même temps que le ciel et la terre prennent leurs formes et leurs places. Selon l'autre conception, il provoque la dissociation des deux éléments en tant que créateur.

Il convient de bien distinguer cet ensemble de notions d'une conception différente, très répandue et souvent présentée avec le même vocabulaire, mais qui concerne *le maintien de la séparation.* Tout acquis de la création étant menacé et devant être consolidé et entretenu, la séparation du ciel et de la terre doit être garantie, et ceci est le rôle du fils du créateur, Chou. Lorsqu'il est dit que Chou sépare le ciel de la terre, il ne provoque pas leur dissociation — ceci était l'acte créateur — mais il se place entre ces deux éléments et les empêche de se rejoindre. Ces deux aspects, la dissociation et le maintien de l'éloignement ont souvent été confondus et considérés comme une seule conception [203]. Une analyse détaillée montre cependant que l'action de Chou est

---

[201] *Ibid.*, p. 54 pour les attestations dans les Textes des Sarcophages, et p. 57.
[202] CT 128 II 149f.
[203] S. MORENZ, *Ägyptische Religion*, 1960, p. 182 sq.

différente de celle du créateur et que ces deux notions, en apparence identiques, se situent à des moments distincts du processus et visent des fins étiologiques différentes.

En mettant la terre sous ses pieds et le ciel sur ses bras, Chou assure l'acte structurateur du cosmos. Ce n'est que grâce à son intervention que l'univers reçoit sa structure définitive, que le haut et le bas sont fixés et que les côtés est et ouest sont déterminés par Nout qui, une fois soulevée, offre la voie pour la course diurne et nocturne du soleil. La bouche de Nout représente l'ouest, ses cuisses d'où renaît le soleil au matin constituent l'est. Chou est responsable du maintien de cette disposition vitale.

Bien qu'il s'agisse d'images qui concernent plutôt la cosmologie, l'analogie avec les notions de cosmogonie présentées ci-dessus et avec leur vocabulaire justifie d'aborder cet aspect de la séparation du ciel et de la terre qui se situe dans la quatrième phase du processus créateur, celle de la consolidation et de la structuration de l'œuvre primordiale.

181 *N b3 Šw rdy n.f Nwt tpt Gb ẖr rdwy.f(y)*
N jmjtw.sny
N est le *ba* de Chou, pour qui Nout fut placée au-dessus et Geb sous ses pieds,
N est entre eux deux. CT 78 II 19a-b.

Cette image de Chou placé entre le ciel-Nout et la terre-Geb est extrêmement répandue à travers toute l'histoire égyptienne. Dans les Textes des Pyramides, l'idée que Chou porte le ciel sur ses bras est souvent exprimée [204]. La partie inférieure de l'image est décrite ainsi : « Chou qui foule la terre sous [ses] pieds » [205]. Mais le tableau complet n'est dressé nulle part dans ce corpus.

La conception de Chou maintenant par sa force la séparation des deux éléments est une des idées fondamentales de la cosmologie égyptienne et joue un rôle dans des contextes très divers. Dans le rituel

---

204 PT 255, pyr. 299a ; PT 506, pyr. 1101b-c ; PT 570, pyr. 1443b, 1454a ; PT 571, pyr. 1471b ; PT 689, pyr. 2091a. En PT 476, pyr. 952c-d « Weneg, le fils de Rê, porte le ciel et conduit la terre ».
Un passage pourrait suggérer que Tefnout occupait une fonction identique à celle de Chou dans l'espace entre le monde inférieur et la terre : « la terre est soulevée en-dessous du ciel par tes bras, Tefnout », *t3 q3 ẖr nwt jn ᶜwy.ṯ Tfnt*, PT 562, pyr. 1405a, cf. J.P. ALLEN, *YES* 3, 1989, p. 13.

205 PT 484, pyr. 1022d.

tardif, le roi prend la place de Chou, l'acte de soulever le ciel devenant ainsi le symbole de sa fonction de garant cosmique [206].

C'est dans le domaine funéraire toutefois que ce thème est le plus largement diffusé. À cette image de Chou, placé entre le ciel et la terre, s'attachent pour le défunt les idées d'élévation, d'accès au ciel, d'étendue spatiale, de stabilité et de pérennité, mais aussi les associations avec l'air, le souffle de vie et l'invisibilité. Pour toutes ces raisons, l'assimilation avec Chou pouvait être pour l'homme le moyen le plus sûr d'atteindre et d'affirmer sa destinée funéraire. Dès la XXIe dynastie, le thème fut intégré dans l'iconographie funéraire [207]. Le tableau fut alors développé très fréquemment et avec de nombreuses variantes sur les sarcophages et les papyrus [208].

Le vocabulaire utilisé pour dépeindre de façon littéraire ce tableau ressemble, pour ce qui concerne les verbes, à celui employé à propos de la notion d'Atoum qui sépare les deux éléments : les verbes *ḏsr* et *wp* sont attestés. Dans un langage plus imagé, les textes parlent parfois des bras et des pieds de Chou ou le comparent même occasionnellement à un taureau.

182 *Šw Rwty Šw r pt Rwty r t3*
ṯwt ḏd n N pn ḏsr pt t3
Chou et Routy, Chou au ciel et Routy sur terre,
c'est toi qui as dit à ce N : « séparé le ciel et la terre » [209].
CT 1103 VII 427a-c.

183 *jnk k3 smsw Knst...*

---

[206] D. KURTH, *Den Himmel stützen*, 1975, p. 142-146.

[207] La petite image sur le sarcophage S1C montrant Nout qui supporte elle-même le ciel ne peut pas être considérée comme un précurseur de ce tableau. Elle fait partie d'une autre tradition et est en rapport avec une liste de décans. O. NEUGEBAUER, R. PARKER, *Egyptian Astronomical Texts* I, 1960, p. 31 et pl. 4 ; D. KURTH, *op. cit.*, p. 77.

[208] Quelques variantes iconographiques dans A. NIWIŃSKI, *Studies on the Illustrated Theban Funerary Papyri*, 1989, fig. 2, 39, 49, 74, 75.
Une version partielle de ce tableau constitue l'illustration du *Livre de Nout* et apparaît pour la première fois dans le Cénotaphe de Séti Ier à Abydos, plus tard aussi dans la tombe de Ramses IV. Chou y soulève Nout, mais la terre n'est pas figurée comme homme-Geb, mais simplement par une ligne ondulée, H. FRANKFORT, *The Cenotaph of Seti I*, 1933, pl. LXXXI. HORNUNG, *Zwei ramessidische Königsgräber*, 1991, p. 90-96, pl. 68-71.

[209] *FECT* III p. 159, n. 2, *ṯwt* se réfère à Chou (et) Routy.

r(m)n.j pt m ^{c}*bwy.j*
s3ḥ.j t3 m ṯbwty.j
jnk Rwty smsw r Tm
Je suis le taureau, l'aîné de Kenset...
je porte le ciel avec mes cornes,
j'atteins la terre avec mes sandales,
je suis Routy, plus âgé qu'Atoum. CT 173 III 53a, 55g-56a.

La divinité Routy se trouve parfois assimilée à Chou et lui emprunte, tout en l'exagérant, la prétention d'être du même âge qu'Atoum [210].

Ailleurs, le défunt s'étant transformé en vent et assimilé à Chou déclare : « C'est moi qui sépare (*wp*) le ciel de la terre » [211]. Dans un passage de l'Amdouat, l'emploi du participe imperfectif du verbe *wp* illustre clairement le caractère permanent de l'action de Chou : « qui maintient la séparation (*wpp*) du ciel, de la terre et des ténèbres réunies par ses bras » [212].

Étant placé entre le ciel et la terre, Chou est aussi identifié à l'espace aérien, d'apparence vide ou invisible. Cette idée correspond au mode de création de Chou par l'expiration d'Atoum, d'une part, et à son rôle de garant du souffle de la vie d'autre part. Le mot *wš* « vide » offre une assonance avec le nom du dieu.

184 *jnk wš* ^{c}*.f r pt t3 ṯs pẖr*
Je suis le vide dont un bras (côté) est au ciel,
l'autre sur terre et vice versa.
CT 422 V 259c, S1C, S2C[a], B3Bo [213].

wš :

---

[210] Un passage semblable à **182** se trouve dans CT 579 VI 194j-l, BH3C : « Le ciel et la terre sont séparés (*ḏsr*), Chou au ciel et Routy sur terre tremblent, c'est toi qui m'as dit : "c'est le repoussant-de-visage, arrière" ». En CT 438 V 290b, Routy est *j3w r Tm* « plus vieux qu'Atoum ».

[211] CT 288 IV 40g, Sq1C. L'épithète *wp pt r t3* est portée de façon exceptionnelle et probablement pour des raisons de proximité phonétique par le dieu Oupouaout sur une stèle du début de la XIIe dynastie, P. MUNRO, *ZÄS* 85, 1960, p. 64, n. 1.

[212] *Šw wpp pt r t3 r kkw sm3w jn* ^{c}*wy.f*, E. HORNUNG, *Das Amduat* I, 1963, p. 197, n. n.

[213] Les deux variantes B2Bo et B4Bo évoquent ici une image curieusement inversée : *jnk rd.f r pt* ^{c}*.f r t3* « Je suis celui dont la jambe est au ciel et le bras sur terre ».

Il ne faut cependant pas conclure, même à la vue de cet exemple, à une représentation métaphysique du vide très poussée chez les anciens Égyptiens [214]. Leur manière de penser n'était pas aussi abstraite, mais fonctionnait plus par association d'images, de sons et de notions. Bien que le système hiéroglyphique permît très facilement de personnifier le vide (*wš* plus déterminatif divin), un tel concept ne pouvait guère avoir de valeur aux yeux des anciens. Le cas des personnifications de Vie et Maât est différent, car ces principes sont d'une importance concrète dans la réalité de tous les jours.

Comme l'a bien montré Ph. Derchain, l'image du dieu qui s'élève (*šwj*) entre la terre et le ciel illustre une des fonctions principales de Chou : celle d'intermédiaire [215]. Chou est en effet le lien entre le créateur et le monde créé d'une part, en ce qu'il propage l'énergie vitale de l'unique à travers le monde actuel. D'autre part et dans le sens ascendant, Chou constitue pour le défunt l'intermédiaire, l'échelle, entre la terre d'ici-bas et l'au-delà du ciel.

La partie supérieure du tableau de la séparation du ciel et de la terre par Chou est manifestement la plus attrayante, mais également la plus précaire. Aussi est elle souvent évoquée seule, la partie inférieure, Geb gisant sous les pieds de Chou, restant implicite.

185 *...wsr.j m wsr Šw ṯs pẖr*
jw.j ẖr Nwt tn srwḏ.j sšp.s
... ma force est la force de Chou et vice versa,
je suis sous cette Nout, que je puisse établir sa lumière.
CT 554 VI 154i-k, B2Bo.

186 *... Šw jm r f3wt.f pt*
Chou est là afin qu'il porte le ciel. [216]
CT 325 IV 155d, G1T, A1C.

---

214 Contrairement à ce que propose J.P. ALLEN, *Genesis in Egypt*, p. 14 sqq., qui parle à propos du *spell* 75 de « Creation of the Void ».

215 Ph. DERCHAIN, *RdE* 27, 1975, p. 110-116, et *RdE* 30, 1978, p. 57.

216 En CT 663 VI 290c, c'est le défunt qui porte (*rmn*) Nout ; en CT 622 VI 238e Chou soutient (*tw3*) Tefnout, confusion phonétique avec Nout qui s'est déjà produite en PT 254, pyr. 288a. Plusieurs allusions plus vagues à cette image se rencontrent, telles par exemple « N étand son bras avec Chou », en CT 495 VI 76f.

« Ce que Chou soulève » ou « les soulèvements de Chou » *sṯsw Šw* est devenu une expression qui signifie le ciel ou Nout :

187 *j Rᶜ jmy swḥt.f wbn m jtn.f*
psḏ m 3ḫt.f nbb ḥr bj3.f sqdd ḥr sṯsw Šw
ô Rê qui est dans son œuf, qui se lève dans son disque,
qui brille dans son horizon, qui nage dans son firmament,
qui navigue sur les soulèvements de Chou [217].
CT 335 IV 292/3b-296/7a.

La même expression peut cependant aussi se rapporter à Chou et désigner son action de soulever Nout. Les Égyptiens étaient conscients d'une certaine fragilité de leur image du monde, selon laquelle tout le poids du ciel reposait sur les bras de Chou. Différentes conceptions grâce auxquelles le dieu pouvait être aidé dans sa dure tâche ont ainsi été développées. Parmi celles-ci, la notion des huit (ou quatre) génies-*ḥḥw* est particulièrement bien attestée à travers le *Livre de Chou.* Chou les aurait créés lui-même afin qu'ils lui tendent les bras et l'aident à soulever Nout.

188 *j ḥḥw 8 jpw jrw ᶜwt pt*
jrw.n Šw m rḏw n ᶜwt.f (var. : *n jwf.f*)
ṯsw m3qt n Šw (var. : *Tm*)
jmy m ḥsfw jt.ṯn jm.j
dy n.j ᶜwy.ṯn ṯs n.j m3qt
jnk qm3 ṯn jr ṯn
mj qm3w.j jn jt.j Tm
jw.j wrḏ.kwj ḥr sṯsw Šw
ḏr f3.j s3t.j Nwt tp.j
dj.j s(y) n jt.j Tm m ḏr.f
rdj.n.j Gb ḫr rdwy.j
nṯr pn ṯs.f t3 n jt.j Tm s3q.f n.f Mḥt-wrt
rdj.n(.j) wj jmytw.sny
Ô ces huit génies-*ḥḥw*, gardiens des membres du ciel [218]
que Chou a créés des humeurs de ses membres (var. : de sa chair)
qui nouez l'échelle pour Chou, (var. : Atoum)
venez à l'encontre de votre père que je suis,

---

[217] Une mention après une lacune de *sṯsw Šw* en CT 746 VI 375h.

[218] Cette expression existe déjà dans les Textes des Pyramides, PT 511, pyr. 1151a.

tendez-moi vos bras, nouez pour moi l'échelle,
c'est moi qui vous ai créés, qui vous ai faits
comme j'ai été créé par mon père Atoum.
Je suis fatigué des soulèvements de Chou
depuis que je porte ma fille Nout au-dessus de moi
pour la donner à mon père Atoum comme son domaine.
J'ai placé Geb sous mes pieds;
ce dieu, puisse-t-il constituer la terre pour mon père Atoum,
puisse-t-il rassembler pour lui Mehet-ouret.
Je me suis placé entre eux deux. CT 76 II 1a-3b.

On relèvera la belle composition littéraire de ce passage qui développe assez largement une seule idée en utilisant de nombreuses répétitions de mots et assonances. Aidé par les génies-*ḥḥw*, Chou se place entre le ciel et la terre-Geb (à qui est associée aussi Mehet-ouret). Les deux régions sont mises à la disposition d'Atoum. Un peu plus loin dans le texte, Chou réaffirme être fatigué du soulèvement [219].

Le *spell* 78 traite également des huit génies-*ḥḥw*. L'expression *wṯsw Šw* semble ici être une façon de les interpeller en rappelant leur fonction:

189 *j ḥḥw 8 jpw jwr.n.Šw ...*
wṯsw Šw wṯsw Nwt ẖr Tm (var.: *jt.j*)
s33 w3wt Nwt (var.: *Nww*)*ẖr Tm*
ô ces huit génies-*ḥḥw* que Chou a conçus...
élévateurs de Chou, élevez Nout sous Atoum (var.: mon père)
vous les gardiens des routes de Nout (var.: de Noun) sous Atoum. CT 78 II 19c, 20b-d.

À l'instar de la notion de la séparation de Geb et de Nout par Chou, qui a trouvé une expression graphique longtemps après sa conception et sa propagation verbale, l'image des génies-*ḥḥw* qui aident Chou à soulever le ciel a été intégrée dans l'iconographie du Nouvel Empire. Cette représentation constitue une illustration du mythe de la *Vache du Ciel*. Le ciel n'est pas figuré ici par la déesse Nout en tant que femme, mais par une grande vache. Chaque jambe de cette vache est soutenue par deux génies-*ḥḥw*, Chou est placé au milieu et soulève le ventre étoilé [220]. Les huit génies-*ḥḥw* jouent dans ce tableau le rôle de

---

219 CT 76 II 8e.
220 E. HORNUNG, *Himmelskuh*, 1982, p. 81-85.

« gardiens des membres du ciel » qui leur est assigné déjà dans les textes antérieurs.

Parmi les nombreuses attestations des génies-*ḥḥw* dans le corpus des Sarcophages, signalons encore les passages suivants : « les génies-*ḥḥw* soulèvent ce qui est très caché » [221] ; « Les génies-*ḥḥw* te soulèvent de leurs bras » [222] ; « J'ai tourné autour des quatre génies-*ḥḥw* » [223] ; « Je suis un de ces quatre dieux aux côtés du ciel » [224].

Sans entrer trop en détail sur la cosmologie et l'énumération de tous les autres dieux et éléments qui peuvent intervenir dans l'élévation et le soutènement du ciel, mentionnons l'image d'un poteau qui assure la séparation du ciel et de la terre. Cette notion est extrêmement ancienne, puisqu'on trouve déjà sur un peigne de la première dynastie une représentation du ciel posé sur des sceptres-*w3s* [225]. Ces sceptres, qui sont des symboles de stabilité, apparaissent également comme supports du ciel sur une autre illustration du Livre de la *Vache du Ciel*, où ils sont maintenus par les divinités Neheh et Djet [226]. On se souviendra de l'identification de Chou et de Tefnout / Maât avec ces deux aspects du temps (textes **114-116**). Une troisième vignette de ce texte figure un grand poteau maintenu par le roi. Dans le corpus des Sarcophages, on peut relever les passages suivants :

190 *jw.j m s33w sẖnt tw ᶜ3t wpt Gb r Nwt*
Je suis le gardien de ce grand poteau qui sépare Geb de Nout.
CT 223 III 209a, B1Bo, B2Bo.

191 *n wnm.j n.ṯn*
ḥr-jšst j.n.sn r.j
ḥr-ntt md pw m ᶜ.j ḏsr pt t3
Je ne mangerai pas pour vous (faire plaisir).
Pourquoi? me disent-ils.

---

[221] CT 689 VI 320t, B1Bo.

[222] CT 48 I 212g.

[223] CT 551 VI 149d.

[224] CT 1112 VII 442b. Sur d'autres aspects des génies-*ḥḥw* cf. L. KÁKOSY, « Einige Probleme des ägyptischen Zeitbegriffes », *Oikumene* 2, 1978, p. 95-111 ; et H. ALTENMÜLLER, *LÄ* II, col. 1082-1084.

[225] M. WEYERSBERG, « Das Motiv der "Himmelsstütze" in der altägyptischen Kosmologie », *ZE* 86, 1961, p. 120.

[226] E. HORNUNG, *op. cit.*, p. 86 et p. 102-105.

Parce que c'est ce bâton dans ma main qui sépare le ciel et la terre. [227] CT 173 III 49c-e.

Dans ce dernier exemple on discerne déjà le ton de la menace que la magie pouvaient attacher à cette fragilité relative du système cosmique : « Mon front est soulevé par Chou de son bras gauche avec lequel il soutient Nout. Si mon front tombe par terre, le front de Nout tombera par terre » [228].

Malgré le grand attrait sur l'imagination qu'exerçait l'idée du soulèvement du ciel par les bras de Chou ou des éléments le remplaçant, il existe de rares mentions indépendantes de la partie inférieure du tableau. Ainsi, le moment du dialogue entre le Noun et Atoum est décrit au *spell* 79 comme antérieur à l'installation de la terre :

192 *hrw pw q3.n Tm jm.f m ẖnw nww* [229]
Šw m ḏrw.f
n m3nt.f Gb ẖr rdwy.f
Ce jour où Atoum s'éleva de l'intérieur du Noun,
Chou étant (encore) dans son espace,
avant qu'il n'eût vu Geb sous ses pieds...
CT 79 II 24f-25a, B1Bo.

Résumons brièvement les différentes notions qui concernent le ciel et la terre.
— Nous avons constaté, avec un certain étonnement, que *la création* du ciel et de la terre tient une place relativement peu importante dans les conceptions cosmogoniques des époques anciennes. Elle sera mentionnée plus fréquemment, dans la littérature hymnique surtout, à partir du Nouvel Empire [230].
— L'idée d'une *apparition* ou d'une venue à l'existence indépendante de ces deux éléments est presque aussi rarement attestée et surtout formulée de manière négative.
— L'image de la *séparation* du ciel et de la terre englobe deux notions clairement distinctes.

---

227 Une discussion de ce passage dans J. HOFFMEIER, *Sacred*, 1985, p. 80-82.

228 CT 366 V 27a-c. Des considérations semblables se trouvent déjà dans les Textes des Pyramides, PT 255, pyr. 299a ; PT 570, pyr. 1454a.

229 Écrit avec *t*, mais suivi d'un déterminatif masculin.

230 Pour u des exemples voir H. TE VELDE, « The Theme of the Separation of Heaven and Earth in Egyptian Mythology », *StudAeg* III, 1977, p. 168, n. 1.

1. La séparation comme phénomène lié à la constitution de l'univers se situe dans la phase de transition entre la préexistence et l'existence. La conception d'une éclosion commune d'Atoum, du ciel et de la terre suppose que ces trois éléments étaient liés dans la substance de la préexistence et qu'ils se sont séparés les uns des autres et par rapport au Noun au moment de l'autogenèse et de la prise de conscience du créateur.

Le créateur peut aussi être considéré comme celui qui a provoqué la séparation des deux éléments. Cette notion est atttestée, pour la première fois peut-être, dans les *Admonitions d'Ipouer*, et elle devient courante dès le Nouvel Empire.

2. La séparation du ciel et de la terre par Chou s'inscrit dans la phase de structuration et de maintien de l'univers créé. Elle est décrite de façon très imagée et les textes préfigurent clairement un tableau iconographique répandu bien plus tard. Le but principal de cette image, à laquelle s'attachent de nombreuses conceptions et espérances funéraires, est d'expliquer le monde tel qu'il est. Cette image constitue l'étiologie de l'œuvre du créateur. Elle fournit en même temps la garantie de la stabilité du cosmos.

Dans toute la documentation du Moyen Empire, cette explication des structures du cosmos se présente de façon positive et absolue. On ne trouve encore aucune trace des conceptions qui, dès le Nouvel Empire, tentent d'expliquer à leur tour cette image et la raison de la séparation du ciel et de la terre. Il s'agit d'une part du mythe de la *Vache du Ciel*, selon lequel le ciel n'a été séparé de la terre qu'après l'insurrection des hommes et suite à la volonté du créateur de s'en retirer [231]. Ces idées se trouvent aussi au début du chapitre 17 du Livre des Morts dans un passage pour lequel les Textes des Sarcophages ne connaissent pas de parallèle : « C'est Rê, lorsqu'il commença à gouverner ce qu'il avait créé au commencement, c'est Rê qui apparut en tant que roi de ce qu'il avait créé, avant que les soulèvements de Chou fussent venus à l'existence » [232]. Le soulèvement du ciel est clairement décrit comme une étape postérieure.

L'autre mythe est intégré au le *Livre de Nout* et explique le phénomène de la séparation par une querelle entre Geb et Nout suite à l'accusation de Geb prétendant que Nout avalerait ses enfants, les

---

231 E. HORNUNG (*op. cit.*, p. 79-81) présente les arguments qui plaident en faveur d'une origine de ce texte à la XVIIIe dynastie. Il est en effet très improbable que ce mythe remonte à une époque plus ancienne comme le suppose encore N. GUILHOU, *La Vieillesse des dieux*, 1989, p. 140.

232 E. NAVILLE, *Todtenbuch* I, pl. XXIII, col. 4-5.

étoiles, comme une truie ses petits. Chou soulève alors Nout afin de la protéger des menaces de Geb et d'assurer ainsi la renaissance régulière de Rê et des astres [233].

Ces nouvelles conceptions impliquent un changement profond de pensée. La séparation du ciel et de la terre n'est plus perçue comme phénomène positif, comme structure essentielle de l'univers installée dès le début par le créateur. Cette séparation est alors expliquée comme la conséquence d'une lutte, voire comme une punition pour les hommes. La distance entre le ciel et la terre d'une part et entre les dieux et les hommes, d'autre part, ne reflète plus la volonté primordiale du créateur, mais une deuxième étape dans l'histoire de la création, une sorte de correction [234]. Dans ce contexte, cette disposition est ressentie comme néfaste [235]. Une telle conception ne pouvait se développer qu'après l'historicisation du temps mythique et l'apparition de l'idée d'un « âge d'or » qui aurait précédé la situation présente. Ce clivage entre l'état du monde installé par le créateur et l'état actuel paraît une des grandes innovations intellectuelles du Nouvel Empire [236].

Dès lors, la séparation du ciel et de la terre ne représente plus (ou plus uniquement) l'image d'une structure originelle, stable et remplie de lumière, mais au contraire de façon très pessimiste, « une étiologie de l'imperfection » de la création et particulièrement de l'homme.

---

233 NEUGEBAUER, PARKER, *Astronomical Texts* I, p. 36 sqq., spécialement p. 67 sq. HORNUNG, *Zwei ramessidische Königsgräber*, 1991, p. 93 sq.

234 N. GUILHOU, « Temps du récit et temps du mythe », *Mélanges Gutbub*, 1984, p. 90.

235 C'est sur la base de ces conceptions que la liturgie peut invoquer la réunification du ciel avec la terre. H. TE VELDE, *StudAeg* III, 1977, p. 162 et n. 5 ; J. ASSMANN, *Liturgische Lieder*, 1969, p. 259.

236 La notion de la royauté du créateur qui semble être étroitement liée à la conception « historique » de l'époque de la création est exprimée aussi bien dans le Livre de la *Vache du Ciel* que dans le passage concerné du chapitre 17 du Livre des Morts, cf. *supra*, p. 61 sq.

LA CRÉATION DE L'HUMANITÉ.

Dans les conceptions égyptiennes du monde, l'homme ne tient généralement pas une place aussi centrale que dans d'autres civilisations, celles de tradition biblique notamment. Le créateur ayant fait « tout ce qui existe », l'humanité n'est qu'un des composants de l'univers. Toutefois, les hommes figurent parmi les rares éléments créés que mentionnent les textes du Moyen Empire et auxquels est associé un mode de création spécifique. Mais la mythologie égyptienne n'a jamais établi un ordre de succession ou une hiérarchie des éléments de la création. Bien qu'il incombe aux hommes de maintenir le monde et de garantir sa régénération permanente grâce au rituel, l'humanité ne se considère pas comme le couronnement de la création [237].

Les Textes des Pyramides ne contiennent encore aucune information positive sur l'origine des hommes. Un seul passage stipule que le roi est né d'Atoum avant la venue à l'existence du ciel, de la terre, des hommes, des dieux et de la mort [238].

Nous avons déjà abordé, dans le chapitre sur l'œil comme moyen de création, les textes concernant l'origine de l'humanité dans les Textes des Sarcophages. « Les hommes sont les larmes de mon œil » dit le créateur au *spell* 1130 [239] et mentionne, par opposition, l'origine des dieux issus de la substance noble de sa sueur. Le *spell* 714 explicite davantage cette notion en précisant la raison qui provoqua les larmes du créateur, à savoir l'absence de son œil. Il explique aussi que l'aveuglement des hommes est la conséquence de cette origine : « les larmes, c'est ce que j'ai produit à cause de la colère contre moi, les hommes appartiennent à la cécité qui est derrière moi » [240]. Comme relevé plus haut, c'est l'œil du dieu solaire qui l'a quitté en colère en le laissant aveugle. Les larmes versées dans cette affliction sont devenues hommes et cette situation d'origine a conditionné la nature des êtres humains. Quant au créateur, son œil lui est revenu et il a surpassé sa cécité.

---

[237] Un exposé général, pas toujours assez nuancé, de l'anthropogonie égyptienne se trouve dans M. LUGINBÜHL, *Menschenschöpfungsmythen*, 1992, p. 83-97.

[238] PT 571, pyr. 1466b-d ; texte **166**.

[239] CT 1130 VII 465a ; texte **74**.

[240] CT 714 VI 344f-g ; texte **75**.

Les pleurs, et par extension l'œil, ne sont pas associés à la naissance des hommes uniquement en raison du jeu de mots *rmjt* « larmes » - *rmṯ* « hommes ». Cette association rappelle aussi l'affliction du créateur pendant l'absence temporaire de son œil et fournit ainsi une explication ontologique de l'humanité. La condition humaine est empreinte d'aveuglement. Pour l'Égyptien, l'aveuglement était une métaphore qui ne désignait pas, comme dans la pensée occidentale, l'obscurcissement de l'esprit et de la raison, mais qui évoquait la tristesse et le désespoir. Au Nouvel Empire, les témoignages de l'état d'esprit qu'il est convenu d'appeler « la piété personnelle » parlent souvent de l'aveuglement ou des ténèbres dans lesquels l'homme peut se trouver dans des situations de maladie ou d'affliction. Expliquer que les hommes sont originaires des larmes de l'œil aveugle du créateur est ainsi la réponse à la question « pourquoi la condition humaine est-elle marquée de chagrin ? ». L'assonance *rmjt* - *rmṯ* a certifié cette réponse.

L'association de l'humanité aux larmes ou à l'œil du créateur est devenue très fréquente dès le Moyen Empire, mais elle n'est pas toujours chargée d'autant de gravité qu'au *spell* 714. Le plus souvent, ce thème des hommes de larmes est mentionné de façon évidente et sans explication. Des textes des premiers siècles de notre ère, à Esna, précisent néanmoins encore qu'une situation de tristesse est à l'origine de l'humanité, alors que les dieux sont issus d'un moment de joie du créateur [241].

La conviction que les hommes sont issus des pleurs affligés de l'unique et la conscience de la langueur de la condition humaine n'ont pas marqué la civilisation égyptienne d'un sentiment de péché et de chute et n'ont jamais empêché les anciens d'avoir une attitude très positive et affirmative face à la vie.

La notion initiale de l'origine des hommes des larmes du créateur a été étendue à l'œil. Les larmes provenant de l'œil, l'humanité est donc issue de cet organe. La notion « les hommes sont issus de ses larmes » devint « les hommes sont issus de son œil » et finalement « il a créé les hommes au moyen de son œil » [242]. Lorsque les textes parlent de l'œil, le jeu de mots pleurs - hommes est sous-jacent, le sens étiologique (aveuglement, tristesse) n'est plus évoqué directement, mais passe au second plan, tout en restant probablement présent à

---

241 S. SAUNERON, *Les Fêtes religieuses d'Esna*, *Esna* V, p. 288 sq. (*Esna* II, n° 163, 17) et p. 264 (*Esna* III, n° 206, 9).

242 B. MATHIEU, « Les hommes de larmes, à propos d'un jeu de mots mythique dans les textes de l'ancienne Égypte », dans *Hommages Daumas*, 1986, p. 500 sq.

l'esprit de ceux qui connaissaient la signification profonde de l'image. Les idées glissent ainsi d'un regroupement phonétiquement et ontologiquement significatif vers une association beaucoup plus générale qui est compréhensible uniquement sur le fond de la notion initiale [243].

Ce thème de l'œil du créateur peut attirer des notions d'autres courants mythiques en rapport avec l'œil solaire, comme en témoigne le *spell* 80, où le créateur parle des « hommes qui sont issus de mon œil que j'ai envoyé lorsque j'étais seul avec Noun, en inertie » [244]. Envoyer l'œil n'est pas un acte créateur, mais au contraire une forme de défense dont dispose le dieu. Rê peut envoyer son œil contre Apophis, l'œil de Rê en tant qu'uraeus peut lancer des flammes contre ses ennemis. Deux notions d'origines très différentes sont combinées ici par simple association d'idées à propos d'un mouvement en relation avec l'œil : « ils sont issus de l'œil », « il a envoyé son œil ». Dans l'acte créateur et dans l'acte défensif on trouve l'idée d'une séparation et d'un mouvement au niveau de l'œil. L'association reste cependant formelle, il n'y a aucun rapprochement du contenu de ces images. Il ne semble pas non plus s'agir, dans ce passage du *spell* 80, d'une allusion au mythe du Nouvel Empire selon lequel le créateur s'était vu obligé d'envoyer son œil afin d'étouffer la révolte des hommes (le Livre de la *Vache du Ciel*).

La création des hommes est décrite comme ayant eu lieu tout au début du processus créateur, lorsque Atoum était encore seul et en inertie. Un peu plus loin, le même *spell* 80 mentionne une nouvelle fois, peut-être par erreur, l'état de préexistence de l'humanité. Comme tous les éléments destinés à être créés, les hommes auraient déjà existé en germe dans la substance primordiale. La mention de l'inertie de l'humanité est toutefois curieuse dans ce contexte qui décrit l'état d'Atoum en non celui des hommes. Atoum dit : « je flottais étant entièrement engourdi, l'humanité (?) étant inerte (*p^{c}t nny*). C'est mon fils Vie qui constituera mon cœur » [245].

---

243 Un éloignement semblable de la signification étiologique à l'intérieur d'une même notion peut encore être observé à propos de la création de Chou par le crachat, dans les textes qui n'emploient plus le verbe *jšš*, mais un synonyme sans assonance au nom du dieu (exemples textes **160** et **49**).

244 CT 80 II 33d-f.

245 CT 80 II 34h-j ; texte **22**. Les quatre versions qui transmettent le texte s'accordent pour écrire clairement *p^{c}t nny*. La tradition est probablement

L'apparition des hommes est parfois mentionnée avant celle des dieux, ainsi par exemple au *spell* 162 « ... avant que les hommes fussent mis au monde, avant que les dieux fussent venus à l'existence » [246]. Bien qu'aucun ordre chronologique ou hiérarchique n'ait jamais été établi, les hommes et les dieux sont toujours nommés avant les animaux et les autres éléments créés dans les listes plus développées qui sont connues dès le Nouvel Empire [247].

Dans les conceptions égyptiennes, l'unique a créé les hommes en tant qu'espèce. La notion d'un premier homme ou d'un premier couple n'existe pas. Le créateur a mis au monde l'humanité entière ; quelques textes mentionnent ainsi « la première génération » d'hommes [248].

Le créateur n'est pas responsable du maintien de l'espèce humaine et la création des individus, fonctions qui incombent à d'autres dieux. Le *ba* de Chou « engendre parmi les hommes sur terre (qui sont dans l'île de l'embrasement) » [249] ; Chou « sait faire vivre celui qui est dans l'œuf dans chaque ventre, à savoir les hommes... » [250]. Chou donne aux hommes la faculté de se reproduire, il garantit la permanence de l'espèce humaine.

Contrairement à Atoum qui inventa l'espèce humaine en tant que mode d'existence, le dieu Khnoum s'occupe de la création des hommes en tant qu'individus. Il façonne chaque enfant dans le ventre de sa mère et assiste à la naissance. La caractéristique de Khnoum est de modeler (*qd*) les hommes comme le potier crée un vase. Son instrument est le tour de potier [251]. Cette notion est attestée dès les Textes des

---

fautive ; à l'origine il y avait peut-être *ʿwt.j nny* ; cf. J. ZANDEE, *ZÄS* 101, p. 64, qui traduit sans commentaire « und meine Glieder (?) träge sind ».

[246] CT 162 II 400a ; texte **99**.

[247] E. OTTO, « Der Mensch als Geschöpf und Bild Gottes in Ägypten » dans H.W. WOLF (éd.), *Probleme biblischer Theologie*, 1971, p. 337.

[248] *ẖt tpt*, L'inscription de Sésostris Ier à Tôd, col. 40, Chr. BARBOTIN, J.J. CLÈRE, *BIFAO* 91, 1991, p. 10 et n. 132. *Admonitions* 12, 2 ; *Khakhéperrêseneb* I, 6.

[249] CT 75 I 364c-367a.

[250] CT 80 II 33c.

[251] Le tour de potier apparaît à plusieurs reprises dans les Textes des Sarcophages dans des contextes indépendants de Khnoum : « Devenir Anubis... je suis le maître du tour de potier (*swnw*) » CT 546 VI 142g, j, M22C. « C'est le taureau sur son pavois, celui qui façonne (*sqd*) sur son tour de potier (*swn*) » CT 558 VI 159g-h ; *FECT* II, p. 167 traduit « four de potier ».

Pyramides : « Salut à toi, Khnoum, qui ...(?), puisses-tu (re)façonner Teti » [252]. Un seul *spell* des Textes des Sarcophages se réfère clairement à cette conception de Khnoum comme modeleur de l'individu.

193 *jw qrḥt jm m t3*
H̱nmw m r.f
qd.n.f w[j] //// sbn.f wj n rnpt
Le vase-*qrḥt* est là dans le four (?) [253],
Khnoum étant à son orifice [254],
il m'a façonné [255] //// il m'a formé [256] durant une année [257].
CT 996 VII 212e-g, P. Gard. II, P. Gard. III.

Khnoum façonne ici un homme en modelant un vase très spécifique. Le mot *qrḥt*, un des termes pour la poterie en général, signifie en effet également le milieu prénatal où se forme un être vivant, l'œuf ou la matrice [258]. Durant l'année de la gestation, Khnoum

---

« C'est Jmaou qui fait que N vienne avec le tour de potier (? *nḥp*, déterminatif) », CT 674 VI 302h ; *nḥp* signifie soit le tour de potier, soit la motte d'argile que le potier place sur le tour afin de modeler le vase. Une expression « ouvrir *nḥp(w)* » est en rapport avec Khepri qui pousse le soleil naissant ou avec l'éclosion du créateur et du soleil, cf. ASSMANN, *Sonnenpriester*, 1970, p. 23-25.

252 *jnḏ ḥr.k H̱nmw bḥn jqd.f T*, PT 324, pyr. 524a, *bḥn*, sens inconnu ; *jqd*, déterminatif Confusion de pronom *f* pour *k* cf. R.O. FAULKNER, *Pyramid Texts*, p. 104, n. 17.
Dans les Textes des Pyramides, on trouve la mention d'un façonneur (*qdw*) du roi en PT 516, pyr. 1184a ; le roi est le fils de Khnoum en PT 524, pyr. 1238a.

253 Traduction hypothétique, lecture du signe Gardiner U-30 « kiln » comme idéogramme.

254 Traduction selon P. BARGUET, *Sarcophages*, p. 528.

255 Déterminatif

256 *sbn* avec le déterminatif de l'oiseau du mal (P. Gard. II) « maltraiter » donne un contre-sens. P. Gard. III semble écrire le verbe sans déterminatif ; voir *sbnt* « Säugling » *Wb* V, 90, 2 et MEEKS, *AnLex* 78.3437 « féconder » (avec référence à CT 469 V 395g). Le verbe paraît se rapporter à la gestation durant laquelle Khnoum forme l'enfant dans le ventre de sa mère.

257 *n rnpt*, cf. E. EDEL, *Altägyptische Grammatik*, 1955/1964, § 575e.

258 S. SAUNERON, « Copte ⲕⲁⲗⲁϩⲏ », dans *Mél. Maspero* I/4, 1961, p. 113-120.

modèle et façonne l'œuf / le vase-*qrḫt* qu'il a placé dans le ventre de la mère. Cette notion sera dès le Nouvel Empire aussi représentée iconographiquement (scènes de théogamie). Au Moyen Empire, « Khnoum qui a créé les hommes » est mentionné sur la stèle de Montouhotep fils de Hâpi [259]. Sur la stèle de Sehetepibrê (*Enseignement loyaliste*), le roi est décrit comme « Khnoum de tout corps, le géniteur qui crée les humains » [260]. Dans les *Admonitions*, Ipouer se lamente : « hélas, les femmes sont stériles, aucune ne conçoit, Khnoum ne façonne (*qd*) plus en raison de l'état du pays » [261].

Les individus peuvent aussi se sentir la créature de divinités autres que Khnoum [262]. D'après leurs noms, des particuliers pouvaient s'estimer « celui que Ptah a donné » ou « celui que Sobek a donné » [263]. Un notable de Dendera de la XIe dynastie nommé « celui que Khnoum a donné » (*Rdjw Ḫnmw*) se considère comme « un bois noble que dieu a créé » [264]. Il arrive ainsi que le dieu créateur ne soit pas expressément identifié. Dans une lettre à son vizir, le roi Isési précise : « dieu t'a certes créé selon le désir d'Isési » [265]. Quel que soit le créateur spécifique, l'humanité et l'individu égyptien se comprennent comme les créatures d'un dieu.

Durant le Moyen Empire, Khnoum n'était pas encore considéré comme un créateur universel, mais comme une des divinités responsables d'un aspect de la perpétuation de l'œuvre créatrice. De la même manière, les fils-créateurs assurent l'existence des hommes en tant qu'espèce et en tant qu'individus, par le don du souffle de vie, par l'attribution du *ka* et par la production de leur nourriture. Même Osiris peut être considéré comme le garant de la subsistance de l'humanité.

194 *w^{c} pw N Wsjr m t3 pn*
mḥ.n n.f mw rd.n n.f smw
ḫpr.n ^{c}nḫ rmṯ
N est l'unique, Osiris dans ce pays.

---

[259] *Ḫnmw jr rmṯ*, London Univ. College 14333, l. 8 ; H.M. STEWART, *Egyptian Stelae* II, 1979, p. 20, pl. 18.
[260] *Ḫnmw pw n ḥ^{c}w nb wttw sḫpr rḫyt*, G. POSENER, *L'Enseignement loyaliste*, 1976, p. 27, texte **145**.
[261] A.H. GARDINER, *Admonitions*, 2, 4 ; M. LICHTHEIM, *AEL* I, p. 151.
[262] OTTO, *op. cit.*, p. 341 ; cf aussi *supra*, p. 144, n. 77.
[263] *Rdjw-Ptḥ*, *Rdjw-Sbk*, RANKE, *PN* I, p. 228.
[264] Stèle CGC 20543 ; M. LICHTHEIM, *Autobiographies*, 1988, p. 42-46, pl. 1.
[265] *jr.n ṯw ḥm nṯr r st-jb Jssj* ; *Urk.* I, 63, 12.

L'eau a inondé pour lui, les pâturages ont crû pour lui [266],
c'est advenu pour que vivent les hommes.
CT 680 VI 306c-e, B1Bo.

Ce sont les fils-créateurs et quelques autres divinités importantes qui interviennent en faveur des hommes et qui s'occupent de leurs besoins. Le créateur se contente d'inventer l'humanité sans montrer d'intérêt particulier à son développement ou à son bien-être. Ceci est du moins le portrait qu'en dessinent les sources du Moyen Empire qui sont parvenues jusqu'à nous. Son rôle consiste à vaincre l'inertie de l'état primordial, à concrétiser l'existence virtuelle des éléments de l'univers, à inventer la vie et, par la suite, à fournir l'énergie vitale. Une fois l'univers constitué, toutes les interventions directes incombent à ses fils. Le créateur ne montre aucune sollicitude envers les hommes. Ce partage net entre le rôle de l'unique et celui des autres dieux paraît caractériser la théologie du Moyen Empire.

LES ÉLÉMENTS CRÉÉS : RÉSUMÉ.

La pensée du Moyen Empire ne semble pas encore avoir élaboré de systématisation des éléments créés. Ce n'est qu'au Nouvel Empire qu'apparaissent des listes qui tentent de présenter une image globale de la diversité de la création en répertoriant un grand nombre d'objets créés. Ces listes incluent notamment les animaux et parfois même les insectes et les vers. La documentation du Moyen Empire ne contient aucune mention de la création des animaux.

Le monde animal fait néanmoins implicitement partie des œuvres de « celui qui a mis au monde tout » ; son existence n'a pas pour seule fonction la subsistance des humains. Comme le montre le tableau final du *spell* 80 (texte **111**), l'ordre parmi les animaux a été instauré par le créateur, et Chou leur adresse la sollicitude et le don du souffle de vie au même titre qu'aux hommes.

À l'instar de nombreux autres constituants de l'univers (les astres, les plantes, etc.), aucune notion spécifique n'a été développée au sujet de l'origine des animaux. Ceci est aussi vrai, dans une large mesure, à propos du ciel et de la terre pour lesquels aucun mode de

---

266 Une traduction « grâce à » de la préposition-*n* donnerait un sens plus satisfaisant, cf. aussi textes **133** et **165**.

création n'est connu. Leur existence, bien que due au créateur, semble aller de soi ; leur séparation constitue le phénomène le plus intéressant. On peut relever aussi que la création du Nil, élément essentiel de la fertilité s'il en est, n'est jamais mentionnée. Le Nil était probablement considéré comme étant en relation avec le Noun et existant de ce fait sans l'intervention d'Atoum.

C'est l'origine des dieux, de différentes divinités individuelles et de l'humanité qui a retenu l'attention des penseurs.

Au sujet des hommes, une seule conception, significative et profonde, a été développée. Les larmes ou l'œil du créateur constituent l'unique source d'origine de l'humanité.

Quant aux dieux et aux divinités individuelles, plusieurs modes de création peuvent expliquer leur existence. Inversement, il semble se dégager des textes étudiés ici la constatation suivante : les substances matérielles qu'émet le créateur sont spécifiques et ne créent qu'un seul objet (Chou et Tefnout formant une unité), tandis que les pouvoirs immatériels peuvent engendrer différents éléments.

substances matérielles	
semence :	Chou et Tefnout
crachat :	Chou et Tefnout
expiration :	Chou
sueur :	dieux
larmes :	hommes
pouvoirs immatériels	
volonté-*jb* :	plusieurs dieux-fils
puissance-*3ẖw* :	plusieurs dieux-fils
visualisation / œil :	hommes, dieux
parole :	plusieurs dieux-fils

Malgré la grande importance accordée à la création des divinités individuelles et du genre divin, l'origine du monde n'est pas décrite à travers une théogonie. Dans notre documentation, la généalogie de l'ennéade n'apparaît jamais dans un contexte cosmogonique, et ses divinités ne représentent pas l'ensemble de l'univers. La généalogie divine ne semble pas (ou pas encore ?) être considérée comme le modèle de l'univers créé, contrairement à une interprétation fréquente dans la littérature égyptologique.

Les penseurs anciens, aussi ingénieux qu'ils aient été à imaginer des conceptions significatives de l'origine de certains constituants de l'univers, ne cherchaient nullement à expliquer de la sorte chacun des éléments du monde. Leur intérêt se portait avant tout sur le phénomène de l'existence. L'invention capitale du créateur est en effet le principe de la vie qui caractérise le monde actuel et qui le distingue de l'état antérieur de la préexistence, de même que d'un possible état postérieur. C'est en se portant lui-même à la vie qu'Atoum s'est concrétisé et qu'il a pu donner existence aux dieux et aux hommes qui ont à la fois la possibilité et le devoir de maintenir et de transmettre le principe de la vie.

Dans la mesure où la vie constitue l'œuvre essentielle du créateur, les Égyptiens n'ont pas tant développé une cosmogonie dans l'acception rigoureuse du terme, ni une théogonie, mais une image saisissable de ce que l'on pourrait appeler une « ontogonie ». La question de base n'était pas « comment le monde a-t-il été créé ? », mais plutôt « comment la vie est-elle venue à l'existence ? ». Les notions développées cherchent à fournir des réponses à cette question fondamentale en expliquant l'origine des principaux modes d'existence, celui des dieux et celui des hommes.

En plus de la problématique de l'origine de la vie et, dans une moindre mesure, de celle des structures de l'univers, il est un autre facteur impénétrable mais caractéristique du monde créé qui a très tôt occupé l'esprit des savants : le temps.

Deux passages des Textes des Sarcophages évoquent la création du temps dans un de ses aspects mesurables. Un exemple se trouve dans le *spell* 1130 à la suite de la phrase qui concerne la création des dieux et des hommes.

195 *sḫpr.n.j nṯrw m fdt.j*
jw rmṯ m rmwt jrt.j
psḏ.j m3.kwj rꜥ nb m sḥḏ.j pw n nb r ḏr
jr.n.j hrw n snb grḥ n wrḏ-jb
J'ai fait venir à l'existence les dieux de ma sueur,
(mais) les hommes sont les larmes de mon œil ;
je brille renouvelé chaque jour dans mon éclat de maître de l'univers ;
j'ai fait le jour pour le bien-portant, la nuit pour le fatigué de cœur. CT 1130 VII 464g-465c, B1L, B1C.

À un moment indéterminé mais clairement situé dans la quatrième phase du processus créateur, après la mort d'Osiris (le fatigué de coeur), le maître de l'univers installa les divisions du jour et de la nuit, tout en les assignant à Rê et Osiris respectivement. Seulement deux des sept versions de ce *spell* attestent la création du jour qui, pour les rédacteurs de l'autre leçon («j'ai fait la nuit pour le fatigué de cœur»), devait être antérieure à celle de la nuit et liée à l'éclosion même du créateur. Dans la version traduite ci-dessus, les opposés jour et nuit ainsi que Rê et Osiris sont mis en parallèles avec les dieux et les hommes, la sueur et les larmes, oppositions à travers lesquels s'exprime une différence de qualité. Les premiers termes sont purement positifs, alors que les seconds font partie d'une réalité qui est la suite d'événements malencontreux — le chagrin du créateur, le meurtre d'Osiris — pour lesquels l'unique ne porte pas de responsabilité immédiate. Les divisions du temps sont aussi mises en rapport avec les structures de l'espace, le domaine céleste de Rê d'une part et, d'autre part, le domaine terrestre, voire souterrain d'Osiris. Ce lien entre le temps et l'espace se retrouve dans un autre passage où la création du temps semble rattachée à l'apparition quotidienne du créateur.

196 *ḫ^{c} jrt Tm m bbt*
ḫ^{c} jrt Tm m bnrt
dj.f Ḥw n Nwj [267] *sḫm.f jm.f*
ḫ^{c}.f m wnt...
ǰr.f wnwt
Šw jm r f3wt.f pt
Puisse l'œil d'Atoum apparaître dans la plante-*bbt*,
puisse l'œil d'Atoum apparaître dans le palmier,
afin qu'il donne Hou à Noun et qu'il soit puissant grâce à lui,
puisse-t-il apparaître dans l'ouverture ...
puisse-t-il créer les heures;
Chou est là afin qu'il porte le ciel.
CT 325 IV 153e-154c, 155c-d, G1T, A1C.

L'œil d'Atoum doit désigner le soleil dont la course régulière rythme le temps. Pour que le soleil puisse marquer les heures, les structures de l'univers doivent être stables et soutenues par Chou. À

[267] Cf. *supra*, p. 25, n. 13.

nouveau, la création des divisions du temps se situe après le processus créateur, à l'intérieur du monde structuré [268].

Une variante du texte attestée sur des sarcophages d'Assiout remplace le mot *wnwt* « les heures » par *nwt*, un terme connu dès le Nouvel Empire comme forme féminine de *nw* « le temps » [269]. En l'absence de parallèles, il est difficile de savoir s'il s'agit simplement de la substitution d'un vocable par un autre, phonétiquement et sémantiquement proche, ou si cette variante exprime réellement la conception globale de la création du temps : « puisse-t-il créer le temps » [270]. Les rares sources postérieures qui mentionnent l'invention du temps, développent également l'origine des unités mesurables plutôt que celle du principe supérieur. Un exemple dans lequel les principales divisions du temps sont énumérées se trouve dans le grand hymne à Amon de Leiden : « Horakhty... qui crée les années, qui constitue les mois, à la marche duquel correspondent les jours, les nuits et les heures » [271].

---

268 Dans le Livre de la *Vache du Ciel*, la naissance des années se situe après le soulèvement de Chou.

269 MEEKS, *AnLex* 77.2026 ; *Wb* II, 220, 2.

270 Les quatre textes d'Assiout omettent la mention de la structure céleste qui seule permet le décompte des divisions du temps, des heures.

271 Hymne à Amon P. Leiden I-350 (II, 16-17).

CHAPITRE V

L'HOMME ET SON CRÉATEUR

En tant que « troupeau humain », les anciens Égyptiens se savaient les créatures du dieu unique. La conscience du caractère imparfait de l'humanité, qui a dû inspirer la conception de son origine dans les larmes, amenait également les penseurs à poser la question de la théodicée. Sans pouvoir se contenter entièrement de l'explication fournie par l'image mythique, ils s'interrogeaient sur la justification de dieu face au mal dans le monde et sur le problème de leur propre responsabilité. Ils essayaient de définir leur rapport avec le créateur et de cerner sa personnalité.

Nous ne pouvons qu'entr'apercevoir ponctuellement cette réflexion intense qui, par moment, mettait les hommes en conflit ouvert avec leur géniteur ou, au contraire, les faisait s'abandonner entièrement dans la main et sous la protection du dieu. À travers ces renseignements très fragmentaires, les grandes lignes d'une évolution de la relation entre les hommes et le créateur semblent toutefois se dégager.

Deux textes concernent particulièrement cette question : le premier discours du maître de l'univers au *spell* 1130, et l'hymne au créateur à la fin de l'*Enseignement pour Mérikarê*. Ces deux compositions se distinguent clairement des autres sources utilisées ici. Ils proviennent de toute évidence d'une ambiance intellectuelle différente. Leur but n'est pas de renseigner sur l'activité créatrice de l'unique, mais de disserter sur le rapport des hommes avec le divin.

Dans le passage du *spell* 1130, ce rapport est ressenti comme conflictuel, et le discours du créateur sonne comme une défense, comme une réponse apologétique à la question, voire au reproche formulé par les hommes à propos du mal qui existe dans ce monde.

197 *wḥm.j n.ṯn sp 4 nfrw*
jr.n n.j jb.j ḏs.j m ẖnw mḥn
n mrwt sgrt jsft
jw jr.n.j sp 4 nfrw m ẖnw sbḫt 3ḫt

jw jr.n.j ṯ3w 4
ssn s nb m h3w.f
sp jm pw

jw jr.n.j 3gb wr
sẖm ḥwrw mj wrw
sp jm pw

jw jr.n.j s nb mj snw.f
n wḏ.j jr.sn jsft
jn jbw.sn ḥḏ ḏdt.n.j
sp jm pw

jw jr.n.j tm jbw.sn r smẖt jmnt
n mrwt jrt ḥtpw-nṯr n nṯrw sp3wt
sp jm pw

Je veux vous rappeler [1] quatre bonnes actions
que ma propre volonté a faites pour moi à l'intérieur du Mehen
dans l'intention de faire taire le mal.
J'ai fait quatre bonnes actions à l'intérieur du porche de l'horizon.

J'ai créé les quatre vents
(afin que) tout homme respire dans son environnement.
Ce fut une des actions.

J'ai créé le grand flot
(afin que) le faible comme le grand s'en emparent.
Ce fut une des actions.

J'ai créé chaque homme égal à son semblable
je n'ai pas ordonné qu'ils commettent le mal ;
c'est leurs cœurs qui ont désobéi à ce que j'avais dit.
Ce fut une des actions.

J'ai fait que leurs cœurs n'oublient pas l'Occident
afin qu'ils fassent les offrandes-divines aux dieux des nomes.
Ce fut une des actions.
CT 1130 VII 462b-464f.

---

[1] *wḥm*, « répéter, redire », MEEKS, *Anlex* 79.0738.

On relèvera tout d'abord la forme littéraire très concise et structurée de ce discours [2].

Aucune des quatre actions que le créateur rappelle à son audience ne consiste en une des notions de création que les textes mythologiques nous ont fait connaître. Ce passage n'est en effet pas un texte cosmogonique. Le but de cette composition n'est pas d'expliquer la présence des éléments créés, mais de préciser la raison de l'existence du mal dans le monde. Le discours du créateur ne se réfère pas au moment de la création, mais rappelle à un auditoire d'hommes mécontents la disposition providentielle et harmonieuse de l'univers qui est le résultat de son œuvre créatrice. C'est pour cette raison que le texte ne se sert pas du langage imagé auquel doit recourir le mythe pour pouvoir évoquer les phénomènes de la création, mais développe un discours très sobre qui décrit en quatre points les principaux acquis de l'organisation du monde. Le texte insiste sur le fait que cette disposition correspond à la volonté du créateur. Il n'est pas étonnant dès lors de rencontrer dans les deux premières actions la création des vents et de l'eau que les textes mythologiques attribuent aux fils-créateurs. Nous avons vu que ces derniers agissent exclusivement selon la volonté et sur l'ordre du maître de l'univers. Les quatre actions n'ont d'ailleurs pas été entreprises depuis un lieu primordial, mais depuis le Mehen et le porche de l'horizon, le lieu de résidence de Rê dans le ciel [3].

Les actions que le dieu énumère ont eu lieu dans la quatrième phase du processus créateur, la phase de développement et de perfectionnement de l'œuvre initiale que l'unique ordonne selon sa volonté depuis sa résidence céleste. Ceci explique aussi la finalité qui dirige les deux premières actions ; les vents et le flot sont créés pour le bien-être de l'humanité.

Les deux dernières actions évoquées par l'unique concernent directement les hommes dans leurs rapports entre eux et avec le monde des morts et des dieux. La troisième action, plus développée que les autres, contient la réfutation explicite du créateur de sa prétendue responsabilité pour le mal dans le monde. La charge entière revient aux

---

[2] Sur ce passage voir G. FECHT, *Der Vorwurf an Gott*, 1972, p. 120-127 ; E. HORNUNG, *Conceptions of God*, p. 198 sq.

[3] Sur Mehen comme lieu pourvu de portes cf. P.A. PICCIONE, « Mehen, Mysteries, and Resurrection from the Coiled Serpent », *JARCE* 27, 1990, p. 43-46. Le Mehen pourrait dans ce texte désigner aussi le lieu depuis lequel le créateur tient son discours, cf. R.B. PARKINSON, *Voices from Ancient Egypt*, 1991, p. 32.

hommes qui sont créés égaux [4] et qui disposent eux aussi d'une volonté ou d'une conscience (d'un cœur) qui est sensée être digne et suivre les commandements divins [5]. L'unique se contente de souligner leur responsabilité, sans pour autant annoncer de châtiment [6].

La quatrième action décrit l'installation de la religion égyptienne telle qu'elle fut définie de façon officielle. Elle englobe d'une part la conscience de l'Occident et du jugement qui conditionne la survie de l'homme [7] et, d'autre part, l'échange rituel avec les dieux.

En conclusion à ce discours très concret, d'où tout élément mythique ou surnaturel est absent, le créateur déclame une phrase qui, elle, est empreinte du langage imagé et étiologique du mythe: « J'ai fait venir à l'existence les dieux de ma sueur, (mais) les hommes sont les larmes de mon œil ». Après avoir démontré que l'installation du monde est bonne et que le mal provient des hommes eux-mêmes, l'unique rappelle l'origine de l'humanité comme ultime raison de cet état de faits. Cette origine étant accidentelle, une suite de l'affliction du créateur, la condition humaine n'a pas été constituée par la volonté divine directement. Si cette origine malheureuse peut fournir une explication à la présence du mal, elle ne sert nullement de justification ou d'excuse, car les hommes sont doués d'une volonté et d'une conscience.

Sans prévoir d'intervention autre qu'un discours ferme, le créateur localise le mal comme issu des cœurs des hommes. La relation entre le dieu et l'humanité reste froide et distante.

L'hymne au créateur à la fin de l'*Enseignement pour Mérikarê* aborde le rapport entre les hommes et le créateur sous la forme d'une description louangeuse du dieu [8]. Ce texte suit un passage dans lequel le roi est exhorté à agir pour le dieu parce que « le dieu est informé de

---

[4] Sur cet aspect voir E. OTTO, *Der Vorwurf an Gott*, 1951, p. 10; L.H. LESKO, « Some Observations on the Composition of the Book of Two Ways », *JAOS* 91, 1971, p. 42.

[5] Sur l'ambiguïté entre responsabilité personnelle et conduite divine dans ce texte, dans Sinouhé et de nombreuses autres sources, cf. E. OTTO, « Ägyptische Gedanken zur menschlichen Verantwortung », *WeltOr* III, 1964-1966, p. 19-26.

[6] J. ASSMANN, *Ägypten*, 1984, p. 206.

[7] La conscience de l'Occident est l'expression même d'un comportement pieux sur terre qui garantit le passage indemne au tribunal d'Osiris, cf. B. MATHIEU, « Se souvenir de l'Occident (*sḫ3 Jmnt.t*): une expression de la piété religieuse au Moyen Empire », *RdE* 42, 1991, p. 262 sq.

[8] W. HELCK, *Die Lehre für König Merikare*, 1988[2], p. 83-88.

celui qui agit pour lui ». De même, le roi-père encourage Mérikarê à prendre soin de l'humanité parce que celle-ci est choyée par le créateur.

198 *ḥn rmṯ ^{c}wt nt nṯr*
jr.f pt t3 n jb.sn
dr.n.f (n.sn) snk n mw
jr.n.f ṯ3w ^{c}nḫ fnḏ.sn
snnw.f pw prw m ḥ^{c}w.f
wbn.f m pt n jb.sn
jr.n.f n.sn smw ^{c}wt 3pdw rmw snm.sn
sm3.n.f ḫftjw.f
ḥḏ.n.f msw.f ḥr k3.sn m jrt sbjt
jr.f šsp n jb.sn
sqdd.f r m33.sn
ṯs.n.f k3r ḥ3.sn
rmm.sn jw.f ḥr sḏm
jr.n.f n.sn ḥq3w m swḥt
ṯsw r ṯst m psḏ n s3-^{c}
jr.n.f n.sn ḥk3 r ^{c}ḥ^{c}w r ḫsf ^{c} n ḫpryt
rs.tw ḥr.s grḥ mj hrw
sm3.n.f h3kw-jb m-m^{c}.sn
mj ḥw s s3.f ḥr sn.f
jw nṯr rḫ.w rn nb
Prends soin des hommes, le bétail de dieu
à l'intention desquels il a créé le ciel et la terre .
Il a repoussé (pour eux) l'avidité de l'eau [9].
Il a créé le souffle afin que leurs nez vivent.
Ce sont ses images, issus de sa chair.
Il se lève dans le ciel à leur intention.
Il a créé pour eux les pâturages, le bétail, les oiseaux et les poissons afin qu'ils se nourrissent.
Il a tué ses ennemis,
il a détruit ses enfants parce qu'ils songeaient à se révolter.
Il crée la lumière à leur intention
et il navigue afin de les voir.

---

[9] Cette phrase a été interprétée de différentes manières. M. LICHTHEIM (*Ancient Egyptian Literature* I, p. 109, n. 29) pense à « a primordial water monster, defeated at the time of creation ». H. BRUNNER (*Altägyptische Weisheit*, 1988, p. 448) renvoie à l'image attestée dans plusieurs cultures méditerranéennes de la mer avide qui avale la terre. Il semble probable qu'il s'agisse ici d'une allusion à l'acte créateur qui consiste à maîtriser l'eau primordiale et à différencier le Noun et le monde créé.

Il s'est constitué une chapelle autour d'eux,
pleurent-ils qu'il les entend.
Il a créé pour eux des souverains dans l'œuf,
des gouverneurs pour soutenir le dos du faible [10].
Il a créé pour eux la magie en tant qu'arme pour contrer le cours des événements
sur lesquels s'exerce la surveillance de nuit comme de jour [11].
Il a tué les insurgés parmi eux,
comme un homme bat son fils à cause de son frère.
Le dieu connaît chaque nom.

Tout est créé à l'intention des hommes, les grands éléments du cosmos (le ciel, la terre, l'air), les plantes et les animaux pour leur subsistance, mais aussi les « phénomènes de civilisation » tels les temples, les rois et la magie [12]. La création de l'humanité n'est pas mentionnée, car les hommes sont ici les bénéficiaires de l'ensemble de l'œuvre créatrice et se situent ainsi à l'extérieur de ce processus.

Sans entrer dans tous les détails de ce texte extraordinaire et riche, abordons quelques thèmes qui intéressent plus particulièrement notre sujet. Relevons d'abord l'énoncé qui qualifie les hommes d'images (*snn*) du dieu. Si le roi est fréquemment présenté comme image (*mjtj, ẖntj, snn, sšmw, šsp, qj, tjt, twt*) du dieu solaire [13], cette formulation est presque unique à propos des humains [14]. Pour E. Otto, elle est même trop exceptionnelle pour avoir la valeur d'une conception répandue. Selon lui, seul le roi peut être l'image de dieu dans le sens d'une « copie » identique. Les hommes atteignent uniquement à une certaine ressemblance avec le divin, notamment à

---

[10] Sur la miséricorde comme idéal royal largement inspiré par la littérature privée de l'époque, cf. E. BLUMENTHAL, « Die Lehre für König Merikare », *ZÄS* 107, 1980, p. 37.

[11] Traduction G. POSENER, « L'enseignement pour Mérikarê », *ACF* 66, 1965-1966, p. 344.

[12] Sur la structure de cet hymne cf. J. ASSMANN, *Ägypten*, 1984, p. 202.

[13] La première attestation se trouve dans Sinouhé, cf. E. BLUMENTHAL, *Untersuchungen...*, 1970, p. 98. Ces appellations sont fréquentes dès le Nouvel Empire.

[14] La même idée semble encore être exprimée dans l'*Enseignement d'Ani* (fin XVIIIe dyn.) où « les hommes sont les égaux (*sn-nw*) de dieu », cf. E. HORNUNG, « Der Mensch als »Bild Gottes« in Ägypten », 1967, p. 153 ; *id.* dans *Conceptions of God*, 1982, p. 138. Sur les nombreux termes égyptiens pour « image », cf. *id.*, « Der Mensch... », p. 126-145.

travers leur activité rituelle et leur conduite morale [15]. Il semble cependant peu probable que les anciens auraient distingué ainsi entre identité et ressemblance.

Dans les documents privés, le particulier pouvait, dès la Première Période intermédiaire, se présenter comme l'image (*mjtj* ou *sn-nw*) des dieux Thot, Ptah ou Khnoum. Dans ces cas, la qualité d'image se rapporte toujours soit à la sagesse, soit à la bonne conduite du fonctionnaire et n'a jamais de valeur ontologique [16].

La phrase de *Mérikarê* est différente ; elle concerne toute l'humanité, n'implique aucune action de la part des hommes et elle se réfère au créateur lui-même. Les hommes sont à la fois les images du créateur et issus de sa chair, une notion qui s'apparente de ce que les Textes des Sarcophages nous apprennent sur l'origine de l'humanité. La conception des hommes issus des larmes ou de l'œil du créateur implique en effet la consubstantialité de l'humanité et de l'unique, idée qui est reprise par la mention de la chair du dieu dans le passage de *Mérikarê.* L'expression « issus de sa chair » n'est qu'une généralisation de la notion plus précise de l'origine des hommes de l'œil divin. On pourrait se demander dès lors, s'il n'existait pas un lien entre la notion de l'œil comme organe créateur et celle des hommes comme images du dieu. Celles-ci seraient le produit de l'imagination du créateur, une faculté qui est très proche de la force créatrice de la volonté. Le fait d'avoir été créé par l'œil de l'unique, qui est le siège de sa capacité de visualisation, pourrait valoir aux hommes d'être qualifiés d'images du dieu.

Les hommes partagent d'ailleurs avec les dieux le privilège et la responsabilité d'être doués d'une volonté (*jb*), responsabilité que rappelle le créateur à propos de sa troisième action dans le *spell* 1130.

D'une façon concrète, les statues et représentations des dieux les montraient presque toujours avec un corps humain, ce qui pouvait tout naturellement signifier pour la pensée religieuse que les hommes étaient créés à l'image des dieux.

Deux propositions contrastent singulièrement avec le ton général du texte. L'une est située au milieu, l'autre à la fin de l'hymne, les deux commencent par le verbe « tuer ».

---

[15] E. OTTO développe la distinction entre « Gottesebenbildlichkeit » et « Gottesähnlichkeit » dans « Der Mensch als Geschöpf und Bild Gottes », 1971, p. 342 sq.

[16] B. OCKINGA, *Die Gottebenbildlichkeit*, 1984, p. 82 sqq.

Le créateur tue ses ennemis et détruit ses enfants, plus loin il tue les insurgés et bat son fils. Ces allusions pourraient se référer au mythe de l'insurrection des hommes qui fut sévèrement réprimée par Rê, mythe que développe le Livre de la *Vache du Ciel* [17]. Mais le contexte du passage de *Mérikarê* semble indiquer que le dieu, même en massacrant, agit pour le bien des hommes, et la dernière phrase dit explicitement qu'il bat son fils à cause (pour le bien) de son frère [18]. Cette idée de punition des uns par justice ou par amour pour les autres n'apparaît pas dans le mythe de la *Vache du Ciel* où Rê ordonne la destruction de tous les hommes avant d'être saisi de regret et de décider d'en épargner la partie restante. Contrairement au *spell* 1130 où le créateur se contente d'une clarification théorique de la responsabilité du mal, le dieu de cet hymne n'hésite pas à intervenir directement et à punir sévèrement, voire à détruire, les insurgés afin d'assurer le bien-être et la justice parmi les hommes fidèles et loyaux.

Un dernier thème qu'il convient d'évoquer ici est celui du créateur tel quil est décrit par cet hymne. Au moment de la création, l'unique a pourvu à tous les besoins vitaux et sociaux des hommes, et il continue aussi dans le monde actuel de s'occuper d'eux. Il montre une attitude extrêmement anthropocentrique. Il navigue au ciel non seulement pour leur fournir la lumière, mais aussi pour les voir et veiller sur eux.

Ici apparaît un aspect important que nous n'avons pas rencontré dans les textes étudiés jusqu'à présent. Il s'agit de la sollicitude du créateur pour les humains. Non seulement le monde entier est installé à leur intention et pour leur bénéfice, mais le dieu veille sur les hommes comme un père sur ses enfants ou un pasteur sur son troupeau. Dans les temples, il est en permanence à l'écoute de leurs soucis et chagrins. Une relation très proche s'est établie entre l'humanité et son créateur. Le dieu regarde et garde les hommes, écoute leurs plaintes et connaît le nom de chaque individu. Le créateur est sorti de sa passivité et de sa distance par rapport au monde actuel, il agit et intervient directement à tous les niveaux. Son intervention face aux humains s'exprime de deux manières complémentaires : d'une part, il déploie une grande sollicitude qui assure le bien-être parfait des uns ; d'autre part, il punit implacablement les méchants.

---

[17] G. POSENER, *ACF* 66, 1965-1966, p.344 émet quelques réserves quant à l'association de ces allusions assez peu claires avec le mythe de la *Vache du Ciel*. Cf. toutefois E. HORNUNG, *Himmelskuh*, 1982, p. 90-95.

[18] Sur ces passages cf. J.F. QUACK, *Studien zur Lehre für Merikare*, 1992, p. 95-97.

Le dieu ne traite plus globalement avec l'humanité, ne les considère plus comme égaux, mais il juge chaque être individuellement, il châtie un enfant pour le bien de son frère.

À travers ces aspects de la sollicitude et de l'intervention directe auprès des hommes, l'hymne au créateur placé à la fin de l'*Enseignement pour Mérikarê* développe une thématique religieuse sans parallèle dans la documentation du Moyen Empire. Ce passage comporte des traits spécifiques de la religion du Nouvel Empire en ce qu'il décrit un créateur présent dans le monde actuel, à la fois bienveillant et redoutable. Si cet hymne n'est pas un ajout postérieur, la constatation de son isolement dans l'environnement intellectuel du Moyen Empire pourrait aller dans le sens de recherches actuellement en cours qui tendraient à considérer l'*Enseignement pour Mérikarê* non pas comme une composition de la XIe ou de la XIIe dynastie, mais plutôt du début du Nouvel Empire [19].

La sollicitude pour les hommes caractérisera le créateur au Nouvel Empire. L'évolution vers une attitude de rapprochement et d'affection du créateur, qui pourvoit à tous les besoins matériels et moraux des hommes, est illustrée par exemple par le chapitre 79 du Livre des Morts qui reproduit textuellement la série d'épithètes d'Atoum du *spell* 306 des Textes des Sarcophages (texte **11**), mais qui y ajoute les noms « maître de vie » (*nb ᶜnḫ*) et « celui qui fait prospérer les gens » (*swḏ3 rḫyt*) [20]. Au Moyen Empire, de telles épithètes ne qualifient guère le créateur mais sont plutôt portées par ses fils [21].

L'ambiance intellectuelle qui produisit cette nouvelle image du créateur présent et bienveillant est encore très difficile à cerner et à dater. Durant le Moyen Empire, Atoum n'intercède jamais auprès des vivants et même Rê, manifestation visible du créateur, ne semble pas appelé à intervenir directement en faveur des hommes. Cette période assignait au créateur un rôle limité et un caractère très distant. Inaccessible et invisible, l'autogène est un *deus otiosus*.

C'est uniquement dans le domaine funéraire que l'on trouve de rares attestations d'une intervention active d'Atoum / Rê en faveur de

---

19 Sans mettre en cause la datation ancienne, D. LORTON (*GöttMisc* 134, 1993, p. 69-83) développe l'influence directe de ce texte sur les rédacteurs du grand hymne à Aton et les décorateurs des tombes amarniennes.

20 E. NAVILLE, *Todtenbuch*, pl. XC, col. 4.

21 Exceptionnellement, Rê est « maître de vie » en CT 441 V 297c ; en CT 534 VI 131l, *nb ᶜnḫ* est parallèle à *nb tm* et *nb r ḏr*. L'épithète *nb ᶜnḫ t3wy* désigne fréquemment Ptah, Sokar et Osiris.

l'humanité. Dans ces sources, l'attention du créateur se tourne toutefois vers le défunt divinisé, et non pas vers les vivants. L'unique est imploré pour fournir le souffle vital dans l'autre monde : « puisse Rê conduire le vent du nord dans la gorge » [22]. Une stèle s'adresse en commun à Rê-Horakhty et à Atoum : « une offrande que donne le roi (à) Rê-Horakhty et Atoum, le maître d'Héliopolis ; puissent-ils donner le doux souffle au nez de N. » [23]. Deux témoignages du sanctuaire d'Héqaïb à Éléphantine qui semblent dater de la XIIIe dynastie mentionnent des particuliers qui se proclament des « serviteurs d'Atoum » (*šmsw Tm*). Il est probable que cette désignation se rapporte à l'au-delà où le défunt souhaite suivre (*šms*) Rê / Atoum. « Je suis un serviteur d'Atoum qui est venu à l'existence dans le Noun... ô Atoum, donne moi le doux souffle qui est dans ton nez, afin que j'en vive et que je sois puissant grâce à lui » [24]. Dans le *spell* 223 des Textes des Sarcophages (texte **207**), attesté sur un des cercueils les plus récents [25], le défunt prie également Atoum de lui accorder le doux souffle qui est dans son nez. Il est probable que ce souhait funéraire soit lié à la conception cosmogonique selon laquelle Atoum créa son fils Chou au moyen de son expiration. Ce geste représente le don de vie par excellence. Pour survivre dans l'au-delà, le défunt a besoin du souffle de vie qu'il demande soit de la part d'une des divinités funéraires [26], soit d'un des fils-créateurs, soit, plus rarement, directement d'Atoum comme principal détenteur d'énergie vitale.

Ces quelques passages, qui se situent exclusivement dans le monde funéraire, révèlent-ils l'amorce d'un rapprochement d'Atoum vers les humains ? Témoignent-ils d'une première intégration du créateur dans la sphère de la piété ?

Si nous pouvons considérer les *Admonitions d'Ipouer* comme un document reflétant les préoccupations d'une époque, ce rapprochement du créateur dans une sphère accessible a dû être un

---

22 *sm3ᶜ Rᶜ mḥt m šbb*, CT 1025 VII 246j.

23 CGC 20075, H.O. LANGE, H. SCHÄFER, *Grab- und Denksteine des Mittleren Reiches* I, 1902, p. 90.

24 *jnk šmsw Tm ḫpr m nww ... j Tm dj n.j ṯ3w nḏm jmy šrt.k ᶜnḫ.j jm.f wsr.j jm.f*, L. HABACHI, *The Sanctuary of Hekaib*, 1985, p. 62, 94.

25 Pour H. WILLEMS (*Chests of Life*, 1988, p. 105), le sarcophage L1Li date au plus tôt d'Amenemhat III ; G. LAPP (« Der Sarg des *Jmnj* mit einem Spruchgut am Übergang von Sargtexten zum Totenbuch », *SAK* 13, 1986, p. 144 sq.), suggère une datation à la Deuxième Période intermédiaire.

26 *ṯ3w nḏm n ᶜnḫ* est souvent intégré dans des proscynèmes qui s'adressent à Osiris ou à Oupouaout.

processus intellectuel et émotionnel assez difficile, voire douloureux. Dans ce texte, la quête d'une manifestation du créateur est liée à la description de la situation chaotique de l'Égypte qui constitue probablement d'avantage un topos littéraire qu'un compte rendu de faits. Cette sollicitation du dieu semble néanmoins exprimer un besoin religieux réel et sans doute nouveau.

Ipouer cherche un créateur qui assumerait la responsabilité de son œuvre et qui interviendrait dans le monde créé pour châtier les malfaiteurs et pour protéger les pieux. Il cherche un dieu vers lequel se tourner dans la détresse et se plaint : « on ne peut pas faire appel à toi » [27]. Selon lui, la non-intervention du créateur est la cause du désordre et de la misère qui règne parmi les hommes, bien que ce soit l'humanité elle-même qui crée les troubles. Le fait que l'homme soit capable de commettre le mal relève d'une prédisposition négative de l'humanité. Dans le *spell* 1130, cette même idée semble être à la base de la réfutation par le créateur des reproches qui lui sont faits. Selon Ipouer, le maître de l'univers est toutefois coupable non pas d'une mauvaise création, mais de passivité, une caractéristique qui est décrite comme l'absence de courroux (*wš 3dw*). En des termes désespérés, il réclame une manifestation de la divinité et son intervention : « Dormirait-il ? On ne voit pas sa colère [28] » ; « Est-ce que le pasteur bienveillant serait mort ? (Si non) ordonne une action ! » [29]. Ce n'est plus un dieu paisible et profondément bon qui est recherché, mais un créateur puissant qui gère d'une main forte son univers. On peut remarquer à ce propos que des épithètes en relation avec la colère divine et la crainte que le dieu peut inspirer, tels *nb nrw* « maître de crainte », ^{c}*3 šfšft* « grand d'effroi » ou *nb b3w* « maître de colère », sont fréquemment appliquées aux créateurs du Nouvel Empire. Au Moyen Empire, ces appellations ne désignent encore qu'exceptionnellement Rê, jamais Atoum [30].

Le rapprochement du créateur et de l'humanité semble aller de pair avec l'attribution au dieu d'une plus grande autorité. Cette

---

27 *Adm.* 12, 6 ; *n j*^{c}*š.n.tw n.k.*

28 *Adm.* 12, 5 ; *jn jw.f tr sḏr mtn n m33.n.tw b3w jrj* ; *b3w* signifie à la fois la manifestation visible d'une divinité, son autorité et sa colère.

29 *Adm.* 12, 13 ; *jn jw rf mnjw mr mwt, ḫr.k3 wḏ.k jrt* ;.cf. *supra*, p. 42, n. 39.

30 CT 105 II 113h-j, « Rê qui est dans sa chapelle, le maître de terreur, le grand d'effroi, le maître de l'univers qui amène tout », *R*^{c} *jmy k3r.f nb š*^{c}*t* ^{c}*3 šfšft nb r ḏr jnn mj qd.* CT 496 VI 77i, B3Bo, « Rê,... le maître de crainte, le grand d'effroi », *nb nrw* ^{c}*3 šfšft.* Sur ces termes cf. S. BICKEL, « Furcht und Schrecken in den Sargtexten », *SAK* 15, 1988, p. 17-25.

évolution s'exprime dans le fait que le créateur du Nouvel Empire est souvent considéré comme un roi, alors que les époques antérieures le comparaient davantage à un bon berger [31].

Par son appel fervent, Ipouer exhorte le maître de l'univers à se présenter exactement de la façon dont est décrit le dieu de l'hymne de *Mérikarê*. En des termes insistants qui ressemblent plus à une préoccupation sérieuse d'une certaine époque et d'un certain milieu qu'à un pure jeu littéraire, il cherche un dieu qui intervienne activement dans ce monde, qui punisse les méchants fussent-ils ses propres créatures et qui réponde à l'appel de ceux qui ont besoin de sa protection et de sa sollicitude. Ce passage des *Admonitions* paraît se placer chronologiquement entre le discours du *spell* 1130 et l'hymne de *Mérikarê*. Dans le *spell* des sarcophages, le créateur peut encore réfuter les accusations et justifier sa non-intervention par la disposition parfaite du monde et par le fait que l'humanité est issue d'une situation fortuite qui échappe à sa responsabilité. L'hymne de *Mérikarê* loue un dieu tel que le souhaite Ipouer, un créateur providentiel, bienveillant, à l'écoute des humains, mais qui n'hésite pas à intervenir de façon sévère s'il en est besoin. Le créateur de ce second type est volontiers comparé à un roi et présenté comme un dieu qui gouverne sur sa création. Le début du chapitre 17 du Livre des Morts, par exemple, décrit l'apparition d'Atoum / Rê hors du Noun comme le moment où Rê « commença à gouverner » et à « apparaître comme roi de ce qu'il avait créé ».

Des arguments historiques et philologiques tendent à proposer la Deuxième Période intermédiaire comme date de rédaction de la majeure partie des *Admonitions* [32]. Une telle datation pourrait aussi correspondre aux idées évoquées ici qui ne peuvent guère être plus anciennes. Si l'on considère l'ensemble de la documentation du Moyen Empire, il semble en effet très peu vraisemblable que les conceptions du dieu suprême qui crée tout et qui veille sur tout le monde aient été forgées déjà par les années de trouble et les changements sociaux de la Première Période intermédiaire, ainsi que nous le suggère, comme unique source, la datation communément admise de l'*Enseignement pour Mérikarê*.

---

31 D. MÜLLER, « Der gute Hirte, ein Beitrag zur Geschichte ägyptischer Bildrede », *ZÄS* 86, 1961, p. 126-144.

32 J. VAN SETERS, « A date for the "Admonitions" in the Second Intermediate Period », *JEA* 50, 1964, p. 13-23 ; G. FECHT, *Der Vorwurf an Gott*, 1972, p. 10 sq.

On peut ainsi esquisser l'évolution suivante de l'image du créateur : dieu entièrement retiré et passif qui délègue toutes les interventions dans le monde créé à ses fils ou à d'autres divinités importantes durant le Moyen Empire, le créateur devient la figure centrale dans la religiosité officielle et populaire dès le début du Nouvel Empire. L'élargissement considérable des fonctions de l'autogène va de pair avec la multiplication des porteurs de ce rôle. Plusieurs divinités sont dès lors considérées comme les fondateurs de l'univers et reçoivent à ce titre la vénération et la sollicitation des hommes. Ce sera essentiellement dans le contexte de la piété que se manifestera l'intervention et la sollicitude des différents dieux créateurs du Nouvel Empire.

C'est probablement dans le domaine funéraire qu'un premier rapprochement s'est opéré par le fait que le défunt pouvait s'adresser au créateur pour implorer le souffle de vie. Les documents qui attestent le plus clairement cette pratique datent de la fin de la XIIe ou du début de la XIIIe dynastie [33]. C'est à partir de cette époque que le désir de pouvoir approcher le créateur a dû commencer à être fortement ressenti et à être exprimé. Les exhortations d'Ipouer pourraient témoigner de l'intensité de ce nouveau besoin religieux. Le texte final de *Mérikarê* de même que les innombrables hymnes du Nouvel Empire et une grande série de nouvelles épithètes du créateur présentent l'aboutissement de ce changement profond des conceptions.

La différence majeure entre les conceptions attestées au Moyen Empire et celles répandues dès le Nouvel Empire concerne le rôle et le champs d'activités du créateur. La façon dont les hommes se considèrent évolue par contre très peu, malgré l'affirmation selon laquelle le monde est installé à leur intention. Les hommes restent des êtres imparfaits et aveugles. Les conceptions traditionnelles s'efforcent d'expliquer ce fait par l'origine de l'humanité des larmes du dieu. Les conceptions « nouvelles » constatent que les hommes sont faibles, qu'ils pleurent et qu'ils ont besoin de la protection de leur créateur. Cette demande accrue de sollicitude a ouvert la voie au développement de la nouvelle image du dieu suprême responsable de toute vie et de tous les aspects de son maintien, du créateur qui est à l'écoute de chaque individu.

---

[33] Cf. surtout les textes du sanctuaire d'Heqaïb et le sarcophage L1Li qui transmet le *spell* 223.

CHAPITRE VI

L'INTRODUCTION DU MAL ET LA FIN DU MONDE

Les questions de l'origine du mal dans le monde et de la fin de la création font partie de la thématique de la cosmogonie et méritent d'être abordées brièvement ici.

L'introduction du mal.

Dans les conceptions égyptiennes, le mal n'est pas préexistant à la création et le monde de la préexistence n'est jamais jugé négativement. De ce fait, il n'y a aucune nécessité, au moment de la création, de vaincre le mal ou un chaos afin de faire triompher la vie et l'organisation du cosmos. La cosmogonie égyptienne des époques anciennes ne connaît pas le thème de la lutte primordiale contre le mal [1]. La seule entrave à la création est l'état primordial lui-même, l'inertie dans laquelle se trouvent toutes les potentialités, mais cet état n'est nullement perçu comme un mal.

Dès lors, le problème de l'origine du mal dans le monde doit être localisé et expliqué. Le phénomène du mal n'est ni antérieur au créateur, ni même entraîné par sa création, il apparaît de façon secondaire [2]. Le fait que le principe de Maât ait joué un rôle dans les premiers instants de la création n'implique pas forcément la présence simultanée de son antagoniste *jsft*. C'est une faille dans la bonne marche du monde qui a provoqué l'apparition du mal. La cause et la nature de cette rupture sont définies de différentes manières.

---

[1] J. ASSMANN, *Maât, l'Égypte pharaonique et l'idée de justice sociale*, 1989, p. 99. Ce thème est toutefois attesté à l'époque tardive, à Edfou notamment, où le créateur, à peine venu à l'existence, se voit confronté à un serpent maléfique et doit livrer combat; cf. J.-Cl. GOYON, *Les Dieux-Gardiens*, 1985, p. 121-124.

[2] N. GUILHOU, « Réflexions sur la conception du mal à travers quelques grands mythes antiques », *Hommages Daumas*, 1986, p. 366 sq.

L'ébranlement de l'ordre universel est illustré principalement par le mythe du meurtre d'Osiris et des luttes pour sa succession [3]. Les événements sont rarement décrits en détail, mais les textes s'y réfèrent sous les termes généraux *ḫnnw* « le désordre, le conflit » ou *sbjt* « la querelle, la rébellion ».

Cette conception est déjà bien attestée dans les Textes des Pyramides à travers des passages comme « tu es né avant que le bruit (*ḫrw*) ne fût venu à l'existence, tu es né avant que le combat (*šnṯt*) ne fût venu à l'existence, tu es né avant que le conflit (*ḫnnw*) ne fût venu à l'existence, avant que l'œil d'Horus ne fût soumis, avant que les testicules de Seth ne fussent arrachés » [4].

199 *jw ṯs ṯst ḥ3 tp.j jn Stḫ*
psḏt m wsr tp
n ḫprt ḫnn
sd3.ṯn wj m sm3 jt.j
Un nœud fut noué autour de ma tête par Seth
lorsque l'ennéade était dans la première force
avant que le conflit ne fût venu à l'existence,
protégez-moi de celui qui a tué mon père.
CT 640 VI 261f-i, M2NY.

200 *sbjt ḫpr.n.s m-ḫt Ḥr*
3gb rdw Wsjr qrst.f
La querelle, elle est venue à l'existence après Horus,
les lymphes d'Osiris ont débordé (lors de) son enterrement.
CT 680 VI 306f-g, B1Bo; texte **194**.

Ces exemples insistent sur le fait que le conflit est venu à l'existence secondairement. La mort d'Osiris et son ensevelissement par Horus, ainsi que la lutte de pouvoir entre Horus et Seth, marquent en effet des événements décisifs dans la constitution du monde actuel. Cette première rupture a été provoquée par les dieux, et les hommes s'ils en supportent les conséquences, n'en ont pas la responsabilité. La phrase « je suis venu chercher la barbe d'Atoum qui a été enlevée le jour de la rébellion (*sbjt*) » [5] s'insère probablement dans le même

---

[3] La naissance anormale de Seth (PT 222, pyr. 205a-b) annonce déjà le début du désordre, cf. H. TE VELDE, *Seth, God of Confusion*, 1977, p. 27 sq.

[4] PT 570, pyr. 1463b-e; un passage semblable se trouve en PT 486, pyr. 1040a-d.

[5] CT 252 III 352c-d.

contexte. Il est remarquable que cette conception d'une introduction ultérieure du mal dans le monde n'ait pas entraîné chez les Égyptiens la nostalgie d'un âge d'or ou d'un paradis perdu [6].

Une seconde cause possible de la perturbation de l'ordre primordial est la désobéissance ou l'incapacité des hommes. Le mythe de la *Vache du Ciel* offre le récit le plus détaillé de la scission que provoque la rébellion fomentée par l'humanité contre le créateur.

Au *spell* 1130 des Textes des Sarcophages, les hommes sont accusés d'avoir introduit eux-mêmes le mal dans le monde, contre l'ordre du créateur : « je n'ai pas ordonné qu'ils commettent le mal (*jsft*), c'est leurs cœurs qui ont désobéi à ce que j'avais dit » [7]. À l'origine, le monde était en parfaite harmonie, mais l'humanité y a créé le désordre. Toutefois, selon les textes du Moyen Empire, le créateur ne songe ni à punir les fauteurs de troubles, ni à prendre des mesures à l'encontre du mal qu'ils commettent [8].

La perturbation de l'ordre universel causée par Seth ou par l'humanité ne met nullement en péril l'existence de la création, mais elle constitue un nouvel état de fait qui a désormais sa place dans le monde. Contrairement au mal qui existe à l'intérieur de l'univers créé, un facteur très différent, Apophis, représente une réelle et permanente menace pour la création.

Apophis n'est jamais mentionné dans le contexte de la cosmogonie ; il est absent durant tout le processus de la constitution de l'univers. Son action destructrice vise à nuire non pas à l'acte de la création, mais au fonctionnement du monde, en s'attaquant à la course du soleil comme principal moteur du cosmos. La question de l'apparition de ce facteur de menace ne semble pas traitée dans les textes. Historiquement, Apophis est attesté dès la Première Période

---

6 La conception d'une époque meilleure, irrémédiablement perdue n'est attestée qu'à l'époque ptolémaïque ; E. OTTO, « Das "Goldene Zeitalter"... », 1969, p. 102.

7 CT 1130 VII 464a-b, texte **197**.

8 E. HORNUNG, « Verfall und Regeneration der Schöpfung », *Eranos Jahrbuch* 46, 1981, p. 429. En ce qui concerne le passage de l'hymne de *Mérikarê* « il a détruit ses enfants parce qu'ils songeaient à se révolter », nous avons vu plus haut que ni le contexte mythologique, ni le contexte historique de l'ensemble du texte ne paraissent assurés.

intermédiaire ; mythologiquement, son origine n'est pas déterminée [9]. Il n'est ni préexistent à la création, ni un élément créé, mais il est néanmoins présent dès le moment où l'univers trouve son rythme de fonctionnement régulier. Apophis est peut-être avant tout l'image de la fragilité et de la vulnérabilité qui menacent toute création. Ce danger de désintégration de l'univers aurait été concrétisé, personnifié et défini comme l'ennemi, continuellement combattu et vaincu par les dieux qui sont assistés par le rituel que leur destinent les hommes. Apophis reste invincible, maisil ne sera jamais vainceur. En dehors des contextes magiques, la possibilité qu'Apophis pourrait un jour remporter le combat contre Rê et son équipage et, de la sorte, causer la destruction et la fin du monde n'est guère envisagée.

La conception que la création pourrait avoir une fin existe pourtant.

La fin du monde.

L'idée de la fin du monde se manifeste à travers deux types de textes distincts :

— Quelques rares textes religieux ou littéraires, très élaborés et philosophiques, placent l'annonce d'une fin du monde encore très lointaine dans la bouche du créateur lui-même. Cet événement est alors imaginé comme la « répétition négative de la création » [10], comme la retraite définitive du créateur dans le Noun qui provoque la destruction de l'organisation de l'espace et du temps.

— Le second type de textes, qui évoque beaucoup plus souvent la possibilité de la fin du monde, sont les formules funéraires et magiques qui utilisent ce thème comme la menace la plus terrible pour renforcer l'efficacité de la formule. Si une force quelconque s'oppose à ce que le but de l'incantation magique soit atteint, alors la création cessera d'exister.

Les images employées par ces deux types de textes sont en partie les mêmes pour ce qui concerne l'anéantissement des structures de l'espace. Les textes magiques envisagent aussi volontiers l'interruption du mouvement régulier du soleil et même la mort de Rê. Les textes théologiques par contre conçoivent un état de « postexistence » dans

---

[9] La seule exception apparaît au temple d'Esna où Apophis a été créé par un crachat de la déesse Neith. S. SAUNERON, *Esna* III, n°. 206, § 15, p. 32 ; *Esna* V, p. 265. E. HORNUNG, *Conceptions of God*, p. 158.

[10] L. KÁKOSY, « Schöpfung und Weltuntergang in der ägyptischen Religion », *AcAnt* XI, 1963, p. 19.

lequel le créateur et Osiris subsisteront dans une forme d'existence semblable à celle de l'état primordial. Un seul passage des Textes des Sarcophages aborde ainsi le problème de l'eschatologie [11]. Il s'agit d'une partie du monologue du maître de l'univers au *spell* 1130.

201 *jw jr.n.j ḥḥ m rnpwt m jmytw.j r wrḏ-jb pf s3 Gb*
ḥms.k3.j ḥn^{c}.f m st w^{c}t
jw j3wt r njwt jw njwt r j3wt
jn ḥwt wš.s ḥwt
J'ai instauré des millions d'années entre moi et ce fatigué de cœur, le fils de Geb,
ensuite je serai assis avec lui en un seul endroit,
et les buttes deviendront des villes et les villes des buttes,
chaque maison ruinera l'autre. CT 1130 VII 467e-468b.

Ce texte très concis dans lequel le créateur annonce une fin du monde à laquelle seuls lui et Osiris survivront est explicité par un passage très similaire du Livre des Morts, où Atoum répond à une question concernant la durée de vie d'Osiris en ces termes : « Tu es destiné à des millions de millions d'années, une durée de vie de millions d'années [12]. Mais moi, je détruirai tout ce que j'ai créé ; ce pays reviendra à l'état de Noun, à l'état de flot (*ḥḥw*) comme son premier état. Je suis ce qui restera, avec Osiris, quand je me serai transformé à nouveau en serpent, que les hommes ne peuvent pas connaître, que les dieux ne peuvent pas voir » [13]. C'est sous la forme d'un serpent qu'Atoum se réimmergera dans les eaux du Noun,

---

[11] Les questions d'eschatologie (« vision de la fin du monde ») et d'apocalypticisme (« critique du mal actuel et promesse d'une amélioration future basée sur une vision surnaturelle ») ont souvent été abordées conjointement en égyptologie. Sur la problématique en général, cf. J. BERGMAN, « Introductory Remarks on Apocalypticism in Egypt » dans D. HELLHOLM (éd.), *Apocalypticism...*, 1983, p. 51- 60.

[12] J. ASSMANN souligne le fait que cette durée de « millions d'années » est absolument extérieure au temps historique et qu'une eschatologie politique serait inconciliable avec le dogme du roi créateur et garant de l'ordre universel ; « Königsdogma und Heilserwartung. Politische und kultische Chaosbeschreibungen in ägyptischen Texten », dans HELLHOLM (éd.), *Apocalypticism...*, 1983, p. 345, n. 1 et p. 352 sq.

[13] *Ibid.*, p. 353, n. 34 pour une bibliographie de ce texte. Traduction P. BARGUET, *Le Livre des morts des anciens Egyptiens*, 1967, p. 261. E. OTTO, « Zwei Paralleltexte zu TB 175 », *CdE* XXXVII, 1962, p. 251-255 attire l'attention sur un texte très proche d'époque ptolémaïque.

ramenant ainsi la création dans un état comparable à celui de la préexistence [14].

Il est probable que la conception de la fin du monde soit intégrée à l'histoire du *Naufragé* sous la forme d'une brève narration mythique. Le discours du serpent divin, qui est la manifestation du créateur, semble se référer à la disparition de l'univers [15]. Dans la *Prophétie de Neferty*, l'état du pays est comparé à un état de « non-création » et Rê est invité à recommencer son œuvre : « ce qui a été créé est dans l'état de ce qui n'a pas été créé, puisse Rê (re)commencer à fonder » [16]. Cette phrase impliquerait-elle l'idée qu'après l'annulation de la création et la retraite de l'unique dans le Noun un recommencement du processus créateur serait possible ?

Les descriptions eschatologiques dans les textes magiques et funéraires se différencient des textes théologiques par le fait que la fin du monde n'est pas liée à la volonté du créateur. Le phénomène est présenté comme la destruction totale et définitive de l'univers, sans qu'une forme de « postexistence » ne soit envisagée. Si les théologiens prévoyaient une réduction systématique et ordonnée de l'univers dans un infini éloignement temporel, la pensée magique comptait à tout moment avec la possibilité d'un cataclysme chaotique. Déjà les Textes des Pyramides formulent des menaces telles que « si tu ne prépares pas une place pour le roi,... la terre ne parlera plus,... le pélican-*ḥnwt* prophétisera, le pélican-*psḏt* sortira et se lèvera,... les frontières se joindront, les rives se réuniront... » [17]. L'annonce de la catastrophe par le pélican-*ḥnwt* ou le phénix-*bnw*, le mutisme soudain de la terre et du dieu Geb et l'anéantissement de l'espace, exprimé par la réunion des

---

[14] Il est possible que le passage énigmatique de PT 284, pyr. 425a-b et CT 717 VI 346b-c se réfère à Atoum sous l'aspect d'un serpent : *psḥ.n Tm mḥ.n.f r.f ᶜnn.f ᶜnn*, « Atoum a mordu, il a rempli sa bouche, il s'est lové (?) » ; le verbe *ᶜnn* « s'enrouler(?) » n'est pas associé ordinairement au serpent, mais cf. *Wb* I, 192, 10.

[15] J. BAINES, « Interpreting the Story of the Shipwrecked Sailor », *JEA* 76, 1990, p. 65-67.

[16] *jrt m tmt jrw š3ᶜ Rᶜ m grg*, W. HELCK, *Die Prophezeiung des Nfr.tj*, 1970, p. 19, IVc. Sur cette proposition, la plus radicale de toute une série d'images littéraires sur le désordre dans le pays, cf. G. POSENER, *Littérature et politique*, 1956, p. 42, 150.

[17] PT 254, pyr. 277b, 278b, 279b-c. cf. S. SCHOTT, « Altägyptische Vorstellungen vom Weltende », *AnBibl* 12, 1959, p. 324.

deux rives, sont des thèmes repris dans les Textes des Sarcophages [18]. Un autre danger pour la structure de l'univers est représenté par la chute possible du ciel : « Si mon front tombe par terre, le front de Nout tombera par terre » [19]. D'autres menaces concernent l'interruption de la course solaire, ce qui signifierait que le temps, et avec lui toute la création, s'arrêterait brusquement : « Rê ne se lèvera plus » [20], « Rê s'arrêtera au milieu du ciel » [21]. Même la mort de Rê peut être invoquée : « si tu viens contre moi comme un quelconque serpent, alors Rê mourra » [22].

Il est difficile d'évaluer la portée que possédaient ces menaces pour les Égyptiens. J. Assmann les juge peu significatives dans la mesure où la manipulation du cosmos est un principe courant dans les pratiques magiques [23]. Cet argument n'empêche pas, semble-t-il, que les menaces de détruire l'univers et d'arrêter le temps aient été prises au sérieux, tout comme les pratiques dites magiques étaient sans conteste considérées comme efficaces. H. Brunner attire l'attention sur le danger que pouvait représenter la mise par écrit des conceptions relatives à la fin du monde, ce qui explique peut-être la rareté des textes religieux à ce sujet et le fait que ces idées aient été utilisées essentiellement au conditionnel et sous forme de contraintes contre les forces hostiles. Les notions eschatologiques pourraient ainsi avoir été plus répandues que les textes ne le laissent supposer [24]. Toutefois, la ferme croyance en un renouvellement permanent de l'univers, de même que l'échéance lointaine d'une éventuelle fin du monde, devaient empêcher que l'inquiétude des anciens devînt trop insupportable.

---

[18] CT 619 VI 231 f-j ; CT 622 VI 236f, i, k.

[19] CT 366 V 27b-c.

[20] CT 619 VI 231k.

[21] CT 362 V 21e.

[22] CT 1100 VII 418c-419b.

[23] J. ASSMANN, *Zeit und Ewigkeit im alten Ägypten*, *AHAW* 1, 1975, p. 26-28. La conception selon laquelle l'univers a besoin d'être maintenu par le rituel impliquerait également la possibilité de pouvoir provoquer le dérangement de l'harmonie, une possibilité qu'évoquent les menaces des magiciens. J. BAINES attire l'attention sur la valeur protectrice de ces menaces colossales pour l'institution même de la magie, dans B.E. SHAFER (éd.), *Religion in Ancient Egypt*, 1991, p. 169, n. 127.

[24] H. BRUNNER, *LÄ* II, col. 481-82 *s.v.* « Gefährdungsbewusstsein » et *LÄ* VI, col. 1213-14 *s.v.* « Weltende ».

CHAPITRE VII

L'ŒUF ET LES OISEAUX

En marge de cette étude sur les conceptions cosmogoniques, il convient d'évoquer les notions concernant « l'œuf primordial » et d'observer si les témoignages du Moyen Empire permettent de préciser le rôle et la place de cette image à laquelle se rattache aussi la présence de différents oiseaux dans le contexte de la création. Dans une importante étude consacrée à ce sujet, S. Morenz a montré que l'idée de l'œuf comme origine de la vie et du monde n'est pas développée dans toutes les cultures et que la conception égyptienne a eu une grande répercussion sur plusieurs civilisations méditerranéennes du premier millénaire [1].

Les Textes des Pyramides n'attestent pas encore l'idée d'un œuf dans le contexte cosmogonique. Dans les Textes des Sarcophages, en revanche, l'image de l'œuf apparaît fréquemment et dans des acceptions diverses.

L'œuf peut représenter, de manière générale, ce qui est créé, la vie à son stade initial. Dans notre documentation, il est toujours l'œuvre du créateur unique, son premier produit dont est issue la première créature.

202 *j jn Tm mn ṯs.j*
rwḏ swḥt.j ḥr ṯsw Mḥt-wrt
Atoum dit : stable est ce que j'ai constitué,
mon œuf est solide sur les vertèbres de Mehet-ouret.
CT 647 VI 267f-g, G1T.

---

[1] S. MORENZ, « Ägypten und die altorphische Kosmogonie », dans *id.*, *Aus Antike und Orient*, 1950, p. 71 sq. Sur l'image de l'œuf initial dans quelques autres civilisations cf. M. ELIADE, « Structure et fonction du mythe cosmogonique » dans *La Naissance du monde*, *SourcOr* 1, 1959, p. 479-481.

La proposition qui suit ce passage décrit l'invention des noms de Ptah (texte **119**) dont l'œuf, posé sur la première émergence ferme hors de l'eau primordiale, est en quelque sorte la forme embryonnaire.

203 *N pn pr m swḥt nṯr N pn js k3 knst*
jr-ẖt m Jwnw
twt k3 n nṯr nb wttj s3 smsw n Tm m[t ?]wt.f
Ce N est issu de l'œuf du dieu, car ce N est le taureau de Kenset, le préposé aux offrandes à Héliopolis.
Tu es le *ka* de chaque dieu, le premier-né, le fils aîné d'Atoum, sa semence (?). CT 906 VII 111o-p, s-t, Sq10C.

Le défunt s'identifie clairement avec le fils d'Atoum ; il est issu de l'œuf du créateur [2]. En tant que « *ka* de chaque dieu » il présente une caractéristique des fils-créateurs qui transmettent la force vitale aux dieux. Si la mention de la ville d'Héliopolis a, dans cet exemple, une connotation funéraire, elle se réfère sans équivoque aux conceptions cosmogoniques dans le texte suivant.

204 *pr.n.f m t3w N pw bj3 jmy-ẖnw swḥt*
n pšn bj3 n m33 jmyt Jwnw
Il est sorti des terres, ce N, la merveille à l'intérieur de l'œuf, avant que le firmament ne fût fendu, avant qu'on n'eût vu ce qui est à Héliopolis. CT 686 VI 315f-h, B1Bo.

À nouveau, le défunt se présente comme la première créature issue de l'œuf et des terres avant l'acte cosmogonique de fendre le firmament et avant le début de la création à Héliopolis.

Plusieurs textes insistent sur le caractère primordial de l'œuf du créateur en l'associant au Noun.

205 *jnk* R^{c} *ẖpr ḏs.f*
ṯs.n ḥbb swḥt.f
Je suis Rê, celui qui est venu à l'existence de lui-même,
celui dont l'eau primordiale [3] a constitué l'œuf.
CT 648 VI 270m-n, G1T.

206 *jw* $m3^{c}$*.j ṯ3w n nb jtn*

---

[2] Une phrase semblable se trouve en CT 165 III 13a : « je suis ce qui est issu de l'œuf du grand dieu », *jnk nw pr m swḥt nṯr* ^{c}*3*.

[3] *ḥbb* voir *ḥbbt*, *Wb* III, 63,3.

jw s3 Nww ḥ3.j
[mj] s3 Nww ḥ3 swḥt pr.j jm.f (< *s*)
Je conduis le souffle du maître du disque,
de sorte que la protection de Noun est autour de moi
[comme] la protection de Noun était autour de l'œuf dont je suis issu. CT 820 VII 211-m, T3C.

Nous rencontrons dans ce dernier exemple l'association de l'œuf avec le souffle vital du créateur dont tous les fils sont les porteurs et les propagateurs. Morenz a montré l'importance qu'avait cette association tout au long de l'histoire égyptienne [4]. Le souffle et l'œuf apparaissent conjointement dans deux autres passages des Textes des Sarcophages qui sont repris dans le Livre des Morts, respectivement aux chapitres 54 et 56/59 avec la vignette du défunt qui tient le signe de l'air, la voile, dans ses mains.

207 *j Tm jmj n N pn ṯ3w pw nḏm jmy šrt.k*
jnk swḥt tw jmyt ngng n wrt
jw.j m s3w sḫnt tw ᶜ3t wpt Gb r Nwt
O Atoum donne à ce N le doux souffle qui est dans ton nez.
Je suis cet œuf qui est dans le grand jargonneur (?) [5]
car je suis le gardien de ce grand poteau qui sépare Geb de Nout.
CT 223 III 208c-209a.

La dernière proposition indique que le défunt s'identifie ici à Chou qui maintient la séparation du ciel et de la terre. Il est l'œuf, ou issu de l'œuf, pondu par un oiseau, probablement une oie. Cet animal dont la forme féminine semble abusive malgré le bon sens biologique, représente Atoum qui est invoqué pour prodiguer le doux souffle. Atoum, sous la forme d'un jargonneur, a produit un œuf qui constitue comme les autres émanations (la semence, le crachat, les larmes, la

---

[4] S. MORENZ, *op. cit.*, p. 83 sqq ; cette association est encore renforcée par l'utilisation dès la XXIIe dynastie d'un terme *swḥ* désignant le souffle.

[5] Le terme *ngng* est déterminé par le signe du morceau de chair ; P. BARGUET, *Sarcophages*, p. 266, le considère comme un hapax signifiant « ventre (?) »; S. SAUNERON, J. YOYOTTE, *La Naissance du monde*, p. 60, traduisent « la Grande Criailleuse ». Il s'agit plus probablement d'une erreur de tradition ou d'une variante de la forme masculine *ngng wr* plus répandue.

parole, etc.) le lien entre le créateur et la créature, un stade transitoire ou embryonnaire de l'œuvre de l'unique [6].

208 *jw ḥḏ.n šps jmy swḥt.f ssn N ṯ3w m ẖrt-nṯr* ////
N sẖn st tw wrt jmy /// [*Wnw* ?]
/// [*s33.n*] *N swḥt tw nt ngng wr*
/// [*rwḏ*] *N rwḏ.s ᶜnḫ N ᶜnḫ.s*
ssn N [*ṯ3*]*w ssn.s ṯ3w*
Le noble qui est dans son œuf a commandé que N respire le souffle dans la nécropole ////
N occupe le grand siège qui est à [Ounou (?)]
N [garde] cet œuf du grand jargonneur.
Si N [est solide], il (l'œuf) est solide ; si N vit, il vit,
si N respire le souffle, il respire le souffle.
CT 222 III 207c-j, L1Li ; restitutions d'après E. Naville, *Todtenbuch*, pl. LXIX.

Le chapitre 56 du Livre des Morts qui reproduit ce *spell* commence avec la même invocation à Atoum que le passage précédent (**207**), renforçant ainsi encore une fois le rapport entre le créateur, l'œuf et le souffle vital. La fin de ce *spell*, précédée de l'invocation à Atoum, figure également sur une chapelle votive et un fragment de statue du sanctuaire d'Héqaïb à Éléphantine, les deux attestations datant probablement du début de la XIIIe dynastie [7].

Dans tous les exemples, l'œuf est le produit d'Atoum. La garde de l'œuf ou l'identification avec l'œuf, donc avec le fils du créateur, permet au défunt de disposer du souffle.

Plusieurs vocables semblent être associés à la notion de l'œuf : la racine *s3* « la protection » (textes **206**, **207**, **208**), l'idée de la solidité de l'œuf (*rwḏ* , textes **205**, **208**) et les termes phonétiquement proches *sẖn* « embrasser, occuper une place » [8], *sẖnt* « le poteau, le support du ciel » [9] auxquels on peut ajouter le verbe *sẖnj* « se poser » (de l'oie-*smn*, texte **209**), « se reposer » (d'Atoum sur le dos de Mehet-ouret,

---

[6] S. MORENZ, *Ägyptische Religion*, 1960, p. 188, souligne « die Mittlerstellung des Eis zwischen Urstoff und Schöpfung ».

[7] *j Tm dy n.j ṯ3w nḏm jmy šrt.k ᶜnḫ.j jm.f wsr.j jm.f … s33.j swḥt nt ngng wr rwḏ.j rwḏ.s ssn.j ṯ3w ssn.s ṯ3w*, L. HABACHI, *The Sanctuary of Heqaib*, 1985, p. 62, 94.

[8] MEEKS, *AnLex* 78.3763.

[9] MEEKS, *AnLex* 77.3816

texte **32**) [10] et *sẖn* « lieu de repos » qu'offre Mehet-ouret [11]. Le dernier ensemble de mots se rapporte à l'endroit où le créateur s'est arrêté et où il a déposé son œuf et commencé la création. Sur l'unique sarcophage qui transmet le *spell* 222, le nom de ce lieu est abîmé. Il s'agit du document L1Li, un des rares cercueils qui comporte déjà, parallèlement aux Textes des Sarcophages, des chapitres du Livre des Morts et qui représente le type le plus tardif des sarcophages du Moyen Empire [12].

Les sources du Nouvel Empire sont unanimes à affirmer que l'œuf primordial aurait été déposé à Ounou-Hermopolis. Le Nouvel Empire et la Basse Époque développent en effet un important courant mythique qui rattache la notion de l'œuf initial à l'ogdoade et à la butte primordiale d'Hermopolis.

Pour les périodes antérieures, ces rapports sont beaucoup moins évidents. Nous avons constaté dans un chapitre précédent que la conception de la butte originelle est associée dans les Textes des Pyramides avec Héliopolis et qu'elle est absente des Textes des Sarcophages. L'existence de l'ogdoade reste très douteuse pour le Moyen Empire. La ville d'Hermopolis n'est pas encore mentionnée dans un contexte cosmogonique. Si l'on ne peut bien sûr pas exclure que le sarcophage de Licht mentionnait déjà « le grand siège qui est à Ounou », ce qui fournirait la toute première attestation d'Hermopolis comme lieu de la création, on se rappelle toutefois que l'œuf peut également être mis en rapport avec Héliopolis [13]. Ce problème de localisation ne peut pas être résolu dans l'état actuel de la documentation.

Les exemples cités ci-dessus montrent que la conception de l'œuf ne constitue nullement une cosmogonie indépendante au Moyen Empire, mais s'intègre entièrement dans l'ensemble des notions attestées et dans le grand courant mythique concernant le créateur Atoum, son premier fils et le souffle comme fondement de la vie. L'œuf ne représente ici pas la totalité de la création, mais uniquement le

---

[10] MEEKS, *AnLex* 77.3817

[11] MEEKS, *AnLex* 79.2736 ; CT 407 V 215a, 217a, 218a, 219b, 220b, 221c ; CT 408 V 225-226.

[12] Cf. H. WILLEMS, *Chests of Life*, 1988, p. 105 ; G. LAPP, *SAK* 13, 1986, p. 144 sq. et *supra* p. 220 et n. 25.

[13] Textes **203**, **204** ; les mentions de l'œuf de Rê et de Héliopolis se trouvent également à proximité en CT 307 IV 63r, 64d, K1T (sur L1Li le nom de la ville est abîmé).

stade embryonnaire de la première créature. Cette notion correspond à une conception plus générale selon laquelle l'œuf est l'image de la vie en germe. Au *spell* 80, l'œuf désigne l'embryon humain : « il sait faire vivre celui qui est dans l'œuf dans chaque ventre, à savoir les hommes... » [14]. L'œuf peut aussi représenter l'enfant humain ou divin [15] ou symboliser l'homme dans le processus de sa renaissance [16].

L'œuf est également utilisé comme image de Rê et plus spécifiquement du disque solaire : « ô Rê qui est dans son œuf et qui se lève dans son disque... » [17]. Rê est « celui qui s'encercle, qui est dans son œuf » [18] et être « sous l'œuf de Rê » signifie se trouver sous les rayons du disque [19]. L'œuf peut aussi être l'endroit d'où le soleil renaît : « le dieu est constitué dans l'œuf, Khepri est construit dans le n[id] » [20]. La forme solaire d'Atoum « se lève chaque jour et sort de son œuf » [21]. J. Assmann a souligné l'indépendance de cette conception du soleil qui se trouve dans son œuf ou qui en sort par rapport à la cosmogonie que le Nouvel Empire localise à Hermopolis [22]. La documentation du Moyen Empire confirme cette constatation et montre que l'œuf est un symbole pour toute vie en germe. Il se rattache ainsi très naturellement à la conception de Rê qui renaît chaque jour. Lors de son apparition, le soleil brise la coque de son œuf en même temps qu'il fend le firmament-*bj3* [23].

---

[14] CT 80 II 33c-d ; texte **103**. L'œuf comme symbole de la matrice apparaît aussi en CT 76 II 3f, texte **48**.

[15] CT 39 I 167e-f, « que mes jours ne soient pas raccourcis dans ce pays des vivants avant que je n'aie élevé mes petits, avant que je n'aie nourri mes œufs, avant que N n'ait atteint son temps de vie ». Horus l'enfant peut être désigné comme œuf en CT 148 II 212b et CT 464 V 337d. Dans le langage courant, l'œuf peut être une expression pour le rejeton, le fils, utilisée particulièrement souvent à propos du roi, H. GRAPOW, *Die bildlichen Ausdrücke*, 1924, p. 86 sq.

[16] CT 207 III 156b ; CT 540 IV 135g, M22C.

[17] CT 335 IV 292b. E. GRAEFE, *Untersuchungen zur Wortfamilie bj3*, 1971, p. 63, 66.

[18] CT 691 VI 323g, L1Li ; CT 714 VI 434m-l, texte **216**.

[19] CT 1168 VII 510f ; CT 1058 VII 310b.

[20] CT 938 VII 147a-b.

[21] CT 80 II 36c ; CT 81 II 44d.

[22] J. ASSMANN, *Liturgische Lieder*, 1969, p. 125 sq.

[23] E. GRAEFE, *op. cit.*, p. 66, et *supra*, p. 186.

Dans le contexte de la création, l'œuf n'a pas de signification particulière, il ne constitue pas une conception cosmogonique à part, mais désigne simplement le stade embryonnaire de la première créature. L'œuf qu'a déposé le créateur et dont est issu son fils n'est, à l'époque, pas encore véritablement un œuf initial, car il n'est ni l'origine du créateur lui-même, ni la source de toute la création mais uniquement une étape « naturelle » dans l'évolution de l'enfant d'Atoum ou une métaphore pour le fils du créateur.

Dans les exemples **207** et **208** nous avons rencontré un oiseau-*ngng* qui représente selon toute probabilité le dieu Atoum. Le nom de cette oie dérive du verbe *ng3/ngg* qui signifie « caqueter, jargonner ». Ce verbe est souvent associé à une oie-*smn* qui peut elle aussi être rattachée à Atoum / Rê [24]. Il est possible, bien qu'aucun texte ne nous renseigne explicitement, que le cri du jars ait été associé au premier éclat du créateur et à la rupture de l'état primordial. Une autre image qui aurait pu être assimilée à cette rupture de l'inertie est celle de l'oiseau aquatique qui s'élève hors de l'eau et se repose (*sẖn* , cf. ci-dessus) sur un îlot de joncs.

209 *p3.n N pn m wr*
ngg.n N pn m smn
rdj.n N pn sẖn ḥr wꜥrt ẖntt jw ꜥ3
ꜥḥꜥ.n N pn ḥr.s
Ce N s'est envolé en grand,
ce N a jargonné en tant que jars,
ce N s'est posé sur le plateau qui est sur la grande île,
ce N s'est élevé dessus. CT 278 IV 23a-e [25].

On a l'impression que la notion de l'éclosion du créateur résonne dans ce texte et dans beaucoup de passages similaires, dont la valeur funéraire est cependant indéniable. Le souhait de se transformer en un oiseau, signe de la liberté de mouvement et symbole général de divinité,

---

[24] En CT 723 VI 353k-n, l'oie-*smn* semble désigner Rê lors de sa sortie de Mehet-ouret, cf. P. BARGUET, *Sarcophages*, p. 374, n. 2. En CT 775 VI 409f-g le défunt dit : « fais-moi aborder dans la grande ville auprès de Rê, les pleurs du jargonneur sont dans mes yeux ».

[25] De nombreux passages semblables : CT 24 I 74b ; CT 190 III 98j-k ; CT 203 III 130f-h ; CT 205 III 144c ; CT 287 IV 38f-j ; CT 335 IV 311a ; CT 581 VI 196b-c ; CT 583 VI 199j-k ; CT 771 VI 405m.

est une des aspirations les plus souvent exprimées dans les Textes des Sarcophages. Il est possible qu'une imagerie plus populaire soit utilisée ici pour faire allusion à l'apparition du créateur hors de l'élément aqueux, à son premier cri (que l'on pourrait peut-être associer à l'échange de paroles avec Noun) et à son installation sur une pointe de terre ferme. Dans une telle lecture, « la grande île » serait encore une des références vagues à la notion du tertre primordial pour laquelle nous avons constaté l'absence de toute mention explicite dans la documentation du Moyen Empire.

De nombreux autres oiseaux apparaissent dans les textes. Leur rôle est souvent ambivalent ; parfois ils représentent des divinités. Pour notre contexte, seul l'oiseau-*bnw*, le grand héron cendré, plus tard assimilé au phénix, est important. Les Textes des Pyramides le mettent déjà en rapport avec la ville d'Héliopolis où Atoum apparaît en tant que pierre *benben* dans le château du phénix [26]. Cette localisation est reprise au *spell* 335 des Textes des Sarcophages : « je suis ce grand phénix qui est à Héliopolis, le préposé aux comptes de ce qui existe » [27]. Selon le texte principal, il ne fait pas de doute que le défunt parle en tant qu'Atoum / Rê, ce qui est plus évident encore au regard de la variante « ce phénix qui est venu à l'existence de lui-même » [28]. La glose cependant stipule que « c'est Osiris ».

Un passage du *spell* 76 identifie clairement le phénix avec Atoum.

210 *jšš.n wj jt.j Tm m jšš n r.f*
ḥnᶜ snt.j Tfnt pr.n.s ḥr-s3.j
ᶜfn.kwj m ṯ3w n ᶜnḫ ḥtt bnw
hrw ḫpr.n Tm jm
C'est en un crachat de sa bouche que mon père Atoum m'a craché
avec ma sœur Tefnout qui est sortie après moi,
alors que j'étais entouré du souffle de vie de la gorge du phénix
le jour où Atoum est venu à l'existence. CT 76 II 3h-4c.

---

[26] PT 600, pyr. 1652b, texte **37**.

[27] CT 335 IV 198a-201a.

[28] Sur un sarcophage de St. Petersbourg (H=T1Len), A. DE BUCK, *Coffin Texts* IV, p. 198, n. 2. Même au Nouvel Empire cette épithète n'est pas très fréquente pour le phénix-*bnw*.

C'est en tant que héron, avec sa gorge particulièrement allongée, qu'Atoum confère le souffle vital à son fils.

D'autres mentions du phénix-*bnw* sont d'ordre purement funéraire sans relation apparente avec des divinités, ainsi par exemple les souhaits de pouvoir procréer (*bnn*) dans l'autre monde en tant que Benou ou de gouverner sur les rivières avec le phénix [29]. Nous avons vu au chapitre précédent que le phénix-*bnw* peut apparaître – est-ce en tant qu'Atoum ou Osiris ? – comme l'annonciateur de la fin du monde [30].

Toutes les formulations concernant l'œuf du créateur et les oiseaux qui peuvent le représenter sont des variantes des notions de cosmogonie de l'époque, formulées dans un langage plus concret, peut-être aussi plus populaire.

---

29 CT 67 I 287f ; CT 62 I 267c. Un grand nombre d'attestations des époques anciennes de l'oiseau-*bnw* dans ses diverses fonctions a été rassemble par R.T. RUNDLE CLARK, « The Legend of the Phoenix », *Univ. Birmingham Historical Journal* II, 1949, p. 1-29, 105-140.

30 CT 619 VI 231f ; cf. *supra*, p. 230.

DEUXIÈME PARTIE

LES ENSEMBLES DE NOTIONS
LE MYTHE

CHAPITRE VIII

LES ENSEMBLES DE NOTIONS

Dans la première partie de cette étude, nous avons abordé individuellement chacune des notions se rapportant à l'origine du monde. Face à des textes d'une approche difficile et dont la progression des idées n'est pas toujours évidente à l'esprit moderne, il semblait indiqué de partir des unités de sens les plus petites. La façon en apparence décousue dont se présentent souvent les informations sur la création permettait d'isoler les différents mythèmes, sans trop courir le risque de fragmenter artificiellement les textes.

Toutefois, les notions de cosmogonie apparaissent généralement par groupes, et il s'agira dans cette seconde partie d'étudier les ensembles de mythèmes et les contextes dans lesquels ils s'insèrent. Les mots « ensemble » ou « groupe de notions » seront utilisés ici pour désigner les suites de mythèmes allant de la juxtaposition de deux notions jusqu'aux passages de texte plus élaborés. Cette terminologie neutre s'impose parce que notre documentation ne contient aucun développement qui aurait une structure de « récit » ou « d'histoire » de la création.

L'Égypte ancienne ne connaissait guère la codification des conceptions par l'écrit. Dans le domaine religieux, elle ne dogmatisait pas les idées en les figeant dans une phraséologie immuable [1]. Ainsi, dans la documentation étudiée ici, nous ne rencontrons pas de formulations fixes et stéréotypées des mythèmes. Quelques rares correspondances textuelles qui apparaissent notamment à l'intérieur du *Livre de Chou* ne relèvent pas d'une codification des notions, mais

---

[1] Le cas est légèrement différent en ce qui concerne la dogmatique et la phraséologie royale d'une part, et la régularité du rituel, d'autre part.

proviennent de la composition et de la tradition relativement homogènes des *spells* 75 à 81. Ce sont des renvois, des répétitions, voire des citations, à l'intérieur de textes très proches.

Nous avons déjà pu constater qu'une même notion transmise par plusieurs textes est rarement formulée deux fois de manière identique. Le vocabulaire peut varier et c'est notamment le choix assez large de verbes décrivant l'action de créer qui introduit un nombre de variantes textuelles. Une notion peut être évoquée de plusieurs points de vue : les phrases « il m'a mis au monde au moyen de son nez » et « je suis issu de ses narines » se réfèrent à la même image et véhiculent un seul message. Les différences de formulations illustrent bien que l'essentiel, pour les rédacteurs, était de transmettre une idée ou d'évoquer une image par le langage, mais qu'ils pouvaient disposer pour ce faire de toutes les possibilités que leur offraient la langue et leur talent d'écrivain.

Les prêtres et scribes égyptiens qui étaient habilités à produire des textes religieux nouveaux jouissaient d'une liberté très large en ce qui concerne la formulation et la rédaction. Ils pouvaient combiner des idées et les exprimer sans être contraints par un vocabulaire ou une phraséologie imposés par la tradition ou par un texte de référence. Il va de soi qu'ils avaient la possibilité, mais non l'obligation, de s'inspirer d'écrits plus anciens.

L'intégration des notions de cosmogonie dans des formules funéraires, qui pouvait entraîner l'identification du défunt avec une divinité et de ce fait le changement des pronoms personnels (de la troisième à la première personne), accentue le phénomène de la fluctuation des formulations et des points de vue adoptés. On peut supposer en effet que les notions de cosmogonie étaient à l'origine conçues dans un style descriptif, parlant de la divinité à la 3ᵉ personne. Pour l'identification du défunt avec le dieu, les formulations ont été transposées à la 1ʳᵉ personne et de là, dans certains cas, elles ont été réadaptées au nom propre du défunt, à nouveau à la 3ᵉ personne [2].

La mobilité que l'on peut observer à l'intérieur d'une même notion se retrouve à plus forte raison dans les ensembles de mythèmes. Les notions se regroupent de façon très libre et variable. Nous pouvons relever d'emblée qu'à travers toute la documentation des Textes des Pyramides et des Textes des Sarcophages il n'existe aucune séquence

---

[2] Pour cette dernière adaptation voir E. DORET, « Sur une caractéristique grammaticale de quelques sarcophages d'el-Bersheh », *BSEG* 13, 1989, p. 45-50.

fixe ou obligée de mythèmes de cosmogonie. Ce fait est certainement conditionné par la structure même du mythe et par son caractère relativement non-narratif; nous essayerons d'analyser cette problématique dans le prochain chapitre.

Certains ensembles apparaissent toutefois plus régulièrement. Mais les notions qui s'associent en un ensemble n'ont pas un ordre de succession défini entre eux. Plusieurs facteurs peuvent présider au choix et au classement des notions dans un ensemble. Le facteur de la chronologie que l'on s'attendrait à trouver prépondérant dans des textes sur l'origine du monde, ne joue qu'un rôle tout à fait marginal.

Nous allons tenter de dégager ci-dessous quelques facteurs et principes de réflexion qui déterminent soit la constitution d'un mythème par l'association de plusieurs termes, soit le regroupement de plusieurs notions.

A. *Les facteurs inhérents aux conceptions.*

Certaines notions se réunissent pour des raisons qui relèvent des conceptions mêmes et qui font partie de la « logique » interne à la vision que l'on se faisait de l'origine du monde.

Comme nous avons constaté qu'il n'existait à l'époque qu'un seul dieu créateur, Atoum qui devint Rê / Khepri, tous les termes qui décrivent l'état primordial et qui caractérisent l'être et l'action du créateur se rapportent forcément à lui. On peut rappeler ainsi les notions de l'engourdissement et de la solitude du créateur, celles de son autogenèse (*ḫpr ḏs.f, jr sw*), de son éclosion et de sa prise de conscience, ainsi que toutes ses actions créatrices et les modes de création mis en œuvre.

B. *Les facteurs de parallélisme.*

Sans forcément avoir de lien de cohérence et se placer dans une même suite d'actions, des notions peuvent être regroupées par parallélisme. Nous avons observé plus haut que les substances créatrices immatérielles de la puissance volitive-*jb* et de la puissance-*3ḫw* se succèdent fréquemment, formant ainsi un ensemble qui paraît être déterminé par l'analogie des deux notions. Chacun des deux modes peut néanmoins être effectif à lui seul.

Dans le même ordre d'idées, on peut ajouter que le ciel et la terre ainsi que les hommes et les dieux sont souvent mentionnés conjointement. Ces regroupements sont entièrement indépendants des notions de création et répondent au principe général du *parallelismus membrorum* au sens large [3].

C. *Les facteurs de civilisation.*

Plusieurs associations de termes ou d'ensembles de mythèmes sont régis par des facteurs qui, sans être proprement théologiques, font partie de la pensée égyptienne en général et se manifestent dans de nombreux domaines de la civilisation. Ces facteurs reflètent la manière dont certaines réalités et connexités étaient perçues. Ils étaient profondément enracinés et avaient pour les anciens le caractère d'évidences.

Ainsi, le lien intrinsèque entre l'être et son nom d'une part et la valeur significative du phonème du nom, d'autre part, peuvent conditionner des associations de termes ou de notions.

C'est pour des raisons phonétiques que le crachat-*jšš*, théoriquement une substance créatrice polyvalente, produit exclusivement le dieu Chou. L'assonance a dû être ressentie comme forte et déterminante. Par analogie, le crachat-*tfn* crée obligatoirement la déesse Tefnout.

Un autre facteur est la conception du lien intime entre l'origine et l'être. La situation ou la substance dont un être est issu détermine son essence et son caractère. Le principe peut être inversé et ainsi servir d'étiologie : le caractère renseigne sur l'origine.

Le fait que Chou est le dieu de l'air vital s'explique par son origine de l'expiration d'Atoum. Ce mode de création est par essence réservé à Chou.

Le même principe associe la création par la sueur d'Atoum à la naissance des dieux dont l'odeur et le parfum est une caractéristique et une forme de manifestation.

Le lien obligatoire entre la substance des larmes et la création des hommes repose simultanément sur ces deux facteurs. L'association se base d'une part sur la proximité phonétique de *rmyt* - larmes et *rmṯ* - hommes et, d'autre part, sur le rapport essentiel entre la cécité du créateur qui a provoqué ses pleurs et le caractère « aveugle » des hommes. La notion de l'absence de l'œil du créateur provient d'un autre courant mythique. Deux notions d'origines différentes sont combinées ici sur la base de deux facteurs propres à la pensée

---

3 J. ASSMANN, *LÄ* IV, col. 900-910.

égyptienne pour former une conception anthropogonique extrêmement subtile.

D. *Les facteurs religieux préalables.*

Les mythèmes peuvent aussi être conditionnés par des données qui constituaient pour les anciens la connaissance fondamentale concernant les divinités et le cosmos. Ce sont les idées de base qui définissent les dieux, leurs rapports et leurs fonctions, et qui semblent être antérieures aux différentes conceptions mythiques dans lesquelles ceux-ci peuvent fonctionner [4]. Ces notions préalables n'ont pas de signification propre et ce sont les images mythiques qui les chargent de sens. Ainsi, par exemple, le mythème du crachat-*jšš* s'appuie sur le nom du dieu Chou tout en l'expliquant *a posteriori*. La notion de l'exhalation donne un sens particulier et confère un rôle crucial à un dieu dont le rapport avec l'air était probablement déjà établi.

En beaucoup de cas il est toutefois malaisé, dans l'état de nos connaissances, de distinguer les données préalables des interprétations mythiques. Particulièrement problématique est la figure d'Atoum dont le nom, quelle que soit la traduction adoptée, paraît contenir son rôle mythique de créateur. Sans pouvoir nous renseigner plus en avant, l'intéressante association d'Atoum et de Rê doit être liée à ce problème.

Si le lien entre Atoum, Chou et Tefnout semble bien faire partie des conceptions de base, la notion de la symbiose dans laquelle ces trois entités existaient et à partir de laquelle elles se sont constituées, est un mythème spécifiquement cosmogonique. L'association de Chou et de Maât, par contre, ne semble pas être une idée fondamentalement liée à ces divinités et n'avoir aucune raison d'être à l'extérieur des conceptions sur la création et le maintien du monde.

Malgré de nombreux essais d'interprétation, force est de constater que les modalités et les étapes de la constitution du panthéon et du développement des notions mythiques nous échappent encore en grande partie. Comme nous le verrons plus loin au chapitre X, plusieurs indices tendent à suggérer une élaboration assez homogène et simultanée du panthéon, des mythes et du système de référents en général.

E. *Les facteurs de cohérence.*

Les mythèmes peuvent se regrouper pour des raisons de cohérence ou de similitude des idées.

---

[4] ASSMANN, « Die Verborgenheit des Mythos in Ägypten », *GöttMisc* 25, 1977, p. 23.

Nous avons relevé plus haut, concernant les modes de création, que la notion de la gestation dans la bouche est, dès les Textes des Sarcophages, systématiquement associée à la notion de l'excitation sexuelle par la main du créateur. À cet ensemble « main - jouissance - semence - bouche » se joint dans plusieurs cas la notion de l'expectoration d'un crachat. Ce groupe de notions assimile la création surnaturelle des enfants de l'unique à une mise au monde normale par conception, gestation et naissance. Pourtant, la manière d'exprimer cette idée peut varier considérablement.

« Je suis cette tienne *semence*
dont tu as été enceinte dans *ta bouche*,
que tu as mise au monde avec *ton poing* en *jouissance.* »
CT 245 III 334j-335a ; texte **42**.

« Je suis le *ba* de Chou
qu'Atoum a engendré avec *sa main*
lorsqu'il se fit *jouir*
et que *la chose exquise*
tomba de *sa bouche.*
Il a *craché* ce N en Chou
il l'a *expectoré* en Tefnout. »
CT 77 II 18a-e, G1T ; texte **43**.

« Je suis ... la réplique
qu'Atoum a *crachée*,
celui qui est issu de *sa bouche*
lorsqu'il utilisa *sa main*
et que *ce qu'il désirait*
tomba par terre. »

CT 80 II 31e-32a ; texte **44**.

Ces trois exemples, dont deux font partie du *Livre de Chou*, constituent les ensembles de notions les plus proches que l'on puisse trouver à travers les Textes des Sarcophages. Dans les trois cas, le processus de la création de Chou est présenté d'un point de vue identique, celui de Chou lui-même. Il peut soit s'adresser au créateur à la deuxième personne (ce qui pourrait être conditionné par l'utilisation funéraire du texte), soit y référer à la troisième personne. Les mêmes notions peuvent être évoquées par des termes différents (la main, le poing ; la semence, la chose exquise, ce qu'il désirait). Un même élément, ici la main ou le poing, peut intervenir dans des actions différentes et servir à « mettre au monde » (*msy*), à « engendrer » (*stj*) ou simplement à être utilisé (*dj.f ḏrt.f*), sans qu'il s'agisse pour autant de conceptions distinctes. L'apparition de Chou peut être relatée de façon transitive (Chou a été craché) ou de façon intransitive (Chou est issu de la bouche).

On relèvera surtout que la mention des notions n'a pas d'ordre fixe. Seul le passage du *spell* 77 présente les cinq éléments dans une suite linéaire qui va de la première action au résultat. Ce passage est le développement chronologique et consécutif le plus long qui figure dans les Textes des Sarcophages à propos d'un phénomène lié à la création. Des passages plus étendus comme ceux cités ci-dessous ne présentent jamais le déroulement d'une suite d'actions. La rareté et la brièveté des séquences linéaires de notions de cosmogonie sont caractéristiques de notre documentation. On ne trouve guère d'ensembles de mythèmes dans lesquels la situation évolue et change, qui présentent un début, un déroulement et un résultat.

F. *Les tableaux de situation.*

En dehors de ces ensembles régis par un facteur causal, on trouve des suites de notions à l'intérieur desquelles les mythèmes ne possèdent aucun lien apparent entre eux, si ce n'est parfois un certain parallélisme, mais où toutes les notions se rapportent à un fait commun. Ces ensembles peuvent former une sorte de « tableau » décrivant une situation.

211

Je suis celui que le maître unique a créé,
avant que deux choses n'eussent existé dans ce monde,
lorsqu'il envoya son œil-unique,
lorsqu'il était seul,
lorsque quelque chose sortit de sa bouche,
lorsque son million de *kas* devenait la protection de ses sujets,
lorsqu'il parla avec celui qui est venu à l'existence avec lui,
qui est plus puissant que lui,
lorsqu'il saisit Hou qui est sur sa bouche.
Je suis certes ce fils de celui qui a mis au monde tout.
CT 261 III 382e-384d, S1Ca ; texte **141**.

Deux propositions de contenu identique dans lesquelles Heka affirme être le fils du créateur encadrent sept propositions qui n'ont entre elles aucun lien, ni causal, ni consécutif. Ces sept propositions intermédiaires expriment chacune un mythème (le principe de différentiation, la création par l'œil [5], la solitude du créateur, la création au moyen de la bouche, l'existence virtuelle des millions de *ka* [6], le dialogue de Noun et Atoum (?), la création au moyen de Hou).

---

[5] Sur la confusion des notions « créer au moyen de l'œil » et « envoyer l'œil », cf. *supra*, p. 92.

[6] Voir p. 154-156.

Toutes ces notions sont formulées ici comme propositions temporelles (1x *n sḏmt.f*; 6x introduit par un *m* - temporel). Leur fonction dans ce contexte est d'amener des précisions concernant la situation de la création du dieu Heka. L'ambiance particulière du moment de la création de ce dieu est décrite par l'évocation de plusieurs états ou actions qui constituent autant d'aspects de cette situation.

Un tableau semblable figure au *spell* 80, où le dieu Chou se présente.

212

Je suis la Vie, le maître des années, vivant pour la pérennité, le maître de l'éternité, celui qu'Atoum a fait l'aîné par sa puissance-*3ḫw*,
lorsqu'il mit au monde Chou et Tefnout à Héliopolis,
lorsqu'il était un ($w^{c}y$) et qu'il devint trois,
lorsqu'il sépara Geb de Nout,
avant que la première corporation ne fût née,
avant que l'ennéade des dieux primordiaux ne fût venue à l'existence
afin qu'elles soient avec lui (moi [7]).
CT 80 II 39b-h ; textes **118**, **67**, **171**.

Le moment de la naissance de Chou n'est pas précisé en tant que tel, mais situé de façon relative, par simultanéité ou antériorité, par rapport à d'autres événements (la différenciation, la séparation du ciel et de la terre, la création des autres dieux). De nouveau, une sorte de tableau est dressé par l'évocation de différentes notions formulées comme propositions temporelles.

Dans le même texte figure un passage où sept propositions négatives (dont 5 *n sḏmt.f*) illustrent l'état de la solitude d'Atoum.

213

… les hommes qui sont issus de mon œil que j'ai envoyé
lorsque j'étais seul (w^{c}) avec Noun en inertie,
je ne trouvais pas de lieu où me tenir debout,

---

[7] La confusion de suffixe, *.j* pour *.f*, provient de la citation du passage II 34f ; cf. J. ZANDEE, *ZÄS* 101, 1974, p. 78. On peut d'ailleurs se demander si *wnn.sny* se réfère vraiment aux deux groupes de divinités *ẖt* et *psḏt p3wtyw* ou plutôt à Chou et Tefnout.

je ne trouvais pas de lieu où m'asseoir,
avant que ne fût fondée Héliopolis où je suis,
avant que ne fût constitué Ha sur lequel je m'assieds,
avant que je n'eusse créé Nout pour qu'elle soit au-dessus de moi,
avant que la première corporation ne fût née,
avant que l'ennéade des dieux primordiaux ne fût venue à l'existence
afin qu'elles soient avec moi.
CT 80 II 33e-34f, B1C; textes **31**, **101**.

Ces deux derniers ensembles se placent dans des perspectives différentes: l'un (**212**) décrit la situation qui entourait la naissance de Chou, l'autre (**213**) présente l'état de solitude ou d'unicité d'Atoum. Dans le premier cas, c'est le défunt qui parle en tant que Chou, dans le second cas, il s'agit d'un discours placé dans la bouche d'Atoum. Malgré la différence des points de vue, l'imagerie utilisée est en grande partie la même. En effet, l'unicité (w^c / w^cy) caractérise non seulement Atoum, mais aussi la condition de la naissance de Chou. Pour enrichir les tableaux, les deux passages mentionnent soit la séparation de Geb et de Nout, soit la création de Nout (et de Geb ? [8]). Observons que la création du ciel et de la terre est formulée dans deux aspects temporels distincts correspondant à l'optique de chacune des situations: le phénomène coïncide avec la naissance de Chou, mais il est postérieur à la solitude d'Atoum. Les deux passages ajoutent de façon identique que la corporation et l'ennéade des dieux n'étaient pas encore nées.

La notion de l'unicité du créateur, qui est le thème du second ensemble, est également un facteur déterminant dans la situation de la naissance de Chou. Celui-ci vient à l'existence par le fait même qu'Atoum surpasse sa solitude. Le caractère extraordinaire de la naissance de Chou est justement conditionné par cette solitude.

Les deux autres mythèmes évoqués, la création du ciel et de la terre ainsi que la création des dieux n'ont, en revanche, aucun rapport direct avec les situations décrites. La mention de ces mythèmes fonctionne comme illustration de la situation présentée. L'absence des éléments cosmiques et des dieux illustre la solitude d'Atoum et la primogenèse de Chou, sans en être ni la condition, ni la conséquence,

---

[8] Les deux versions B2L et B1P ajoutent *jr.s Gb* que J. ZANDEE, *ibid.*, p. 72, interprète comme *jr s(y) Gb* « afin que Geb l'épouse ». Il n'est pas impossible que nous soyons ici en présence d'une tradition erronée et que Geb fût à l'origine nommé dans une proposition parallèle à celle concernant Nout.

ni la suite chronologique. Dans cette fonction, ces deux mythèmes ne sont que des exemples auxquels pourraient s'ajouter ou se substituer de nombreux autres éléments majeurs ou mineurs de l'univers.

En effet, dans un passage qui présente l'origine d'un des quatre vents comme un événement primordial, des notions cosmogoniques fondamentales sont associées à des thèmes plus rares. Le tableau de situation est à nouveau composé de propositions négatives qui expriment l'antériorité du vent en question par rapport aux hommes et aux dieux, mais aussi, curieusement, par rapport au piégeage d'oiseaux et à la domestication des animaux. Le cadre et la valeur mythologiques de ces deux acquis de la civilisation, dont la mention est intéressante du point de vue anthropologique, nous restent malheureusement inconnus.

La notion des mâchoires de Matret est rarement attestée, mais paraît bien avoir un lien avec les conceptions cosmogoniques. La dernière proposition du passage semble se référer à Atoum, l'ancien par excellence, pour qui le désir est un facteur créateur essentiel.

214

... rḫ.j msy.k ḫpr rn.k
n msyt rmṯ
n ḫprt nṯrw
n sḫtt 3pdw
n spḥt k3w
n ꜥnnt ꜥrty M3ṯrt (var. : *M3tt*) *s3t nṯr ꜥ3* (var. : *s3t nṯr dw3y*)
n jryt s3r r jkw nb pt t3
Je connais ton origine, ton nom est venu à l'existence
avant que les hommes ne fussent nés,
avant que les dieux ne fussent venus à l'existence,
avant que les oiseaux ne fussent piégés,
avant que les taureaux ne fussent maîtrisés,
avant que les deux mâchoires de Matret, la fille du grand dieu (var. : du dieu matinal), ne fussent attachées
et avant que le désir ne fût accompli pour l'ancien, le maître du ciel et de la terre.
CT 162 II 399b-401b.

Une fois de plus, on peut constater l'absence de tout lien entre les thèmes, hormis le parallélisme entre les hommes et les dieux, d'une part, et entre les oiseaux et les taureaux, d'autre part. Les thèmes évoqués ne forment pas un enchaînement chronologique et leur regroupement semble fortuit. Chaque proposition constitue un exemple indépendant qui sert à illustrer la primogenèse du vent.

Les mythèmes concernant les modes de création peuvent également être regroupés.

215

Je suis venu à l'existence
et je me suis constitué dans le corps du grand dieu qui est venu à l'existence de lui-même.
Il m'a créé par sa volonté-*jb*,
il m'a fait par sa puissance-*3ḫw*,
il m'a exhalé de son nez,
je suis celui dont la formea été expirée [9]
celui qu'a créé ce noble dieu qui est venu à l'existence de lui-même,
lui qui ouvre le ciel de sa beauté,
qui rassemble les formes des dieux,
dont les dieux qui le font traverser ne connaissent pas le nom, celui que les Henmemet suivent.
J'ai poussé de ses jambes,
je suis venu à l'existence de ses bras,
je me suis élevé de ses membres,
il m'a créé par sa propre volonté-*jb*,
il m'a fait par sa puissance-*3ḫw*,
car je n'ai pas été enfanté par enfantement.
CT 75 I 336a-345c, B2L et, avec de légères variantes, toutes les versions, sauf G1T et A1C; textes **64**, **51**, **65**.

Cette longue liste de notions peut sembler contradictoire à première vue. Sept modes de création sont juxtaposés, regroupant quatre parties du corps d'Atoum, son haleine et deux puissances. Il n'est guère possible d'envisager une cohérence interne ou une succession logique de ces notions qui décrivent l'origine de Chou. Nous ne nous trouvons pas ici en présence d'un récit qui expliquerait les étapes de la formation de du dieu-fils.

Toutes ces notions constituent des renseignements indépendants et complémentaires au sujet de l'origine du dieu. L'énoncé principal figure à la fin : Chou n'est pas né par un enfantement naturel, mais il est

---

[9] Les deux versions les plus anciennes, G1T et A1C, omettent toute la suite et passent d'ici à la dernière proposition de ce passage.

issu de son père de façon surnaturelle. Tous les mythèmes énumérés figurent comme illustrations de cette origine exceptionnelle qui est le thème central du passage. Plus il y a d'exemples de modes d'origine extraordinaires, plus l'énoncé principal se trouve confirmé. Du point de vue de la réflexion, nous rencontrons ici le principe de la « multiplicité des approches » qui cherche à mieux comprendre un phénomène compliqué en l'expliquant et en l'illustrant de multiples manières. Cette démarche intellectuelle, qui vise une approche globale de la question, offre en outre, du point de vue littéraire, l'effet apprécié de l'énumération.

Tous les exemples cités ci-dessus contiennent une série de propositions courtes dont chacune exprime une notion. Ces notions, dont le choix semble souvent très libre, sont rattachées de façon assez vague à un énoncé principal. Parfois, une certaine exhaustivité des possibilités paraît être recherchée. Les notions se caractérisent par une grande indépendance et une polyvalence qui leur permet d'apparaître dans des contextes différents. Les mythèmes, dont chacun évoque par lui-même une image, s'associent pour composer un grand tableau qui véhicule et qui décrit un message principal. Chaque élément apporte une information supplémentaire qui enrichit et définit le thème central. Les mythèmes sont juxtaposés sans forcément être placés dans un ordre de succession chronologique. On relèvera surtout le caractère statique de ces tableaux ; aucune action ne s'y déroule, ils ne présentent aucune transition d'une situation à une autre. Ces ensembles qui sont souvent très riches en idées et en images, ne sont pas narratifs, mais essentiellement descriptifs.

CHAPITRE IX

L'ÉTAT DU MYTHE DE LA CRÉATION AU MOYEN EMPIRE

Dans les pages qui suivent, la question épineuse de l'état du mythe de la création comme forme d'expression et de réflexion sera abordée. Dans quelle mesure et à quelles conditions pouvons nous parler de mythe à propos des conceptions présentées dans la première partie de cette étude ? Quel pourrait avoir été le milieu d'origine de ces conceptions ?

Il convient de souligner d'emblée l'unité et la cohérence des notions de cosmogonie attestées dans notre documentation. Malgré la forme particulièrement succincte sous laquelle elles sont transmises, on constate que toutes les notions se développent selon une trame générale. Il existe un seul élément primordial, le Noun, à partir duquel se constitue un créateur autogène, Atoum / Rê, qui invente l'existence et qui dispose d'une série de moyens complémentaires pour créer par émanation un fils ou un couple d'enfants, ainsi que les dieux et l'humanité. Il pourvoit également à la création d'un espace vital en séparant le ciel de la terre. Le fils de l'autogène a une fonction très spécifique en ce qu'il est le responsable du maintien de la création. Ce n'est qu'à ce niveau qu'apparaissent quelques divergences. Si le rôle du fils-créateur est constant, son nom peut changer. Chou n'est pas le seul fils (aîné) d'Atoum ; Ptah, Hâpi, Heka, et peut-être d'autres encore, s'en réclament également. Les raisons de ces variantes ne paraissent pas clairement. Sont-elles d'ordre géographique, historique, fonctionnel...?

L'ensemble des conceptions de création forme une unité remarquable. Parce qu'il n'y a de fluctuation qu'au sujet du nom du fils et que toutes les autres informations concordent à travers l'ensemble du pays et pendant plusieurs siècles d'utilisation de ces textes, on peut conclure que les notions de cosmogonie se rapportent à un concept global unique. Ce concept, même s'il n'est jamais formulé de façon exhaustive, n'est nullement abstrait. Les différents protagonistes y ont un nom et ils agissent. Malgré le fait caractéristique que des divinités définies sont décrites dans leurs actions et leurs interactions, l'existence de mythes a été contestée pour l'époque qui nous concerne [1]. C'est essentiellement la rareté de récits relatifs à la cosmogonie et à d'autres phénomènes surnaturels qui a fait douter de la présence de mythes. La problématique a été traitée dans un récent article de J. Baines [2]. Elle mérite néanmoins un développement détaillé pour le sujet et la période étudiés ici.

Il s'agira dans un premier temps d'observer les types de formulations qui peuvent être utilisés pour transmettre une notion de cosmogonie. Seront abordés ensuite le rôle du contexte et son impact sur le concept mythique ainsi que la question de la narration et de sa signification pour le mythe. Quelques réflexions sur la place des conceptions cosmogoniques dans la pensée et dans la société égyptiennes seront esquissées en fin de chapitre.

Les types de formulations.

Une forme très caractéristique qui mobilise souvent des notions de cosmogonie est le discours direct. On peut distinguer le monologue dans lequel une divinité se présente elle-même, de la forme plus rare du dialogue entre deux dieux. Beaucoup de mythèmes de création proviennent en effet du genre de textes que l'on appelle les arétalogies. Ce sont des descriptions et des qualifications d'une divinité placées dans la bouche du dieu lui-même et souvent, par extension, dans celle du défunt qui s'identifie à celui-ci [3].

Les discours peuvent être tenus sans autre introduction que la présentation de la divinité : « Je suis Hâpi, celui qui... ». Dans quelques circonstances, le dieu orateur s'adresse à son auditoire et annonce qu'il va lui raconter quelque chose. C'est la cas notamment au *spell* 75 où Chou s'indigne que les dieux ancêtres (*nṯrw jmyw-b3ḥ*) s'informent auprès de Noun pour apprendre comment Chou est venu à l'existence.

---

[1] Notamment par J. ASSMANN, « Die Verborgenheit des Mythos in Ägypten », *GöttMisc* 25, 1977, p. 20.

[2] J. BAINES, « Egyptian Myth and Discourse », *JNES* 50, 1991, p. 81-105.

[3] J. ASSMANN, *LÄ* I, col. 425-434.

« Je dis : soyez silencieux, dieux de l'ennéade, soyez déférents, dieux ; je vais vous raconter ma venue à l'existence de moi-même [4] ». Selon Chou, Noun n'a pas vu sa venue à l'existence et ne connaît pas l'endroit où elle a eu lieu. La « narration » annoncée consiste ensuite en la longue énumération de modes de création qui illustrent son origine extraordinaire et que nous avons citée plus haut comme exemple d'un « tableau de situation » [5].

Une autre proclamation importante se trouve au *spell* 1130. Elle est introduite ainsi : « Paroles dites par celui dont les noms sont secrets, le maître de l'univers... ». Le créateur s'adresse ensuite à son auditoire, les hommes, en ces termes : « Soyez donc en santé et en paix. Je vous répète quatre bonnes actions que ma propre volonté a faites pour moi... » [6]. Dans le corps du discours, chaque passage est introduit par une phrase narrative *jw jr.n.j...* « j'ai fait (une action) ». La seconde proposition contient l'explication de la raison d'être et du but de l'action créatrice.

Aussi bien les discours, annoncés comme tels et tenus à un auditoire précis, que les simples « autoportraits » d'un dieu, les arétalogies, sont composés de différents types de formulations. De longs développements descriptifs du style des « tableaux » en sont caractéristiques. Les mythèmes y sont juxtaposés et servent à présenter des aspects indépendants d'une situation ou d'un fait particulier. Les notions peuvent être formulées soit comme propositions temporelles (positives avec *m* -« lorsque » ou négatives avec la forme verbale *n sḏmt.f)*, soit comme éléments narratifs très brefs (forme *sḏm.n.f)*. Tous ces types de formulations apparaissent aussi en dehors des « tableaux », dans des mentions plus isolées. La brièveté de l'évocation des différentes notions est caractéristique de toute notre documentation. Il existe toutefois quelques passages où un seul mythème est développé avec soin et insistance. On citera par exemple l'exposé très détaillé de l'état de symbiose d'Atoum, Chou et Tefnout avant leur éclosion [7] ou la description de l'autogenèse au *spell* 714 (cf. ci-dessous).

---

[4] CT 75 I 330c-333b ; *ḏd.j n.ṯn ḫpr.j ḏs.j*. La particule *ḏs.j* ne peut pas se rapporter au verbe « raconter », mais fait partie de l'expression *ḫpr ḏs.f* qui désigne l'autogenèse. Dans ce spell, l'origine exceptionnelle de Chou est considérée comme une forme d'autogenèse.

[5] CT 75 I 336a-345c ; texte **215**.

[6] CT 1130 VII 462a-b ; texte **197**.

[7] CT 80 II 32g-33a ; texte **23**.

Les formulations temporelles renvoient de façon très concise à un événement ou à une action, tout en véhiculant l'information que ce fait a eu lieu. Exemples : « ce jour où Atoum s'éleva de l'intérieur de son espace » [8] ; « ce jour où Atoum parla avec Noun » [9] ; « lorsqu'il était un et qu'il devint trois » [10] ; « lors de la séparation du ciel de la terre et du Noun » [11]. Ces propositions contiennent des données qu'il est facilement possible de reformuler de manière discursive. Ainsi on peut tirer du premier exemple le renseignement suivant : Atoum existait à l'intérieur de son espace (le Noun) et un jour, il s'en éleva. Néanmoins, ces formulations gardent un caractère vague et presque allusif. Le terme allusion doit être utilisé avec grande prudence dans ce contexte ; on ne peut certainement pas considérer l'ensemble des formulations de notions comme de simples allusions à un récit de la création qui ne nous est pas attesté. L'exemple du dialogue entre Atoum et Noun montre que des développements plus explicites peuvent exister à côté d'évocations très succinctes. La plupart des textes ne fournissent qu'une brève mention du fait que les deux dieux échangèrent des paroles qui furent décisives pour la venue à l'existence d'Atoum. Seul le *spell* 80 expose ce thème et précise exactement ce que les dieux se disaient [12]. Il est difficile de savoir si ce passage constitue le développement ou la mise en scène d'un mythème ou si, au contraire, les formulations plus brèves sont des renvois ou des allusions à un dialogue dont le lecteur est sensé connaître le contenu. La première hypothèse semble plus probable : la brève notion est en elle-même porteuse d'un renseignement mythique et la forme discursive est un développement occasionnel.

Les évocations narratives d'une action sont bien attestées. Généralement basées sur une proposition à la forme *sḏm.n.f*, elles existent déjà dans les Textes des Pyramides. Le *spell* 527 de ce corpus fournit un exemple très élaboré et exceptionnellement narratif [13] : « C'est Atoum, celui qui est venu à l'existence, lui qui se masturba à Héliopolis. Il mit (*wd.n.f)* son phallus dans son poing pour s'en faire

---

[8] CT 79 II 24f-25a ; texte **20**.
[9] CT 76 II 8a ; texte **19**.
[10] CT 80 II 39e ; texte **92**.
[11] Textes **173-175**.
[12] CT 80 II 34g-35h, texte **22**.
[13] Cf. J. BAINES, *JNES* 50, 1991, p. 95.

jouir, les deux enfants Chou et Tefnout ont été mis au monde» [14]. Dans les Textes des Sarcophages, les passages qui présentent de façon aussi claire une suite d'actions et une situation qui évolue d'un début vers un résultat sont très rares. Un passage du *spell* 77 (texte **43**) que nous avons déjà relevé pour son classement linéaire des idées, traite des mêmes notions et s'apparente de près au modèle des Textes des Pyramides.

On rencontre cependant des séries de formes narratives, ainsi par exemple «je suis venu à l'existence de ses bras, je me suis élevé de ses membres, il m'a créé par sa propre volonté...» [15]. Une proposition avec *sḏm.n.f* peut aussi être suivie d'une phrase non-verbale : « J'ai fait venir à l'existence (*sḫpr.n.j*) les dieux de ma sueur, (mais) les hommes sont les larmes de mon œil» [16]. Malgré leur aspect narratif, ces éléments ne constituent pas une narration, mais se trouvent simplement accolés.

La forme verbale relative est employée très fréquemment pour mettre en rapport une divinité avec un événement ou une action : « Il est beau, ce jeune dieu (Hâpi) que Rê a fait par sa puissance-*3ḫw*» [17]. Ici encore, le verbe sert à décrire et non pas à narrer.

Les épithètes constituent un dernier type de formulation qui véhicule très souvent des notions de création. Parmi les nombreux exemples, ne citons que *Tm ḫpr ḏs.f* « Atoum qui est venu à l'existence de lui-même» ou *jnk nf3 jrw* «je suis celui dont la forme a été expirée». Des désignations comme *nb w*^{c} «maître unique», *nb* ^{c}*nḫ* «maître de vie» ou *jt nṯrw* «père des dieux» se réfèrent aussi à des conceptions cosmogoniques.

On peut constater que toutes les formulations, quelle que soit leur longueur, développent un langage essentiellement descriptif, y compris celles qui possèdent une apparence narrative. Le caractère souvent très imagé des conceptions a peut-être favorisé l'utilisation d'un style descriptif plutôt que narratif. La description procède par évocation

---

[14] PT 527, pyr. 1248a-d ; texte **40**.

[15] CT 75 I 342b-345a. Toutes ces propositions mettent l'emphase sur le procédé surnaturel : « c'est de ses bras que je suis venu à l'existence, c'est de ses membres que je me suis élevé... ».

[16] CT 1130 VII 464g-465a.

[17] CT 317 IV 117f.

d'une série d'images et n'est pas obligée de suivre le même cheminement logique et chronologique que devrait prendre la narration.

Le rôle du contexte.

À l'exception du *spell* 714 qui n'est attesté que sur un seul cercueil et dont la fin est perdue, aucun *spell* des Textes des Sarcophages n'est consacré entièrement à des thèmes cosmogoniques. Ce *spell* est une arétalogie d'Atoum / Rê et non de Noun comme il semblerait à première vue. C'est une description du créateur et de son autogenèse sous forme d'un discours qui contient un renvoi à un événement (l'émersion), plusieurs épithètes, quelques propositions narratives, ainsi que la mention de la création des hommes formulée d'une manière curieuse qui paraît presque proverbiale.

216 *Jnk [pr m ?] Nww*
w^{c} jwty snw.f
ḫpr.n.j jm sp wr n mḥt.j ḫpr.n.j
jnk p3 ḫpr.f dbnn jmy swḥt.f
jnk š3^{c} jm Nww
mk ḥḥw pr.n.j mk wḏ3.j
ḫpr.n.j ḥ^{c}w.j m 3ḫw.j
jnk jr wj
qd.n (.j) wj r mrr.j ḫft jb.j
jw prt jm.j m st-ḥr.j
rmjt jrj[t].j pw m 3d r.j
rmi n špw ḥrw-s3.j ///
Je suis [celui qui est sorti du ?] Noun,
l'unique qui n'a pas de semblable.
Je suis venu à l'existence lors de la grande occasion de mon émersion, je suis venu à l'existence.
Je suis celui qui s'est envolé, qui a la forme de celui qui s'encercle, celui qui est dans son œuf.
Je suis celui qui a commencé dans le Noun.
Vois, Hehou, je suis sorti, vois, je suis sain.
J'ai fait venir à l'existence mon corps grâce à ma puissance-*3ḫw*,
je suis celui qui s'est créé,
je me suis façonné comme je le désirais, selon ma volonté.
Ce qui est sorti de moi est sous mon autorité.
Les larmes, c'est ce que j'ai produit à cause de la colère contre moi,

les hommes appartiennent à la cécité qui est derrière moi. ///
CT 714 VI 343j-344h, B3L ; texte **30**.

Les conceptions relatives à la cosmogonie ne sont jamais présentées dans les Textes des Sarcophages pour leur propre intérêt, dans le but de les communiquer ou de les enseigner. Ceci est d'ailleurs vrai dans une large mesure jusqu'aux dernières époques de l'histoire égyptienne.

Dans notre documentation, les notions de cosmogonie constituent une matière brute qui est utilisée à des fins funéraires. L'objectif principal des textes funéraires est d'assurer au défunt son intégrité et son bien-être physique de même que le pouvoir de vaincre les innombrables dangers et ennemis de l'autre monde.

Un des meilleurs moyens pour atteindre un statut d'invincibilité est de se transformer en une divinité en s'identifiant à elle. Un grand nombre de Textes des Sarcophages visent précisément ce but. Toutes les divinités peuvent être l'objet d'une telle identification [18]. Les défunts cherchent également à se transformer en faucon (la forme divine par excellence) ou en d'autres oiseaux, en vent ou en blé, ces manifestations lui garantissant une grande mobilité et la subsistance dans l'autre vie. Les textes de transformation (*sš ḫprw*, CT 335 IV 310a) constituent un genre particulier, abondamment représenté, à l'intérieur de la littérature funéraire [19]. Les arétalogies sont un autre type de textes qui se rapproche de très près des formules de transformation. Une fois la transformation atteinte, le défunt devenu dieu proclame son identité. Les deux genres de textes se mélangent d'ailleurs souvent [20]. La proclamation de l'identité et la description du caractère du dieu peuvent déjà servir de moyens de s'identifier avec lui. Pour être efficaces, ces textes doivent mettre à disposition du défunt un étalage de savoir aussi vaste que possible.

Plus le défunt possède d'informations au sujet d'un dieu, plus il sera en mesure de s'identifier à lui. Le savoir est de manière générale un élément essentiel dans la religion égyptienne. Même en dehors du contexte particulier des identifications funéraires, les dieux sont avant

---

[18] On trouve ainsi des textes qui selon leur titre servent à se transformer en Anubis, Atoum, Basty, Chou, Hâpi, Hathor, Heka, Horus, Hotep, Hou, Ihy, Khepri, Khonsou, Maât, Nehebkaou, Neith, Neper, Osiris, Sobek, Soped, Thot.

[19] H. BRUNNER, *LÄ* VI, col. 1025 et n. 31.

[20] La majeure partie des documents est regroupée par P. BARGUET, *Sarcophages*, p. 460-563.

tout objets de connaissances. Des renseignements concernant les dieux peuvent se mêler dans ces compositions à des conceptions spécifiquement funéraires.

Outre le besoin de réunir le plus grand nombre d'informations se rapportant aux différentes divinités, il existe plusieurs points de rencontre entre les conceptions funéraires et celles concernant le début du monde. Ceux-ci justifient l'intégration des notions cosmogoniques dans les textes funéraires. On sait que l'association est pour les Égyptiens une forme de réflexion qui aboutit à des identifications non seulement formelles, mais surtout essentielles. Les principales idées funéraires qui entraînent des associations cosmogoniques sont les suivantes :

— L'identification de l'au-delà avec le Noun et l'espoir d'une renaissance dans l'autre monde peuvent être assimilés aux notions concernant la prise de conscience et l'émersion d'Atoum. Les deux conceptions contiennent, à des niveaux différents, l'idée du passage d'une forme d'existence virtuelle et difficile à imaginer (la mort dans un cas, la préexistence dans l'autre) vers la seule forme d'existence connue qu'est la vie, que l'on suppose être semblable dans ce monde et dans l'autre. À ce titre, le *spell* 714 cité ci-dessus peut être compris comme un texte funéraire décrivant la renaissance du défunt, à l'exception toutefois de la phrase concernant les hommes. Cette dernière phrase appartient clairement aux conceptions cosmogoniques tout en incorporant à son tour une allusion à un autre complexe d'idées, celui de l'œil du créateur et de la déesse furieuse et lointaine. Les textes jouent ainsi avec prédilection sur la polyvalence des notions.

— La renaissance dans l'au-delà peut aussi être comparée à la naissance surnaturelle d'un des enfants du créateur.

— Un autre point de rencontre est l'espérance en une destinée solaire. Le défunt se sert notamment de plusieurs aspects du dieu Chou pour accéder au ciel (Chou est l'étendue entre la terre et le ciel, il est doué d'une force capable de soutenir le ciel, il fournit « l'échelle » pour y monter, il est le vent, les rayons de lumière, etc.). Chou est l'intermédiaire qui permet de réaliser un des espoirs majeurs du défunt, celui de s'associer ou même de s'assimiler à Rê dans l'autre vie. Le processus créateur, la course solaire et la renaissance du défunt constituent des phénomènes analogues et comparables.

Toutes les notions de cosmogonie sont ainsi utilisables et attrayantes pour les conceptions funéraires en raison de la correspondance des idées. La souplesse des associations rend les notions ambivalentes, et chacune peut faire « double emploi » et être comprise aussi bien au niveau cosmogonique qu'au niveau funéraire.

Le contexte funéraire a pu influencer le choix des notions de cosmogonie utilisées et privilégier certaines conceptions qui étaient ressenties comme particulièrement efficaces. Le choix n'a pourtant pas dû être très restrictif, car *a priori* toutes les notions de cosmogonie peuvent répondre à l'espoir de survie dans l'au-delà. De plus, tout ce qui concerne l'origine du monde est chargé de l'extraordinaire énergie primordiale et créatrice et jouit d'un très grand prestige, deux valeurs qui sont essentielles pour la destinée funéraire.

Les conceptions de cosmogonie sont ainsi utilisées comme source d'informations au sujet des dieux en lesquels le défunt souhaite se transformer pour survivre dans l'autre monde. Elles offrent en même temps de nombreux points d'attache pour l'espérance de résurrection. Plusieurs aspects du processus de la création du monde peuvent facilement être comparés à celui de la renaissance et de l'évolution de l'individu vers une nouvelle forme d'existence. Le fait que le contexte funéraire emploie les notions de cosmogonie comme renseignements d'une part et comme points de comparaison et d'explication d'autre part, favorise les formulations non-narratives. L'intérêt n'est pas porté sur l'ensemble du processus créateur mais, de façon ponctuelle, sur les différents moments de ce processus. Un récit de création narrant étape après étape toute l'évolution depuis l'état du Noun jusqu'au monde actuel n'aurait guère d'utilité dans le contexte funéraire. L'évocation de certains moments ou aspects de ce processus peut, par contre, être très significatif et efficace. Le choix des notions utilisées est commandé par le thème développé dans un texte donné. Prises séparément, les notions sont plus polyvalentes et de ce fait plus intéressantes que ne le serait une longue histoire. Ceci semble être une des raisons pour lesquelles les conceptions de création ne se présentent pas, en dépit de leur unité et de leur cohérence, comme un récit, mais plutôt comme un grand *complexe de connaissances* dans lequel les rédacteurs pouvaient puiser des informations et des éléments de comparaison.

La narration et le mythe.

L'utilisation privilégiée des conceptions cosmogoniques dans le contexte funéraire ne fournit probablement pas la seule explication de l'absence de récits narratifs de la création. Ceci est d'autant plus vraisemblable que les Textes des Sarcophages contiennent plusieurs passages d'une certaine longueur dont la forme est manifestement narrative. Parmi les exemples les plus éloquents se trouve le *spell* 148, un texte dramatique ou théâtral qui comporte des parties narratives présentées par un commentateur et des discours directs tenus par Isis, Atoum et Horus [21]. L'ensemble constitue une histoire cohérente qui passe de l'annonce de la grossesse d'Isis (avec des renvois au meurtre d'Osiris) à la garantie accordée par Atoum de protéger l'enfant « dans l'œuf » d'éventuelles attaques de Seth. Après une brève description de la naissance, Horus se présente et affirme sa prééminence. Bien que l'histoire se développe de façon linéaire et chronologique, on peut constater que les rédacteurs ou les metteurs en scène ont opéré un choix des thèmes. Le conflit d'Osiris et de Seth n'apparaît qu'en filigrane et l'enfance d'Horus est passée sous silence [22], car le texte vise avant tout la proclamation de la suprématie du dieu en lequel, selon le titre d'une des versions, le défunt souhaite se transformer.

Un autre texte dramatique, le *spell* 312, se sert également d'éléments du courant mythique autour d'Osiris et d'Horus pour composer une histoire qui développe la thématique de l'obligation du fils d'accéder à la succession de son père [23].

Plusieurs narrations mythiques se trouvent insérées dans un ensemble de textes concernant « la connaissance des *bas*», les *spell*s 154 à 160. Certains de ces récits traitent de thèmes et de dieux bien connus, d'autres se rapportent à des événements mythiques d'une portée plus limitée. Ainsi par exemple les épisodes suivant :

« Il était arrivé que Rê se disputait avec le serpent Imy-ouhemef <au sujet du partage d'Héliopolis>, et alors sa bouche fut mutilée - d'où la diminution de la fête du mois. Alors Imy-ouhemef dit : « Je prends mon trident et j'hérite de cette ville » - d'où le trident. Alors Rê dit : « Je dresse mes mâts-*senout* contre lui et je le repousse » - d'où la fête-*senet*.

Il était arrivé à Rê que Imy-inesef avait bondi sur lui avant qu'il ait pu lever son bras contre lui ; alors il lui avait tendu un piège sous l'aspect d'une femme porte-tresse - d'où le porte-tresse d'Héliopolis. Un chauve avait un pouvoir prédominant sur (ce) temple - d'où le chauve (d'Héliopolis), jusqu'à ce qu'existât l'Héritier, le

---

[21] Pour la structure de ce texte voir R.H. O'CONNELL, « The Emergence of Horus », *JEA* 69, 1983, p. 86 sq.

[22] Le thème de la protection d'Horus qui est souvent rattaché à celui de son enfance à Khemmis est ici associé avec sa gestation dans le sein d'Isis.

[23] H. BRUNNER, « Zum Verständnis des Spruches 312 der Sargtexte » *ZDMG* 36, 1961, p. 439-445 ; = *OBO* 80, 1988, p. 309-315.

Grand-qui-voit-le-père, et le chauve devint le Plus-grand-des-voyants, le fils qui officie pour son père. » [24]

La fonction de ces brèves histoires est claire. Chacune explique un fait cultuel de la ville d'Héliopolis, un objet rituel, une fête ou les titres des prêtres. Aborder l'évolution et la signification du lien entre le rite et le mythe dans la religion égyptienne sortirait de notre propos [25]. Cependant, nous pouvons constater que les passages narratifs les plus développés se situent soit dans des textes dramatiques, soit dans des textes qui se rapportent aux cultes divins ou funéraires. Or, les notions de cosmogonie ne trouvent aucune utilisation dans ces deux catégories de textes. Les jeux dramatiques ou rituels se basent sur des épisodes mythiques relevant du cycle royal (Horus prenant la succession d'Osiris), du cycle cosmique (retour périodique des phénomènes naturels) et du cycle osirien [26]. L'origine du monde ne semble se prêter ni à une mise en scène, ni à une réinterprétation dans le cadre des grandes problématiques de ce monde-ci.

Pour autant que notre connaissance limitée du culte divin aux époques reculées nous permette d'en juger, les notions de cosmogonie n'entrent pas non plus, durant le Moyen Empire, en association avec les différents rites et éléments cultuels. Le culte divin, dont la responsabilité incombe au roi et, à travers lui, à toute la société, vise au maintien de l'univers. Le rituel n'est pas créateur par lui-même mais tente de susciter le renouvellement de la création de la part des dieux. Ainsi, le roi n'agit-il pas comme créateur, mais comme son fils qui veille à la perpétuation de l'œuvre créatrice et qui, par ses soins, met le dieu en état de dispenser l'énergie vitale. Les actes et objets rituels ne

---

[24] Traduction de P. BARGUET, *Sarcophages*, p. 571 ; CT 154 II 274c-287a. Sur ce passage voir aussi, K. SETHE u. Gen., « Die Sprüche für das Kennen der Seelen der heiligen Orte », *ZÄS* 57, 1922, p. 12-26.

[25] E. OTTO, « Das Verhältnis von Rite und Mythus im Ägyptischen », *SAWH* 1958. Pour la « Mythisierung der Rituale » cf. aussi J. ASSMANN, *GöttMisc* 25, 1977. Pour les deux auteurs, le mythe a été ajouté de façon secondaire au rite lorsque celui-ci a commencé à avoir besoin d'explications, E. OTTO, *op. cit.*, p. 9 ; J. ASSMANN, *op. cit.*, p. 15 sq. Voir aussi J. BAINES, *JNES* 50, 1991, p. 83 et n. 16. Cet ordre des faits n'est toutefois ni obligatoire ni universel, le rite peut aussi répéter les notions mythiques, cf. W.G. LAMBERT, « Myth and Ritual as Conceived by the Babylonians », *JSS* 13/1, 1968, p. 104-112.

[26] J.-Cl. GOYON, *LÄ* I, col. 1140. Pour la période étudiée ici, le papyrus dramatique du Ramesseum fournit de bons exemples, cf. K. SETHE, *Dramatische Texte zu altägyptischen Mysterienspielen*, *UGAÄ* 10, 1928, p. 83-258.

semblent guère attirer, de ce fait, des associations ou des explications d'ordre cosmogonique. Dans le culte journalier du Nouvel Empire, les notions de cosmogonie apparaissent dans les passages de louange hymnique du dieu [27], mais l'origine du monde ne sert pas de modèle aux gestes mêmes du rituel [28].

Toutefois, les conceptions ont évolué dans ce domaine aussi et, à l'époque tardive, des notions de cosmogonie pouvaient se trouver étroitement associées aux actes et ustensils rituels, ainsi qu'en témoigne par exemple le Papyrus Salt 825 [29].

Dans le contexte funéraire, l'utilisation des conceptions cosmogoniques ne se fait pas au niveau rituel, mais uniquement au niveau idéel de l'espoir de renaissance.

Pour tous les cultes et rituels, qu'ils soient divins, royaux ou funéraires, l'immense complexe de connaissances concernant Osiris, Seth, Isis et Horus fournit une abondante matière d'explications et de comparaisons. C'est de ce mythe, par conséquent, que nous possédons le plus grand nombre de passages qui revêtent une forme narrative. Mais on constate, à travers ces passages, de grandes fluctuations dans la composition. Les narrations ne comportent pas toujours les mêmes mythèmes et n'ont pas forcément le même début et la même fin. Même à propos d'un seul épisode, il n'existe pas de récit unique et définitif. Ces « inconsistances » reflètent certainement la liberté des rédacteurs de choisir parmi les mythèmes disponibles ceux qui correspondent le mieux au contexte. Pour les conceptions osiriennes également, aucune séquence fixe de mythèmes ne semble contraindre ce choix.

---

[27] Au Papyrus Berlin 3055 ce sont les passages VI,9-VII,2 et XIV-XVIII, A. MORET, *Le Rituel du culte divin journalier*, 1902, p. 69, 123-135 ; J. ASSMANN, *ÄHG*, 1975, p. 261-265 ; A. BARUCQ, Fr. DAUMAS, *Hymnes et prières*, p. 288-296.

[28] Une possible exception pourrait être constituée par le *spell* 600 des Textes des Pyramides (texte **45**) dont on connaît l'utilisation dans le rituel divin (« mettre le collier-*wsḫ* ») dès le Nouvel Empire et jusque dans les temples de l'époque romaine, cf. E. GRAEFE, *OLA* 39, 1991, p. 129-148. Ce texte avait peut-être déjà à l'Ancien Empire une fonction rituelle dans la consécration de la tombe royale, cf. E. OTTO, « Zur Überlieferung eines Pyramidenspruches », *Studi Rosellini*, 1955, p. 225-237.

[29] Ph. DERCHAIN, *Le Papyrus Salt 825*, 1965, p. 137. Ainsi, les larmes de Rê se changent en une abeille qui produit la cire et le miel, la sueur de Rê se transforme en lin. Ces éléments, parmi beaucoup d'autres, interviennent dans le rituel.

En raison de leur contenu et de leur signification, les notions de cosmogonie ne se prêtent à être utilisées ni dans le jeu dramatique, ni dans le rituel. Elles sont ainsi exclues de deux contextes qui pourraient, dans une certaine mesure, favoriser le développement de passages narratifs.

L'utilisation des conceptions cosmogoniques dans tels genres de contextes plutôt que dans d'autres n'est toutefois pas la principale raison de l'absence de récits de création.

La rareté des narrations mythiques en général, ainsi que la brièveté et la mobilité des passages narratifs, intriguent depuis longtemps les chercheurs. Ce phénomène a suscité deux réactions différentes.

S. Schott, et après lui la plupart des auteurs, constatent cet état de faits, analysent en détail les lieux et les formes des attestations mythiques, mais n'expliquent guère l'absence d'histoires mythiques [30].

Pour J. Assmann, au contraire, cette absence de narrations signifie que le mythe n'existe pas encore. Le Moyen Empire aurait été la période formatrice et le vrai mythe ne serait apparu qu'au Nouvel Empire. Le contraste entre l'absence de narrations mythiques d'une part, et l'abondance de « citations mythiques », de l'autre, signifie pour Schott, que le mythe comme histoire cohérente était présupposé ou sous-entendu. Assmann rejette cette théorie du mythe présupposé qui existerait, mais dont la cohérence des actions ne serait attestée, dans les textes, que sous une forme fragmentée et déchirée. Selon lui, les rôles et les actions des dieux, n'étant pas intégrés dans la connexité de la narration, ne relèvent pas du mythe, mais de ce qu'il appelle « les constellations » [31].

On peut reprocher à cette dernière théorie de ne pas prendre en considération l'ensemble des notions se rapportant à une action survenue dans le monde divin. Le fait que les mythèmes se regroupent de différentes façons et en des séquences variables semble impliquer que les scribes qui composaient les enchaînements avaient à l'esprit un éventail de notions beaucoup plus large. Ils concevaient probablement aussi que les mythèmes se référaient à certains concepts généraux, dans

---

[30] S. SCHOTT, *Mythe und Mythenbildung im alten Ägypten*, *UGAÄ* 15, 1945 ; *id.*, dans *HbOr* I, 1/2, 1952, p. 67-75. S. MORENZ, *Ägyptische Religion*, 1960, p. 168, constate que les conceptions sont transmises sous forme de *disiecta membra*.

[31] J. ASSMANN, *GöttMisc* 25, 1977, p. 15.

la mesure où ils répondent à des problématiques centrales (l'origine du monde ; les aspects de la vie humaine, de la société et de la royauté illustrés par les innombrables mythèmes concernant Osiris, Isis, Horus et Seth ; l'énergie destructrice mais régénératrice de la déesse furieuse, etc.). L'ensemble des notions correspondant à une problématique n'est jamais présenté sous une forme consécutive et narrative et, comme nous tenterons de le montrer ci-dessous, ne pouvait pas être coulé dans un seul récit cohérent. Dans ce sens, on conviendra avec Assmann que le mythe comme narration indépendante n'existe pas durant une très grande partie de l'histoire égyptienne, bien que l'on trouve à toutes les époques de brefs passages narratifs et des séquences de notions inclus dans des textes de divers genres. Le point délicat de la théorie d'Assmann est l'évaluation du degré de transitivité exigé pour qu'une « vraie » narration se développe [32] et de la longueur requise pour qu'un texte puisse être qualifié de mythe.

Dans un récent article, J. Zeidler analyse plusieurs passages des Textes des Pyramides relatifs à Osiris, Horus et Seth selon une méthode développée par Vladimir Propp pour l'étude des contes [33]. Il peut démontrer ainsi l'existence d'interactions et de relations entre divinités qui dépassent à l'évidence le cadre de ce que Assmann définit comme des constellations. Les textes assignent des rôles spécifiques aux protagonistes et décrivent des suites d'actions et d'événements (« Funktionssequenzen ») qui, malgré leur brièveté, donnent à ces passages un caractère mythique.

Toutes les recherches sur les mythes égyptiens partent du postulat unanime que le mythe est inséparable de la narration [34]. Cette conviction générale semble provenir de deux sources : d'une part, de l'étude du mythe grec, et d'autre part, des travaux anthropologiques. Le mythe grec, qui depuis le siècle dernier est à l'origine de toute recherche mythologique, est présenté en effet comme une narration instructive et agréable qu'un aîné récite à un groupe de personnes plus

---

[32] J. BAINES, *JNES* 50, 1991, p. 94.

[33] J. ZEIDLER, « Zur Frage der Spätentstehung des Mythos in Ägypten », *GöttMisc* 132, 1993, p. 85-109.

[34] J. BAINES, *JNES* 50, 1991, p. 94 ; E. BRUNNER-TRAUT, *LÄ* IV, col. 277 sq., « Mythos ist eine gattungsindifferente narrative Manifestation einer Göttergeschichte » ; J. ASSMANN, *GöttMisc* 25, 1977, p. 13 ; les travaux de S. SCHOTT, cf. n. 30.

jeunes [35]. C'est une situation similaire que rencontrent les anthropologues qui se font raconter les mythes des civilisations qu'ils étudient. De cette situation essentiellement orale découle tout naturellement la conclusion que « le mythe part d'une structure (narrative), au moyen de laquelle il entreprend la construction d'un ensemble » afin de pouvoir « raconter une histoire » [36]. Pour M. Eliade, la définition la plus large serait : « le mythe raconte une histoire sacrée » [37].

En ce qui concerne le Proche Orient ancien, cette définition se trouve confirmée, dans une certaine mesure, en Mésopotamie où de nombreux mythes nous sont attestés sous la forme de magnifiques compositions littéraires. Ces récits savamment composés ne sont cependant pas le véhicule exclusif du savoir mythique [38].

Pour sortir de cette impasse et de la perplexité face à la disproportion, en Égypte, entre narrations mythiques et informations mythiques, il semble nécessaire d'abandonner l'*a priori* que le mythe doit impérativement être une narration. Les raisons de l'absence de récits mythiques doivent être cherchées à l'intérieur des conceptions mêmes et dans l'emploi et la valeur de l'écriture en Égypte.

Une cause majeure de l'absence de récits de création pourrait être la nature inévitablement spéculative et non-vérifiable de toute conception sur l'origine du monde. Le respect du caractère extrêmement diffus et compliqué de la problématique pourrait avoir encouragé les anciens à maintenir leurs connaissances dans une structure plus souple et ouverte. Ils étaient vraisemblablement conscients qu'ils n'avaient du problème de la création que « quelques notions ». Formuler ces mythèmes dans un récit aurait contribué à leur donner une forme beaucoup plus définitive. Ceci aurait risqué de figer les conceptions et de restreindre ainsi les possibilités de recherches et de spéculations additionnelles. Or, plus une question aussi difficile trouvait d'approches, plus on touchait à une solution globale.

Cette recherche d'augmentation des approches se trouve peut-être illustrée par le fait que les textes du Moyen Empire attestent beaucoup

---

[35] H. WEINRICH, « Structures narratives du mythe », *Poétique* 1, 1970, p. 25 sq., l'auteur utilise l'exemple de Platon, Protagoras 320c.

[36] Cl. LÉVI-STRAUSS, *La Pensée sauvage*, éd. Plon Agora, 1962, p. 41.

[37] M. ELIADE, *Aspects du mythe*, 1963, éd. Gallimard, p. 16.

[38] W.G. LAMBERT, «Der Mythos im Alten Mesopotamien », *ZRG* 26, 1974, p. 4 sq.

plus de modes de création que ceux de l'Ancien Empire. Si notre documentation est représentative, les penseurs se sont gardés d'ériger en dogme la notion de la masturbation d'Atoum, la notion la plus anciennement attestée, refusant d'accorder l'exclusivité à cette conception. Ils ont, au contraire, cherché à décrire la naissance exceptionnelle du fils du créateur par d'autres explications, aussi convaincantes que signifiantes, et imaginé tour à tour d'autres modes de création tels la volonté, le souffle ou la parole.

Comme nous l'avons souligné plus haut, ces approches s'intègrent toutes dans un même concept et constituent des informations complémentaires et non pas des traditions ou des visions divergentes. Les différentes approches ne sont jamais contradictoires ; elles constituent autant de cheminements idéels possibles qui adoptent plusieurs points de vue. Il est probable que les différents noms des fils doivent aussi être compris dans ce sens, comme des explications multiples et additionnelles, plutôt que comme des traditions locales. Dès lors, plus les approches se développent et se multiplient, plus il devient difficile de les réunir sur une même trame narrative.

Le foisonnement des approches exclut la composition d'une histoire cohérente qui tiendrait compte de toutes les notions disponibles. Un développement narratif, s'il veut rester harmonieux, ne peut présenter l'ensemble des mythèmes, mais doit se baser sur un choix restreint qui permet de garantir la progression et la transitivité de la narration.

Inversement, lorsque il s'agit de mettre en valeur la richesse des approches, l'énumération et la juxtaposition des notions sous la forme d'un « tableau » restent la seule possibilité. Les « tableaux » fournissent une palette de réponses à une problématique centrale. Cette structure était considérée comme étant mieux adaptée à la complexité de la question que ne le serait une conception unique intégrée dans un récit. La juxtaposition et l'addition des notions repose sur une longue tradition dans la mesure où elle s'apparente à la forme de la liste qui, dès l'origine de l'utilisation de l'écriture, était fréquemment adoptée pour noter des données d'importance cultuelle [39]. La forme additive et « décousue » a de manière générale été préférée aux structures narratives plus continues, mais aussi plus restrictives et contraignantes.

---

[39] J. BAINES, « Restricted Knowledge... », *JARCE* 27, 1990, p. 7 sq. ; *id.*, « An Abydos List of Gods... », dans J. BAINES *et al.* (éd.), *Pyramid Studies and Other Essays Presented to I.E.S. Edwards*, 1988, p. 124-133.

Dans le domaine des écrits non-religieux, des narrations ont cependant été développées, dès l'Ancien Empire, notamment pour le genre des autobiographies de particuliers et pour les contes.

Dans les conceptions mythologiques, chaque notion véhicule une information concernant soit la qualité d'une divinité (par ex. : Atoum était seul), soit une action survenue dans le monde divin (par ex. : Atoum cracha). Prises individuellement et superficiellement, les notions peuvent ainsi se rapporter à la « constellation » d'un dieu. Mais chaque mythème possède deux niveaux de signification : d'une part, il décrit un fait divin ; d'autre part, il propose une partie de réponse expliquant un phénomène majeur de l'univers.

Au second niveau, un grand nombre de mythèmes se réfèrent à une problématique centrale qui constitue le dénominateur commun aux notions. Toutes les notions qui se rapportent à une seule question méritent ainsi d'être prises en considération globalement, même si, de par leur nature, elles ne peuvent que s'additionner ou former des séquences narratives très limitées. À défaut d'un autre terme, et malgré son caractère le plus souvent non-narratif, l'ensemble des notions qui cherchent à expliquer une des grandes problématiques de l'univers et de l'existence au moyen d'actions et de qualités divines peut être appelé un mythe.

Le mythe égyptien peut ainsi être défini non comme une histoire concernant les dieux (« Göttergeschichte »), mais comme l'ensemble des informations susceptibles d'apporter des explications à une questions si difficile que seule une réponse multiforme peut aspirer à la cerner. Le mythe n'est pas *ce que l'on se raconte des dieux* [40], mais *ce que l'on sait des dieux*. Le mythe est le complexe de connaissances relatives à une problématique. Celle-ci étant abordée par le plus grand nombre de réponses possible, le mythe égyptien est, par essence, non-narratif.

Les Égyptiens n'expliquent pas les phénomènes qui les intéressent par une histoire qui resterait une approche unique (bien qu'elle pût se transformer selon les besoins et au fil du temps), mais par un ensemble de notions complémentaires. Ces ensembles formulés sous la forme de « tableaux » ou de séquences narratives très brèves gardent un caractère provisoire et l'aspect d'une approche possible parmi d'autres, même lorsqu'ils se trouvent fixés par écrit. Le mythe égyptien n'a pas de contour défini, il se compose d'un nombre

---

[40] S. SCHOTT, *HbOr* I, 1/2, 1952, p. 67.

théoriquement illimité d'images qui ont un sens précis et qui expliquent une situation donnée. Ces images vivent, se développent, suscitent des associations et prennent une signification dans d'autres contextes. Plus les notions foisonnent, plus le mythe s'enrichit.

Cette définition du mythe comme un ensemble de connaissances très peu structuré pourrait valoir également pour le domaine oral. Rien n'oblige en effet le savoir de circuler uniquement sous la forme d'une histoire. Le savoir mythique peut exister dans la conscience collective et être transmis d'une génération à l'autre sous la forme de notions et d'images indépendantes, qui sont évoquées dans des circonstances et des contextes variés, sans prendre forcément l'aspect d'une narration.

Marcel Détienne conclut ainsi un chapitre sur l'existence et la transmission du mythe dans la sphère orale : « Reconnaître dans le *mythisme* un des phénomènes majeurs de la mémorabilité dans une culture de la parole, c'est commencer de mettre entre parenthèses le mythe comme un genre littéraire ou comme un type de récit déterminé ; c'est découvrir la diversité des productions mémoriales : proverbes, contes, généalogies, cosmogonies, épopées, chants de guerre ou d'amour. » [41].

En résumé, l'absence des sources anciennes de tout récit de création n'est certainement pas due au hasard des trouvailles. Plusieurs raisons internes aux conceptions et à leur emploi semblent pouvoir expliquer cette absence à première vue déconcertante d'un mythe narratif.

Le mythe est une forme de réflexion et de spéculation qui doit pouvoir évoluer et rester extensible, contrairement au rite qui exige une précision et une rigidité immuable. Le principe de la multiplicité des approches empêche la rédaction d'un seul récit cohérent. Ceci n'exclut pas que de brèves histoires concernant les dieux et leurs actions aient pu être composées occasionnellement à partir d'un choix limité de notions. Ces narrations, à l'époque encore peu nombreuses et dont la brièveté semble caractéristique, ne constituent pas encore des récits indépendents, mais se trouvent toujours intégrées dans d'autres contextes [42].

---

[41] M. DETIENNE, *L'Invention de la mythologie*, 1981, p. 86.

[42] Pour les Textes des Pyramides, J. ZEIDLER (*GöttMisc* 132, 1993) présente les passages qui se rapprochent le plus d'une narration mythique ou qui, tout au moins, se distinguent par la transitivité des actions décrites (PT 356, PT 359, PT 477) ; cf. aussi J. BAINES, *JNES* 50, 1991, p. 95. Les principaux exemples

Concernant l'emploi des notions de cosmogonie, on observe qu'elles sont souvent utilisées dans le contexte funéraire et surtout dans des textes de transformation ou les arétalogies, genres qui favorisent un langage descriptif et qui choisissent quelques mythèmes significatifs selon la thématique développée.

L'utilisation des conceptions dans les textes littéraires, les enseignements, les autobiographies ou les contes, est extrêmement sporadique. On ne trouve le plus souvent qu'un seul mythème mentionné isolément.

Pour les raisons esquissées plus haut, les mythèmes cosmogoniques ne se prêtent pas non plus à une utilisation dans le cadre des cultes, des rites et des jeux dramatiques qui incluent volontiers de brèves narrations mythiques.

D'une manière générale, il semble difficile de concevoir l'utilité et la fonction d'un récit de la création dans la sphère de la langue écrite. Durant la majeure partie de l'histoire égyptienne, aussi bien le mythe de la création que celui d'Osiris et d'Horus ou celui de la déesse lointaine, pour ne citer que les principaux courants, n'ont pas d'existence indépendante. Il n'y a pas de textes de référence; le savoir concernant les dieux et les grands événements cosmiques est transmis sous des formes très variables. Autant les notions mythiques sont significatives dans de nombreux contextes, autant un texte purement mythique ne pouvait guère avoir de valeur à l'intérieur de la littérature religieuse et du domaine de l'écriture sacralisée [43]. Contrairement à certains hymnes et surtout aux œvres littéraires, les textes de contenu mythique ne semblent pas figurer au programme scolaire. Même au Nouvel Empire, le mythe apparaît toujours dans une utilisation secondaire. Les hymnes se servent du mythe comme source d'informations qui fournit une matière pour la description et la louange d'un dieu. Les textes magiques l'utilisent pour obtenir des renseignements efficaces permettant de contraindre les forces hostiles [44]. Le mythe de la *Vache du Ciel*, une des compositions les plus narratives et les plus proches de

---

des Textes des Sarcophages ont été énumérés ci-dessus p. 265 sq. Un passage concernant les aventures d'Horus et Seth se trouve inseré dans un contexte magique sur un papyrus d'Illahoun, cf. F.Ll. GRIFFITH, *The Petrie Papyri*, 1898, pl. 3, n° VI/12, p. 4.

43 P. VERNUS, « Les espaces de l'écrit dans l'Égypte pharaonique », *BSFE* 119, 1990, p. 41-45.

44 Pour un ensemle de formules magiques du Moyen Empire qui contiennent de nombreuses images mythiques, cf. A. ROCCATI, *Papiro ieratico N. 54003, estratti magici e rituali del Primo Medio Regno*, 1970.

la définition courante d'un mythe de toute la documentation égyptienne, n'est pas développé dans un but indépendant, mais comme illustration et explication d'un phénomène cosmique [45]. L'histoire d'Horus et de Seth du papyrus Chester Beatty I n'est pas un texte proprement religieux, mais une pièce de littérature profane qui n'a pas de valeur dogmatique. Même les longs développements du papyrus Bremner-Rhind ne sont pas des narrations mythiques, mais des arétalogies du créateur destinées à renverser Apophis [46]. Une approche globale de la question de l'origine du monde ne semble guère avoir été envisagée avant l'époque romaine [47].

Le mythe comme langage [48]

Dans la réflexion sur les mythes qui a commencé au XVIIIe siècle et l'étude plus systématique de la mythologie à partir du milieu du XIXe siècle, les mythes ont généralement été considérés comme les témoignages les plus anciens de l'esprit humain. Le mythe a été tenu pour une forme archaïque de la pensée, pour les premiers balbutiements des peuples appelés à développer une grande civilisation (le cas des Grecs notamment) ou pour le produit spontané de l'esprit naïf des peuples dits « primitifs ». Cette interprétation a connu un grand essor au XXe siècle dans la science de la psychologie.

La conception des mythes comme œuvres archaïques ou préhistoriques fut acceptée sans conteste par les égyptologues jusqu'au

---

[45] E. HORNUNG, *Himmelskuh*, 1982, p. 76 ; J. BAINES, *JNES* 50, 1991, p. 86, n. 34.

[46] P. Bremner-Rhind 26, 21 - 27, 4 et 28, 20-29 cf. R.O. FAULKNER, *JEA* 23, 1937, p. 172 ; *JEA* 24, 1938, p. 41-46.

[47] Principalement dans les textes d'Esna, S. SAUNERON, *Les Fêtes religieuses d'Esna*, 1962, p. 253-276. Un autre texte cosmogonique d'époque romaine qui semble avoir une structure narrative est le papyrus 13603 de Berlin, W. ERICHSEN, S. SCHOTT, *Fragmente memphitischer Theologie*, *AAWMainz* 7, 1954.

[48] Ce titre s'inspire d'un article extrêmement stimulant de J. RUDHARDT, « Une approche de la pensée mythique : le mythe considéré comme un langage », *Studia philosophica, Jahrbuch der Schweizerischen philosophischen Gesellschaft* XXVI, 1966, p. 208-237. Dans un sens et un contexte différents, Cl. LÉVI-STRAUSS écrivait également « le mythe est langage », *Anthropologie Structurale*, 1958, p. 232.

milieu du XXe siècle [49]. À la conviction de l'ancienneté de la formation des mythes se sont ajoutées les tentatives d'analyser la pensée qui régit cette production, et d'expliquer son incompatibilité apparente avec nos principes de logique. Les théories sur la pensée « pré-logique » ou « mythopoéique » ont eu une grande influence sur les recherches dans le domaine de la religion égyptienne [50].

Depuis quelques décennies cependant, on s'applique davantage à décrire les conceptions fondamentales qui se reflètent dans les mythes, et à comprendre la perception des réalités propre à cette civilisation, plutôt qu'à juger la production mythique selon nos référents occidentaux [51].

L'exemple des notions de cosmogonie du Moyen Empire a montré à maintes reprises que le mythe est un instrument de la pensée très évolué qui permet d'exprimer des conceptions et des raisonnements subtils, dans un langage qui semble posséder ses propres règles, sa propre grammaire. Le mythe est une forme de réflexion qui peut être active dans de nombreux contextes et qui – nous l'avons constaté ci-dessus – n'est pas obligatoirement liée à une structure littéraire telle la narration ou le récit. Cette indépendence par rapport à la forme et au genre littéraire semble caractériser les mythes de toutes les civilisations [52]. À travers des formulations très imagées, le langage mythique propose des hypothèses d'explications des grandes problématiques qui occupent l'esprit humain. Ces images expriment toujours un raisonnement profond, capable d'abstraction et de conceptualisation. Nous avons pu observer dans la première partie de

---

49 S. SCHOTT, *UGAÄ* 15, 1945, est le premier à considérer les mythes comme des produits d'époque historique.

50 Un résumé des principales théories et études est présenté par H. STERNBERG, *Mythische Motive und Mythenbildung*, 1985, p. 1-9.

51 Les pas essentiels dans cette démarche ont été entrepris par S. MORENZ, *Ägyptische Religion*, 960 ; E. HORNUNG, *Conceptions of God*, 1982, p. 237-243 ; BAINES, « Interpretations of religion : logic, discourse, rationality », *GöttMisc* 76, 1984, p. 25-54. Une attitude non dévalorisante envers la pensée mythique est aussi défendue par E. BRUNNER-TRAUT, *Gelebte Mythen*, 1981, p. 5-6 ; *id.*, *Frühformen des Erkennens*, 1990, p. 128. Une image globale de l'univers intellectuel des anciens Égyptiens a été dressée par E. HORNUNG, « L'Égypte, la philosophie avant les Grecs » *Les Études philosophiques* 2-3, 1987, p. 113-125 ; *id.*, *Geist der Pharaonenzeit*, 1989.

52 Voir les conclusions de M. DETIENNE, *op. cit.*, p. 238 ; pour la civilisation mésopotamienne, cf. W.G. LAMBERT, *ZRG* 26, 1974, p. 4 sq.

cette étude que la majorité des notions de cosmogonie se basent sur un raisonnement conceptuel. Aucune des notions décrivant la création de Chou n'est dépourvue d'une signification spécifique. Superficiellement, tous les modes de création illustrent le surpassement de la solitude de l'unique au moyen d'une émanation matérielle ou immatérielle. Fondamentalement, chacun des modes renseigne de manière conceptuelle sur un des aspects de la divinité créée. À travers ces aspects ou ces facultés, la divinité remplit à son tour des fonctions essentielles pour le maintien de toute forme d'existence. Les mêmes principes sont valables pour la création des dieux et surtout des hommes.

Loin d'être un balbutiement naïf, le mythe intègre et exprime la pensée conceptuelle [53]. La documentation égyptienne montre clairement que le mythe est un instrument de réflexion vivant, utilisé durant toute l'époque historique et adapté constamment aux conditions et aux exigences changeantes.

On peut se demander dès lors s'il ne faudrait pas nuancer, voire abandonner, un autre *a priori* de l'étude de la mythologie, à savoir celui de l'origine du mythe dans la sphère orale et populaire. Le degré d'élaboration de la plupart des notions pourrait suggérer, en effet, que le mythe est essentiellement le produit d'une élite instruite, l'instrument des prêtres et scribes savants de la « maison de vie » qui cherchaient sans cesse à améliorer et à enrichir leur compréhension de l'univers.

Dans l'état actuel de nos connaissances, il semble impossible de définir l'origine historique ou sociale de la pensée mythique, mais il est probable que son utilisation et son développement aient été avant tout l'apanage des gens les plus instruits. Ceci n'exclut pas la possibilité que le savoir mythique ait pu se répandre parmi une plus large partie de la population et circuler, sous diverses formes, également dans la sphère orale.

Pour la civilisation de l'Égypte ancienne, nous ne disposons d'aucun renseignement concernant la tradition orale des mythes. Mais il est probable que l'on parlait des dieux et que l'on discutait, dans tous les milieux, des grandes question telles l'origine du monde. Il se pourrait, cependant, que les réponses fournies par l'imaginaire populaire ne correspondaient pas toujours exactement aux explications développées par les doctes. Nous avons évoqué plus haut (chapitre

---

[53] Que langage mythique et pensée conceptuelle ne s'excluent d'aucune manière, même en Grèce et pour Platon, a été démontré par RUDHARDT, *op. cit.*, p. 217 sq. ; voir aussi M. DETIENNE, *op. cit.*, p. 220-222.

VII) l'hypothèse que les images concernat l'oiseau qui s'élève de l'eau en poussant un cri et qui pond un œuf pourraient correspondre à des formulations plus populaires de la notion de l'autogenèse du dieu solitaire et du début de l'existence.

Il est encore très difficile d'évaluer le rôle et la place que tenaient les conceptions cosmogoniques dans la société égyptienne de la fin du troisième et du début du deuxième millénaire. L'utilisation de ces conceptions varie en effet énormément d'une civilisation à l'autre. M. Eliade cite des exemples de sociétés où le mythe de création est un savoir secret, connu et transmis uniquement par les hommes initiés [54]. Dans d'autres civilisations par contre, les actes et les paroles du créateur servent de modèle à toute action ou création entreprises dans la vie courante ; elles sont alors imitées et récitées en de très nombreuses circonstances [55].

Quelle était l'attitude des Égyptiens ? En parcourant les sources, on peut observer que les notions de cosmogonie sont quasiment absentes aussi bien des documents privés (autobiographies, stèles) que des œuvres littéraires (enseignements, contes, etc.). Il est malaisé d'estimer si cette absence est due à la fonction des différents genres dans lesquels ces conceptions auraient été ressenties comme hors contexte, ou si elle reflète une utilisation, voire une diffusion, restreinte ou restrictive des notions de cosmogonie.

Contrairement à d'autres civilisations, les mythèmes de la création ne rentrent pas dans les incantations ou recettes médicales. Ce ne sont pas non plus le créateur et son entourage, mais d'autres divinités plus populaires, qui interviennent lors des naissances. Plus que le thème cosmogonique, c'est celui de la lutte contre les forces du mal, représentées par Seth et Apophis, qui est évoqué dans les situations critiques de la maladie, de la naissance ou de la mort. Or le thème de la lutte contre la mal est à l'époque encore entièrement dissocié des conceptions sur l'origine du monde. Des dieux comme Atoum, Khepri et Chou sont également absents de l'onomastique. Quelques noms propres se réfèrent à Rê dès l'Ancien Empire, mais ils sont encore beaucoup plus rares qu'aux époques postérieures [56].

---

[54] M. ÉLIADE, *Aspects du mythe*, Paris, 1963, éd. Gallimard, p. 21 sq.

[55] *Ibid.*, p. 43-50.

[56] L'Ancien et le Moyen Empire connaissent une dizaine de noms propres composés avec Rê, alors qu'on en compte plus de soixante au Nouvel Empire, cf. H. RANKE *PN* II, p. 239.

Le caractère absent et inapprochable du créateur des époques anciennes, est probablement la raison pour laquelle nous ne disposons pas d'hymnes et de prières adressés au créateur avant le Nouvel Empire. Aussi, ne trouvons-nous aucune mention d'une fête dédiée au dieu créateur [57].

Nous avons observé que la cosmogonie n'est pas intégrée dans les rituels divins et funéraires antérieurs à la Basse Époque. Les seuls domaines attestant les notions de création sont d'une part le dogme royal, qui associe le roi aux fils du créateur (plus rarement à Atoum lui-même [58]), et qui évoque probablement des conceptions cosmogoniques lors des rituels d'intronisation et de fête-*sed* [59], et d'autre part, la littérature funéraire, dans laquelle l'origine du monde sert de modèle pour la renaissance dans l'au-delà. On serait ainsi enclin à penser que les notions de cosmogonie circulaient principalement dans les milieux des prêtres chargés des questions royales et funéraires, et que le reste de la société, s'il en avait connaissance, n'en faisait pas grande utilisation [60].

L'hypothèse que ces conceptions étaient inventées et composées par les prêtres, plutôt que par la créativité de la mémoire collective, ouvre à son tour la question de la finalité de la rédaction des notions de cosmogonie. Étaient-elles vraiment élaborées principalement pour répondre à la problématique de l'origine du monde ou est-ce que les prêtres songeaient avant tout au contexte dans lequel ils allaient intégrer ces notions ? Est-ce que les notions de cosmogonie possédaient une indépendance en tant que sujet de réflexion ou auraient-elles été rédigées directement en fonction des textes funéraires ? Sommes-nous en droit d'enlever toutes les marques du contexte (le nom du défunt ou

---

57 Pour une documentation du Moyen Empire contenant de nombreux noms de fêtes, cf. U. LUFT, *Die chronologische Fixierung des Mittleren Reiches nach dem Tempelarchiv von Illahun*, *SAWW* 598, 1992.

58 *Urk*. VII, 27, 9-10 et 29, 6 ; E. BLUMENTHAL, *Untersuchungen zum ägyptischen Königtum des Mittleren Reiches*, 1970, p. 99 et 438.

59 Ainsi le laissent supposer, par exemple, à une date tardive certes, les rituels pour l'anniversaire de l'accession au trône, J-Cl. GOYON, *Confirmation du pouvoir royal au Nouvel An*, 1972, p. 59.

60 Pour une opinion contraire cf. Ph. DERCHAIN, « Cosmogonie en Égypte pharaonique », dans Y. BONNEFOY (éd.), *Dictionnaire de mythologies*, 1981, vol. I, p. 225, « La cosmogonie devient ainsi (par l'exécution des rites) un élément de la vie politique et sociale éminemment actuel ».

le pronom qui le désigne) et de lire à travers une proclamation funéraire une information mythique ? L'utilisation des conceptions cosmogoniques semble beaucoup moins étendue au Moyen Empire qu'aux époques ultérieures, et l'état primordial (*p3wt*) et la Première Fois (*sp tpy*) ne servaient encore que très rarement de modèles à des actions dans le monde actuel. Les textes funéraires indiquent toutefois systématiquement, par l'identification expresse du défunt avec la divinité concernée, que les notions de cosmogonie s'y trouvent en une position de double emploi ou d'utilisation secondaire.

La connaissance de l'origine du monde, si elle n'avait encore que peu d'applications pratiques, paraît néanmoins avoir été une problématique en soi à laquelle les penseurs cherchaient à apporter des réponses. Nous ignorons de quelle façon ils traitaient cette problématique, car l'utilisation secondaire semble avoir été la seule forme sous laquelle ils consignaient leurs réflexions. Tel qu'il nous est transmis, le mythe égyptien de la création comporte toujours deux niveaux. Au premier plan, étiologique, les notions cherchent à expliquer par une image appréhensible une partie de l'énigme de l'origine de l'existence. Au second plan, fonctionnel, ces notions prennent une utilité pour les transformations et la survie de l'homme dans le monde funéraire.

Si l'on admet que les responsables des « maisons de vie » non seulement se servaient des mythèmes existants pour les intégrer dans des compositions funéraires, mais qu'ils contribuaient eux-mêmes avec toute leur érudition à développer le langage mythique, on est amené à s'interroger sur la relation entre le mythe et la théologie. R. Anthes la définissait ainsi : « Egyptian theology…is the dealing of the Egyptian sage with mythology in constructive and interpretative activities » [61]. Semblablement, J. Assmann défend l'opinion que le discours théologique serait venu interpréter le mythe qui avait commencé, durant le Moyen Empire, à avoir besoin d'explication. Le *spell* 80 des Textes des Sarcophages est la pièce maîtresse de sa démonstration [62]. Le fait que Chou et Tefnout soient dans ce texte identifiés avec les principes fondamentaux de Vie et de Maât et avec les conceptions de l'étendue temporelle (et spatiale) *nḥḥ* et *ḏt* indique pour Assmann la présence de deux niveaux de réflexion distincts. Le niveau de base serait le mythe qui n'a pas d'histoire, qui s'exprime par une pensée concrète et qui

61 R. ANTHES, « Mythology in Ancient Egypt », dans S.N. KRAMER, *Mythologies of the Ancient World*, 1961, p. 24 = *StudAeg* IX, 1993, p. 140.
62 J. ASSMANN, *Ägypten*, 1984, p. 209-215 ; *id.*, *Ma'at*, 1990, p. 167.

stipule que Chou et Tefnout sont les enfants d'Atoum. La « théologie explicite » du Moyen Empire, développant le discours théologique, aurait interprété et rehaussé cette image mythique en y intégrant le raisonnement conceptuel. Les thèmes de la simultanéité et de la consubstantialité des trois protagonistes, ainsi que celui de l'exhalation de Chou relèveraient de ce même effort explicatif. Cette distinction entre une substance originelle, concrète et naïve que serait le mythe et un apport secondaire de réflexion abstraite et subtile ne semble guère justifiée. De façon implicite, elle repose encore sur l'idée de l'archaïsme des mythes et sur la dépréciation de la pensée qui les génère.

Un énoncé comme « Chou et Tefnout sont les enfants d'Atoum » ressemble plus à une information brute sur le panthéon égyptien qu'a un mythème. Il lui manque plusieurs caractéristiques d'une notion mythique : 1) le contexte mythique, 2) la (ou les) signification(s) spécifique(s) et 3) la dynamique de l'action qui marque la plupart des images mythiques [63].

En revanche, la notion « Atoum a expiré Chou de son nez », par exemple, répond à toutes ces exigences. Elle rapporte sous la forme d'une image une action survenue dans le monde des dieux en un temps reculé. Elle se réfère immédiatement au complexe de savoir relatif à l'origine du monde, en ce qu'elle rappelle l'état primordial caractérisé par la solitude d'Atoum qui ne disposait que de son corps et de son esprit pour créer un second être. De toute évidence cette notion fait partie du mythe de cosmogonie. Cette image a des significations qui, aussi subtiles et conceptuelles qu'elles soient, devaient être apparentes pour tout Égyptien cultivé. Le mode de création par expiration renvoie au caractère de Chou comme dieu de l'air, selon le principe que l'origine d'un être conditionne son essence. Ce caractère aérien n'est pas fortuit non plus : en le lui conférant, le créateur a désigné Chou comme le détenteur du souffle de vie et l'a chargé de répandre et de maintenir la vie parmi toutes les créatures. Détenteur du souffle vital, Chou représente lui-même la Vie, son nom est Vie et il e s t la Vie, selon le principe de raisonnement bien attesté que le nom recouvre l'être. En plus de cet ensemble de significations premières, la notion de l'expiration et celle du dieu aérien peuvent prendre des sens secondaires dans d'autres contextes, comme elles le font dans de nombreuses

[63] Signification (« Bedeutsamkeit ») et action rentrent également dans la description du mythe en général que développe W. BURKERT, « Mythos — Begriff, Struktur, Funktionen », dans Fr. GRAF (éd.), *Mythos in mythenloser Gesellschaft*, *Colloquium Rauricum* 3, 1993, p. 17 sq.

formules funéraires des Textes des Sarcophages. Toutes les notions mythiques contiennent intrinsèquement un (ou plusieurs) niveau(x) de signification, une portée qui va loin au-delà de l'image même. Le mythe exprime la réflexion fondamentale, conceptuelle ou théologique.

On peut rappeler, dans ce contexte, que le nom même du créateur, Atoum, contient déjà en lui tout le concept de la cosmogonie égyptienne, celui de l'indifférencié qui devint la totalité.

Le mythe est ainsi un des principaux moyens d'expression du discours théologique. Les deux ne sont cependant pas toujours identiques comme nous l'avons constaté à propos du *spell* 1130, où l'allocution du créateur développe un long discours théologique centré sur le problème de la théodicée et n'utilise le langage mythique qu'à la fin pour résumer le fond du problème et conclure : « j'ai fait venir à l'existence les dieux de ma sueur, (mais) les hommes sont les larmes de mon œil ». La cosmologie est une autre problématique où observation, imagination et réflexion ont été poussées à un niveau très élaboré et où un langage plus concret et le langage mythique se mélangent.

Le mythe constitue un langage dans lequel la science et avec elle la spéculation peuvent s'exprimer et se développer. Réflexion et recherche d'explications semblent être les facteurs moteurs intrinsèques à la formation de toutes les notions mythiques. Reconnaître au mythe la valeur d'un produit élaboré par les esprits les plus critiques, réfléchis et instruits de l'époque permet de mieux rendre justice à cette forme d'activité intellectuelle.

En admettant la qualité de la production mythique, la recherche moderne peut sortir de l'embarras dans lequel se trouvaient plusieurs auteurs récents qui commençaient à concéder aux mythes égyptiens un caractère conceptuel par des formulations telles : « Die heliopolitanische Konzeption des Ur- und Schöpfergottes ist weniger eine Mythologie, als eine Philosophie *in nuce* », pour ne prendre qu'un exemple [64]. La distinction entre mythe et philosophie n'a été développée que par les Grecs, mais même dans leur civilisation, les frontières entre les deux domaines n'étaient pas aussi impénétrables que ne les ont déclarées les rationalistes modernes.

En Égypte, comme dans de nombreuses civilisations, le mythe est le moyen d'expression préféré des philosophes et des théologiens.

---

[64] J. ASSMANN, *Ägypten*, 1984, p. 146. Des titres comme « Les cosmo-théologies philosophiques » (BILOLO) ou « Mytho-Theology of Creation » (TOBIN) rendent également compte du problème d'appréciation du mythe.

CHAPITRE X

LA PROBLÉMATIQUE DES TRADITIONS LOCALES

La religion égyptienne est généralement considérée comme le produit d'une large fusion de conceptions locales et régionales héritées des populations relativement indépendantes des temps préhistoriques. Cette interprétation permet de rendre compte aussi bien des traits communs et caractéristiques de la religion que des nombreuses divergences que l'on y observe. C'est notamment au sujet de la création du monde que les particularités locales sont mises en évidence dans la plupart des ouvrages concernant la religion égyptienne : « Dans chaque ville, le grand dieu local, ancien dieu tribal de la peuplade préhistorique implantée en cet endroit, faisait figure de créateur universel » [1]. Aussi, toutes les présentations de la religion égyptienne parlent des cosmogonies au pluriel et les classent selon leur lieu d'origine supposé. De telles descriptions s'appuient en effet sur les sources du Nouvel Empire et surtout des époques tardives tout en y reconnaissant la trace des conditions préhistoriques. L'étude de la documentation des périodes antérieures devrait donc s'insérer dans ce schéma.

H. Brunner semble être un des rares chercheurs à avoir émis des doutes sur la validité de la théorie des traditions locales comme modèle d'explication des divergences à l'intérieur des conceptions cosmogoniques. À juste titre, il a souligné que cette théorie, qui pouvait dans certains cas être historiquement fondée, ne rendait pas compte du rôle et de l'essence même des notions parallèles [2].

---

[1] S. SAUNERON, J. YOYOTTE, *La Naissance du monde*, p. 19.

[2] H. BRUNNER « Zum Zeitbegriff der Ägypter », *StudGener* 8, 1955 = *id.*, *Das hörende Herz*, 1988, p. 331 sq.

Comme nous l'avons constaté à plusieurs reprises, les sources disponibles de l'Ancien et du Moyen Empire présentent une image absolument unie et homogène de l'origine du monde. Cette unité concerne avant tout la figure du créateur. À travers une base documentaire assez large qui se répand sur l'ensemble du pays et sur plusieurs siècles, un seul créateur universel est attesté. Ce constat d'unité est certainement notable, si l'on considère la grande étendue de la provenance des attestations depuis le Delta jusqu'à Assouan d'une part, et la multitude de conceptions différentes qui sont connues au Nouvel Empire et à l'époque tardive, d'autre part. Il semble que cette unité que présentent les Textes des Sarcophages et que confirment les sources contemporaines puisse être jugée significative et qu'elle caractérisait le mythe de création du Moyen Empire. Cette homogénéité ne paraît pas s'expliquer par le fait que la majeure partie de notre documentation consiste en des textes rédigés en un endroit donné et recopiés fidèlement à travers tout le pays. La possibilité d'introduire des modifications et des variantes existait pleinement. Il ne semble pas non plus que l'utilisation funéraire des textes ait pu conditionner le choix exclusif d'une tradition locale au détriment des autres. Les nombreuses variantes qui apparaissent à l'intérieur d'un même *spell* et dont la plupart sont des modifications conscientes et non pas des fautes de copistes, montrent que les scribes ne reproduisaient pas servilement un modèle, mais qu'ils avaient la possibilité d'intervenir dans le texte. Le changement du nom d'une divinité peut être observé fréquemment, et l'on s'attendrait ainsi à ce qu'un scribe d'Assouan, par exemple, remplaçât le nom d'Atoum par celui de Khnoum si dans sa région Khnoum avait été considéré comme créateur autogène et universel. Outre la « correction » ou l'adaptation d'un nom ou d'une notion, l'ajout d'une glose explicative aurait été possible également. Or, il paraît certain qu'en ce qui concerne le créateur unique, aucun scribe n'ait été tenté d'amener une telle modification, car seul Atoum / Rê pouvait jouer ce rôle dans les conceptions du Moyen Empire. Ceci est confirmé aussi bien par l'unanimité des sources se rapportant à l'autogène que par le fait que la fonction spécifique de continuateur de l'œuvre créatrice a été assignée explicitement à plusieurs autres dieux importants. Ce sera le Nouvel Empire seulement qui portera certains de ces dieux au rang de créateur suprême.

Bien que le créateur unique utilise plusieurs modes de création, il n'y a aucune raison de les associer à des traditions différentes. Les nombreux moyens créateurs mis en œuvre par l'autogène correspondent à des approches multiples élaborées par un seul système de pensée. Comme nous l'avons relevé, le mode de création est le plus souvent lié étroitement au produit créé. Au niveau des œuvres du créateur, les informations sont également très cohérentes : l'unique invente les formes d'existence des dieux et des hommes. Plus concrètement, il crée tout le panthéon de l'Égypte et les Égyptiens.

Les Textes des Sarcophages révèlent la conception de l'époque selon laquelle Atoum n'avait non pas un seul, mais plusieurs fils aînés. Le rôle de dieu de la vie est bien défini et semble identique pour tous les fils-créateurs qui, dans ce contexte, ne présentent guère de spécificité individuelle. À l'intérieur du monde créé, ils remplissent tous une fonction identique, Heka n'ayant toutefois aucune responsabilité pour la végétation et la fertilité du pays.

On ne trouve dans les textes aucune indication d'un rattachement de ces différents dieux-fils à une ville ou une région particulière. Seul Ptah pourrait avoir été lié à une ville, mais l'origine et l'âge de cette divinité et de son rapport avec Memphis restent largement inconnus. Il semble que la fonction créatrice qui lui est attribuée au Moyen Empire ne s'explique pas par l'importance de ce dieu aux époques les plus anciennes, mais qu'elle s'inscrive dans un mouvement d'ascension et de promotion théologique. Dieu puissant, lié à la créativité artistique, Ptah a été intégré par le mythe dans l'entourage du créateur universel. Nous ignorons si cette intégration et la promotion au statut de fils d'Atoum / Rê cherchaient à expliquer des caractéristiques déjà existantes de la divinité ou si, au contraire, il s'agissait d'une mesure qui permettait de conférer à Ptah de nouveaux aspects attrayants et des pouvoirs supplémentaires. Cette mesure semble l'avoir porté au plus haut rang et à la plus grande plénitude de puissances auxquels une divinité du Moyen Empire pouvait être élevée. Ce n'est qu'au Nouvel Empire que lui sera assigné à son tour un rôle identique à celui d'Atoum. Dans ce nouveau rôle d'autogène, Ptah aura à disposition tous les moyens de création d'Atoum, mais il ajoutera à la fonction de ce dernier son ancien rôle de dieu de la vie qui apporte subsistance et sollicitude aux hommes.

La documentation de l'Ancien et du Moyen Empire ne fournit ainsi aucune trace de cette pluralité de traditions locales à laquelle on aurait pu s'attendre. Avant le Nouvel Empire, un seul toponyme apparaît en relation avec le processus cosmogonique, Héliopolis, qui se trouve étroitement associé au dieu Atoum. Si traditions locales ou doctrines régionales il y avait, celle d'Héliopolis serait la seule à s'être manifestée dans les écrits de l'époque ancienne. Il restera à évaluer dans quelle mesure notre conception de la tradition locale est justifiée et valable pour la période étudiée ici.

Deux *spells* des Textes des Pyramides et quelques passages des Textes des Sarcophages mentionnent cette ville comme lieu d'un événement créateur. « Atoum... tu t'es levé en tant que *benben* dans le château du phénix à Héliopolis » [3], « c'est Atoum, celui qui est venu à l'existence, lui qui se masturba à Héliopolis » [4], « ... avant que ne fut fondée Héliopolis où je suis... » [5], « ... lorsqu'il mit au monde Chou et Tefnout à Héliopolis » [6], « avant que le firmament ne fût fendu, avant qu'on n'eût vu ce qui est à Héliopolis » [7]. D'autres passages parlent d'« Atoum à Héliopolis » [8] ou considèrent ce dieu comme « le maître d'Héliopolis » (*nb Jwnw*) [9]. L'existence d'un temple d'Atoum, fondé ou rénové sous Sésostris Ier, est attestée par un obélisque et une base d'autel au nom de ce roi « aimé d'Atoum » [10] ; la récente analyse du rouleu de cuir de Berlin, comportant le décret de construction de Sésostris, oblige à considérer ce texte non comme un document de l'époque, mais comme une composition littéraire du Nouvel Empire [11].

De nombreuses autres divinités sont en rapport avec Héliopolis, dont les principales, mises à part Chou et Tefnout, sont, selon les Textes des Sarcophages, Horus qui est « seigneur d'Héliopolis » (*ḥq3 Jwnw*), Osiris, Thot, Ptah, Sokar et Hathor. De toute évidence, cette ville était un centre religieux important au tournant du troisième millénaire.

Pour la religion funéraire du Moyen Empire également, Héliopolis présentait un attrait particulier. Un grand nombre de textes expriment en effet le souhait que le défunt puisse, dans l'autre monde, manger à Héliopolis ou vivre de nourritures qui en proviennent. Le mot *jẖwt* « repas funéraires », le plus souvent accompagné du nombre cinq ou sept, est un terme récurrent dans les *spells* 174 à 218. « Je vivrai des

---

[3] PT 600, pyr. 1652b ; texte **37**.
[4] PT 527, pyr. 1248a ; texte **40**.
[5] CT 80 II 33h ; texte **31**.
[6] CT 80 II 39d ; texte **92**.
[7] CT 686 VI 315 f-h ; texte **179**, **204**.
[8] PT 222, pyr. 207a ; CT 674 VI 303b ; CT 1006 VII 222f-g ; la stèle CGC 20025, H.O. LANGE, H. SCHÄFER, *Grab- und Denksteine des Mittleren Reiches* I, 1902, p. 30.
[9] K. MYŚLIWIEC, *Studien zum Gott Atum* II, 1979, p. 85 ; également sur les stèles CGC 20030, 20075, 20181, LANGE, SCHÄFER, *op. cit.*, p. 39, 90, 211.
[10] PM IV, p. 60, 63.
[11] Ph. DERCHAIN, « Les débuts de l'Histoire », *RdE* 43, 1992, p. 35-47.

sept repas qui proviennent des autels des *ba*s d'Héliopolis » [12]. « Ce sont les barques du jour et de la nuit qui m'apportent les repas depuis les autels des *ba*s d'Héliopolis » [13]. Selon une des sources, ce sont Rê / Atoum, Chou et Tefnout qui constituent les *ba*s de cette ville; ailleurs, Chou et Tefnout président aux *ba*s, un rôle qui peut également être assigné à des divinités funéraires [14]. Certains textes précisent que « des cinq repas qui sont à Héliopolis, trois sont destinés au ciel auprès de Rê et deux sur terre auprès de » [15]. Une variante importante stipule que « cinq repas sont au ciel, à Héliopolis, auprès de Rê » [16] et le même texte ajoute que le défunt sera à Héliopolis et vivra auprès de Rê [17].

Même en tenant compte de la grande mobilité spirituelle aussi bien du défunt que des offrandes alimentaires, il semble que l'imaginaire égyptien concevait un lien très étroit entre le ciel qui est le domaine de Rê (et par extension du défunt) et la ville d'Héliopolis, un des principaux centres du culte solaire. Quelques passages rapprochent plus encore la ville d'Héliopolis du domaine céleste en la mettant en parallèle avec les lieux fabuleux des champs de Ialou et des champs de Hotep [18]. Les trois localités constituent d'importants lieux d'approvisionnement pour le défunt : « mes offrandes sont à Héliopolis, mes sept portions aux champs de Ialou » [19] ; « donner des largesses à Héliopolis, donner des largesses aux champs de Hotep » [20] ; « je vivrai de pain de blé noir et de bière de blé blond des champs de Hotep, car je suis plus éminent que tout dieu, quatre pains chauds seront à Kher-Aha et quatre pains chauds à Héliopolis » [21].

---

[12] CT 188 III 92m-93a ; CT 195 III 113k ; semblable CT 189 III 97b ; CT 192 III 106c.

[13] CT 205 III 152a ; semblable CT 218 III 197e, « depuis la maison du dieu à Héliopolis ».

[14] Cf. *supra*, p. 169, n. 155 ; une stèle thébaine de la Deuxième Période intermédiaire du British Museum (447 [893]) comporte une invocation à « Oupouaout qui préside aux *bas* d'Héliopolis », *HTBM* IV, pl. 49.

[15] CT 208 III 161d-e ; CT 211 III 167d-e ; CT 212 III 169c ; CT 214 III 173k.

[16] CT 213 III 172b.

[17] *wnn.j m Jwnw ᶜnḫ.j tp-m {m} Rᶜ*, CT 213 III 172h-i.

[18] Bien qu'il existe des tentatives de localiser ces campagnes en diverses régions d'Égypte, elles se situent, dans les textes funéraires, clairement dans la géographie de l'autre monde.

[19] CT 174 III 60a-b.

[20] CT 178 III 65a-b.

[21] CT 203 III 134d-h, S1C.

Ce désir de vivre après la mort des aliments d'Héliopolis, un souhait dont on pourrait multiplier les exemples, a été exprimé non seulement dans la région héliopolitaine et en Moyenne-Égypte, mais également à Dendera, Thèbes et Gebelein. Héliopolis, ses temples et ses prêtres jouissaient certainement d'une grande réputation religieuse à travers l'ensemble du pays.

Néanmoins, on pourrait se demander, à la vue de l'étroite association de cette ville avec le ciel et ses domaines agricoles, si Héliopolis n'avait pas été rehaussée au-delà de sa localisation réelle. Ne se situerait-elle pas, dans certains contextes, dans la géographie imaginaire du monde mythique ? Cette ville, qui était un centre religieux d'un large rayonnement, n'avait-elle pas été considérée aussi comme un lieu symbolique, celui de l'origine et du séjour de tous les dieux ? Presque toutes les divinités peuvent être mises en rapport avec Héliopolis qui est également le théâtre de grands événements mythiques tels le procès d'Horus et Seth ou le jugement du défunt [22]. Selon la Prophétie de Neferty, le nome d'Héliopolis est « le lieu de naissance de tous les dieux » [23].

La portée religieuse d'Héliopolis semble dépasser de loin le cadre de ses temples et de ses activités cultuelles réelles. Son importance pour la théologie et les mythes s'est maintenue sans diminuer durant toute l'histoire égyptienne.

Héliopolis était le siège de tous les dieux et de leurs mythes, un rôle qui est peut-être à l'origine de la désignation tardive de la ville comme « le ciel d'Égypte » [24]. Nous ignorons les raisons d'être de cette prédominance spirituelle qui semble totale aux époques anciennes et qui, même durant les périodes plus récentes, ne fut jamais contestée, mais tout au plus imitée par d'autres villes qui parfois empruntaient d'ailleurs son nom.

Une stèle funéraire du Moyen Empire qui glorifie la ville d'Abydos par une série de huit appositions laudatives culmine en appelant cette ville « l'égale d'Héliopolis en sainteté, celle dans laquelle demeure le maître de l'univers », la dernière proposition se rapportant simultanément aux deux localités [25]. Même des villes d'une portée religieuse aussi étendue qu'Abydos pouvaient tout au mieux aspirer à

---

22 R. GRIESHAMMER, *Das Jenseitsgericht in den Sargtexten*, 1970, p. 104.

23 W. HELCK, *Die Prophezeiung des Nfr.tj*, 1970, p. 47 (XII g) ; *ḥq3 ᶜnḏw… msḫnt nt nṯr nb.*

24 *Wb* I, 491,12.

25 *3bḏw…snwt Jwnw m (?) 3ḫw ḥtp nb r ḏr ḥr.s*, stèle BM 197 [581], *HTBM* II, pl. 23 ; M. LICHTHEIM, *Ancient Egyptian Autobiographies*, 1988, p. 110.

égaler Héliopolis qui était le symbole et la quintessence de sainteté et de prestige spirituel.

Aussi, parler de tradition héliopolitaine reviendrait à considérer l'ensemble du système religieux qui exprime la perception des réalités du monde égyptien comme originaires de cette ville : les conceptions cosmologiques, cosmogoniques, osiriennes, royales et les croyances funéraires. La religion égyptienne serait héliopolitaine. Avant de revenir sur cette hypothèse, on peut relever que les conceptions cosmogoniques ne constituent pas l'unique domaine de réflexion pour lequel les sources anciennes présentent une image homogène. Les structures du monde, par exemple, semblent être perçues de façon très cohérente. Les différentes métaphores pour le ciel (imaginé sous la forme d'une femme, d'une vache, etc.) découlent d'une même approche et d'une même volonté de trouver des images intelligibles pour des phénomènes impénétrables et ne reflètent guère des cosmologies locales distinctes.

Dans le domaine des conceptions funéraires, les sources témoignent également d'une grande unité. Les différences locales que l'on a soulignées à ce propos surtout pour la Première Période intermédiaire et le Moyen Empire [26] concernent le niveau artistique, le type de poterie, le style des stèles, certaines variations dans l'arrangement des textes sur les cercueils ou dans le choix du mobilier funéraire, mais elles ne traduisent nullement l'existence de conceptions différentes. Les mêmes divinités funéraires répondent à travers tout le pays à des aspirations et des espérances communes, tout au moins pour ceux qui avaient les moyens de préparer leur survie dans l'autre monde.

Quant aux conceptions royales qui sont imbriquées de multiples manières au système religieux, leur homogénéité va de soi. Pour être efficace, le dogme royal doit avoir dans tout le pays la même valeur et la même acception. C'est de cette constatation qu'il faut probablement partir pour analyser le système religieux tel qu'il nous est attesté. Il s'agit d'un ensemble de conceptions étroitement lié au pouvoir royal et qui a été propagé par celui-ci pour opérer l'unification politique et culturelle du pays. La plupart des conceptions religieuses ont été élaborées dans l'entourage du pouvoir. La culture pharaonique n'est pas une tradition évoluée naturellement, mais une « invention » développée dans le milieu des courtisans [27]. Telle qu'elle se présente à

---

[26] J. BOURRIAU, « Patterns of Change in Burial Customs During the Middle Kingdom », dans St. QUIRKE (éd.), *Middle Kingdom Studies*, 1991, p. 3-20.

[27] B.J. KEMP, *Ancient Egypt, Anatomy of a Civilization*, 1989, p. 107.

nous dès les premières dynasties, la religion égyptienne est un ensemble de concepts très raffinés composé par des esprit savants et ingénieux dans le but de réunir différentes cultures sous un même pouvoir et dans un même système de référents. La codification de l'architecture, de l'iconographie et aussi de l'écriture relève de ce même effort de systématisation et d'unification.

Dans l'état actuel de nos connaissances, il est impossible d'évaluer dans quelle mesure des conceptions de traditions locales préhistoriques ont été intégrées dans la nouvelle idéologie officiel. Si le pays recelait certainement une grande quantité de conceptions religieuses et possédait déjà une vision très précise du monde de l'au-delà, il semble peu probable que l'approche théologique et mythologique ait été très développée dans les cultures préhistoriques. Aussi, les nouveaux concepts plus élaborés ont-ils sans trop de difficultés pu se substituer ou s'ajouter aux idées traditionnelles. Au niveau de l'architecture religieuse, les formes officielles se sont tôt répandues à travers l'ensemble du pays et semblent avoir remplacé les structures archaïques partout où les vestiges permettent une comparaison [28].

Si les grands principes de la religion égyptienne ont été élaborés durant les premières dynasties dans le milieu de la cour royale, l'importance de la ville d'Héliopolis pour l'ensemble des conceptions peut s'expliquer par le rapport de proximité de cette ville avec le centre politique et administratif. De tous les temps il devait exister des lieux qui possédaient un rayonnement spirituel plus grand que d'autres, et Héliopolis était probablement un lieu saint influent, proche du centre de pouvoir. Les sources nous font défaut, là aussi, pour juger quel pourcentage des conceptions égyptiennes est inspiré par les données locales anciennes de cette ville, et quelles sont les idées qui ont été développées dans les nouvelles circonstances et le nouvel entourage, tout en s'appuyant sur le prestige d'Héliopolis.

Parmi les éléments intégrés aux conceptions officielles que l'on s'accorde généralement à considérer comme archaïques, populaires et authentiquement héliopolitains figure la pierre *benben*, un objet de culte qui est peut-être responsable de la renommée de la ville. Il est probable que le culte solaire était déjà répandu à travers l'ensemble du pays, mais il prenait peut-être une importance ou une expression particulières à

---

[28] L'évaluation et la datation de l'expansion des formes d'architecture pharaoniques sont encore sujettes à discussion ; cf. *ibid.*, p. 64-107 et D. O'CONNOR, « The Status of Early Egyptian Temples: An Alternative Theory », dans *Studies M.A. Hoffman*, 1992, p. 83-98.

Héliopolis. En revanche, comme nous l'avons suggéré à plusieurs reprises, le nom du créateur Atoum, qui s'appuie de façon subtile sur les conceptes de l'inexistant et de l'achevé, semble représenter l'aboutissement d'une recherche philosophique et philologique plutôt qu'une désignation archaïque. On peut estimer, en effet, que la grande majorité des conceptions qui nous sont accessibles sont le fruit de cette réflexion. Les notions traditionnelles furent reforgées, réinterprétées et complétées par de nouvelles idées afin de former un système cohérent dans lequel le roi tenait un rôle-clé. L'homogénéité structurelle des grands ensembles de conceptions concernant la cosmogonie, la cosmologie (la course solaire) et la destinée funéraire parle en faveur d'une élaboration commune et consciente des principales réponses fournies à ces problématiques. Les trois phénomènes sont perçus comme des processus évolutifs, comme le passage d'un monde à un autre et d'une forme d'existence à une autre ; les trois problématiques sont centrées sur le terme *ḫpr*. Dans les trois cas, de même que dans le jugement qui conférait la royauté d'Égypte à Horus, le lieu saint et prestigieux d'Héliopolis sert de cadre symbolique aux différentes actions mythiques.

Comme nous sommes arrivés au chapitre précédent à considérer le mythe de création comme un produit savamment élaboré par une élite d'esprits ingénieux, nous en venons ici à comprendre l'ensemble du système religieux comme une invention créée par l'entourage de la cour royale dans le but de munir le pouvoir d'une idéologie cohérente et capable de réunir plusieurs cultures. La composition du mythe cosmogonique fait partie intégrante de cette énorme entreprise de développement d'un système de référents. L'élaboration de ce système, qui englobe tant le domaine des idées que celui de l'art et de l'architecture, était un processus assez lent dans lequel d'innombrables sages, tels le légendaire Imhotep, amenèrent des innovations et des améliorations. Les sources archéologiques tendent à montrer que cette nouvelle culture normative s'est propagée et imposée aux dépens des anciennes traditions locales. Au niveau des idées, les conceptions issues de l'entourage royal se sont répandues parmi les élites provinciales, au service du pouvoir central, élites de plus en plus larges à mesure que l'administration se perfectionnait.

C'est certainement aussi dans le milieu proche du pouvoir que les conceptions élaborées et diffusées durant plusieurs siècles furent consignées pour la première fois par écrit dans les Textes des Pyramides. Ces textes juxtaposent en effet des notions théologiques sophistiquées à des éléments magiques et rituels qui pourraient être plus traditionnels et plus populaires.

Il est probable que la région de Memphis et Héliopolis soit restée le centre théologique du pays durant la Première Période intermédiaire et le Moyen Empire et qu'elle soit le lieu de rédaction de la grande majorité des Textes des Sarcophages. Bien qu'une production régionale de quelques textes soit possible, elle n'a encore pu être démontrée de manière convaincante ni pour la région thébaine, ni pour la région hermopolitaine. Dans le second cas, c'est vraisemblablement le hasard de trouvailles archéologiques abondantes qui a entraîné l'hypothèse qu'un important centre de production de *spells* aurait existé dans cette région. Non seulement de nouvelles découvertes enlèvent petit à petit à la Moyenne-Égypte l'exclusivité d'attestation de compositions telles que le *Livre des Deux Chemins*, mais encore, à l'intérieur des textes, rien ne suggère une rédaction en cet endroit précis [29]. De manière générale, les textes ne transmettent guère de particularités locales reconnaissables dans l'état actuel de nos connaissances.

Le rôle important, attesté dans différents genres de textes, des dieux citadins et des dieux de nome a souvent été interprété comme la trace d'une très ancienne tradition locale. E. Otto a pourtant déjà souligné que ces dieux locaux ne peuvent en aucun cas être considérés comme des résidus préhistoriques ou comme le reflet des rapports politiques des temps reculés. La répartition de ces divinités peut avoir de multiples raisons aussi bien théologiques, économiques que politiques [30]. Divers facteurs qui nous échappent malheureusement encore, ont pu causer l'implantation de certaines divinités en des régions souvent fort éloignées les unes des autres.

Un exemple parlant semble celui du dieu Khnoum qui est figuré dans le temple de Sahourê et identifié comme seigneur de quatre localités différentes. Il est simultanément « celui qui préside à la maison de protection » (*ḫnty pr-s3*), une désignation qui se rapporte à la salle d'accouchement du palais royal, « [le maître] de Her-our » ([*nb*] *Ḥr-wr*), « celui qui préside à la cataracte » (*ḫnty qbḥw*) et « [le maître de la maison] de Khnoum » ([*ḫnty pr*] *Ḫnmw*) [31]. Le même dieu Khnoum

---

[29] Dans ce sens, l'analyse de E. HERMSEN, (*Die zwei Wege des Jenseits*, 1991, p. 244 sq.) ne paraît pas assez affinée.

[30] E. OTTO, *LÄ* II, col. 653-656.

[31] L. BORCHARDT, *Das Grabdenkmal des Königs S'a3ḥu-Re^c* II, 1913, pl. 18, p. 94 avec restitutions de K. Sethe.

joue ainsi un rôle de patron dans la résidence memphite [32], à Her-our en Moyenne-Égypte, à Esna (*pr H̱nmw*) en Haute-Égypte et dans la région de la première cataracte. Bien que nous ignorions les modalités et les raisons de cette répartition, il semble s'agir d'un phénomène dirigé depuis la résidence. Il est toutefois possible que de telles implantations s'appuyaient sur des données locales plus anciennes, qui pouvaient favoriser l'assimilation d'une nouvelle divinité ; dans le cas de Khnoum, peut-être la présence d'un dieu bélier.

La création dans toutes les villes du pays de centres de culte dédiés à des dieux qui avaient un rapport avec le roi et auprès desquels le roi intercédait en faveur de l'humanité et du maintien de l'ordre cosmique, pourrait avoir été un des moyens de solidifier les liens entre les différentes élites locales et le pouvoir central. Le roi investissait les notables régionaux de prêtrises auprès de ces divinités, charges qu'ils exerçaient en son nom. Vu la grande importance économique des temples, la diffusion de la religion égyptienne telle qu'elle fut élaborée au service du roi, pourrait avoir été un puissant facteur d'aliénation à la souveraineté centrale.

Au début du Nouvel Empire, l'installation de sanctuaires d'Amon à travers l'ensemble du pays devait répondre à des objectifs politiques semblables [33]. Un autre exemple d'invention d'un nouveau système de référents, plus dramatique et radical, et de ce fait voué à l'échec, est fourni par la période amarnienne.

La nouvelle culture officielle, une fois implantée et assimilée par l'élite et progressivement par une plus large partie de la population, il n'est pas impossible que quelques facteurs locaux, mais aussi des éléments populaires ou folkloriques y aient été intégrés. Le système était en effet ouvert à des développements et capable d'absorber d'autres apports dans les limites du cadre de référents fixé. Inversement, des divinités établies dans une ville ou une région ont pu commencer à évoluer de manière indépendante et développer avec le temps leur propre entourage mythique ou des aspects particuliers locaux. Ce dernier processus ne semble toutefois fleurir véritablement qu'à partir de la Basse Époque. Durant les phases tardives de la religion égyptienne, le réservoir de connaissances était néanmoins toujours

---

[32] Sur le lien de Khnoum avec la résidence royale cf. P. KAPLONY, *Inschriften der ägyptischen Frühzeit* II, 1963, n. 1863 ; B. BEGELSBACHER-FISCHER, *Untersuchungen zur Götterwelt des Alten Reiches*, 1981, p. 46 sq.

[33] Un exemple clair de l'insertion d'Amon dans un panthéon local peut être observé à Éléphantine, cf. W. KAISER *et al.*, « Stadt und Tempel von Elephantine, siebenter Grabungsbericht », *MDAIK* 33, 1977, p. 64-66.

essentiellement le même à travers l'ensemble du pays. Plus que des conceptions radicalement nouvelles et distinctes, les grands centres religieux proposaient des combinaisons de notions légèrement différentes ou mettaient l'accent sur un aspect ou une idée plus particulièrement. Les traditions locales tardives reposent toutes sur un complexe de connaissances et une tradition théologique communs. Elles évoluaient en se diversifiant et ne reflètent nullement, comme on l'a souvent admis, un effort de conciliation de traditions archaïques divergentes.

Dans ce cadre d'hypothèses, l'étude des notions de cosmogonie permet peut-être de suggérer une datation approximative du développement des traditions locales. La simple constatation qu'Atoum est le seul créateur attesté au Moyen Empire mais que l'on rencontre, au Nouvel Empire, aussi Amon, Ptah, Hâpi, Sobek, Thot (et par la suite presque toutes les divinités importantes) dans le rôle de créateur unique et autogène, indique que de profonds changements religieux ont dû avoir lieu durant la Deuxième Période intermédiaire et peut-être encore durant les premiers règnes de la XVIIIe dynastie.

Si l'on admet que le système des dieux et des mythes officiels a été adopté d'abord par les élites locales pour des raisons politiques, le Moyen Empire pourrait être l'époque où ce système de référents et de pensées finît par être assimilé par l'ensemble de la population et par constituer la religion commune. Cette évolution qui enrichissait probablement le système de toute une série d'éléments plus populaires, impliquait aussi que de nouvelles exigences fussent adressées aux dieux et aux théologiens. La plus marquante était probablement celle de pouvoir entrer en contact avec le dieu suprême et de pouvoir trouver en lui un être qui écoute et qui réponde aux grandes questions existentielles comme aux humbles plaintes de l'oppressé. Dans cette quête de rapprochement vers le divin, les dieux citadins pourraient avoir joué un rôle important. Beaucoup de ces dieux remplissaient le rôle de dieu de la vie et de la subsistance, et plusieurs pourraient avoir été considérés comme fils et remplaçant du créateur.

Un des principaux résultats de cette évolution est le fait que des dieux qui possédaient des prérogatives régionales purent être élevés au rang de créateurs suprêmes. Ce processus n'impliquait toutefois pas un profond travail théologique, il n'existait visiblement aucun besoin de chercher de nouvelles réponses à la question de l'origine du monde. L'ensemble des notions qui composent le mythe de la création, développé par les penseurs memphito-héliopolitains depuis l'Ancien Empire, pouvait être repris pour le compte des nouveaux dieux créateurs. Mais ceux-ci devaient dès lors répondre à l'exigence d'accessibilité qu'Atoum n'offrait qu'insuffisamment. Le rôle des nouveaux créateurs ne se limitait plus à l'invention de l'existence, mais incluait les fonctions de maintien de l'univers et, dans une large mesure, aussi celle de protecteur de l'humanité. Les caractéristiques des dieux de la vie et des fils-créateurs furent intégrées dans la nouvelle image de créateur unique qui était maintenant responsable du fonctionnement du monde jusque dans ses moindres détails.

Comme hypothèse qui devra être vérifiée par d'autres recherches, on pourrait proposer le modèle suivant, certainement beaucoup trop schématique et simplifié, de l'évolution de la religion égyptienne. Cette religion extrêmement structurée et cohérente ne semble en effet pas être l'aboutissement direct des diverses traditions préhistoriques, mais un système idéologique développé par des savants au service du pouvoir royal qui cherchaient à unifier politiquement et culturellement le pays. Les savants chargés d'élaborer des conceptions significatives devaient être liés à la ville d'Héliopolis, un lieu qui jouissait probablement déjà d'une certaine réputation de sainteté. Le nouveau système religieux se répandit parmi les courtisans et les notables locaux qui, en tant que prêtres, étaient chargés de remplacer le roi dans le culte rendu aux divinités implantées dans les différentes villes et régions.

Par un processus assez lent, cette religion d'élite se divulgua et devint petit à petit le mode de pensées commun à l'ensemble de la population. L'énorme essor des croyances et pratiques osiriennes après la fin de l'Ancien Empire pourrait marquer le début de cette intégration générale des conceptions officielles qui, en même temps, recevaient un riche apport d'éléments traditionnels et populaires. Ces conceptions devenues religion commune à toutes les couches sociales étaient appelées à se transformer : d'un produit assez théorique et théologique elles devinrent une religion capable de satisfaire les besoins de piété. Si de nombreux dieux de la vie, qui occupaient souvent le rôle de fils du créateur, étaient déjà accessibles à la dévotion des particuliers et étaient intégrés dans leurs prières et dans les noms propres, le dieu suprême Atoum / Rê était exclusivement en rapport avec le roi. Le chapitre 1130 des Textes des Sarcophages et, de manière plus virulente, le discours d'Ipouer montrent la nécessité que ressentaient les hommes de cette époque d'établir une relation directe avec le créateur, afin de pouvoir maîtriser le problème de la théodicée aussi bien que les afflictions quotidiennes.

Encouragés par cette demande de rapprochement vers le créateur, les penseurs de plusieurs villes ont dû commencer à envisager la fusion de leur dieu principal avec la figure du dieu autogène et proposer l'absorption par le dieu citadin des caractéristiques de l'unique. Cette mesure qui entraînait simultanément l'identification de chaque ville avec le lieu primordial de l'apparition du créateur, ouvrait définitivement la voie au développement des traditions locales.

CONCLUSION

La religion égyptienne est souvent interprétée comme la synthèse de nombreuses traditions locales archaïques. Cette vision s'appuie le plus souvent sur l'étonnante pluralité de conceptions cosmogoniques, de dieux créateurs et de lieux d'origine que l'on peut observer à travers l'ensemble des sources.

L'étude des notions de cosmogonie de l'Ancien et du Moyen Empire permet de nuancer cette théorie des traditions locales et de préciser que le tableau de la cosmogonie communément dressé ne concerne pas toute l'histoire de la religion égyptienne. En effet, durant les périodes anciennes, on rencontre non une multitude de conceptions divergentes, mais au contraire un ensemble de notions extrêmement homogène qui se développe sur une même trame et se fonde sur un concept général d'explication de l'univers. À travers une documentation abondante, variée et provenant de diverses régions d'Égypte, un seul dieu créateur est attesté, une seule ville identifiée comme lieu primordial. Toutes les notions visent un but étiologique ; elles cherchent à répondre à l'interrogation fondamentale de l'origine de l'existence et du principe de la vie et à expliquer la présence des principaux constituants du monde.

Le caractère très élaboré des notions de création suggère qu'elles ne proviennent pas tant de l'inventivité populaire que d'une recherche théologique approfondie menée par une élite de prêtres savants. Les conceptions cosmogoniques ne constituent pas un domaine de réflexion à part, mais font partie intégrante du système religieux qui s'avère être une structure d'idées très cohérente. La religion égyptienne des époques anciennes ne semble pas être le fruit d'une évolution historique qui aurait créé un amalgame de diverses conceptions remontant aux temps préhistoriques. L'homogénéité du système religieux le caractérise plutôt comme un produit élaboré consciemment par une élite instruite travaillant au service du roi qui y joue un rôle central. Un exemple de cette cohérence est l'analogie des notions de cosmogonie, des conceptions de la course du soleil et de celles de la destinée funéraire, les trois phénomènes étant perçus comme des processus évolutifs (basés sur le terme *ḫpr*), comme le passage d'un monde à un autre et d'une forme d'existence à une autre. La composition du système de pensée pharaonique dans le milieu de la cour memphite expliquerait aussi le fait que tous les grands événements mythiques (la création, le procès d'Horus et Seth, le jugement du défunt, etc.) se déroulent dans la ville d'Héliopolis, localité voisine du centre de pouvoir qui bénéficiait certainement d'un prestige spirituel très ancien. Cette ville devint ainsi le lieu d'origine et de résidence de tous les dieux, un lieu symbolique qui, dans certains contextes, paraît même se situer dans la géographie imaginaire du monde mythique.

Les conceptions cosmogoniques ne sont jamais développées pour leur propre intérêt ou dans un but instructif. Leur utilisation dans la vie courante semble extrêmement restreinte. Dans la religion officielle, elles ne participent ni du rituel divis ou funéraire, ni des jeux dramatiques de l'époque. À côté de mentions très sporadiques dans des compositions littéraires ou des formules magiques, les idées sur l'origine du monde se trouvent exprimées principalement dans le contexte de la destinée du défunt dans l'autre monde. Les notions cosmogoniques y servent d'une part d'éléments de comparaison avec le processus de transformation que le défunt doit subir et, d'autre part, de source d'informations au sujet des dieux impliqués dans la création et dans le maintien de l'univers, ces dieux étant également de première importance dans l'au-delà. C'est dans les textes de transformation (par lesquels le défunt cherche à s'identifier à une divinité) ou dans les arétalogies (dans lesquelles il proclame son identité divine) que les notions de cosmogonie trouvent leur emploi le plus répandu. Elles y apparaissent généralement par petites séquences de notions juxtaposées, mais elles ne prennent jamais la forme d'une histoire de la création.

L'absence d'un tel récit de création ne semble découler ni de l'état, ni de la nature de nos sources. Elle est au contraire liée aussi bien au caractère de la pensée religieuse en général qu'à l'utilisation que l'on faisait des conceptions cosmogoniques. Les savants anciens étaient conscients de la complexité du phénomène de l'origine du monde et du fait que les explications qu'ils fournissaient avaient un caractère spéculatif. Aussi répugnèrent-ils à donner à leurs réponses une forme figée et définitive, cherchant plutôt à multiplier les approches d'une problématique donnée. Le développement de plusieurs notions parallèles et complémentaires empêchaient la composition d'une histoire linéaire et unique. Une telle histoire, une épopée de la création, n'aurait d'ailleurs guère eu d'utilité dans la sphère de la langue écrite. Prises individuellement ou par petites séquences, les notions mythiques pouvaient, par association ou par analogie d'idées, entrer en contact avec d'autres contextes (les conceptions funéraires le plus souvent) et, de la sorte, prendre une signification nouvelle. Les notions mythiques ne semblent avoir eu de valeur que lorsqu'elles étaient placées dans une utilisation secondaire et confrontées avec des conceptions concernant d'autres domaines de réflexion.

On peut observer à travers les Textes des Sarcophages que les passages cosmogoniques les plus développés n'ont pas de caractère narratif, ne présentent pas l'évolution du processus créateur, mais se limitent à exposer une situation particulière. Un nombre variable de notions peut illustrer un thème principal pour en approfondir la description. Ces « tableaux de situation » sont très statiques et descriptifs et ne s'intéressent guère à la transitivité des actions ou au déroulement chronologique de la création. Malgré l'absence presque totale de narrativité, l'ensemble des notions relatives à une question fondamentale, qui présente les actions entreprises par des divinités en un temps lointain et indéterminable, peut être appelé un mythe. Pour l'Égypte ancienne, le mythe ne doit pas être défini comme *ce que l'on se raconte des dieux* (S. Schott), mais plutôt comme *ce que l'on sait des dieux*. Les connaissances étant susceptibles d'être combinées entre elles et d'être enrichies à tout moment de nouveaux éléments, le mythe ne se fixe pas dans un récit exclusif, mais reste une structure souple et ouverte. Il garde l'aspect d'un complexe de connaissances qui se compose d'un nombre théoriquement illimité de mythèmes dont chacun contient une information relative à la problématique centrale.

Durant toute l'histoire égyptienne, les mythes sont avant tout des sources de savoir transmises sous des formes diverses. Même dans les cas où les notions mythologiques entrent dans des compositions littéraires plus développées, celles-ci ne deviennent pas pour autant des récits de référence ou des codifications définitives. Les conceptions mythologiques restent une matière maniable. Ce caractère leur garantit une extraordinaire longévité et la capacité de se transformer et de s'adapter. À toutes les époques, la créativité théologique pouvait se servir des notions mythiques comme d'un savoir ancestral pour composer de nouvelles conceptions. L'époque tardive s'est intéressée particulièrement à cette riche matière : les notions de cosmogonie furent reformulées de maintes façons [1], et, pour le mythe osirien, le papyrus Jumilhac montre de nombreuses adaptations « fabriquées » pour des besoins étiologiques spécifiques par un auteur qui utilisait librement des notions anciennes mais absolument actuelles [2]. C'est le grec Plutarque, de la fin du premier siècle de notre ère, qui ressenti le premier le besoin de composer une narration cohérente à partir de ce que l'on savait en

[1] L. KÁKOSY, « Probleme der ägyptischen Kosmogonien der Ptolemäer- und Römerzeit », dans *Hommages Fr. Daumas*, 1986, p. 429-434.

[2] Ph. DERCHAIN, « L'auteur du Papyrus Jumilhac », *RdE* 41, 1990, p. 9-30.

Égypte d'Isis et Osiris, et il faut attendre les dernières manifestations du paganisme au deuxième siècle pour rencontrer, dans le temple d'Esna, un texte qui peut être qualifié de récit de la création [3].

Le mythe étant, de par sa structure, particulièrement ouvert à l'intégration de nouvelles conceptions et à différents types de modifications, il s'avère utile d'essayer d'établir ses contours pour chaque époque, même si un tel essai reste inévitablement tributaire de la documentation conservée et de sa datation. Les Textes des Pyramides, notre plus ancienne source pour l'étude du système religieux, posent déjà très clairement la question de l'origine de l'univers. Pour y répondre, ils développent les images du dieu « indifférencié », Atoum, qui se porte à l'existence de lui-même et qui invente la vie en surpassant son inertie et en s'élevant par sa propre force hors de l'infini et obscur espace des eaux primordiales. Pour vaincre sa solitude et installer la pluralité et la totalité (*tm*) du monde, il crée un fils ou un couple d'enfants à partir d'une substance de son corps : sa semence ou son crachat. Par une accolade, il transmet la force vitale, son *ka*, à ses créatures.

Les Textes des Sarcophages, datant essentiellement de la Première Période intermédiaire et du Moyen Empire, élargissent le complexe des connaissances cosmogoniques en y apportant des notions supplémentaires et en approfondissant certains aspects de la problématique par de nouvelles approches. On ne remarque toutefois aucune scission entre les deux époques ni aucun changement de conception.

Une nouvelle vision cherche à expliquer l'origine de la vie non comme une autogenèse spontanée du créateur, mais comme un intense processus d'échange d'énergie vitale entre Atoum et ses deux enfants. Les trois protagonistes sont considérés comme consubstantiels et existent dans une union symbiotique avant de se dissocier en se soutenant mutuellement. Comme plusieurs autres mythèmes cosmogoniques (celui du souffle d'Atoum notamment), cette notion s'appuie sur le principe fondamental dans la société égyptienne de la réciprocité et de l'échange de la force vitale qui, institutionnalisé dans le rituel, régit les rapports entre les hommes et les dieux et entre les générations humaines.

---

[3] S. SAUNERON, *Esna* III, n° 206,1-14, p. 28-34 ; *Esna* V, p. 253-271.

Le nombre des modes de création mis en œuvre par l'unique pour projeter une créature hors de son corps est considérablement augmenté. L'expiration, la sueur, les larmes peuvent être des substances créatrices, mais aussi les pouvoirs immatériels de la volonté, de la puissance-*3ḫw*, de l'imagination et de la parole. Le plus souvent, ces substances ont un rapport avec l'objet créé. Les conceptions du Moyen Empire développent des liens significatifs non seulement entre le mode de création et le nom de l'être créé (crachat-*jšš* — *Šw* ; *rmjt* — *rmṯ*), mais surtout aussi entre le mode ou la situation d'origine et le caractère de la créature (souffle vital — dieu de l'air, dieu de la vie ; affliction du créateur - nature morne de l'humanité).

Contrairement aux époques postérieures, la cosmogonie du Moyen Empire ne s'intéresse qu'aux constituants majeurs de l'univers, à la venue à l'existence de certaines divinités, du genre divin en général, de l'humanité et, dans une moindre mesure, à l'installation du ciel et de la terre. Toutes les créatures sont responsables du maintien de l'œuvre de l'unique. Atoum fournit l'énergie vitale en tant que Rê, mais il n'intervient plus dans le monde créé. Le fonctionnement de l'univers est à charge de divinités directement subordonnées au créateur et qualifiées de fils ou fille de l'unique. Le lien de filiation semble être un trait essentiel de ce concept. La plupart d'entre eux sont présentés comme hypostases des forces créatrices du créateur. Lors de leur création, Atoum confère à ces divinités les pouvoirs nécessaires à assurer la transmission de la vie parmi les dieux et les hommes, à garantir la reproduction régulière de la végétation et la stabilité des structures cosmiques.

Ce concept du fils-créateur exprime une division des rôles très nette entre Atoum, l'inventeur de l'existence, d'une part, dont l'action fut ponctuelle, et ses fils d'autre part, qui sont les dieux de la vie et qui interviennent de façon permanente dans le monde. Ce sont les fils qui sont les acteurs de la création continue ; leur fonction s'apparente d'ailleurs au rôle religieux du roi. Les Textes des Sarcophages présentent de façon détaillée les activités de quatre dieux de la vie (Chou, Ptah, Hâpi et Heka), et il est probable que d'autres divinités pouvaient être intégrées dans ce concept et de ce fait être considérées comme fils d'Atoum. Par leurs multiples fonctions, ces dieux étaient d'une grande importance pour les Égyptiens aussi bien dans la vie de tous les jours que dans les conceptions funéraires. Ils garantissaient la fertilité, la subsistance, le souffle de vie, et leurs bienfaits pouvaient être implorés par des hymnes et des prières. Ils étaient accessibles à la piété, alors que le créateur restait une figure très théologique que le fidèle ne pouvait guère approcher.

Cette image d'un créateur inactif et distant est à l'origine d'un conflit intellectuel qui pourrait, à son tour, avoir induit d'importants changements de conception au début du Nouvel Empire. Dans notre documentation, ce conflit se reflète principalement dans le *spell* 1130 des Textes des Sarcophages et dans les *Admonitions d'Ipouer*. Implicitement ou explicitement, ces deux textes imputent au créateur l'existence du mal dans ce monde et la prédisposition négative de l'humanité ; ils lui reprochent surtout son inaction face à une telle calamité. Le second de ces témoignages exige fermement que le maître de l'univers se manifeste, réponde aux appels des hommes et intervienne pour protéger les pieux et punir les méchants. Les raisons de cette nouvelle exigence devaient être multiples ; elles étaient peut-être en rapport avec une plus large diffusion du système religieux dans la société. Si l'idéologie pharaonique n'était répandue à l'origine que parmi l'élite du pays qui était engagée dans l'administration et liée plus ou moins directement au roi, le Moyen Empire pourrait être l'époque où ces conceptions commencèrent à atteindre une plus large population. Les couches sociales plus modestes ressentaient probablement un besoin accru d'exprimer leur piété et de pouvoir s'adresser à un dieu suprême à la fois protecteur et justicier. Il n'existe guère d'indices pour savoir de quelle façon et à quel moment exact ces conceptions ont évolué et se sont modifiées. La période décisive semble être celle qui s'étend de la fin du Moyen Empire jusqu'au milieu de la XVIIIe dynastie.

Dès les règnes d'Hatchepsout et Thoutmosis III, et de manière définitive dès la XIXe dynastie, on se trouve confronté à une situation nouvelle. Le changement le plus remarquable concerne l'existence d'une pluralité de dieux créateurs. Atoum / Rê n'a plus l'exclusivité de ce rôle, un nombre croissant de divinités sont considérées comme autogènes et maîtres de l'univers : Amon, Ptah, Hâpi, Sobek, Khnoum, Khonsou, Thot, Herichef, Geb, Mehet-ouret, Neith, etc. Les conceptions relatives à chacun de ces dieux réutilisent la plupart des mythèmes cosmogoniques plus anciens, mais l'activité du dieu autogène s'étend maintenant expressément à la création de tous les constituants de l'univers, les animaux, les plantes, les astres, etc. La fonction du créateur ne se limite plus à l'invention de l'existence. Il est dès lors responsable également du maintien de son œuvre et reprend à son compte toutes les caractéristiques des anciens fils-créateurs, notamment le statut de « maître de la vie ». Il devient une divinité accessible à la piété, la puissance suprême à la fois bienfaisante et redoutable qui intervient dans les grands événements de l'univers aussi bien que dans la vie de l'individu. Les créateurs du Nouvel Empire sont investis d'autorité, ils gouvernent le pays, ils inspirent la crainte et ils sont souvent qualifiés de roi.

Beaucoup de ces dieux étaient liés plus spécifiquement à une ville ou une région. Ce phénomène eut pour conséquence que chaque ville, chaque temple, pouvait désormais être considéré comme l'endroit précis où le créateur avait émergé du Noun. L'image de la butte primordiale, connue dès les Textes des Pyramides, mais à l'époque limitée à la pierre *benben* d'Héliopolis, devînt l'une des notions cosmogoniques les plus répandues, tout en prenant un aspect et un nom différents dans chaque localité. L'importance accordée ainsi au moment et au lieu de l'émersion — à la transition de la préexistence à l'existence — donna lieu au développement de plusieurs conceptions nouvelles qui imaginaient un élément intermédiaire entre ces deux états, un facteur qui préparait et aidait l'apparition du créateur. Parmi ces notions d'éléments « proto-créateurs », on peut mentionner l'image du lotus primordial qui fit émerger le soleil naissant, celle de l'œuf qui fit éclore le créateur, la conception très répandue à l'époque tardive de l'ogdoade (pour laquelle les prétendues attestations dans les textes anciens sont contestables), et finalement le mythème des différentes vaches (Mehet-ouret, Ahet) qui auraient porté le créateur hors de l'eau.

Un profond changement de conception concerne la manière dont fut ressenti le rapport entre le temps présent et l'époque de la création. Les théologiens anciens se sentaient certes éloignés de l'époque primordiale, mais ils semblent avoir envisagé cette distance dans le temps comme une continuité et non pas comme deux périodes distinctes. Les penseurs du Nouvel Empire, par contre, se sentaient coupés des origines par une scission irrémédiable. Cette division est illustrée par deux nouvelles notions. Le processus de la création fut dès lors considéré comme quelque chose de radicalement autre et, en tant qu'événement global, il reçut un nom : *sp tpy*, « la Première Fois ». Ce terme recouvre l'ensemble du phénomène dont le créateur, assisté par les autres dieux et le roi, assurait désormais lui-même les répétitions.

L'autre conséquence de ce sentiment de scission est le fait que la structure du cosmos tel qu'il existe était considérée comme une disposition secondaire. Pour les anciens, la séparation du ciel et de la terre reflétait la volonté du créateur qui, dès l'origine, avait installé un espace vital et lumineux. Au Nouvel Empire, cette séparation constituait le signe d'une grande rupture qui avait provoqué le départ et l'éloignement du créateur solaire. Ils contemplaient avec regret une époque plus harmonieuse, définitivement perdue, où le créateur et les autres dieux avaient régné sur terre. Selon le mythe de la *Vache du Ciel*, cette rupture serait même la conséquence de la désobéissance des hommes. D'après ce texte, l'intervention punitive contre les malfaiteurs qu'avait souhaitée Ipouer a eu lieu, mais elle a entraîné une division irréparable entre les dieux et les hommes, entre l'époque primordiale et les temps présents.

D'une conception très homogène, centrée sur la figure unique du dieu Atoum et valable dans le pays entier, les notions de cosmogonie égyptiennes ont évolué dès le Nouvel Empire en une multitude d'approches et de combinaisons légèrement différentes. Chaque ville pouvait dès lors avoir son dieu créateur, qui possédait presque toujours un aspect solaire, et qui jouait le rôle de dieu de la vie. Malgré ce foisonnement, la plupart des mythèmes cosmogoniques élaborés durant l'Ancien et le Moyen Empire gardaient leur valeur et furent utilisés pendant toute l'histoire égyptienne.

BIBLIOGRAPHIE *

ALLEN, James Peter

1976, « The Funerary Texts of King Wahkare Akhtoy on a Middle Kingdom Coffin », *Studies in Honor of George R. Hughes, SAOC* 39, p. 1-29.

1984, *The Inflection of the Verb in the Pyramid Texts, Bibliotheca Aegyptia* 2, Malibu.

1988, *Genesis in Egypt, The Philosophy of Ancient Egyptian Creation Accounts, YES* 2.

1989, « The Cosmology of the Pyramid Texts », dans K.W. SIMPSON (éd.), *Religion and Philosophy in Ancient Egypt, YES* 3, p. 1-28.

ALLEN, Thomas George

1950, *Occurrences of Pyramid Texts with Cross Indexes of these and oher Egyptian Mortuary Texts, SAOC* 27, Chicago.

ALTENMÜLLER, Brigitte

1975, *Synkretismus in den Sargtexten, GOF* IV/7, Wiesbaden.

ALTENMÜLLER, Hartwig

1967, « Ein Opfertext der 5. Dynastie », *MDAIK* 22, p. 9-18.

1988, « Die Vereinigung des Schu mit dem Urgott Atum, Bemerkungen zu CT I 385d-393b », *SAK* 15, p. 1-16.

ANTHES, Rudolf

1961, « Das Sonnenauge in den Pyramidentexten », *ZÄS* 86, p. 1-21, repris dans *StudAeg* IX, Budapest, 1983, p. 223-243.

1961, « Mythology in Ancient Egypt », dans S.N. KRAMER, *Mythologies of the Ancient World*, New York, p. 17-92, repris dans *StudAeg* IX, Budapest, 1983, p. 133-210.

1983, « Der König als Atum in den Pyramidentexten », *ZÄS* 110, p. 1-9.

ASSMANN, Jan

1969, *Liturgische Lieder an den Sonnengott, Untersuchungen zur altägyptischen Hymnik, MÄS* 19.

1970, *Der König als Sonnenpriester, ein kosmographischer Begleittext zur kultischen Sonnenhymnik in thebanischen Tempeln und Gräbern, ADAIK* 7.

1975, *Zeit und Ewigkeit im alten Ägypten, AHAW* 1.

1975, *ÄHG = Ägyptische Hymnen und Gebete*, Zurich.

1977, « Die Verborgenheit des Mythos in Ägypten », *GöttMisc* 25, p. 7-43.

1983, *Re und Amun, die Krise des polytheistischen Weltbildes im Ägypten der 18.-20. Dynastie, OBO* 51, Fribourg, Göttingen.

1983, « Königsdogma und Heilserwartung. Politische und kultische Chaosbeschreibungen in ägyptischen Texten » dans D. HELLHOLM (éd.), *Apocalypticism in the Mediterranean World and the Near East*, Tübingen, p. 345-377.

1984, *Ägypten, Theologie und Frömmigkeit einer frühen Hochkultur*, Stuttgart.

1989, *Maât, l'Égypte pharaonique et l'idée de justice sociale*, Paris.

* Les abréviations utilisées sont celles préconisées par *Recommandations aux auteurs et abréviations des périodiques*, B. Mathieu, Le Caire, IFAO, 1993².

1990, *Ma'at : Gerechtigkeit und Unsterblichkeit im alten Ägypten*, Munich.
BADAWY, Alexander
1956, « The Ideology of the Superstructure of the Mastaba-Tomb in Egypt », *JNES* 15, p. 180-183.
BAINES, John
1970, « *Bnbn* : Mythological and Linguistic Notes », *Orientalia* 39, p. 389-404.
1984, « Interpretations of religion: Logic, Discourse, Rationality », *GöttMisc* 76, p. 25-54.
1985, « Egyptian Twins », *Orientalia* 54, p. 461-482.
1985, *Fecundity Figures*, Warminster,Chicago.
1986, « *MSWT* "manifestation" ? », dans *Hommages à François Daumas*, Montpellier, p. 43-50.
1988, « An Abydos List of Gods and an Old Kingdom Use of Texts », dans J. BAINES *et al.* (éd.), *Pyramid Studies and Other Essays Presented to I.E.S. Edwards*, *EES Occasional Papers* 7, Londres, p. 124-133.
1989, « Ancient Egyptian Concepts and Uses of the Past: 3rd to 2nd Millennium BC Evidence », dans R. LAYTON (éd.), *Who Needs the Past ? Indigenous Values and Archaeology*, Londres, p. 131-149.
1990, « Interpreting the Story of the Shipwrecked Sailor », *JEA* 76, p. 55-72.
1990, « Restricted Knowledge, Hierarchy, and Decorum: Modern Perceptions and Ancient Institutions », *JARCE* 27, p. 1-23.
1991, *Society, Morality and Religious Practice*, dans B.E. SHAFER (éd.), *Religion in Ancient Egypt*, Londres, p. 123-200.
1991, « Egyptian Myth and Discourse: Myth, Gods, and the Early Written and Iconographic Record », *JNES* 50, p. 81-105.
BAKRY, Hassan S.K.
1971, « The Discovery of a Sobk Temple in Upper Egypt » *MDAIK* 27,2, p. 131-146.
EL-BANNA, Essam
1986, « À propos de la désignation "père des dieux" », *BIFAO* 86, p. 151-170.
BARBOTIN, Christophe; CLÈRE, Jean-Jacques
1991, « L'inscription de Sésostris Ier à Tôd », *BIFAO* 91, p. 1-33.
BARGUET, Paul
1967, *Le Livre des Morts des anciens Égyptiens*, Paris.
1986, *Sarcophages = Les Textes des sarcophages égyptiens du Moyen Empire*, Paris.
BARTA, Winfried
1973, *Untersuchungen zum Götterkreis der Neunheit*, *MÄS* 28.
1983, « Zur Verbindung des Atum mit dem Sonnengott Re », *GöttMisc* 64, p. 15-18.
1986, « Die Pyramiden Texte auf den Privatsärgen des Mittleren Reiches », *ZÄS* 113, p. 1-8.
1991, « Zur grammatischen Bedeutung synkretistisch verbundener Götternamen am Beispiel der Namen von Re und Atum », *GöttMisc* 123, p. 7-10.
1992, « Die Bedeutung der Personifikation Huh im Unterschied zu den Personifikationen Hah und Nun », *GöttMisc* 127, p. 7-12.
BARTEL, Hans-Georg; HALLOF, Jürgen
1990, « Der Aspekt der Selbstorganisation in altägyptischen Kosmogonien », *Selbstorganisation* 1, p. 195-218.
BARUCQ, André; DAUMAS, François
1980, *Hymnes et prières de l'Égypte ancienne*, Paris.

BEGELSBACHER-FISCHER, Barbara
1981, *Untersuchungen zur Götterwelt des Alten Reiches*, *OBO* 37, Fribourg, Göttingen.
BERGMAN, Jan
1983, « Introductory Remarks on Apocalypticism in Egypt », dans D. HELLHOLM (éd.), *Apocalypticism in the Mediterranean World and the Near East*, Tübingen, p. 51-60.
BICKEL, Susanne
1988, « Furcht und Schrecken in den Sargtexten », *SAK* 15, p. 17-25.
BILOLO, Mubabinge
1982, « Du "Cœur" *ḥ3ty* ou *jb* comme l'unique lieu de création : propos sur la cosmogenèse héliopolitaine », *GöttMisc* 58, p. 7-14.
1986, *Les Cosmo-Théologies philosophiques d'Héliopolis et d'Hermopolis*, Publications universitaires africaines, Kinshasa.
1992, « Concepts et expressions égyptiens relatifs à la création », *GöttMisc* 131, p. 13-19.
BLUMENTHAL, Elke
1970, *Untersuchungen zum ägyptischen Königtum des Mittleren Reiches*, *AAWL*, Berlin.
1980, « Die Lehre für König Merikare », *ZÄS* 107, p. 5-41.
1991, « Die "Reinheit" des Grabschänders », dans U. VERHOEVEN, E. GRAEFE (éd.), *Religion und Philosophie im alten Ägypten*, Festgabe Ph. Derchain, *OLA* 39, Louvain, p. 47-56.
BOESER, Pieter Adriaan Aart
1909, *Beschreibung der ägyptischen Sammlung des niederländischen Reichsmuseums der Altertümer in Leiden* II, La Haye.
BONNEFOY, Yves (éd.)
1981, *Dictionnaire des mythologies*, Paris.
BONNET, Hans
1952, *RÄRG : Reallexikon der ägyptischen Religionsgeschichte*, Berlin.
BORCHARDT, Ludwig
1913, *Das Grabdenkmal des Königs S'a3ḥu-Re*[c] II, *Die Wandbilder*, *WVDOG* 26, Leipzig.
BORGHOUTS, Joris F.
1984, « The Victorious Eyes: a Structural Analysis of Two Egyptian Mythologizing Texts of the Middle Kingdom », dans Fr. JUNGE (éd.), Fs. W. Westendorf, *Studien zu Sprache und Religion Ägyptens* II, Göttingen, p. 703-716.
1987, « *3ḫ.w* (akhu) and *ḥk3.w* (hekau). Two Basic Notions of Ancient Egypt. Magic and the Concept of the Divine Creative Word », dans A. ROCCATI, A. SILIOTTI (éd.), *La Magia in Egitto*, Milan, p. 29-46.
1989, « A New Middle Kingdom Netherworld Guide », *BSAK* 3, p. 131-139.
BOTTÉRO, Jean
1986, *La Naissance de Dieu*, Paris, Gallimard.
BOTTÉRO, Jean ; KRAMER, Samuel Noah
1989, *Lorsque les dieux faisaient l'homme*, Paris, Galimard.
BOURRIAU, Janine
1991, « Patterns of change in burial customs during the Middle Kingdom », dans St. QUIRKE (éd.), *Middle Kingdom Studies*, New Malden, p. 3-20.
BRANDON, S.G.F.
1963, *Creation Legends in the Ancient Near East*, Londres.

BREASTED, James Henry
1901, « The Philosophy of a Memphite Priest », *ZÄS* 39, p. 39-54.
BRESCIANI, Edda
1984, « I racconti della creazione nell'Egitto antico », *Geo-archeologia* 1984/1, p. 39-42.
BRUNNER, Hellmut
1955, « Zum Zeitbegriff der Ägypter », *StudGener* 8, p. 584-590 = *id.*, *Das hörende Herz*, *OBO* 80, Fribourg, Göttingen, 1988, p. 327-338.
1961, « Zum Verständnis des Spruches 312 der Sargtexte », *ZDMG* 111, N.F. 36, p. 439-445, = *id.*, *Das hörende Herz*, *OBO* 80, Fribourg, Göttingen, 1988, p. 309-315.
1975, « Name, Namen, Namenlosigkeit Gottes im Alten Ägypten », dans H. v. STIETENCRON (éd.), *Der Name Gottes* = *id.*, *Das hörende Herz*, *OBO* 80, Fribourg, Göttingen, 1988, p. 130-146.
1988, *Altägyptische Weisheit*, Zurich, Artemis.
BRUNNER-TRAUT, Emma
1981, *Gelebte Mythen, Beiträge zum ägyptischen Mythos*, Darmstadt.
1990, *Frühformen des Erkennens*, Darmstadt.
BUDGE, Sir Ernest Alfred Thompson Wallis
1898, *The Book of the Dead. The Chapters of Coming Forth by Day*, Londres.
1923, *Facsimiles of Egyptian Hieratic Papyri in the British Museum* II, Londres.
BURKERT, Walter
1993, « Mythos — Begriff, Struktur, Funktionen », dans Fr. GRAF (éd.), *Mythos in mythenloser Gesellschaft*, *Colloquium Rauricum* 3, Stuttgart, Leipzig, p. 9-24.
CAUVILLE, Sylvie
1991, « Ihy-noun et Ihy-ouâb », *BIFAO* 91, p. 99-117.
CHASSINAT, Émile
1912, « La déesse Djéritef », *BIFAO* 10, p. 159-160.
CHASSINAT, Émile ; PALANQUE, Charles
1911, *Une Campagne de fouilles dans la nécropole d'Assiout*, *MIFAO* 24.
CLAGETT, Marshal
1989, *Ancient Egyptian Science*, Philadelphia.
DE BUCK, Adrian
1922, *De Egyptische Voorstellingen betreffende den Oerheuvel*, Leiden.
1935 - 1961, *The Egyptian Coffin Texts* I - VII, *OIP* 34, 49, 64, 67, 73, 81, 87, Chicago.
1939, *Godsdienstige Opvatting van den Slaap*, Mededeelingen en Verhandelingen "Ex Oriente Lux" n° 4, Leiden.
1947, *Plaats en Betekenis van Sjoe in de Egyptische Theologie*, *Mededeelingen K. Nederl. Ak. N.R.* 10, 9, Amsterdam.
DERCHAIN, Philippe
1965, *Le Papyrus Salt 825 (BM 10051), rituel pour la conservation de la vie en Égypte*, Bruxelles.
1969, « Le démiurge et la balance », dans *Religions en Égypte hellénistique et romaine*, Paris, p. 31-34.
1975, « Sur le nom de Chou et sa fonction », *RdE* 27, p. 110-116; *RdE* 30, 1978, p. 57.
1989, « À propos de performativité », *GöttMisc* 110, p. 13-18.
1990, « L'auteur du Papyrus Jumilhac », *RdE* 41, p. 9-30.
1992, « Les débuts de l'Histoire », *RdE* 43, p. 35-47.

DETIENNE, Marcel
1981, *L'Invention de la mythologie*, Paris, Gallimard.
DORET, Eric
1989, « Sur une caractéristique grammaticale de quelques sarcophages d'el-Bersheh », *BSEG* 13, p. 45-50.
DREYER, Günther
1991, « Zur Rekonstruktion der Oberbauten der Königsgräber der 1. Dynastie in Abydos », *MDAIK* 47, p. 93-104.
DRIOTON, Étienne
1942, « La chanson des quatre vents », *Revue du Caire* N° 44 = *Pages d'Égyptologie*, Le Caire, 1957, p. 363-372.
DÜRR, Lorenz
1938, *Die Wertung des göttlichen Wortes im Alten Testament und im Alten Orient*, *MVÄG* 42/1.
EDEL, Elmar
1955 / 1964, *Altägyptische Grammatik*, *AnOr* 34/39, Rom.
EDEL, Elmar
1984, *Die Inschriften der Grabfronten der Siut-Gräber in Mittelägypten aus der Herakleopolen Zeit*, *ARWAW* 71, Opladen.
ELIADE, Mircea
1959, « Structure et fonction du mythe cosmogonique » dans *La Naissance du monde*, *SourcOr* I, Paris, p. 471-495.
1963, *Aspects du mythe*, Paris.
ENGLUND, Gertie
1978, *Akh, une notion religieuse dans l'Égypte pharaonique*, *Boreas* 11, Uppsala.
ERICHSEN, Wolja; SCHOTT, Siegfried
1954, *Fragmente memphitischer Theologie in demotischer Schrift*, *AAWMainz* 7.
FAULKNER, Raymond O.
1933, *The Papyrus Bremner-Rhind*, *BiAeg* III, Bruxelles.
1937, « The Bremner-Rhind Papyrus » III, *JEA* 23, p. 166-185.
1938, « The Bremner-Rhind Papyrus » IV, *JEA* 24, p. 41-53.
1964, « Some Notes on the God Shu », *JEOL* VI,18, p. 266-270.
1969, *The Ancient Egyptian Pyramid Texts*, Warminster.
1969, *The Ancient Egyptian Pyramid Texts, Supplement to Hieroglyphic Texts*, Oxford.
1973-1978, *The Ancient Egyptian Coffin Texts*, 3 vol., Warminster.
FECHT, Gerhard
1958, *Der Habgierige und die Maat in der Lehre des Ptahhotep*, Glückstadt.
1972, *Der Vorwurf an Gott in den « Mahnworten des Ipu-wer »*, *AHAW*, Heidelberg.
F*ECT* = FAULKNER, *The Ancient Egyptian Coffin Texts*, 1973-1978.
FRANKFORT, Henri
1933, *The Cenotaph of Seti I at Abydos*, EES Memoir 39, 2 vol., Londres.
FREIER, Elke
1976, « Zu den sogenannten Hohepriestern von Memphis im Alten Reich », *AltorForsch* 4, p. 5-34.
FRIEDMAN, Florence Margaret
1981, *On the Meaning of Akh (3ḫ) in Egyptian Mortuary Texts*, Dissertation Abstracts International A 42 n° 6 (Brandeis University), Ann Arbor.
GARDINER, Sir Alan Henderson
1909, *The Admonitions of an Egyptian Sage from a Hieratic Papyrus in Leiden*, Leipzig.

GARDINER, Sir Alan Henderson
1957, « Hymns to Sobk in a Ramesseum Papyrus », *RdE* XI, p. 43-56
GEORGE, Beate
1970, *Zu den altägyptischen Vorstellungen vom Schatten als Seele*, Bonn.
GILULA, Mordechai
1974, « A *tm.n.f sḏm* sentence ? », *JEA* 60, p. 249-250.
1981, « Does God Exist ? », dans D.W. YOUNG (éd.), *Studies Presented to H.J. Polotsky*, East Gloucester, Mass., p. 390-400.
1982, « An Egyptian Etymology of the Name of Horus », *JEA* 68, p. 259-265.
GITTON, Michel
1981, « La création du monde et de l'homme », Suppl. *Cahier Évangile* 38, Paris, p. 41-54.
GOEDICKE, Hans
1971, *Re-Used Blocks from the Pyramid of Amenemhat I at Lisht*, MMA Egyptian Expedition, New York.
GOMA[c], Faruk
1984, « Der Krokodilgott Sobek und seine Kultorte im Mittleren Reich », dans Fr. JUNGE (éd.), Fs. W. Westendorf, *Studien zu Sprache und Religion Ägyptens* II, Göttingen, p. 787-803.
GOYON, Jean-Claude
1972, *Confirmation du pouvoir royal au Nouvel An*, *BiEtud* 52.
1985, *Les Dieux-Gardiens et la genèse des temples d'après les textes égyptiens de l'époque gréco-romaine*, *BiEtud* 93.
GRAEFE, Erhart
1971, *Untersuchungen zur Wortfamilie bj3*, Köln.
1991, « Über die Verarbeitung von Pyramidentexten in den späten Tempeln », dans U. VERHOEVEN, E. GRAEFE (éd.), *Religion und Philosophie im alten Ägypten*, Festgabe Ph. Derchain, *OLA* 39, Louvain, p. 129-148.
GRAPOW, Hermann
1924, *Die bildlichen Ausdrücke des Ägyptischen. Vom Denken und Dichten einer altorientalischen Sprache*, Leipzig.
1931, « Die Welt vor der Schöpfung », *ZÄS* 67, p. 34-38.
GRIESHAMMER, Reinhard
1970, *Das Jenseitsgericht in den Sargtexten*, *ÄgAbh* 20, Wiesbaden.
GRIFFITH, Francis Llewellyn
1898, *The Petrie Papyri: Hieratic Papyri from Kahun and Gurob (Principally of the Middle Kingdom)*, Londres.
GUGLIELMI, Waltraud
1980, « Lachen und Weinen in Ethik, Kult und Mythos der Ägypter », *CdE* LV, p. 69-86.
GUILHOU, Nadine
1984, « Temps du récit et temps du mythe: des conceptions égyptiennes du temps à travers le Livre de la Vache céleste », *Mélanges A. Gutbub*, Montpellier, p. 87-93.
1986, « Réflexions sur la conception du mal à travers quelques grands mythes antiques », *Hommages à François Daumas*, Montpellier, p. 361-371.
1989, *La Vieillesse des dieux*, Montpellier.
HABACHI, Labib
1977, *Tavole d'offerta, are e bacili da libagione n. 22001-22067*, Catalogo del Museo egizio di Turino, Serie secunda II, Turin.
1985, *The Sanctuary of Heqaib*, *ArchVer* 33, Mayence.

HAENY, Gerhard
1986, « Zum Kamutef », *GöttMisc* 90, p. 33-34.
HASSAN, Selim
1930, *Hymnes religieux du Moyen Empire*, SAE, Le Caire.
HELCK, Wolfgang
1970, *Die Prophezeiung des Nfr.tj*, *KÄT*, Wiesbaden.
1978, « Die Weihinschrift Sesostris' I. am Satet - Tempel von Elephantine », *MDAIK* 34, p. 69-78.
1988, *Die Lehre für König Merikare*, *KÄT*, Wiesbaden, 2e éd.
1992, « Anmerkungen zum Turiner Königspapyrus », *SAK* 19, p. 151-216.
HERMSEN, Edmund
1991, *Die zwei Wege des Jenseits, dans altägyptische Zweiwegebuch und seine Topographie*, *OBO* 112, Fribourg, Göttingen.
HOFFMEIER, James
1983, « Some Thoughts on Genesis 1 & 2 and Egyptian Cosmology », *JANES* 15, p. 39-49.
1985, *Sacred in the Vocabulary of Ancient Egypt*, *OBO* 59, Fribourg, Göttingen.
HORNUNG, Erik
1963, *Das Amduat, die Schrift des verborgenen Raumes*, *ÄgAbh* 7 (2 vol.) et *ÄgAbh* 13 (1967), Wiesbaden.
1965, « Licht und Finsternis in der Vorstellungswelt Altägyptens », *Studium Generale* 18, p. 73-83.
1967, « Der Mensch als "Bild Gottes" in Ägypten », dans O. LORETZ, *Die Gottebenbildlichkeit des Menschen*, Munich, p. 123-156.
1976, *Das Buch der Anbetung des Re im Westen* II, *AegHelv* 3.
1981, « Verfall und Regeneration der Schöpfung », *Eranos Jahrbuch* 46 (1977), p. 411-449.
1982, *Conceptions of God in Ancient Egypt, The One and The Many* , Londres. Traduction (J. Baines) de *Der Eine und die Vielen, ägyptische Gottesvorstellungen*, Darmstadt, 1971.
1982, *Der ägyptische Mythos von der Himmelskuh, eine Ätiologie des Unvollkommenen*, *OBO* 46, Fribourg, Göttingen.
1987, « L'Égypte, la philosophie avant les Grecs », *Les Études philosophiques* 2-3, p. 113-125.
1989, *Geist der Pharaonenzeit*, Zurich, Munich.
1989, « Maat - Gerechtigkeit für alle », *Eranos Jahrbuch* 56 (1987), p. 385-427.
1991, *Zwei ramessidische Königsgräber: Ramses IV. und Ramses VII.*, *Theben* 11, Mayence.
IVERSEN, Erik
1990, « The Cosmogony of the Shabaka Text », dans S. ISRAELIT-GROLL (éd.), *Studies in Egyptology presented to Miriam Lichtheim* I, Jerusalem, p. 485-493.
JAMES, Edwin Oliver
1969, *Creation and Cosmology*, *Numen* Supplement 16.
JAMES, Thomas Garnet Henry
1962, *The Hekanakhte Papers and other early Middle Kingdom Documents*, *MMAEE* 19, New York.
JUNGE, Friedrich
1973, « Zur Fehldatierung des sog. Denkmals memphitischer Theologie, oder Der Beitrag der ägyptischen Theologie zur Geistesgeschichte der Spätzeit », *MDAIK* 29, p. 195-204.

JUNKER, Hermann

1917, *Die Onurislegende*, *DAWW* 59.

JÜRGENS, Peter

1988, « Textkritische und überlieferungsgeschichtliche Untersuchungen zu den Sargtexten », *GöttMisc* 105, p. 27-37.

KÁKOSY, László

1963, « Schöpfung und Weltuntergang in der ägyptischen Religion », *AcAnt* (B) XI, p. 17-30, repris dans *StudAeg* VII, Budapest, 1981, p. 55-68.

1978, « Einige Probleme des ägyptischen Zeitbegriffes », *Oikumene* 2, p. 95-111.

1981, « Urzeitmythen und Historiographie im alten Ägypten », *StudAeg* VII, Budapest, p. 93-104.

1986, « Probleme der ägyptischen Kosmogonien der Ptolemäer- und Römerzeit », dans *Hommages à François Daumas*, Montpellier, p. 429-434.

KAPLONY, Peter

1963, *Die Inschriften der ägyptischen Frühzeit* I-II, *ÄgAbh* 7-8, Wiesbaden.

KEEL, Othmar

1993, « Altägyptische und biblische Weltbilder, die Anfänge der vorsokratischen Philosophie und das 'Αρχη-Problem in späten biblischen Schriften », M. SVILAR, St. KUNZE (éd.), *Weltbilder*, Bern, Berlin, Frankfort, etc., p. 127-156.

KEES, Hermann

1922, « Ein alter Götterhymnus als Begleittext zur Opfertafel », *ZÄS* 57, p. 92-120.

1930, « Kulttopographische und mythologische Beiträge », *ZÄS* 65, p. 83-84.

1942, « Die Feuerinsel in den Sargtexten und im Totenbuch », *ZÄS* 78, p. 41-53.

1956, *Der Götterglaube im alten Ägypten*, 2e éd. Berlin.

1966, « Herz und Zunge als Schöpferorgane in der ägyptischen Götterlehre », *StudGener*19, 124-126.

KEMP, Barry John

1989, *Ancient Egypt. Anatomy of a Civilization*, Londres.

KURTH, Dieter

1975, *Den Himmel stützen*, *Rites égyptiens* 2, Bruxelles.

LACAU, Pierre; CHEVRIER, Henri

1956, *Une Chapelle de Sésostris Ier*, Le Caire.

LAMBERT, W.G.

1968, « Myth and Ritual as Conceived by the Babylonians », *Journal of Semitic Studies* 12/1, p. 104-112

1974, « Der Mythos im Alten Mesopotamien, Sein Werden und Vergehen », *ZRG* 26, p. 1-16.

LANGE, Hans Osterfeldt; SCHÄFER, Heinrich

1902-1927, *Grab- und Denksteine des Mittleren Reiches*, CGC n° 20001-20780, 4 vol., Le Caire.

LAPP, Günther

1985, *Särge des Mittleren Reiches aus der ehemaligen Sammlung Khashaba*, *ÄgAbh* 43, Wiesbaden.

1986, « Der Sarg des *Jmnj* mit einem Spruchgut am Übergang von Sargtexten zum Totenbuch », *SAK* 13, p. 135-147.

LEPSIUS, Richard

1842, *Das Totenbuch der Ägypter nach dem hieroglyphischen Papyrus in Turin*, Leipzig.

LESKO, Leonard
1971, « Some Observations on the Composition of the Book of Two Ways », *JAOS* 91, p. 30-43.
1974, *Index of Spells on Egyptian Middle Kingdom Coffins and Related Documents*, Berkeley.
1991, « Ancient Egyptian Cosmogonies and Cosmology », dans B.E. SHAFER (éd.) *Religion in Ancient Egypt*, Londres, p. 88-122.
LÉVI-STRAUSS, Claude
1958, *Anthropologie Structurale*, Paris.
1962, *La Pensée sauvage*, Paris, Agora.
LICHTHEIM, Miriam
1973, *Ancient Egyptian Literature* I, Berkeley.
1988, *Ancient Egyptian Autobiographies*, *OBO* 84, Fribourg, Göttingen.
LORTON, David
1989, « Observations on the Birth and Name of Horus in Coffin Texts Spell 148 », *VA* 5, p. 205-212.
1993, « The Instruction for Merikare and Amarna Ideology », *GöttMisc* 134, p. 69-83.
LUFT, Ulrich
1976, « Seit der Zeit Gottes », *StudAeg* II, Budapest, p. 47-78.
1978, *Beiträge zur Historisierung der Götterwelt und der Mythenschreibung*, *StudAeg* IV, Budapest.
1992, *Die chronologische Fixierung des ägyptischen Mittleren Reiches nach dem Tempelarchiv von Illahun*, *SAWW* 598, Vienne.
LUGINBÜHL, Marianne
1992, *Menschenschöpfungsmythen*, *Publ. univ. europ.* XV/58, Berne, Frankfurt, etc.
MALAISE, Michel
1983, « Calembours et Mythes dans l'Égypte Ancienne », dans H. LIMET, J. RIES (éd.), *Le Mythe, son langage et son message*, *Homo religiosus* 9, p. 97-112.
MATHIEU, Bernard
1986, « Les hommes de larmes, à propos d'un jeu de mots mythique dans les textes de l'ancienne Égypte », dans *Hommages à François Daumas*, Montpellier, p. 499-509.
1991, « Se souvenir de l'Occident (*sḫ3 Jmnt.t*): une expression de la piété religieuse au Moyen Empire », *RdE* 42, p. 262 sq.
MAYSTRE, Charles
1992, *Les Grands Prêtres de Ptah de Memphis*, *OBO* 113, Fribourg, Göttingen.
McFARLANE, Ann
1990, « The Cult of Min in the Third Millennium B. C. », *Bulletin of the Australian Center for Egyptology* 1, p. 69-75.
MEEKS, Dimitri
1980 - 1982, *AnLex* : *Année Lexicographique* I - III (1977 - 1979), Paris.
1986, « Zoomorphie et image des dieux dans l'Égypte ancienne », *Le Temps de la réflexion* VII, p. 171-191.
1988, « Notions de dieu et structure du panthéon dans l'Égypte ancienne », *Revue de l'Histoire des Religions* CCV, p. 425-446.
MENU, Bernadette
1986, « Les récits de création en Égypte ancienne », *Foi et Vie* LXXXV/5, Cahiers Bibliques 25, p. 67-77.

MENU, Bernadette
1987, « Les cosmogonies de l'Ancienne Égypte », dans *La Création dans l'Orient ancien*, Paris, éditions du Cerf, p. 97-120.
MONTET, Pierre
1930-1935, « Les tombeaux de Siout et de Deir Rifeh », *Kêmi* 3, p. 45-111.
MORENZ, Siegfried
1950, « Ägypten und die altorphische Kosmogonie », dans S. MORENZ (éd.), *Aus Antike und Orient*, Festschrift W. Schubart, Leipzig, p. 64-111.
1957, « Eine "Naturlehre" in den Sargtexten », *WZKM* 54, p.119-129.
1960, *Ägyptische Religion, Die Religionen der Menschheit* 8, Stuttgart.
MORET, Alexandre
1902, *Le Rituel du culte divin journalier en Égypte*, Paris.
MÜLLER, Dieter
1961, « Der gute Hirte, ein Beitrag zur Geschichte ägyptischer Bildrede », *ZÄS* 86, p. 126-144.
1966, « Die Zeugung durch das Herz in Religion und Medizin der Ägypter », *Orientalia* 35, p. 247-274.
MUNRO, Peter
1960, « Die beiden Stelen des *Wnmj* aus Abydos », *ZÄS* 85, p. 56-70.
MYŚLIWIEC, Karol
1979, *Studien zum Gott Atum* II, *HÄB* 8.
NAVILLE, Edouard
1886, *Das ägyptische Todtenbuch der XVIII. bis XX. Dynastie*, 2 vol., Berlin.
NEUGEBAUER, Otto , PARKER, Richard
1960, *Egyptian Astronomical Texts* I, *Brown Egyptological Studies* III, Londres.
NIWIŃSKI, Andrzej
1989, *Studies on the Illustrated Theban Funerary Papyri of the 11th and 10th Centuries B.C.*, *OBO* 86, Fribourg, Göttingen.
NOTTER, Viktor
1974, *Biblischer Schöpfungsbericht und ägyptische Schöpfungsmythen*, *Stuttgarter Bibelstudien* 68.
O'CONNELL, Robert H.
1983, « The Emergence of Horus », *JEA* 69, p. 66-87.
O'CONNOR, David
1992, « The Status of Early Egyptian Temples: An Alternative Theory », dans R. FRIEDMAN, B. ADAMS (éd.), *The Followers of Horus, Studies dedicated to Michael Allen Hoffman*, Egyptian Studies Association Publication 2, Oxbow Monograph 20, Oxford, p. 83-98.
OCKINGA, Boyo
1984, *Die Gottebenbildlichkeit im alten Ägypten und im Alten Testament*, *ÄAT* 7, Wiesbaden.
OSING, Jürgen
1976, *Die Nominalbildung des Ägyptischen*, 2 vol., *SDAIK* 3, Mayence.
OTTO, Eberhard
1951, *Der Vorwurf an Gott*, Vorträge Marburg, Hildesheim.
1955, « Zur Überlieferung eines Pyramidenspruches », *Studi in Memoria di Ippolito Rosellini* II, p. 225-237.
1958, *Das Verhältnis von Rite und Mythus im Ägyptischen*, *SAWH*.
1962, « Zwei Paralleltexte zu TB 175 », *CdE* XXXVII, p. 251-255.

OTTO, Eberhard

1964-1966, « Ägyptische Gedanken zur menschlichen Verantwortung », *Die Welt des Orients* III, p. 19-26.

1969, « Das "Goldene Zeitalter" in einem ägyptischen Text », dans *Religions en Égypte hellénistique et romaine*, Paris, p. 93-108.

1971, « Der Mensch als Geschöpf und Bild Gottes in Ägypten », dans H.W. WOLF (éd.), *Probleme biblischer Theologie*, Fs. G. von Rad, Munich, p. 335-348.

1977, « Zur Komposition von Coffin Texts Spell 1130 », dans J. ASSMANN, E. FEUCHT, R. GRIESHAMMER (éd.), *Fragen an die altägyptische Literatur*, Wiesbaden, p. 1-18.

PARKINSON, Richard B.

1991, *Voices from Ancient Egypt*, Londres.

PARLEBAS, Jacques

1977, « Die Herkunft der Achtheit von Hermopolis », *ZDMG Suppl.* III/1, p. 36-38.

PÉPIN, Jean-François

1989, « Quelques aspects de Nouou dans les textes des pyramides et les textes des sarcophages » *BSAK* 3, p. 340-345.

PICCIONE, Peter

1990, « Mehen, Mysteries, and Resurrection from the Coiled Serpent », *JARCE* 27, p. 43-52.

POSENER, Georges

1956, *Littérature et politique dans l'Égypte de la 12e dynastie*, *BEPHE* 307.

1961-1966, « L'enseignement pour Mérikarê », *Annuaire du Collège de France* 62-66, *ACF* 62, p. 290-292, *ACF* 63, p. 303-305, *ACF* 64, p. 305-307, *ACF* 65, p. 343-346, *ACF* 66, p. 342-345.

1976, *L'Enseignement loyaliste, sagesse égyptienne du Moyen Empire*, *Hautes Études Orientales* 5, Genève.

QUACK, Joachim Friedrich

1992, *Studien zur Lehre für Merikare*, *GOF* IV/23, Wiesbaden.

RANKE, Hermann

1935, *PN* : *Die ägyptischen Personennamen*, (vol. II, 1952), Glückstadt.

ROCCATI, Alessandro

1970, *Papiro ieratico N. 54003, estratti magici e rituali del Primo Medio Regno*, Catalogo del Museo egizio di Turino, Serie prima II, Turin.

1982, *La Littérature historique sous l'Ancien Empire égyptien*, Paris.

1984, « Les papyrus de Turin », *BSFE* 99, p. 9-27.

RÖMER, Malte

1987, « Der Kairener Hymnus an Amun-Re, zur Gliederung von pBoulaq 17 », dans J. OSING, G. DREYER (éd.), *Form und Mass*, Fs. G. Fecht, *ÄAT* 12, p. 405-428.

RÖSSLER-KÖHLER, Ursula

1979, *Kapitel 17 des ägyptischen Totenbuches*, *GOF* IV/10, Wiesbaden.

ROWE, Alan

1939, « Three New Stelae from the South-Eastern Desert », *ASAE* 39, p. 187-197.

RUDHARDT, Jean

1966, « Une approche de la pensée mythique: le mythe considéré comme un langage », *Studia philosophica, Jahrbuch der Schweizerischen philosophischen Gesellschaft* XXVI, p. 208-237.

RUNDLE CLARK, R.T.
1949, « The Legend of the Phoenix », *The University of Birmingham Historical Journal* II, p. 1-29, 105-140.
1955, « Some Hymns to the Nile », *The University of Birmingham Historical Journal* 5, p. 1-30.
SANDMAN, Maj
1938, *Texts from the Time of Akhenaten*, *BiAeg* VIII, Bruxelles.
SANDMAN-HOLMBERG, Maj
1946, *The God Ptah*, Lund.
SATZINGER, Helmut
1968, *Die negativen Konstruktionen im Alt- und Mitteläkyptischen*, *MÄS* 12.
SAUNERON, Serge
1961, « Copte ⲕⲁⲗⲁϩⲏ », dans *Mélanges Maspero* I/4, p. 113-120.
1961, « La légende des sept propos de Methyer au temple d'Esna », *BSFE* 32, p. 43-48.
1962, *Les Fêtes religieuses d'Esna*, *Esna* V, Le Caire.
SAUNERON, Serge; YOYOTTE Jean
1959, « La naissance du monde selon l'Égypte ancienne », dans *La Naissance du monde*, *SourcOr* I, Paris.
EL-SAYED, Ramadan
1982, *La Déesse Neith de Saïs*, *BiEtud* 86, Le Caire.
SCHENKEL, Wolfgang
1965, *Memphis - Herakleopolis - Theben*, *ÄgAbh* 12, Wiesbaden.
1975, « Die Bauinschrift Sesostris' I. im Satet - Tempel von Elephantine », *MDAIK* 31, p. 109-125.
SCHLÖGL Herman
1977, *Der Sonnengott auf der Blüte*, *ÄgAbh* 5, Wiesbaden.
1980, *Der Gott Tatenen*, *OBO* 29, Fribourg, Göttingen.
SCHOTT, Siegfried
1945, *Mythe und Mythenbildung im alten Ägypten*, *UGAÄ* 15, Leipzig.
1959, « Altägyptische Vorstellungen vom Weltende », *AnBibl* 12, Rome, p. 319-330.
SETHE, Kurt
1908-1910, *Die altägyptischen Pyramidentexte*, 2 vol, Leipig.
s.d. - 1962, *Übersetzungen und Kommentar zu den altägyptischen Pyramidentexten*, 6 vol., Glückstadt, Hamburg.
1922, « Die Sprüche für das Kennen der Seelen der heiligen Orte », *ZÄS* 57, p. 1-50.
1928, *Dramatische Texte zu altägyptischen Mysterienspielen*, *UGAÄ* 10, Leipzig.
1929, *Amun und die acht Urgötter von Hermopolis*, *AAWB* 4, Berlin.
SHIRUN-GRUMACH, Irene
1985, « Remarks on the Goddess Maat », dans S. ISRAELIT-GROLL, *Pharaonic Egypt*, Jerusalem, p. 173-201.
SHORTER Alan W.
1935, « The God Nehebkau », *JEA* 21, p. 41-48.
SILVERMAN, David
1988, *The Tomb Chamber of Ḫsw the Elder : The Inscribed Material at Kom El-Hisn*, ARCE Reports 10.
1989, « Textual Criticism in the Coffin Texts », *YES* 3, p. 29-53.

SIMPSON, William Kelly

1974, *The Terrace of the Great God at Abydos*, Yale Expedition to Egypt 5, Philalelphie, New Haven.

SPIEGEL, Joachim

1973, *Die Götter von Abydos*, *GOF* IV/1, Wiesbaden.

SPIESS, Herbert

1991, *Der Aufstieg eines Gottes, Untersuchungen zum Gott Thot bis zum Beginn des Neuen Reiches*, Hamburg.

STERNBERG, Heike

1985, *Mythische Motive und Mythenbildung in den ägyptischen Tempeln und Papyri der griechisch-römischen Zeit*, *GOF* IV/14, Wiesbaden.

STEWART, H.M.

1979 *Egyptian Stelae, Reliefs and Paintings from the Petrie Collection* II, Warminster.

TE VELDE, Herman

1970, « The God Heka in Egyptian Theology », *JEOL* 2, p. 175-186.

1977, *Seth, God of Confusion. A Study of his Role in Egyptian Mythology and Religion*, 2e éd., *ProbÄg* 6 (1967), Leiden.

1977, « The Theme of the Separation of Heaven and Earth in Egyptian Mythology », *StudAeg* III, Budapest, p. 161-170.

1981-1982, « Some Aspects of the God Shu », *JEOL* 27, p. 23-28.

TOBIN, Vincent Arieh

1989, *Theological Principles of Egyptian Religion*, *American University Studies* VII/59, New York, Bern.

TROY, Lana

1989, « The Ennead: The Collective as Goddess », dans G. ENGLUND (éd.), *Cognitive Structures and Popular Expressions*, *Boreas* 20, Uppsala, p. 59-69.

VALLOGGIA, Michel

1986, *Balat* I. *Le Mastaba de Medou-nefer*, *FIFAO* 31, Le Caire.

VAN DER PLAS, Dirk

1986, *L'Hymne à la crue du Nil*, *Egyptologische Uitgaven* IV, 2 vol., Leiden.

VANDIER, Jacques

1964-1968, « Iousâas et (Hathor)-Nébet-Hétépet », *RdE* 16, 1964, p. 55-146 ; *RdE* 17, 1965, p. 89-176 ; *RdE* 18, 1966, p. 67-142 ; *RdE* 20, 1968, p. 135-148.

VERNUS, Pascal

1973, « La stèle C3 du Louvre », *RdE* 25, p. 217-234.

1982-1983, « Etudes de philologie et de linguistique II », *RdE* 34, p. 115-128.

1990, « Les espaces de l'écrit dans l'Égypte pharaonique », *BSFE* 119, p. 35-53.

VYCICHL, Werner

1983, *Dictionnaire étymologique de la langue copte*, Louvain.

WAINWRIGHT, Gerald Avery

1963, « The Origin of Amun », *JEA* 49, p. 21-23.

WEINRICH, Harald

1970, « Structures narratives du mythe », *Poétique* 1, p. 25-34.

WESTENDORF, Wolfhart

1955, « Der Rezitationsvermerk *ṯs-pẖr* », dans O. FIRCHOW (éd.), *Ägyptologische Studien*, Institut für Orientforschung, Veröffentlichung 29, Berlin, p. 383-402.

1983, « Die Sonnenscheibe auf dem Schlitten: Atum oder Re-Atum? », *GöttMisc* 62, p. 85-88.

WEYERSBERG, Maria
1961, « Das Motiv der "Himmelsstütze" in der altägyptischen Kosmologie », *ZeitEthn* 86, p. 113-140.
WILLEMS, Harco
1983, « Ein bemerkenswerter Sargtyp aus dem frühen Mittleren Reich », *GöttMisc* 67, p. 81-90.
1988, *Chests of Life, Mededelingen en Verhandelingen "Ex Oriente Lux"* 25, Leiden.
WINLOCK, Herbert Eustis
1943, « The Eleventh Egyptian Dynasty », *JNES* 2, p. 249-283.
YOYOTTE, Jean
1957, « Le Soukhos de la Maréotide et d'autres cultes régionaux du Dieu-Crocodile d'après les cylindres du Moyen Empire », *BIFAO* 56, p. 81-95.
ZANDEE, Jan
1960, *Death as an Enemy*, Leiden.
1964, « Das Schöpferwort im Alten Ägypten », dans *Verbum. Essays on some Aspects of the Religious Functions of Words*, Fs H.W. Obbink, Utrecht, p. 33-66.
1971-1973, « Sargtexte, Spruch 75 », *ZÄS* 97, 1971, p. 155-162; *ZÄS* 98, 1972, p. 149-155; *ZÄS* 99, 1973, p. 48-63.
1974, « Sargtexte, Spruch 76 », *ZÄS* 100, p. 60-71.
1974, « Sargtexte, Spruch 77 », *ZÄS* 100, p. 71-72.
1974, « Sargtexte, Spruch 80 », *ZÄS* 101, p. 62-79.
1977, « Bemerkungen zu einigen Kapiteln aus den Sargtexten », dans J. ASSMANN, E. FEUCHT, R. GRIESHAMMER (éd.), *Fragen an die altägyptische Literatur*, Wiesbaden, p. 511-529.
1988, « Der androgyne Gott in Ägypten, ein Erscheinungsbild des Weltschöpfers » dans *Religion im Erbe Ägyptens*, Beiträge zur spätantiken Religionsgeschichte zu Ehren von Alexander Böhlig, *ÄAT* 14, p. 240-278.
1992, *Der Amunhymnus des Papyrus Leiden I 344, Verso* I, *Collections of the National Museum of Antiquities at Leiden VII*, Leiden.
ZEIDLER, Jürgen
1993, « Zur Frage der Spätentstehung des Mythos in Ägypten », *GöttMisc* 132, p. 85-109.
ZIBELIUS, Karola
1984, « Zu "Speien" und "Speichel" in Ägypten », dans Fr. JUNGE (éd.), Fs. W. Westendorf, *Studien zu Sprache und Religion Ägyptens* I, Göttingen, p. 399-407.
ZIVIE-COCHE, Christiane
1991, « Les cosmogonies, la création et le temps » dans Fr. DUNAND, Chr. ZIVIE-COCHE, *Dieux et hommes en Égypte*, Paris, p. 52-79.

INDEX DES PASSAGES CITÉS

Textes des Pyramides

Textes des Sarcophages

Passage	*page*	*note*	*n° de texte*
CT 942 VII 156c	29	31	
CT 944 VII 158c-f	44		**18**
CT 945 VII 161b	171	163	
CT 956 VII 171u	135	52	
CT 956 VII 171u-v	176	176	
CT 957 VII 175a-b	176	176	
CT 957 VII 175b	135	52	
CT 959 VII 177k	93	57	
CT 965 VII 181c	38	24	
CT 965 VII 181c	134	48	
CT 976 VII 187f	109		**90**
CT 990 VII 199e-f	185		**174**
CT 991 VII 202d, f	160	136	
CT 992 VII 204 e, l	79	21	
CT 995 VII 210b, 211f	39	29	
CT 996 VII 212e-g	203		**193**
CT 997 VII 213j-214b	24	8	
CT 1006 VII 222a, h	97	65	
CT 1006 VII 222f-g	288	8	
CT 1012 VII 228m, p-q	180		**168**
CT 1025 VII 246j	220	22	
CT 1025 VII 247d-e	74	4	
CT 1029 VII 254b-c	174		**160**
CT 1033 VII 270a	174		**161**
CT 1033 VII 274b	109	101	
CT 1058 VII 310b	238	19	
CT 1061 VII 318a-b	88		**66**
CT 1065 VII 325d-26f	82		**57**
CT 1076 VII 347f	24	5	
CT 1098 VII 383c-384a	179		**165**
CT 1099 VII 409c	35	12	
CT 1100 VII 418c-419b	231	22	
CT 1103 VII 427a-c	190		**182**
CT 1105 VII 433c	26	18	
CT 1106 VII 435e	26	18	
CT 1112 VII 442b	195	224	
CT 1116 VII 447b	26	18	
CT 1127 VII 457j	154	114	
CT 1129 VII 460f	26	17	
CT 1130 VII 365e	24	5	
CT 1130 VII 461d	38	25	
CT 1130 VII 462a-b	259	6	
CT 1130 VII 462b-464f	211		**197**
CT 1130 VII 464a-b	227	7	
CT 1130 VII 464g	86		**63**
CT 1130 VII 464g	120		**97**
CT 1130 VII 464g-465a	261	16	
CT 1130 VII 464g-465c	207		**195**
CT 1130 VII 465a	93		**74**
CT 1130 VII 465a	199	239	

Autres sources

INDEX GÉNÉRAL

INDEX DE TERMES ÉGYPTIENS

Cet index ne contient qu'un choix de mots.

ORBIS BIBLICUS ET ORIENTALIS – Lieferbare Titel

Bd. 4 KARL JAROŠ: *Die Stellung des Elohisten zur kanaanäischen Religion.* 294 Seiten, 12 Abbildungen. 1982. 2. verbesserte und überarbeitete Auflage.

Bd. 7 RAINER SCHMITT: *Exodus und Passa. Ihr Zusammenhang im Alten Testament.* 124 Seiten. 1982. 2. neubearbeitete Auflage.

Bd. 8 ADRIAN SCHENKER: *Hexaplarische Psalmenbruchstücke.* Die hexaplarischen Psalmenfragmente der Handschriften Vaticanus graecus 752 und Canonicianus graecus 62. Einleitung, Ausgabe, Erläuterung. XXVIII–446 Seiten. 1975.

Bd. 10 EDUARDO ARENS: *The ΗΛΘΟΝ-Sayings in the Synoptic Tradition.* A Historico-critical Investigation. 370 Seiten. 1976.

Bd. 11 KARL JAROŠ: *Sichem.* Eine archäologische und religionsgeschichtliche Studie, mit besonderer Berücksichtigung von Jos 24. 280 Seiten, 193 Abbildungen. 1976.

Bd. 11a KARL JAROŠ/BRIGITTE DECKERT: *Studien zur Sichem-Area.* 81 Seiten, 23 Abbildungen. 1977.

Bd. 17 FRANZ SCHNIDER: *Die verlorenen Söhne.* Strukturanalytische und historisch-kritische Untersuchungen zu Lk 15. 105 Seiten. 1977.

Bd. 18 HEINRICH VALENTIN: *Aaron.* Eine Studie zur vor-priesterschriftlichen Aaron-Überlieferung. VIII–441 Seiten. 1978.

Bd. 19 MASSÉO CALOZ: *Etude sur la LXX origénienne du Psautier.* Les relations entre les leçons des Psaumes du Manuscrit Coislin 44, les Fragments des Hexaples et le texte du Psautier Gallican. 480 pages. 1978.

Bd. 20 RAPHAEL GIVEON: *The Impact of Egypt on Canaan.* Iconographical and Related Studies. 156 Seiten, 73 Abbildungen. 1978.

Bd. 22/3 CESLAS SPICQ: *Notes de Lexicographie néo-testamentaire.* Supplément. 698 pages. 1982.

Bd. 25/1 MICHAEL LATTKE: *Die Oden Salomos in ihrer Bedeutung für Neues Testament und Gnosis.* Band I. Ausführliche Handschriftenbeschreibung. Edition mit deutscher Parallel-Übersetzung. Hermeneutischer Anhang zur gnostischen Interpretation der Oden Salomos in der Pistis Sophia. XI–237 Seiten. 1979.

Bd. 25/1a MICHAEL LATTKE: *Die Oden Salomos in ihrer Bedeutung für Neues Testament und Gnosis.* Band Ia. Der syrische Text der Edition in Estrangela Faksimile des griechischen Papyrus Bodmer XI. 68 Seiten. 1980.

Bd. 25/2 MICHAEL LATTKE: *Die Oden Salomos in ihrer Bedeutung für Neues Testament und Gnosis.* Band II. Vollständige Wortkonkordanz zur handschriftlichen, griechischen, koptischen, lateinischen und syrischen Überlieferung der Oden Salomos. Mit einem Faksimile des Kodex N. XVI–201 Seiten. 1979.

Bd. 25/3 MICHAEL LATTKE: *Die Oden Salomos in ihrer Bedeutung für Neues Testament und Gnosis.* Band III. XXXIV–478 Seiten. 1986.

Bd. 27 JOSEF M. OESCH: *Petucha und Setuma.* Untersuchungen zu einer überlieferten Gliederung im hebräischen Text des Alten Testaments. XX–392–37* Seiten. 1979.

Bd. 28 ERIK HORNUNG/OTHMAR KEEL (Herausgeber): *Studien zu altägyptischen Lebenslehren.* 394 Seiten. 1979.

Bd. 29 HERMANN ALEXANDER SCHLÖGL: *Der Gott Tatenen.* Nach Texten und Bildern des Neuen Reiches. 216 Seiten, 14 Abbildungen. 1980.

Bd. 30 JOHANN JAKOB STAMM: *Beiträge zur Hebräischen und Altorientalischen Namenkunde.* XVI–264 Seiten. 1980.

Bd. 31 HELMUT UTZSCHNEIDER: *Hosea - Prophet vor dem Ende.* Zum Verhältnis von Geschichte und Institution in der alttestamentlichen Prophetie. 260 Seiten. 1980.

Bd. 32 PETER WEIMAR: *Die Berufung des Mose.* Literaturwissenschaftliche Analyse von Exodus 2, 23–5, 5. 402 Seiten. 1980.

Bd. 33 OTHMAR KEEL: *Das Böcklein in der Milch seiner Mutter und Verwandtes.* Im Lichte eines altorientalischen Bildmotivs. 163 Seiten, 141 Abbildungen. 1980.

Bd. 34 PIERRE AUFFRET: *Hymnes d'Egypte et d'Israël.* Etudes de structures littéraires. 316 pages, 1 illustration. 1981.

Bd. 35 ARIE VAN DER KOOIJ: *Die alten Textzeugen des Jesajabuches.* Ein Beitrag zur Textgeschichte des Alten Testaments. 388 Seiten. 1981.

Bd. 36 CARMEL McCARTHY: *The Tiqqune Sopherim and Other Theological Corrections in the Masoretic Text of the Old Testament.* 280 Seiten. 1981.

Bd. 37 BARBARA L. BEGELSBACHER-FISCHER: *Untersuchungen zur Götterwelt des Alten Reiches im Spiegel der Privatgräber der IV. und V. Dynastie.* 336 Seiten. 1981.

Bd. 38 MÉLANGES DOMINIQUE BARTHÉLEMY. *Etudes bibliques offertes à l'occasion de son 60e anniversaire.* Edités par Pierre Casetti, Othmar Keel et Adrian Schenker. 724 pages, 31 illustrations. 1981.

Bd. 39 ANDRÉ LEMAIRE: *Les écoles et la formation de la Bible dans l'ancien Israël.* 142 pages, 14 illustrations. 1981.

Bd. 40 JOSEPH HENNINGER: *Arabica Sacra.* Aufsätze zur Religionsgeschichte Arabiens und seiner Randgebiete. Contributions à l'histoire religieuse de l'Arabie et de ses régions limitrophes. 347 Seiten. 1981.

Bd. 41 DANIEL VON ALLMEN: *La famille de Dieu.* La symbolique familiale dans le paulinisme. LXVII–330 pages, 27 planches. 1981.

Bd. 42 ADRIAN SCHENKER: *Der Mächtige im Schmelzofen des Mitleids.* Eine Interpretation von 2 Sam 24. 92 Seiten. 1982.

Bd. 43 PAUL DESELAERS: *Das Buch Tobit.* Studien zu seiner Entstehung, Komposition und Theologie. 532 Seiten + Übersetzung 16 Seiten. 1982.

Bd. 44 PIERRE CASETTI: *Gibt es ein Leben vor dem Tod?* Eine Auslegung von Psalm 49. 315 Seiten. 1982.

Bd. 46 ERIK HORNUNG: *Der ägyptische Mythos von der Himmelskuh.* Eine Ätiologie des Unvollkommenen. Unter Mitarbeit von Andreas Brodbeck, Hermann Schlögl und Elisabeth Staehelin und mit einem Beitrag von Gerhard Fecht. XII–129 Seiten, 10 Abbildungen. 1991. 2. ergänzte Auflage.

Bd. 47 PIERRE CHERIX: *Le Concept de Notre Grande Puissance (CG VI, 4).* Texte, remarques philologiques, traduction et notes. XIV–95 pages. 1982.

Bd. 49 PIERRE AUFFRET: *La sagesse a bâti sa maison.* Etudes de structures littéraires dans l'Ancien Testament et spécialement dans les psaumes. 580 pages. 1982.

Bd. 50/1 DOMINIQUE BARTHÉLEMY: *Critique textuelle de l'Ancien Testament.* 1. Josué, Juges, Ruth, Samuel, Rois, Chroniques, Esdras, Néhémie, Esther. Rapport final du Comité pour l'analyse textuelle de l'Ancien Testament hébreu institué par l'Alliance Biblique Universelle, établi en coopération avec Alexander R. Hulst †, Norbert Lohfink, William D. McHardy, H. Peter Rüger, coéditeur, James A. Sanders, coéditeur. 812 pages. 1982.

Bd. 50/2 DOMINIQUE BARTHÉLEMY: *Critique textuelle de l'Ancien Testament.* 2. Isaïe, Jérémie, Lamentations. Rapport final du Comité pour l'analyse textuelle de l'Ancien Testament hébreu institué par l'Alliance Biblique Universelle, établi en coopération avec Alexander R. Hulst †, Norbert Lohfink, William D. McHardy, H. Peter Rüger, coéditeur, James A. Sanders, coéditeur. 1112 pages. 1986.

Bd. 50/3 DOMINIQUE BARTHÉLEMY: *Critique textuelle de l'Ancien Testament.* Tome 3. Ézéchiel, Daniel et les 12 Prophètes. Rapport final du Comité pour l'analyse textuelle de l'Ancien Testament hébreu institué par l'Alliance Biblique Universelle, établi en coopération avec Alexander R. Hulst†, Norbert Lohfink, William D. McHardy, H. Peter Rüger†, coéditeur, James A. Sanders, coéditeur. 1424 pages. 1992.

Bd. 52 MIRIAM LICHTHEIM: *Late Egyptian Wisdom Literature in the International Context.* A Study of Demotic Instructions. X–240 Seiten. 1983.

Bd. 53 URS WINTER: *Frau und Göttin.* Exegetische und ikonographische Studien zum weiblichen Gottesbild im Alten Israel und in dessen Umwelt. XVIII–928 Seiten, 520 Abbildungen. 1987. 2. Auflage. Mit einem Nachwort zur 2. Auflage.

Bd. 54 PAUL MAIBERGER: *Topographische und historische Untersuchungen zum Sinaiproblem.* Worauf beruht die Identifizierung des Ǧabal Mūsā mit dem Sinai? 189 Seiten, 13 Tafeln. 1984.

Bd. 55 PETER FREI/KLAUS KOCH: *Reichsidee und Reichsorganisation im Perserreich.* 119 Seiten, 17 Abbildungen. 1984. Vergriffen. Neuauflage in Vorbereitung.

Bd. 56 HANS-PETER MÜLLER: *Vergleich und Metapher im Hohenlied.* 59 Seiten. 1984.

Bd. 57 STEPHEN PISANO: *Additions or Omissions in the Books of Samuel.* The Significant Pluses and Minuses in the Massoretic, LXX and Qumran Texts. XIV–295 Seiten. 1984.

Bd. 58 ODO CAMPONOVO: *Königtum, Königsherrschaft und Reich Gottes in den Frühjüdischen Schriften.* XVI–492 Seiten. 1984.

Bd. 59 JAMES KARL HOFFMEIER: *Sacred in the Vocabulary of Ancient Egypt.* The Term *D̠SR,* with Special Reference to Dynasties I–XX. XXIV–281 Seiten, 24 Figures. 1985.

Bd. 60 CHRISTIAN HERRMANN: *Formen für ägyptische Fayencen.* Katalog der Sammlung des Biblischen Instituts der Universität Freiburg Schweiz und einer Privatsammlung. XXVIII-199 Seiten. Mit zahlreichen Abbildungen im Text und 30 Tafeln. 1985.

Bd. 61 HELMUT ENGEL: *Die Susanna-Erzählung.* Einleitung, Übersetzung und Kommentar zum Septuaginta-Text und zur Theodition-Bearbeitung. 205 Seiten + Anhang 11 Seiten. 1985.

Bd. 62 ERNST KUTSCH: *Die chronologischen Daten des Ezechielbuches.* 82 Seiten. 1985.

Bd. 63 MANFRED HUTTER: *Altorientalische Vorstellungen von der Unterwelt.* Literar- und religionsgeschichtliche Überlegungen zu «Nergal und Ereškigal». VIII–187 Seiten. 1985.

Bd. 64 HELGA WEIPPERT/KLAUS SEYBOLD/MANFRED WEIPPERT: *Beiträge zur prophetischen Bildsprache in Israel und Assyrien.* IX–93 Seiten. 1985.

Bd. 65 ABDEL-AZIZ FAHMY SADEK: *Contribution à l'étude de l'Amdouat.* Les variantes tardives du Livre de l'Amdouat dans les papyrus du Musée du Caire. XVI–400 pages, 175 illustrations. 1985.

Bd. 66 HANS-PETER STÄHLI: *Solare Elemente im Jahweglauben des Alten Testamentes.* X–60 Seiten. 1985.

Bd. 67 OTHMAR KEEL / SILVIA SCHROER: *Studien zu den Stempelsiegeln aus Palästina/Israel.* Band I. 115 Seiten, 103 Abbildungen. 1985.

Bd. 68 WALTER BEYERLIN: *Weisheitliche Vergewisserung mit Bezug auf den Zionskult.* Studien zum 125. Psalm. 96 Seiten. 1985.

Bd. 69 RAPHAEL VENTURA: *Living in a City of the Dead.* A Selection of Topographical and Administrative Terms in the Documents of the Theban Necropolis. XII–232 Seiten. 1986.

Bd. 70 CLEMENS LOCHER: *Die Ehre einer Frau in Israel.* Exegetische und rechtsvergleichende Studien zu Dtn 22, 13–21. XVIII–464 Seiten. 1986.

Bd. 71 HANS-PETER MATHYS: *Liebe deinen Nächsten wie dich selbst.* Untersuchungen zum alttestamentlichen Gebot der Nächstenliebe (Lev 19,18). XII–204 Seiten. 1990. 2. verbesserte Auflage.

Bd. 72 FRIEDRICH ABITZ: *Ramses III. in den Gräbern seiner Söhne.* 156 Seiten, 31 Abbildungen. 1986.

Bd. 73 DOMINIQUE BARTHÉLEMY/DAVID W. GOODING/JOHAN LUST/EMANUEL TOV: *The Story of David and Goliath.* 160 Seiten. 1986.

Bd. 74 SILVIA SCHROER: *In Israel gab es Bilder.* Nachrichten von darstellender Kunst im Alten Testament. XVI–553 Seiten, 146 Abbildungen. 1987.

Bd. 75 ALAN R. SCHULMAN: *Ceremonial Execution and Public Rewards.* Some Historical Scenes on New Kingdom Private Stelae. 296 Seiten, 41 Abbildungen. 1987.

Bd. 76 JOŽE KRAŠOVEC: *La justice (Ṣdq) de Dieu dans la Bible hébraïque et l'interprétation juive et chrétienne.* 456 pages. 1988.

Bd. 77 HELMUT UTZSCHNEIDER: *Das Heiligtum und das Gesetz.* Studien zur Bedeutung der sinaitischen Heiligtumstexte (Ez 25–40; Lev 8–9). XIV–326 Seiten. 1988.

Bd. 78 BERNARD GOSSE: *Isaie 13,1-14,23.* Dans la tradition littéraire du livre d'Isaïe et dans la tradition des oracles contre les nations. 308 pages. 1988.

Bd. 79 INKE W. SCHUMACHER: *Der Gott Sopdu - Der Herr der Fremdländer.* XVI–364 Seiten, 6 Abbildungen. 1988.

Bd. 80 HELLMUT BRUNNER: *Das hörende Herz.* Kleine Schriften zur Religions- und Geistesgeschichte Ägyptens. Herausgegeben von Wolfgang Röllig. 449 Seiten, 55 Abbildungen. 1988.

Bd. 81 WALTER BEYERLIN: *Bleilot, Brecheisen oder was sonst?* Revision einer Amos-Vision. 68 Seiten. 1988.

Bd. 82 MANFRED HUTTER: *Behexung, Entsühnung und Heilung.* Das Ritual der Tunnawiya für ein Königspaar aus mittelhethitischer Zeit (KBo XXI 1 - KUB IX 34 - KBo XXI 6). 186 Seiten. 1988.

Bd. 83 RAPHAEL GIVEON: *Scarabs from Recent Excavations in Israel.* 114 Seiten. Mit zahlreichen Abbildungen im Text und 9 Tafeln. 1988.

Bd. 84 MIRIAM LICHTHEIM: *Ancient Egyptian Autobiographies chiefly of the Middle Kingdom.* A Study and an Anthology. 200 Seiten, 10 Seiten Abbildungen. 1988.

Bd. 85 ECKART OTTO: *Rechtsgeschichte der Redaktionen im Kodex Ešnunna und im «Bundesbuch».* Eine redaktionsgeschichtliche und rechtsvergleichende Studie zu altbabylonischen und altisraelitischen Rechtsüberlieferungen. 220 Seiten. 1989.

Bd. 86 ANDRZEJ NIWIŃSKI: *Studies on the Illustrated Theban Funerary Papyri of the 11th and 10th Centuries B.C.* 488 Seiten, 80 Seiten Tafeln. 1989.

Bd. 87 URSULA SEIDL: *Die babylonischen Kudurru-Reliefs.* Symbole mesopotamischer Gottheiten. 236 Seiten, 33 Tafeln und 2 Tabellen. 1989.

Bd. 88 OTHMAR KEEL/HILDI KEEL-LEU/SILVIA SCHROER: *Studien zu den Stempelsiegeln aus Palästina/Israel.* Band II. 364 Seiten, 652 Abbildungen. 1989.

Bd. 89 FRIEDRICH ABITZ: *Baugeschichte und Dekoration des Grabes Ramses' VI.* 202 Seiten, 39 Abbildungen. 1989.

Bd. 90 JOSEPH HENNINGER SVD: *Arabica varia.* Aufsätze zur Kulturgeschichte Arabiens und seiner Randgebiete. Contributions à l'histoire culturelle de l'Arabie et de ses régions limitrophes. 504 Seiten. 1989.

Bd. 91 GEORG FISCHER: *Jahwe unser Gott.* Sprache, Aufbau und Erzähltechnik in der Berufung des Mose (Ex. 3–4). 276 Seiten. 1989.

Bd. 92 MARK A. O'BRIEN: *The Deuteronomistic History Hypothesis:* A Reassessment. 340 Seiten. 1989.

Bd. 93 WALTER BEYERLIN: *Reflexe der Amosvisionen im Jeremiabuch.* 120 Seiten. 1989.

Bd. 94 ENZO CORTESE: *Josua 13-21.* Ein priesterschriftlicher Abschnitt im deuteronomistischen Geschichtswerk. 136 Seiten. 1990.

Bd. 96 ANDRÉ WIESE: *Zum Bild des Königs auf ägyptischen Siegelamuletten.* 264 Seiten. Mit zahlreichen Abbildungen im Text und 32 Tafeln. 1990.

Bd. 97 WOLFGANG ZWICKEL: *Räucherkult und Räuchergeräte.* Exegetische und archäologische Studien zum Räucheropfer im Alten Testament. 372 Seiten. Mit zahlreichen Abbildungen im Text. 1990.

Bd. 98 AARON SCHART: *Mose und Israel im Konflikt.* Eine redaktionsgeschichtliche Studie zu den Wüstenerzählungen. 296 Seiten. 1990.

Bd. 99 THOMAS RÖMER: *Israels Väter.* Untersuchungen zur Väterthematik im Deuteronomium und in der deuteronomistischen Tradition. 664 Seiten. 1990.

Bd. 100 OTHMAR KEEL/MENAKHEM SHUVAL/CHRISTOPH UEHLINGER: *Studien zu den Stempelsiegeln aus Palästina/Israel.* Band III. Die Frühe Eisenzeit. Ein Workshop. XIV–456 Seiten. Mit zahlreichen Abbildungen im Text und 22 Tafeln. 1990.

Bd. 101 CHRISTOPH UEHLINGER: *Weltreich und «eine Rede».* Eine neue Deutung der sogenannten Turmbauerzählung (Gen 11,1–9). XVI–654 Seiten. 1990.

Bd. 102 BENJAMIN SASS: *Studia Alphabetica.* On the Origin and Early History of the Northwest Semitic, South Semitic and Greek Alphabets. X–120 Seiten. 16 Seiten Abbildungen. 2 Tabellen. 1991.

Bd. 103 ADRIAN SCHENKER: *Text und Sinn im Alten Testament.* Textgeschichtliche und bibeltheologische Studien. VIII–312 Seiten. 1991.

Bd. 104 DANIEL BODI: *The Book of Ezekiel and the Poem of Erra.* IV–332 Seiten. 1991.

Bd. 105 YUICHI OSUMI: *Die Kompositionsgeschichte des Bundesbuches Exodus 20,22b-23,33.* XII–284 Seiten. 1991.

Bd. 106 RUDOLF WERNER: *Kleine Einführung ins Hieroglyphen-Luwische.* XII–112 Seiten. 1991.

Bd. 107 THOMAS STAUBLI: *Das Image der Nomaden im Alten Israel und in der Ikonographie seiner sesshaften Nachbarn.* XII–408 Seiten. 145 Abb. und 3 Falttafeln. 1991.

Bd. 108 MOSHÉ ANBAR: *Les tribus amurrites de Mari.* VIII–256 Seiten. 1991.

Bd. 109 GÉRARD J. NORTON/STEPHEN PISANO (eds.): *Tradition of the Text.* Studies offered to Dominique Barthélemy in Celebration of his 70th Birthday. 336 Seiten. 1991.

Bd. 110 HILDI KEEL-LEU: *Vorderasiatische Stempelsiegel.* Die Sammlung des Biblischen Instituts der Universität Freiburg Schweiz. 180 Seiten. 24 Tafeln. 1991.

Bd. 111 NORBERT LOHFINK: *Die Väter Israels im Deuteronomium.* Mit einer Stellungnahme von Thomas Römer. 152 Seiten. 1991.

Bd. 112 EDMUND HERMSEN: *Die zwei Wege des Jenseits.* Das altägyptische Zweiwegebuch und seine Topographie. XII–282 Seiten, 1 mehrfarbige und 19 Schwarz-weiss-Abbildungen. 1992.

Bd. 113 CHARLES MAYSTRE: *Les grands prêtres de Ptah de Memphis.* XIV–474 pages, 2 planches. 1992.

Bd. 114 THOMAS SCHNEIDER: *Asiatische Personennamen in ägyptischen Quellen des Neuen Reiches.* 480 Seiten. 1992.

Bd. 115 ECKHARD VON NORDHEIM: *Die Selbstbehauptung Israels in der Welt des Alten Orients.* Religionsgeschichtlicher Vergleich anhand von Gen 15/22/28, dem Aufenthalt Israels in Ägypten, 2 Sam 7, 1 Kön 19 und Psalm 104. 240 Seiten. 1992.

Bd. 116 DONALD M. MATTHEWS: *The Kassite Glyptic of Nippur.* 208 Seiten. 210 Abbildungen. 1992.

Bd. 117 FIONA V. RICHARDS: *Scarab Seals from a Middle to Late Bronze Age Tomb at Pella in Jordan.* XII–152 Seiten, 16 Tafeln. 1992.

Bd. 118 YOHANAN GOLDMAN: *Prophétie et royauté au retour de l'exil. Les origines littéraires de la forme massorétique du livre de Jérémie.* XIV–270 pages. 1992.

Bd. 119 THOMAS M. KRAPF: *Die Priesterschrift und die vorexilische Zeit. Yehezkel Kaufmanns vernachlässigter Beitrag zur Geschichte der biblischen Religion.* XX-364 Seiten. 1992.

Bd. 120 MIRIAM LICHTHEIM: *Maat in Egyptian Autobiographies and Related Studies.* 236 Seiten, 8 Tafeln. 1992.

Bd. 121 ULRICH HÜBNER: *Spiele und Spielzeug im antiken Palästina.* 256 Seiten. 58 Abbildungen. 1992.

Bd. 122 OTHMAR KEEL: *Das Recht der Bilder, gesehen zu werden. Drei Fallstudien zur Methode der Interpretation altorientalischer Bilder.* 332 Seiten, 286 Abbildungen. 1992.

Bd. 123 WOLFGANG ZWICKEL (Hrsg.): *Biblische Welten. Festschrift für Martin Metzger zu seinem 65. Geburtstag.* 268 Seiten, 19 Abbildungen. 1993.

Bd. 125 BENJAMIN SASS/CHRISTOPH UEHLINGER (eds.): *Studies in the Iconography of Northwest Semitic Inscribed Seals. Proceedings of a symposium held in Fribourg on April 17-20, 1991.* 368 pages, 532 illustrations. 1993.

Bd. 126 RÜDIGER BARTELMUS/THOMAS KRÜGER/HELMUT UTZSCHNEIDER (Hrsg.): *Konsequente Traditionsgeschichte. Festschrift für Klaus Baltzer zum 65. Geburtstag.* 418 Seiten. 1993.

Bd. 127 ASKOLD I. IVANTCHIK: *Les Cimmériens au Proche-Orient.* 336 pages. 1993.

Bd. 128 JENS VOß: *Die Menora. Gestalt und Funktion des Leuchters im Tempel zu Jerusalem.* 124 Seiten. 1993.

Bd. 129 BERND JANOWSKI/KLAUS KOCH/GERNOT WILHELM (Hrsg.): *Religionsgeschichtliche Beziehungen zwischen Kleinasien, Nordsyrien und dem Alten Testament. Internationales Symposion Hamburg 17.-21. März 1990.* 572 Seiten. 1993.

Bd. 130 NILI SHUPAK: *Where can Wisdom be found?* The Sage's Language in the Bible and in Ancient Egyptian Literature. XXXII–516 pages. 1993.

Bd. 131 WALTER BURKERT/FRITZ STOLZ (Hrsg.): *Hymnen der Alten Welt im Kulturvergleich.* 134 Seiten. 1994.

Bd. 132 HANS-PETER MATHYS: Dichter und Beter. *Theologen aus spätalttestamentlicher Zeit.* 392 Seiten. 1994.

Bd. 133 REINHARD G. LEHMANN: *Friedrich Delitzsch und der Babel-Bibel-Streit.* 472 Seiten, 13 Tafeln. 1994.

Bd. 134 SUSANNE BICKEL: *La cosmogonie égyptienne. Avant le Nouvel Empire.* 360 Seiten. 1994.

Sonderband PASCAL ATTINGER: *Eléments de linguistique sumérienne. La construction de* du_{11}*/e/di «dire».* 816 pages. 1993.

UNIVERSITÄTSVERLAG FREIBURG SCHWEIZ

Zusammenfassung

Die ägyptischen Schöpfungsvorstellungen werden anhand der ältesten schriftlichen Quellen, der Pyramidentexte aus dem Alten Reich und der Sargtexte aus dem Mittleren Reich, betrachtet. Die bedeutsamen Textpassagen sind übersetzt und nach den Hauptetappen des Schöpfungsprozesses geordnet: die Phase der Präexistenz, der Übergang zur Existenz mit der Selbstentstehung des Gottes Atum, die Erschaffung der wichtigsten Komponenten des Universums durch verschiedene Schöpfungsmittel sowie die Phase der Erhaltung des Schöpfungswerkes. Atum ist der einzige vor dem Neuen Reich belegte Schöpfergott, andere wichtige Gottheiten sind ihm unterstellt und wachen über die Verbreitung des Lebens.
Die Schöpfungsvorstellungen bilden nie eine fortlaufende Geschichte, sondern erscheinen als unabhängige mythische Bilder. Der Mythos erweist sich als eine weitgehend nicht narrative Struktur, als ein grosser Wissenskomplex, dessen einzelne Bestandteile in verschiedenen Zusammenhängen Bedeutung gewinnen können.

English Summary

The Egyptian conceptions of the origin of the world are studied through the most ancient written sources of the pharaonic civilisation, the Pyramid Texts from the Old Kingdom and the Coffin Texts from the Middle Kingdom. The relevant passages are translated and classified according to the main stages of the creative process: the phase of the preexistence, the transition towards existence with the self-creation of the god Atum, the creation of the principal components of the universe through different means, and the phase of the maintenance of the creator's work. Atum is the only creator god attested before the New Kingdom; other important deities are subordinate to him and attend to the propagation of the principle of life.
The conceptions of cosmogony never form a coherent account but rather present themselves as independent mythical images. The myth appears as an essentially non-narrative structure which functions as a huge complex of knowledge that can become meaningful in several contexts.